I0391806

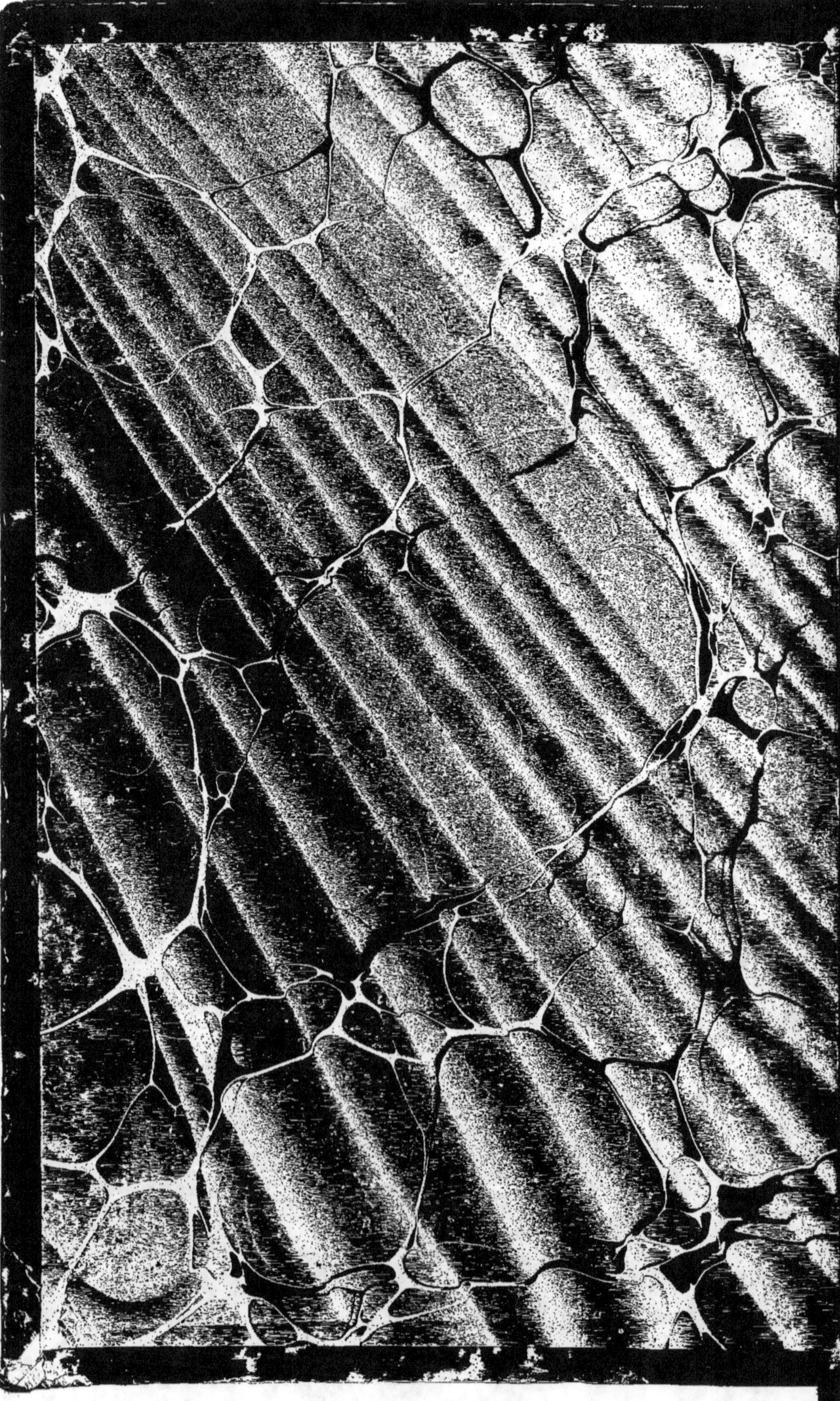

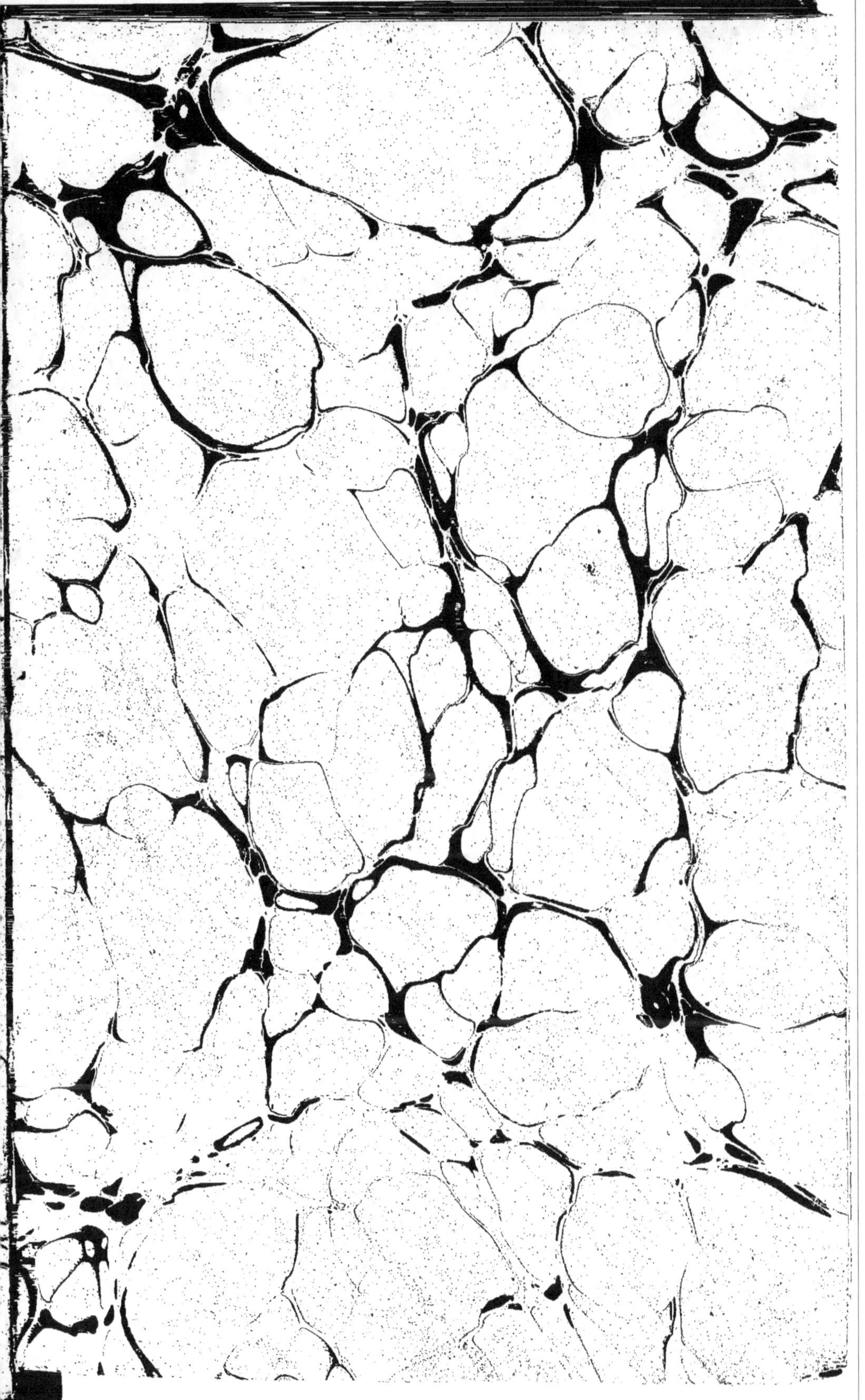

LA

PHOTOGRAPHIE.

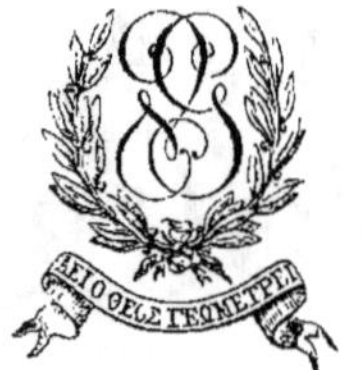
ΑΕΙ Ο ΘΕΟΣ ΓΕΩΜΕΤΡΕΙ

ÉPREUVE INSTANTANÉE.

Cliché au gélatinobromure d'argent de M. Hiekel.
Obturateur de MM. Thury et Amey.

Photoglyptie de MM. Boussod et Valadon.

Frontispice.

ÉPREUVE INSTANTANÉE.

Cliché au gélatinobromure d'argent de M. Hiekel.
Obturateur de MM. Thury et Amey.

Photoglyptie de MM. Boussod et Valadon.

Frontispice.

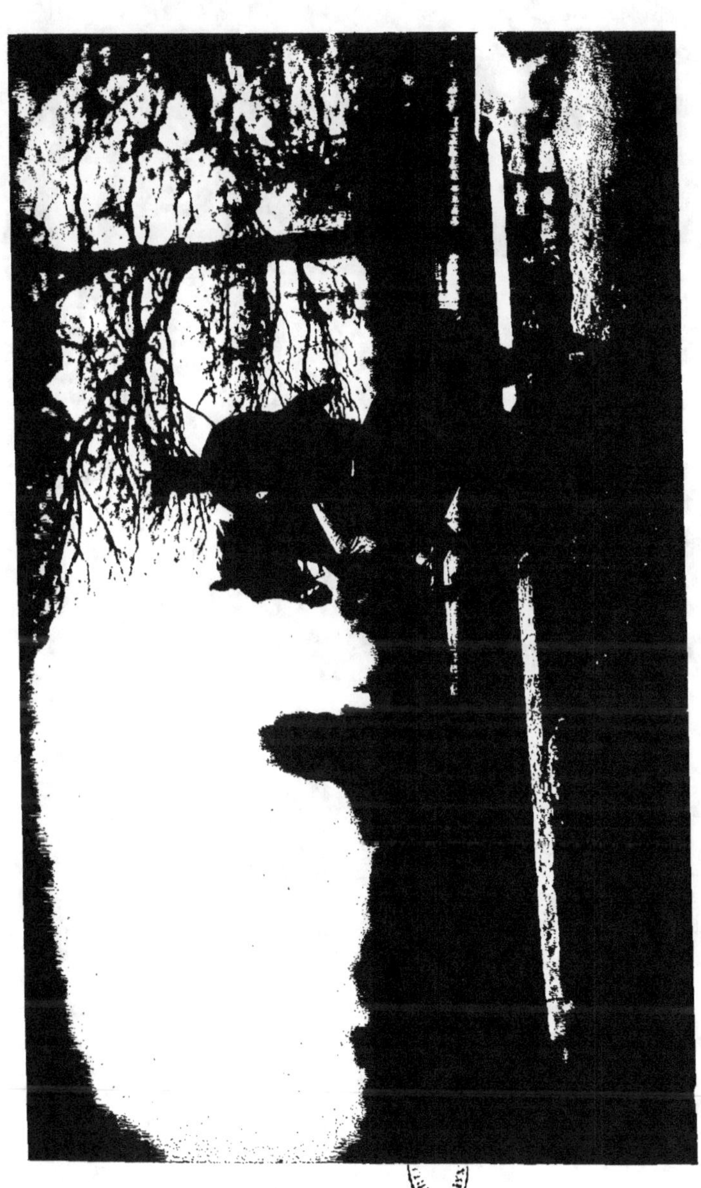

LA

PHOTOGRAPHIE.

TRAITÉ

THÉORIQUE ET PRATIQUE,

PAR

A. DAVANNE,

Vice-Président de la Société française de Photographie.

TOME PREMIER.

NOTIONS ÉLÉMENTAIRES. — HISTORIQUE.
ÉPREUVES NÉGATIVES.
PRINCIPES COMMUNS A TOUS LES PROCÉDÉS NÉGATIFS. ÉPREUVES SUR ALBUMINE,
SUR COLLODION, SUR GÉLATINOBROMURE D'ARGENT,
SUR PELLICULES ET SUR PAPIER.

PARIS,

GAUTHIER-VILLARS, IMPRIMEUR-LIBRAIRE
DU BUREAU DES LONGITUDES, DE L'ÉCOLE POLYTECHNIQUE,
SUCCESSEUR DE MALLET-BACHELIER,
Quai des Augustins, 55.

1886

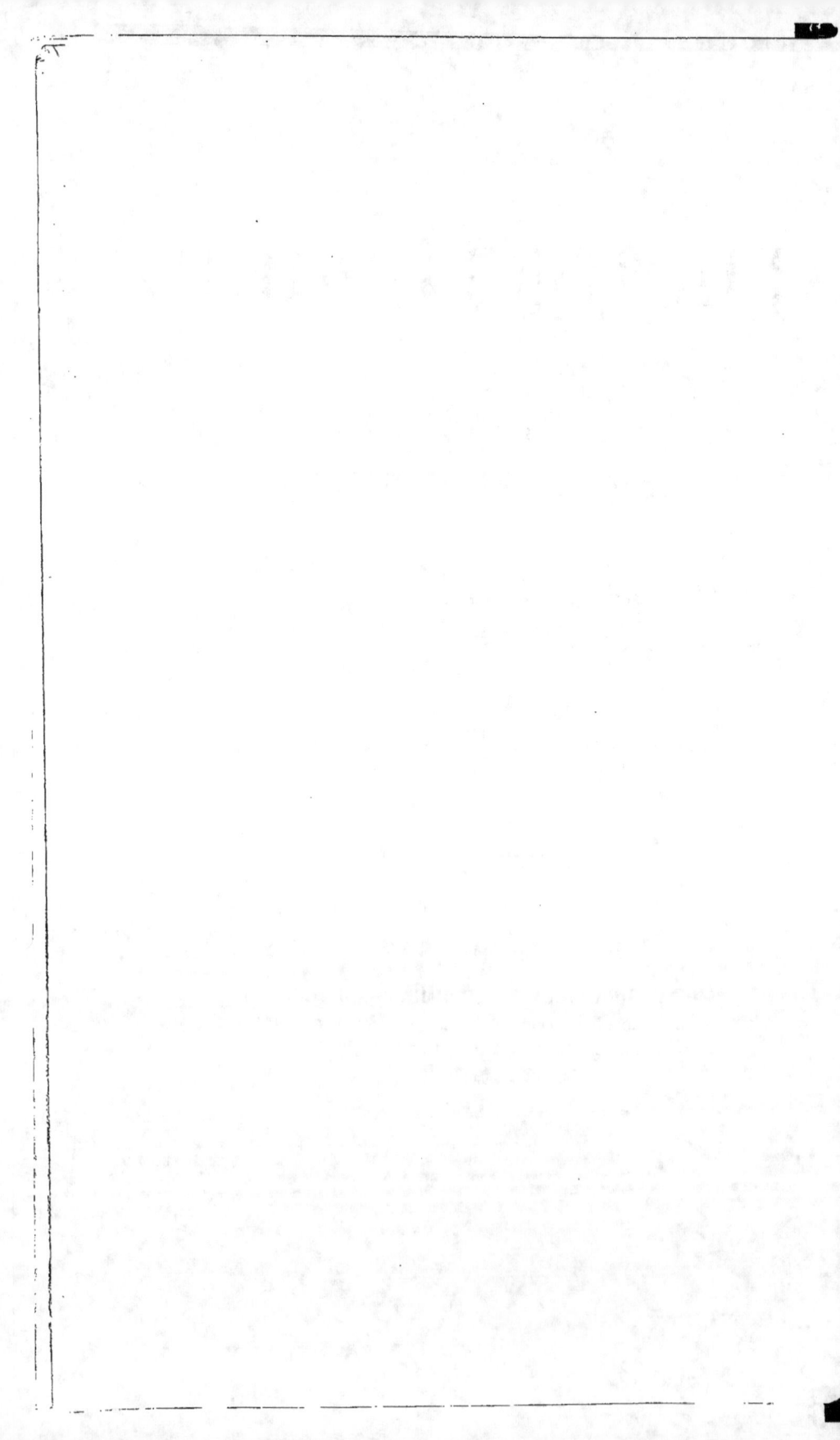

PRÉFACE.

Les méthodes ayant pour but l'obtention d'une image par l'action de la lumière, bien qu'elles soient fondées sur des principes communs, ont été séparées, pour ainsi dire spécialisées, par suite de l'extension de plus en plus grande des applications de la Photographie. Il est résulté de cette division de nombreux Traités essentiellement pratiques, s'occupant avec une grande compétence des sujets pour lesquels ils ont été publiés, mais ne pouvant s'étendre suffisamment sur les notions générales qui sont les bases de la Photographie; aussi l'opérateur qui se limite à l'exécution de l'un de ces procédés peut-il devenir fort habile dans sa spécialité, mais le plus souvent les causes des manipulations qu'il exécute lui échappent, il ignore les relations qui existent entre les différentes méthodes et il ne pourra ni reconnaître les raisons d'erreurs commises, ni étudier de nouvelles applications, ni se livrer à des recherches rationnelles.

A côté de ces préoccupations pratiques, nous trouvons, surtout à l'étranger, des études scientifiques d'un ordre tout à fait supérieur, examinant l'action des divers rayons colorés sur les composés sensibles diversement modifiés, multipliant presqu'à l'infini sur ces composés sensibles des expériences qui deviennent par cela même un peu confuses et dont trop souvent les opérateurs ne peuvent saisir toute l'importance.

Entre la pratique empirique et la théorie scientifique se place l'enseignement qui les réunit et dont la tâche est d'expliquer à la fois le mode d'opérer, le but et la cause des opérations. C'est ce que nous avons cherché à réaliser dans l'Ouvrage que nous publions.

Professeur de Photographie à l'École des Ponts et Chaussées depuis plus de douze ans, nous avons dû résumer pour nos élèves en quelques rapides leçons l'ensemble des méthodes photographiques ; le canevas très serré de ces leçons formait depuis longtemps, dans notre esprit, le sommaire de notre Ouvrage, mais nous hésitions à le développer, reculant peut-être devant l'importance du travail tel que nous le comprenions, et n'en voyant pas l'urgence en face de l'excellent Traité du regretté docteur van Monckhoven. Mais les progrès photographiques ne s'arrêtent pas, les procédés se modifient, se perfectionnent incessamment, le nombre des adeptes augmente, un enseignement plus large et plus complet est devenu nécessaire, c'est pourquoi nous avons entrepris le développement de notre sommaire.

Après quelques considérations générales et historiques, quelques notions des plus élémentaires sur les propriétés de la lumière et des composés sensibles, nous avons consacré une place importante à ces principes communs pour tous les procédés négatifs, qui ne peuvent être suffisamment étudiés dans les Traités spéciaux ; tels sont : l'emploi de la chambre noire et des objectifs, les conditions de pose, les manipulations semblables qui se répètent toujours quelles que soient les méthodes employées, ce qui nous a permis de passer rapidement en revue les divers procédés qui ont précédé l'époque actuelle, sans tomber dans de continuelles redites, tout en donnant sur chacun les renseignements suffisants pour qu'ils puissent être mis en pratique, et nous avons réservé la plus large part à la préparation et à l'emploi du gélatinobromure d'argent, presque exclusivement utilisé aujourd'hui, de telle sorte que notre premier Volume, avec les nombreuses figures qui l'illustrent, forme un enseignement complet pour l'obtention des épreuves négatives.

Dans le second Volume, nous comprenons les procédés qui donnent les images positives, soit qu'on les obtienne directement à la chambre noire (épreuves daguerriennes, ferrotypes, épreuves directes), soit qu'elles résultent de la copie d'un négatif (positives aux sels d'argent, de platine, de fer, de chrome), soit enfin qu'on les produise par les impressions photo-mécaniques dites *à l'encre grasse;* après quelques explications données sur des applications ou des manipulations particulières, telles que les agrandissements, la micrographie, le stéréoscope, etc., nous consacrons la dernière partie du Volume aux notions les plus simples et les plus élémentaires de la Chimie, pour les rappeler à la plupart de nos lecteurs qui les ont peut-être oubliées, et nous les faisons suivre d'un exposé sommaire des propriétés des divers corps cités dans l'Ouvrage, rangés dans l'ordre alphabétique pour qu'il soit facile de s'y reporter rapidement.

Nous nous sommes efforcé d'adopter un classement méthodique qui facilitera les études en groupant ensemble les procédés similaires, et, après avoir donné sur ce groupe les renseignements généraux qui le concernent, nous faisons suivre les formules en commençant le plus souvent par celles dont nous connaissons les bons résultats. Toutes les fois que nous indiquons une opération, nous cherchons à en faire comprendre les raisons pratiques et théoriques, de telle sorte que le but de notre Livre puisse être résumé dans ces deux mots : *comment* et *pourquoi.*

Le vaste ensemble embrassé par cet Ouvrage eût suffi pour nous empêcher d'en entreprendre la publication, si nous n'avions su à l'avance que nous pouvions compter sur les conseils et souvent sur l'active collaboration de nos collègues de la Société française de Photographie; toutes les fois que nous nous sommes adressé à eux, ils se sont empressés, avec une obligeance et une sympathie dont nous tenons à leur témoigner notre reconnaissance, de nous donner les renseignements demandés; c'est ainsi que M. Ad. Martin est notre véritable collaborateur pour les parties concernant l'optique; nous devons à M. Gobert son procédé à l'albumine; nous avons fait de nombreux emprunts aux meilleures publications spéciales comme celles de M. Chardon pour le procédé au collodiobromure, de M. Audra, de M. Balagny, de M. de Chennevières pour le gélatinobromure d'argent, etc.; à moins d'oublis involontaires, qui se présentent trop souvent, nous nous sommes toujours efforcé de citer les sources de nos emprunts, tout en revendiquant pour nous seul la responsabilité du Livre en lui-même.

Pour la forme et les détails, nous avons retrouvé cette même obligeance. M. Hickel et M. Sautter de Beauregard ont mis à notre disposition leurs clichés instantanés les plus surprenants pour que nous puissions ajouter aux nombreuses figures du texte, des photographies comme preuves de la merveilleuse rapidité de l'impression lumineuse; notre collègue, M. Pector, a bien voulu accepter, avec un dévouement dont nous ne saurions lui être assez reconnaissant, la tâche la plus aride que puisse présenter l'impression d'un long ouvrage, celle de revoir une à une toutes les épreuves, d'avertir quelquefois l'auteur de corrections importantes à faire et d'éliminer du texte les innombrables imperfections que ne sait plus voir celui qui écrit et relit de si nombreuses pages. Nous ne voulons pas terminer sans remercier également M. Gauthier-Villars, notre éditeur, et son fils, M. Henry Gauthier-Villars, des soins qu'ils ont apportés tous deux à l'impression de cet Ouvrage, qui, destiné en grande partie aux gens du monde, est devenu un livre de luxe sans quitter sa forme sérieuse.

Paris, ce 15 décembre 1885.

A. DAVANNE.

TABLE DES MATIÈRES

DU TOME PREMIER.

CONSIDÉRATIONS GÉNÉRALES.

ÉPREUVES NÉGATIVES.

Ire PARTIE. — Principes communs a tous les procédés négatifs.

FIN.

TABLE DES FIGURES

DU TOME PREMIER.

PLANCHES.

ERRATA.

Page 25, lignes 11 et 12, *au lieu de :* regardait dans un angle, *lisez :* regardait sous un angle.

Page 26, ligne 13, *au lieu de :* 15 juillet, *lisez :* 5 juillet.

Page 55, ligne 17, *au lieu de :* pieds-tables, *lisez :* pieds.

Page 65, avant-dernière ligne, *après :* Derogy, *ajoutez :* Fleury-Hermagis.

Page 66, note en bas de page, *après :* Nous citerons en France MM., *ajoutez :* Berthiot.

Page 122, ligne 18, *au lieu de :* le flotteur plongera, *lisez :* plongera moins (ou montera).

Page 143, ligne 2, *au lieu de :* est entachée, *lisez :* elle est entachée.

Page 299, ligne 10, *au lieu de :* révélateur, *lisez :* préservateur.

(Prière à nos lecteurs de rectifier ces *errata* sur chaque page et de nous faire part de ceux qu'ils découvriront.)

LA PHOTOGRAPHIE.

CONSIDÉRATIONS GÉNÉRALES.

I. — DÉFINITION, BUT, APPLICATIONS DE LA PHOTOGRAPHIE.

1. **Définition.** — Sous le nom de *Photographie,* du grec φῶς, lumière (génit. φωτός), et γράφειν, écrire, tracer, dessiner, nous devons comprendre l'ensemble des méthodes qui utilisent l'action de la lumière pour obtenir et fixer l'image des objets que la lumière rend visibles.

Les procédés photographiques sont donc des moyens de produire des images et, suivant l'application qui en est faite, la Photographie et ses résultats deviennent scientifiques, artistiques ou industriels.

2. **But.** — Par la définition donnée, nous voyons que la Photographie présente toute garantie de vérité et d'authenticité dans la production de ses œuvres; elle tend à se substituer à la main de l'homme dans toutes les circonstances où il s'agit non de créer, mais de copier; non seulement elle apporte de nouvelles méthodes d'exécution, mais elle s'assimile les anciennes, comme la lithographie, les gravures en relief et en creux; elle doit chercher à supprimer de plus en plus tout intermédiaire entre le sujet original et sa reproduction.

3. **Applications.** — La Photographie ne se borne pas, comme on est trop souvent tenté de le croire, à la production de portraits ou de vues d'après nature; ses applications sont beaucoup plus géné-

rales et en quelque sorte illimitées, car elle offre une collaboration des plus utiles dans la plupart des travaux sur lesquels se porte l'activité humaine.

Dans les Sciences, lorsqu'on recherche l'exactitude, la finesse, l'authenticité des détails, on s'efforce d'obtenir l'image photographique et, de l'infiniment grand à l'infiniment petit, de l'Astronomie à la Micrographie, toutes les fois qu'on veut obtenir l'exacte reproduction d'un phénomène ou d'un objet visible, on s'adresse à la Photographie. Nous citerons seulement, dans cet ordre d'idées, les belles études sur la constitution du Soleil par M. Janssen, les observations du passage de Vénus, les analyses de la locomotion par M. Marey, les constatations médicales du Dr Charcot, les nombreuses observations micrographiques sur les sujets les plus divers et tant d'autres recherches qui fussent restées ignorées, contestables, ou même impossibles, si la Photographie n'était venue les faciliter et leur donner son indéniable cachet d'authenticité.

La surface photographique, a dit M. Janssen, est la rétine du savant; mais cette rétine est bien supérieure à celle de notre œil, car elle s'impressionne, elle voit infiniment plus vite, elle aperçoit même les choses qui nous échappent, elle garde à tout jamais, pour la montrer, l'impression qu'elle a reçue.

Pour les arts, la Photographie est l'école de la vérité; déjà elle a répandu dans le public une connaissance suffisamment exacte de toutes choses pour imposer des limites au domaine parfois exagéré de la fantaisie; sans nous arrêter à répondre à quelques injustes attaques, nous rappellerons seulement que la plupart des artistes s'empressent de l'utiliser pour leurs études, pour leurs documents, souvent même pour reporter à grands traits sur la toile une mise en place juste d'un sujet qu'ils ont quelquefois saisi sur le vif au moyen de la chambre noire; c'est encore à la Photographie, à ses faciles procédés de reproduction qu'ils demandent pour leurs œuvres cette vulgarisation rapide qu'autrefois la gravure ne donnait à quelques privilégiés qu'après une longue attente.

Les services rendus au point de vue industriel comprennent surtout la reproduction des plans, la représentation, la constatation des œuvres faites; et maintenant, toutes les fois qu'il est possible, la Photographie vient remplacer les dessins dont on pourrait soupçonner l'exécution; c'est ainsi que l'industriel collectionne ses carnets d'échantillons, qu'il conserve dans ses archives ses plans, ses modèles et les sujets divers qui l'intéressent.

Enfin, la facilité de plus en plus grande des procédés employés, le charme des résultats obtenus font de la Photographie une occupation extrêmement attrayante pour les amateurs qui ne veulent pas rester des désœuvrés; il est rare maintenant qu'un touriste ne remplace pas le carnet, trop souvent inutile, du dessinateur, par une petite chambre noire d'un transport et d'un emploi commode qui lui permet d'avoir au retour une précieuse collection de souvenirs et souvent des documents artistiques ou scientifiques du plus haut intérêt. Mais nous touchons ici au point faible de cette application très généralisée : la plupart des amateurs achètent d'excellents instruments et produits; seulement ils oublient presque toujours d'apprendre à s'en servir. L'usage en est un peu plus difficile qu'ils ne le pensent au premier abord : ils ne récoltent alors que déceptions et dégoûts. Pourtant l'étude de la Photographie est aussi intéressante que son emploi; les deux réunis fournissent une des plus charmantes et des plus complètes occupations que l'on puisse désirer.

Devant ce vaste ensemble d'applications, on ne doit pas être surpris si les recherches, les études faites de tous côtés dans des buts différents ont donné naissance à de nombreux procédés, à une grande variété dans les instruments. Dans ce Traité général, il nous sera impossible de résumer tous les travaux faits, qui ont déjà fourni la matière de quelques centaines de volumes, mais nous nous efforcerons de grouper les méthodes de telle sorte qu'il soit possible d'y trouver les renseignements nécessaires.

II. — NOTIONS ÉLÉMENTAIRES.

4. Pour que la Photographie puisse fixer l'image des choses visibles, il faut réaliser deux conditions :

1° Former cette image, c'est-à-dire saisir dans la lumière générale une partie des rayons envoyés par le sujet, les réunir de manière à obtenir un ensemble qui apparaît comme un tableau lumineux;

2° Recevoir cette image lumineuse sur une surface qui, altérable par la lumière, en subit l'action et en conserve l'empreinte.

Nous avons donc, dans l'ensemble des phénomènes photographiques :

Une force qui agit : c'est la lumière;

Des corps qui reçoivent l'action : ce sont les surfaces sensibles;

Des organes, ou intermédiaires, qui dirigent cette force et cette action : ce sont les appareils.

Il nous faut d'abord connaître sommairement, pour ce qui nous concerne, la nature de la force que nous mettons en œuvre, c'est-à-dire examiner, d'une manière tout élémentaire et rapide, quelques-unes des propriétés de la lumière et donner la définition de plusieurs termes souvent employés.

Nous étudierons ensuite, d'une manière générale, les propriétés photographiques des corps que nous soumettrons à son action.

La connaissance des instruments viendra successivement, avec l'indication de leur emploi.

DE LA LUMIÈRE.

3. **Nature de la lumière.** — La lumière est naturelle ou artificielle. Pour la terre, les sources principales de lumière naturelle sont le Soleil, les étoiles, quelques météores; les sources artificielles sont les corps portés à haute température, soit par une combustion vive, soit par l'électricité et les corps phosphorescents.

En Photographie, on utilise surtout la lumière fournie par le Soleil.

C'est exceptionnellement qu'on a recours aux lumières artificielles, parmi lesquelles celle que donne l'électricité arrive en première ligne, parce qu'elle est la plus active; puis celle résultant de la combustion du magnésium ou de certains mélanges pyrotechniques; ensuite la lumière oxyhydrique ou Drummond, produite par la combinaison de l'oxygène et de l'hydrogène portant au blanc éclatant un corps infusible, comme la chaux ou la magnésie; enfin, actuellement, avec les préparations si sensibles mises à la disposition de la Photographie, on utilise quelquefois les éclairages ordinaires du gaz, des lampes, même des bougies.

La lumière est le résultat de vibrations que ces sources diverses communiquent en tous sens et qui, perçues par nos yeux, nous donnent la notion des choses visibles.

Une comparaison entre le son et la lumière, sans être rigoureusement exacte, scientifiquement parlant, rendra nos explications plus faciles.

Comme le son qui frappe nos oreilles et qui résulte de vibrations communiquées à l'air par les corps sonores, les vibrations lumineuses sont communiquées par la source qui les produit à un milieu subtil, toujours en mouvement, que l'on suppose répandu dans tout l'univers.

Ces vibrations, ces ondes sonores ou lumineuses, cheminent, les premières dans l'air, les secondes dans les espaces célestes, à peu près comme celles qui se forment à la surface d'une eau tranquille lorsqu'on y jette un corps quelconque; elles partent du centre qui leur donne naissance et rayonnent de tous côtés avec une rapidité qui, pour les ondes sonores, est de 340^{m} par seconde, pour les ondes lumineuses de 300000^{km} par seconde, en nombre rond.

Mais, bien que marchant avec la vitesse uniforme que nous venons d'indiquer, ces ondes peuvent être plus ou moins serrées : leur nombre est donc plus ou moins grand dans un même espace parcouru. Ces variations dans les longueurs d'onde donnent, pour le son, la différence du grave à l'aigu, pour la lumière, la différence dans les couleurs; et, de même qu'à chaque note de la gamme musicale correspond un nombre de vibrations qui, pour le *la* du diapason normal, est de 435 vibrations par seconde, de même, pour la gamme des couleurs du spectre, correspond un nombre de vibrations qui, en un millionième de seconde, est de 394000000 pour le rouge (raie A) et de 758000000 pour le violet (raie H) (¹).

Dans cette gamme des couleurs, représentée par le spectre solaire, nous chercherions vainement la lumière blanche; elle n'est pas formée, comme on serait tenté de le croire, par un rayon de lumière simple : elle est le résultat de l'union en un même faisceau

(¹) *La lumière, ses causes et ses effets*, par M. E. BECQUEREL, t. I, p. 147. Firmin Didot, 1867.

de tous les rayons colorés, ainsi que le prouve du reste l'expérience de l'analyse de la lumière faite par un prisme.

6. Spectre solaire. — Si, par une ouverture, on fait pénétrer un rayon de Soleil, qui est pour nous le type le plus parfait de la lumière blanche, et si on le reçoit sur un prisme convenablement disposé (*fig.* 1), les différentes parties composant ce rayon blanc

Fig. 1.

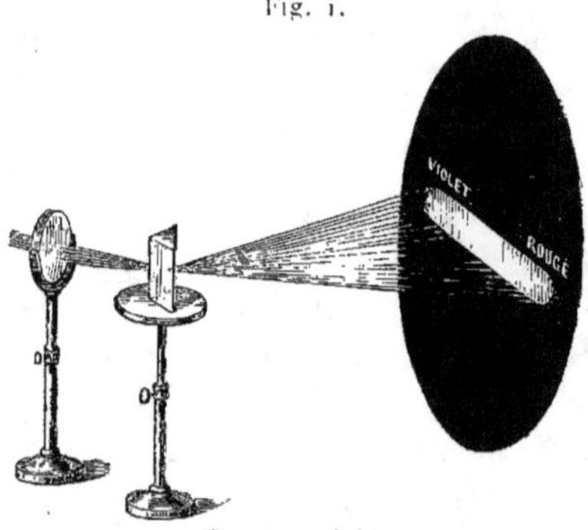

Spectre solaire

sont *réfractées*, déviées d'une manière inégale, le faisceau est brisé et la série des rayons colorés s'étale sur l'écran en formant une bande lumineuse qu'on appelle le *spectre solaire*. Ces rayons de lumière colorée se fondent successivement les uns dans les autres et viennent se ranger dans l'ordre suivant : rouge, orangé, jaune, vert, bleu, indigo, violet.

Le passage d'une couleur à l'autre étant insensible, il serait difficile d'indiquer une position exacte; mais, lorsqu'on examine un spectre très pur, on reconnaît dans toute son étendue l'interposition de raies noires qui, pour une même source lumineuse, comme le Soleil, ont toujours la même position relative; ces raies sont excessivement nombreuses, plus ou moins larges, quelquefois groupées ensemble, et la précision des récentes méthodes d'examen en fait découvrir chaque jour de nouvelles; toutefois, lorsque Fraunhofer et Wollaston reconnurent les premières, ils se servirent des plus importantes pour déterminer certaines positions fixes dans le spectre et ils les désignèrent par les lettres de l'alphabet. Nous donnons ici la figure colorée du spectre avec ces raies et leur désignation alphabétique (*fig.* 2), pour que l'on puisse toujours s'y reporter et comprendre plus facilement les expériences desquelles il résulte que telle ou telle préparation photographique est plus particulièrement affectée par les rayons de la région G ou H, ou E, etc. du spectre solaire.

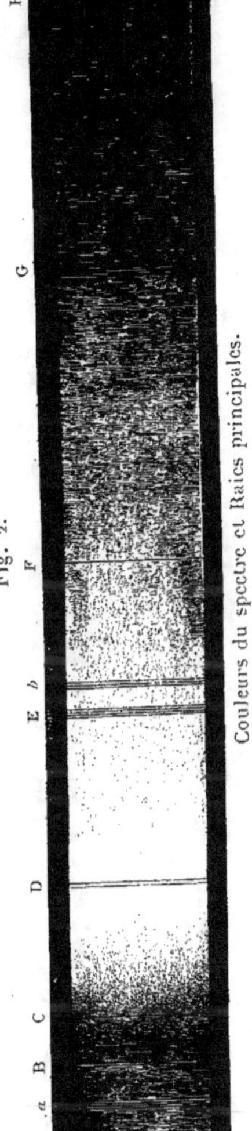

Fig. 2.

Couleurs du spectre et Raies principales.

7. Rayons calorifiques, lumineux, actiniques, rayons invisibles. — La lumière blanche possède diverses propriétés; outre l'intensité lumineuse qui frappe plus particulièrement nos yeux, elle a une intensité calorifique et elle favorise ou opère certaines réactions chimiques ou physiologiques; l'expérience a démontré que ces propriétés n'étaient pas uniformément réparties dans toutes les régions du spectre; si nos yeux sont plus particulièrement frappés dans les environs du jaune et du rouge (raie D), qui sont pour nous les parties les plus lumineuses, l'intensité calorifique réside surtout dans les rayons rouges (raie A), tandis que les actions chimiques ou physiologiques s'accusent principalement dans le bleu et le violet (raies G et H); même au delà du violet, il y a des rayons invisibles pour nous, mais dont les actions chimiques attestent l'existence; d'autre part, en deçà du rouge il y a des rayons calorifiques qui échappent à notre vue et sont très appréciables pour les instruments; dans le premier cas le nombre des vibrations lumineuses est supérieur, dans le second cas il est inférieur à ce que nos yeux peuvent percevoir.

L'intensité de chaleur est donnée par les rayons *calorifiques;*

L'intensité de lumière par ceux que nous appellerons plus particulièrement *lumineux;*

L'intensité d'action chimique par ceux que l'on désigne sous le nom de rayons *chimiques* ou *actiniques* ou *photogéniques.*

Les rayons qui sont en dehors du spectre visible donné par le prisme ont reçu le nom d'*extra-prismatiques;* ils comprennent les rayons infra-rouges et ultra-violets, c'est-à-dire au-dessous du rouge, raie A, au delà du violet, raie H.

8. **Absorption, réflexion, réfraction.** — Les rayons envoyés par une source lumineuse quelconque partent dans toutes les directions; ils cheminent en ligne droite et vont se perdre dans les espaces infinis s'ils ne rencontrent aucun obstacle; s'ils en rencontrent un, suivant sa nature, il y a absorption, réflexion ou réfraction; le plus souvent deux de ces modifications et même les trois sont partiellement réunies.

9. **Absorption.** — On nomme ainsi l'arrêt, l'extinction plus ou moins complète de la lumière. Si l'absorption est complète, il en résulte l'obscurité, le noir; mais cette absorption peut se produire dans des proportions infinies : l'intensité de la lumière diminue dans les mêmes proportions. Il peut y avoir absorption partielle ou complète de tels ou tels rayons colorés qui forment la lumière blanche; alors les autres restent seuls visibles, ce qui nous donne la sensation de l'immense variété des couleurs.

10. **Réflexion.** — Au lieu d'être absorbé, le rayon lumineux peut être réfléchi, c'est-à-dire qu'il rebondit sur la surface qu'il touche, comme une bille de billard rebondit sur la bande qu'elle frappe; de même, il est renvoyé en ligne droite : ainsi RO est renvoyé en OR' (*fig.* 3), en faisant, avec la normale NO, c'est-à-dire avec la perpendiculaire élevée sur le point touché O, un angle égal à celui sous lequel il est venu le frapper; ce que l'on énonce par la phrase suivante : L'angle de réflexion est égal à l'angle d'incidence ou RON est égal à NOR'; par suite, si la surface touchée est plane, l'angle ROA est égal à R'OB. Après avoir été réfléchi, le rayon lumineux continue son chemin en ligne droite

jusqu'à ce qu'il rencontre un nouvel obstacle qui l'absorbe, le réfléchisse ou le réfracte; l'ensemble de tous ces rayons plus ou moins modifiés dans leur course nous donne, par l'impression qu'ils font sur nos yeux, la connaissance des objets visibles qui nous entourent.

Fig. 3.

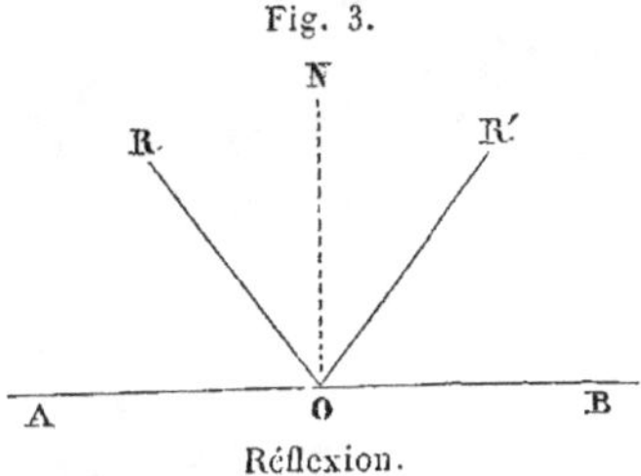

Réflexion.

11. L'obstacle rencontré peut être opaque, translucide ou transparent. S'il est opaque, il n'est pas traversé par la lumière, il la réfléchit ou l'absorbe; s'il est translucide, il arrête le rayon lumineux, le brise en tous sens pour ne laisser passer qu'une lumière diffuse : tel est le rôle d'un verre opale ou d'un verre dépoli; s'il est transparent, la lumière le traverse, mais une part est d'abord réfléchie, une autre absorbée; le reste passe en suivant la loi de la réfraction. Les corps translucides et transparents ne sont pas réellement des obstacles, mais des milieux que la lumière traverse en subissant des modifications.

12. **Réfraction.** — Lorsque le rayon passe dans un milieu transparent différent de celui qu'il quitte, il est plus ou moins dévié de la ligne droite qu'il suivait; il est réfracté et suit une droite nouvelle qui forme avec la précédente un angle plus ou moins grand d'après le pouvoir réfringent de ce milieu, jusqu'au moment où, quittant ce dernier pour passer dans un autre, il est réfracté de nouveau; l'expérience bien connue du bâton que l'on plonge dans l'eau et qui paraît brisé nous montre ce phénomène, qui devient plus saisissant encore si, mettant un objet quelconque M au fond d'une cuvette vide (*fig.* 4), on se place de manière à cesser de le voir; remplissant alors la cuvette avec de l'eau, sans que l'œil ait quitté sa place ni sa direction, on voit l'objet en M' là où il n'est pas réellement; les rayons envoyés par M à travers l'eau ont

été réfractés en R par leur passage dans l'air et ramenés dans la direction de l'œil.

Les lois de la réfraction forment une branche importante de l'Optique; nous n'avons pas à les étudier. C'est par leur rigoureuse

Fig. 4.

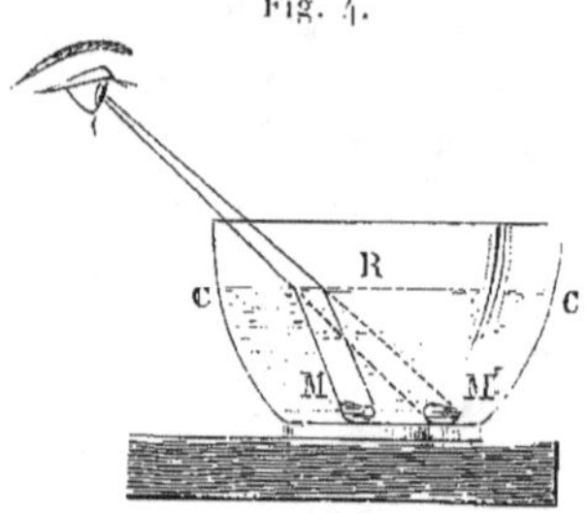

Réfraction.

application, par l'emploi de verres plus ou moins réfringents, recevant les rayons lumineux sur des courbes savamment calculées, sous des angles déterminés, que l'on construit les divers instruments d'Optique, parmi lesquels les plus importants pour nous sont les objectifs.

13. Dispersion. — Nous avons déjà dit que les divers rayons colorés qui composent la lumière blanche ne sont pas réfractés d'une

Fig. 5.

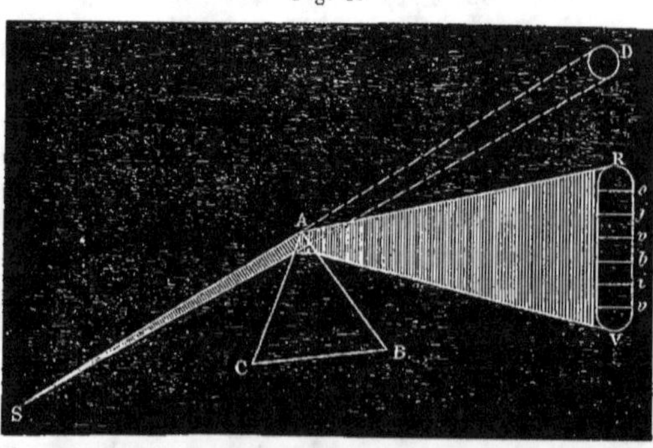

Dispersion.

manière égale par les milieux réfringents; après avoir traversé ce milieu, ils ne viennent pas se superposer, mais ils sont étalés à côté les uns des autres; le rayon rouge est le moins dévié, le moins réfrangible; le violet, au contraire, l'est beaucoup plus; c'est ce que l'on appelle le phénomène de la *dispersion* (*fig.* 5). Le faisceau lumineux blanc parti du point S aurait dû venir en D; il rencontre sur sa route le prisme ACB, il est réfracté en ARV; les divers rayons colorés qui le forment subissent la dispersion qui les échelonne en RV. En employant les corps qui possèdent au plus haut degré cette propriété, en les disposant de la manière la plus favorable, on étale, on rend visibles les diverses couleurs d'un rayon de lumière : on obtient le spectre lumineux.

14. **Achromatisme.** — Par les matières et par les formes qui entrent dans leur construction, les prismes, loupes, lunettes, objectifs et autres instruments d'optique que traverse la lumière réfractent plus ou moins les rayons lumineux. Ceux-ci subissent donc la loi de la dispersion et, après avoir passé par ces milieux, ils se décomposent en rayons colorés qui, réfractés inégalement, borderaient les contours des images en présentant les couleurs de l'arc-en-ciel, si ce défaut capital n'était corrigé par l'achromatisme (du grec α *privatif*, χρῶμα couleur : sans couleur).

L'achromatisme est obtenu en formant les prismes ou les lentilles avec des verres dont la composition et le pouvoir dispersif sont différents; en combinant les surfaces planes, convexes et concaves qui entrent dans la formation de l'ensemble, on ramène par le verre postérieur, au même point focal, une partie des rayons inégalement déviés par le verre antérieur et l'on détruit ainsi l'effet d'irisation qui altérerait l'image.

Généralement on achromatise deux des rayons du spectre; pour les instruments d'optique, ce sont les rayons rouges et violets; mais, pour les instruments de Photographie, on doit tenir compte avant tout des rayons actiniques qui agissent sur les surfaces sensibles, et l'on modifie la construction des lentilles d'objectifs de manière à achromatiser les rayons jaune et indigo.

15. **Diffraction.** — Lorsque des rayons lumineux émanant d'une source éclatante, telle que l'image du Soleil, trouvent sur leur parcours le bord d'une paroi très mince, ou lorsqu'ils passent à tra-

vers une ouverture très rétrécie, il se forme une série de bandes colorées sur l'écran qui reçoit ces rayons. Ce phénomène est dû à la *diffraction*.

16. **Irradiation.** — On comprend sous le nom d'*irradiation* le phénomène par lequel un corps vivement éclairé paraît plus grand qu'il n'est réellement, ce qui empêche d'en délimiter les contours. On est tenté d'attribuer à la cause de l'irradiation les auréoles qui entourent la reproduction photographique des points très lumineux, abstraction faite de la réflexion des rayons à travers les couches sensibles et de l'insuffisance possible de l'achromatisme.

DES CORPS SENSIBLES A LA LUMIÈRE.

17. Nous appelons *corps sensibles* ceux dont les propriétés physiques ou chimiques sont modifiées par la lumière. Leur nombre est beaucoup plus considérable qu'on ne le croit généralement : une étude attentive prouverait sans doute qu'il existe peu de corps sur lesquels la lumière n'ait une influence lente ou rapide. Nous retrouvons des preuves de cette action soit dans les organes des animaux ou des végétaux qui languissent dans l'obscurité et au contraire se colorent et se vivifient sous l'influence bienfaisante des rayons solaires (tels sont la peau humaine, les fleurs, les fruits, les feuilles); soit dans certaines substances d'origine organique : comme exemple nous citerons les huiles, les essences, quelques matières tinctoriales; soit, enfin, dans le règne inorganique ou minéral : tels sont les sels d'argent, de chrome, de fer, et un grand nombre d'autres composés.

18. **Action de la lumière.** — Cette action peut se produire avec une instantanéité foudroyante, ainsi qu'il arrive pour un mélange de chlore et d'hydrogène qui, inerte dans l'obscurité, se combine lentement à la lumière diffuse, mais détone avec violence s'il est touché par un rayon de Soleil ou de lumière électrique; quelquefois la modification par le fait de la lumière demande des années; ainsi nous avons vu l'alliage de mercure et d'étain qui forme le tain des glaces rester parfaitement brillant dans les par-

ties préservées, tandis que les parties exposées au Soleil prenaient lentement un aspect plus terne, dû sans doute à une cristallisation confuse [1].

Cette action de la lumière a des points de ressemblance avec celle de la chaleur : ainsi la lumière et la chaleur transforment le phosphore blanc en phosphore rouge; toutes deux modifient de la même manière la constitution moléculaire du corps; de même, elles favorisent les combinaisons : tels le chlore et l'hydrogène que nous venons de citer, qui s'unissent instantanément à l'état d'acide chlorhydrique par l'action vive de l'une et de l'autre; elles peuvent également défaire certaines combinaisons en les ramenant à un état plus simple : c'est ainsi que, sous leur influence, l'oxyde d'argent se sépare en oxygène et en argent métallique.

Mais si la lumière et la chaleur agissent souvent comme des forces analogues, leur action n'est pourtant pas entièrement semblable : le chlorure d'argent, qui, par l'insolation, perd partiellement son chlore, n'est pas décomposé par la chaleur, qui ne fait qu'en opérer la fusion.

Pour les applications photographiques, nous devons rechercher les corps sur lesquels la lumière a l'influence la plus rapide et en même temps ceux qui sont affectés par le plus grand nombre des divers rayons colorés du spectre. Les composés sensibles employés dans les procédés actuels sont : les sels d'argent; certains sels de fer mélangés de matières organiques, tels que le perchlorure de fer et l'acide tartrique, le prussiate rouge de potasse et le citrate de fer ammoniacal; les bichromates solubles également additionnés de matières organiques, comme la gélatine, l'albumine, le sucre ou autres substances analogues; quelques résines, et, plus particulièrement, parmi celles-ci, le bitume de Judée.

19. **Image latente.** — Le plus souvent l'action de la lumière est visible, elle s'affirme par une coloration différente du produit exposé; mais alors elle demande toujours, pour se manifester, un

---

[1] La glace qui a présenté ce phénomène avait été couverte par des lettres peintes (enseigne de boutique); lorsque, après plusieurs années, on enleva l'inscription qui couvrait le côté nu de la glace, cette inscription parut en métal poli sur le fond dépoli par la lumière.

temps appréciable, qui peut durer de quelques secondes à quelques heures pour les substances utilisables en Photographie.

Ce temps est relativement long, si on le compare à une autre action beaucoup plus rapide, ne laissant aucune trace visible sur le corps qui la subit, mais qui apparaît ensuite sous l'influence de réactifs appropriés.

Prenons comme exemple une couche de bromure d'argent étendue sur une glace, telle qu'on la trouve toute préparée actuellement dans le commerce sous le nom de *gélatinobromure ;* si on l'expose directement à la lumière, on voit le bromure d'argent changer de teinte, passer du jaune verdâtre clair au gris, puis à la teinte brun-rougeâtre; c'est la modification visible du corps : il se fait probablement une séparation plus ou moins profonde des éléments brome et argent; mais, au lieu de cette exposition à une lumière vive et continue, mettons-nous dans l'obscurité, couvrons une partie de la surface du bromure d'argent avec un papier noir, et passons la partie restée visible devant la lumière d'une simple bougie; si, ensuite, nous plaçons devant la bougie un verre rouge qui arrête les rayons les plus actifs pour le bromure d'argent, et si nous examinons attentivement toute la surface de la couche, nous n'apercevrons aucune différence entre la partie qui a été préservée et celle qui a reçu la lumière de la bougie, et pourtant il suffira de plonger cette surface sensible dans une solution d'oxalate ferreux, (3 à 4 parties d'une solution de 30 parties d'oxalate neutre de potasse pour 100 parties d'eau et 1 partie de solution de sulfate de protoxyde de fer également à 30 pour 100) pour voir après quelques instants le bromure d'argent noircir partout où la lumière de la bougie l'a frappé; ce corps est décomposé et ramené à l'état d'argent métallique par les deux actions réunies de la lumière et du réactif; il reste inattaqué là où il a été préservé. Ce fut Daguerre qui, le premier, en faisant des expériences sur l'iodure d'argent, découvrit l'influence latente de la lumière sur ce composé et la possibilité de la faire apparaître; on reconnut après que le bromure et le chlorure d'argent présentaient des propriétés semblables.

20. Théorie de l'action lumineuse sur les sels d'argent. — La lumière, avons-nous dit, agit sur les corps sensibles comme une force qui favorise tantôt la combinaison, tantôt la séparation de leurs éléments, ou qui n'opère quelquefois qu'un simple changement dans la disposition des molécules; de quelle manière agit-elle sur les composés argentiques? Cette question, qui semble si facile à résoudre, est au contraire très complexe, mais on peut tout d'abord affirmer que le résultat *photographique final* est presque toujours le retour des composés argentiques vers l'état métallique et, le plus souvent, à l'état métallique; la lumière agit donc surtout comme favorisant leur réduction.

Les sels d'argent qui, dans la pratique, servent à préparer les surfaces sensibles, sont presque uniquement les sels dits haloïdes, c'est-à-dire les iodure, bromure et chlorure d'argent. Sous l'influence de la lumière, le chlore, le brome et l'iode tendent à se séparer de l'argent auquel ils sont combinés et la séparation est plus facile s'ils se trouvent en présence de corps qui peuvent les absorber.

Le chlorure d'argent pur (AgCl) se décompose en chlore et en argent [1], en passant peut-être par un état intermédiaire qui serait un sous-chlorure d'argent (Ag^2Cl).

Le bromure d'argent prend une teinte ardoise qui semble indiquer la séparation du brome et de l'argent; cette séparation est-elle complète comme pour le chlorure ? Se produit-il seulement un sous-bromure encore hypothétique ? Jusqu'à ce que des études suffisantes aient été faites sur ce point et aient soumis à l'expérience les nombreuses variétés de bromure d'argent reconnues par M. Stas, augmentées depuis par les recherches photographiques et, plus particulièrement, par celles de M. le capitaine Abney, nous nous bornerons à mentionner les faits de changements dans la coloration qui indiquent une action réductrice.

Avec l'iodure d'argent, il nous faut d'abord faire une distinction; il existe au moins deux iodures d'argent que l'on considère comme ayant la même composition chimique, mais offrant une différence bien tranchée dans leurs propriétés photographiques. On les forme tous deux en mélangeant une solution de nitrate d'argent avec une solution d'iodure soluble; tant qu'il reste une minime quantité de

---

(1) Recherches sur les *Épreuves photographiques positives*, par MM. DAVANNE et GIRARD, p. 54 et 55. Gauthier-Villars, éditeur, 1864.

l'iodure soluble non transformé, l'iodure d'argent en suspension dans le liquide est jaune clair, désagrégé, comme poudreux et complètement insensible à la lumière; il prend une faible sensibilité si, par des lavages prolongés, on élimine complètement l'iodure soluble; mais, aussitôt que la totalité de celui-ci a été transformée en iodure d'argent et qu'il intervient une trace d'azotate d'argent en excès, l'aspect du précipité change, il prend une teinte un peu plus foncée, il s'agglomère, devient caséeux, tombe au fond du vase et est assez sensible à la lumière pour noircir plus ou moins rapidement; ce que la lumière seule ne pouvait faire avec le premier composé, parce que l'iodure soluble en excès, loin d'absorber l'iode mis en liberté, eût été dans ces conditions disposé à en fournir (*voir* plus loin, p. 27, les expériences de Bayard en 1839), s'accomplit avec le second, parce que, en présence de l'iodure d'argent, il se trouve du nitrate d'argent, c'est-à-dire un corps capable d'absorber l'iode à mesure que la lumière tend à le mettre en liberté. Ce composé coloré est-il un sous-iodure ou un mélange d'argent et d'iodure d'argent? C'est la même question que pour le bromure.

Nous pouvons conclure que, dans toutes les circonstances où l'action de la lumière sur les sels d'argent est visible, le phénomène d'une réduction plus ou moins profonde apparaît par le changement de coloration. Mais que se passe-t-il pour l'image latente? Pourquoi une impression lumineuse qui ne laisse aucune trace visible se développe-t-elle sous l'influence des réactifs? Est-ce un phénomène purement physique ou un phénomème chimique? Cette question, soulevée depuis plus de vingt ans, n'est pas encore résolue; peut-être même ne s'entend-on pas sur la valeur à attribuer aux mots *physique* ou *chimique*.

Les trois sels haloïdes d'argent, le chlorure, le bromure, l'iodure, présentent la remarquable propriété de recevoir l'impression latente et, de même que la lumière peut les noircir directement, de même, si la lumière les a touchés sans laisser de traces, ils noirciront sous l'influence des réactifs révélateurs; on peut dire que l'action directe de la lumière et l'action latente marchent parallèlement dans des conditions identiques. Prenons comme sujet le bromure d'argent, qui forme aujourd'hui la surface sensible la plus généralement employée; une impression lumineuse très rapide suffit pour modifier d'une manière latente l'état de la surface qu'elle frappe; cette modification est-elle passagère comme celles que produisent ordinairement les causes dites physiques? Non, elle est profonde et durable; elle résiste pendant des mois sans disparaître et, de même qu'une lumière intense, ayant quelque durée, semble séparer visiblement les molécules brome et argent, de même une lumière rapide leur donne une tendance à se décomposer; de telle sorte que les réactifs chimiques, impuissants à opérer seuls la décomposition, peuvent au contraire la produire, s'ils ont été aidés par l'action lumineuse; tout le bromure d'argent suffisamment insolé prendra peu à peu la coloration noire en se transformant en argent métallique. Nous préférons considérer l'état nouveau communiqué au bromure d'argent par la lumière, comme une modification d'ordre chimique, plutôt que comme une modification d'ordre physique. Les mêmes phénomènes ont lieu avec le chlorure d'argent.

Il existe une si étroite parenté entre les composés argentiques du chlore, du brome et de l'iode, que l'on peut, sans grande témérité, penser que ce qui est vrai pour les deux premiers est bien près de l'être pour le troisième; cependant, l'iodure d'argent résiste plus que les deux autres à l'action lumineuse; les réactifs que nous employons ne semblent pas assez énergiques pour continuer l'impression première et pour faire apparaître l'image latente qui déjà demande plus de temps pour se produire. Le réducteur doit être de nature à pouvoir être mélangé de nitrate d'argent. Il se passe alors une action plus complexe que la précédente : c'est le nitrate qui fournit les molécules d'argent réduit; celles-ci sont attirées sur les parties que la lumière a touchées; *nous supposons* que la lumière opère une première action réductrice invisible, probablement accentuée par le révélateur, et cette réduction forme les centres d'attraction sur lesquels se portent les molécules d'argent réduit.

Les objections présentées à cette théorie par les partisans d'une action attractive purement physique développée à la surface de l'iodure d'argent ne peuvent se soutenir si on les applique au bromure; elles reposent sur une étude de l'iodure d'argent absolument pur et sont abandonnées par leurs auteurs eux-mêmes si l'iodure d'argent est mélangé d'autres substances, ainsi que cela a toujours lieu en Photographie. Nous reconnaissons que nos suppositions sont aussi discutables que celles de nos savants contradicteurs; seulement nos hypothèses s'appuient sur la similitude de faits généraux, tandis que les leurs reposent sur l'observation de faits exceptionnels en dehors de la pratique.

Selon ces auteurs, l'iodure d'argent pur ne subit aucune modification chimique, il ne fait qu'acquérir la propriété d'attirer les molécules étrangères, par une sorte d'affinité toute physique : c'est ainsi que se développeraient les images latentes des épreuves daguerriennes par les vapeurs de mercure, celles sur collodion humide par le dépôt d'argent réduit; et, quand nous objectons la remarquable expérience d'Young, dans laquelle une image latente obtenue sur collodion albuminé, complètement invisible après le fixage qui a enlevé l'iodure d'argent, peut être néanmoins développée, ils répondent qu'il s'est fait alors, en dehors de l'iodure d'argent, une combinaison invisible avec la matière organique; c'est possible, mais nous nous trouvons alors, pour des faits qui sont évidemment du même ordre, en face de trois théories différentes, suivant qu'il s'agit d'iodure d'argent pur, d'iodure d'argent mélangé de matières organiques, ou de bromure d'argent.

L'état de la question ne semble pas assez avancé pour qu'on puisse donner une théorie certaine; quelques phénomènes accessoires, comme la solarisation, la compression viennent encore la compliquer. Nous laissons aux recherches futures le soin d'apporter les éclaircissements nécessaires; mais, dans la pratique, nous pouvons être certains de ne pas faire fausse route en assimilant la formation de l'image latente à celle de l'image visible, et en affirmant que les réactions agissant sur cette dernière agiront d'une manière analogue sur la première, ce qui nous engage à préférer la théorie, encore incomplète, d'une action réductrice ayant plutôt le caractère chimique que le caractère physique.

21. Action des rayons colorés. — Si l'on fait agir sur les composés sensibles les différents rayons colorés qui forment le spectre lumineux, et non ceux de la nature qui sont toujours plus ou moins mélangés de lumière blanche diffuse, on reconnaît que les uns sont actifs : ce sont les plus réfrangibles; tandis que ceux qui s'étendent vers le rouge sont de moins en moins énergiques; on voit cependant le maximum d'action se déplacer suivant les substances expérimentées et suivant le mode de préparation de ces substances : ainsi, le maximum d'activité qui correspond à la raie G, pour l'iodure d'argent (*fig.* 6) n°s 1 et 2, est sensi-

Fig. 6.

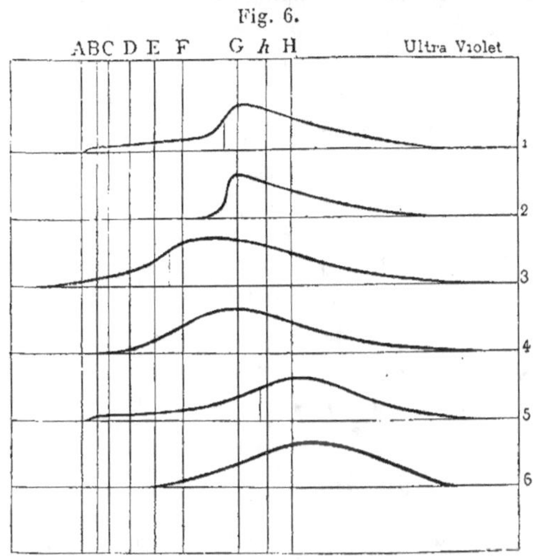

Courbes indiquant l'action des diverses couleurs du spectre sur l'iodure (1, 2), le bromure (3, 4), le chlorure (5, 6) d'argent.

blement reporté vers la raie F pour le bromure n°s 3 et 4; il se rapproche encore davantage de F pour les préparations au bichromate de potasse, tandis qu'il est dans la partie violette et au delà pour le chlorure d'argent n°s 5 et 6; les n°s 1, 3, 5 indiquent l'action de la lumière par impression directe, les n°s 2, 4, 6 indiquent l'action par développement sur l'iodure, le bromure et le chlorure d'argent. Dans tous les cas, l'influence de la lumière, tout en diminuant d'une manière régulière, va se prolongeant dans la partie ultra-violette du spectre, dans les rayons invisibles; elle tend au contraire à s'effacer plus rapidement dans sa marche vers la partie rouge. Le tableau ci-dessus, relevé sur ceux qu'a publiés M. le capitaine Abney, montre très nettement ces différences; on peut donc conclure d'une manière générale des expériences faites par M. Edm. Becquerel (1), par M. le capitaine Abney (2), par M. le Dr Eder (3) et par M. le Dr Vogel que, pour les procédés photographiques, le maximum d'action est donné par les rayons bleus et indigo pour l'iodure et le bromure d'argent, par les rayons violets pour le chlorure; avec les préparations nouvelles au gélatinobromure ce maximum est légèrement déplacée vers la raie F et l'action est beaucoup plus étendue, principalement dans la partie la plus réfrangible (4).

On ne peut pas dire toutefois que ces données soient absolues; elles peuvent être modifiées par un changement dans les préparations :

Si l'expérience de l'action du spectre solaire sur la plaque sensible est précédée d'une très courte exposition à la lumière blanche, l'activité des rayons lumineux devient générale, et elle s'étendra de l'ultra-violet à l'infra-rouge. Si l'on interpose un milieu coloré ne laissant plus passer que des rayons de lumière simple, l'actinisme est déplacé et son maximum se trouve là où les rayons de lumière simple sont les plus intenses; enfin il est certaines sub-

---

(1) *La lumière, ses causes et ses effets*, par M. Edm. Becquerel.

(2) *De l'influence du spectre solaire sur les composés haloïdes d'argent et sur les mélanges de ces mêmes sels*, par M. le capitaine Abney (*Bulletin de l'Association belge de Photographie*, n° 4, 1882).

(3) *Des actions chimiques de la lumière colorée*, par le Dr Eder.

(4) Nous devons mentionner ici une expérience, réalisée par MM. Bardy et Bertin, qui ne concorde pas avec les recherches sur l'action chimique des divers rayons colorés du spectre faites au moyen du spectroscope sur le bromure d'argent et d'après lesquelles le bromure serait influencé faiblement, mais d'une manière notable, par les rayons jaunes. Ces savants, pour une étude d'un autre ordre, voulurent fixer une image obtenue au moyen de la lumière monochromatique jaune, telle que la donnait l'arc électrique dont l'une des électrodes était formée par du sodium. Bien que cette lumière fût éclatante, la plaque sensible, exposée d'abord avec crainte pendant quelques secondes, pût rester exposée pendant vingt minutes sans donner au développement aucune trace d'image ni même un commencement de voile.

Ne doit-on pas en conclure que le rayon jaune, s'il est absolument pur, n'a aucune action sur les préparations ordinaires au bromure d'argent et qu'il serait très avantageux de trouver un milieu qui ne laissât passer que ce rayon pour la préparation et le développement des plaques sensibles ?

stances qui, ajoutées aux corps sensibles, modifient l'actinisme sans leur faire subir cependant aucune décomposition : telles sont la chlorophylle, l'aurine, la coralline, l'éosine, etc.; avec une glace au bromure d'argent mélangée d'éosine, les couleurs sont sensiblement traduites comme nos yeux les apprécient : le jaune est lumineux, le violet est sombre, tandis que les préparations ordinaires donnent le contraire (1).

Nous n'avons pas besoin d'insister sur l'intérêt de ces recherches et de ces expériences dans les applications de la Photographie; si, pour les vues d'après nature, la somme de lumière diffuse renvoyée par les divers objets colorés permet d'obtenir un effet assez exact avec les produits ordinaires, du moment que leur sensibilité est suffisante, il n'en est plus de même pour les reproductions de tableaux, dont l'effet se trouve trop souvent renversé par les préparations sensibles courantes; en utilisant les propriétés de l'éosine, on se rapprochera davantage de la vérité.

La différence d'action des divers rayons colorés, qui, dans la pratique, peut présenter de sérieux inconvénients, a néanmoins des avantages; elle est mise à profit pour préparer, dans un éclairage anti-actinique, les diverses surfaces sensibles que l'on veut employer. Déjà, tout en prenant la précaution de ne se servir que d'éclairages jaune orangé ou rouge foncé, on est obligé de n'opérer qu'avec une faible lumière; si l'on n'avait eu la ressource des lumières non photogéniques, il eût fallu travailler dans une complète obscurité. Les colorations anti-actiniques ont une influence si marquée, que les préparations photographiques les font apparaître même quand nos yeux ne peuvent saisir aucune différence de teintes. Dans un portrait, les plus légères taches de rousseur s'accentuent comme des traces de petite vérole, des accidents invisibles peuvent se manifester et le Dr Vogel cite l'exemple d'une dame dont le portrait apparut criblé de petites taches menaçantes sans qu'il y eût

(1) Le principe de ces expériences a été posé sous forme de loi de la manière suivante : Ce sont seulement les rayons arrêtés ou absorbés par la substance sensible à la lumière qui agissent chimiquement sur celle-ci. Draper a montré en 1842 que les rayons colorés qui agissent chimiquement sur une substance sont absorbés. MM. Waterhouse, Vogel, Cros, Ducos du Hauron ont particulièrement étudié cette action. — Voir le Dr I.-M. Eder, *Des actions chimiques de la lumière colorée.*

cependant rien d'apparent sur la peau; peu de jours après, cette dame mourait de la petite vérole, que les préparations photographiques avaient vue avant le médecin. De même, dans des reproductions conduites avec soin, on peut revivifier des écritures que l'action du temps ou des altérations frauduleuses ont fait disparaître, régénérer ainsi des palimpsestes et mettre en évidence des lavages opérés par des faussaires.

III. — HISTORIQUE.

22. Travaux antérieurs à l'invention de la Photographie. — En recherchant dans les temps éloignés s'il existe quelques observations relatives à l'action de la lumière sur les corps, on retrouve au temps d'Auguste la recommandation faite par Vitruve de placer les tableaux du côté du nord, pour éviter que les couleurs ne soient attaquées par les rayons du soleil. On attribue beaucoup plus tard, à G. Fabricius, au XVIe siècle, la remarque que la *lune cornée,* nom que les alchimistes donnaient au chlorure d'argent, se colorait par la lumière; G. Fabricius, dans son ouvrage (¹) *De metallicis rebus variæ observationes,* mentionne un argent natif ayant les couleurs les plus variées, l'aspect de la corne, la mollesse et la fusibilité du plomb. C'est seulement vers 1777 que furent faites les premières observations sérieuses par Scheele, le grand chimiste suédois auquel la science est redevable de si belles découvertes. Dans ses expériences (²), Scheele constate que le chlorure d'argent noircit sous l'influence de la lumière, qu'il est réduit à l'état d'argent attaquable de nouveau par l'acide nitrique; il va plus loin, il reconnaît que cette action n'est pas la même dans les différentes parties du spectre, et qu'elle est beaucoup plus rapide dans les rayons violets.

Senebier, en 1782, répétant les expériences de Scheele, montra que, pour obtenir une intensité de coloration sur le chlorure d'argent égale à celle produite par une exposition de quinze se-

(¹) G. Fabricius, 1565, *De metallicis rebus variæ observationes : Argentum,* p. 7. — Bibliothèque nationale, S. n° 1295.

(²) Scheele, *De l'air et du feu,* 1781, p. 133, 134, 145, Bibliothèque nationale, R.

condes (¹) dans la lumière violette, il fallait cinq minutes et demie dans la lumière jaune et vingt minutes dans la lumière rouge.

En 1801, Ritter fait une découverte importante, celle des rayons ultra-violets ; il trouve qu'en dehors des rayons colorés visibles du spectre solaire, au delà du violet, il existe des rayons invisibles pour nos yeux, mais très actifs sur les composés sensibles et noircissant rapidement le chlorure d'argent.

Bérard sanctionne ces expériences en 1812 ; il sépare le spectre solaire en deux parties, soumet le chlorure d'argent à la réunion des rayons bleus, indigo, violets et ultra-violets et il voit que ce composé noircit très rapidement, tandis qu'il reste sans altération pendant plusieurs heures sous l'ensemble des rayons jaunes, orangés et rouges ; cet essai de Bérard semble prouver que ceux de Senebier ont été faits avec un spectre solaire qui n'était pas suffisamment privé de lumière diffuse.

La distinction entre les rayons actiniques et anti-actiniques se trouvait dès lors parfaitement établie, ainsi que l'influence des rayons ultra-violets, et l'on pouvait déjà comprendre, comme nous le comprenons aujourd'hui, pourquoi des lumières que notre vue apprécie comme sensiblement égales ont une action très différente sur les composés sensibles ; il suffit, pour produire un notable ralentissement dans l'action de la lumière, qu'une cause accidentelle quelconque absorbe les rayons invisibles ultra-violets, qui, dès lors, n'apportent plus leur concours.

En même temps que ces expériences faisaient connaître les propriétés de la lumière et son action sur le chlorure ou autres composés d'argent, on essayait de les utiliser pour obtenir des images.

Les premières tentatives remontent à 1780, époque où Charles, physicien français (²), obtint des silhouettes que dessinait le Soleil par l'emploi des sels d'argent étendus sur une feuille de papier ; il chercha également, mais sans succès, à reproduire ainsi les images de la chambre noire.

En 1802 (³), Sir Humphry Davy donne connaissance des travaux

(¹) EDER, *Des actions chimiques de la lumière colorée.*

(²) *La Photographie, ses origines, ses progrès ;* par BLANQUARD ÉVRARD. Lille, 1870.

(³) *Journal de l'Institut de la Grande-Bretagne,* t. I, p. 170. — *La Lumière,* n° 23, 15 juillet 1851.

de Wedgwood, qui copiait par ce moyen des images peintes sur verre et produisait également des silhouettes d'objets plats plus ou moins transparents; mais ce fut inutilement qu'il tenta aussi d'obtenir les images de la chambre obscure; Humphry Davy réussit un peu mieux avec la vive lumière du microscope solaire. Souvent Wedgwood ou Davy substituaient la peau blanche au papier; l'impression lumineuse se produisait ainsi plus rapidement, sans doute à cause des agents qui avaient servi à la préparation de la peau.

Mais tous ces premiers résultats avaient les mêmes défauts : la lumière donnait aux sels d'argent blancs une coloration plus foncée; les effets se trouvaient donc renversés; on ne pouvait produire par application que les contours, les silhouettes des objets, et nullement les modelés; enfin, si l'on connaissait le mode de préparation de quelques surfaces sensibles, on ignorait encore le moyen de détruire cette sensibilité sans effacer en même temps l'image obtenue; il était nécessaire de conserver celle-ci dans une complète obscurité; sans cela la surface noircissait dans tout son ensemble et la lumière, continuant son action, ne tardait pas à détruire l'image qu'elle avait formée.

23. Invention de la Photographie. — Ces études préliminaires avaient donc préparé dès le commencement de ce siècle l'invention de la *Photographie;* si l'on était encore loin du but : *Produire par l'action de la lumière l'image des choses visibles,* l'attention était appelée sur ce point, et nous ne devons pas être surpris de voir à la même époque plusieurs chercheurs s'y appliquer avec succès et donner différentes méthodes pour arriver à ce résultat.

A partir de 1814, Joseph-Nicéphore Niepce s'attache à ces recherches et veut reproduire l'image de la chambre obscure; en 1816 (¹), ainsi qu'il l'annonce lui-même dans sa correspondance avec son frère Claude Niepce, il obtint une épreuve encore incomplète avec des instruments et des moyens tout à fait insuffisants. Vers 1824, il employait comme agent sensible le bitume de

(¹) FOUQUE, *La vérité sur l'invention de la Photographie;* Paris, 1867, p. 67, 69; — L. FIGUIER, *Les merveilles de la Science,* 1869 : *La Photographie.*

Judée; l'image ainsi formée, quoique imparfaite, peut cependant être considérée comme la première photographie, car les effets lumineux, au lieu d'être renversés, étaient conformes à la nature et l'image produite était fixée par un dissolvant qui enlevait les parties de la couche sensible que la lumière n'avait pas modifiées; le dessin n'était plus altérable, il pouvait être exposé au grand jour.

Pour arriver à ce résultat, N. Niepce recevait l'image de la chambre noire sur une plaque métallique recouverte d'une couche mince de bitume de Judée; les grandes lumières rendaient le bitume insoluble dans les essences et les éthers et, après insolation, la plaque lavée dans ces dissolvants présentait une image dont les fonds brunis du métal accusaient les noirs, lorsqu'on la regardait dans un angle convenable, tandis que le bitume non dissous donnait les parties les plus claires; il est vrai qu'il fallait alors une exposition de 8^h à 10^h au Soleil pour obtenir cette impression, l'insuffisance de l'objectif augmentait considérablement le temps de pose nécessaire; l'invention existait, mais elle n'était pas encore pratique.

Nicéphore Niepce utilisa cette même réaction pour faire les premiers essais d'héliogravure; sur une plaque d'étain il étendait une couche de bitume de Judée très mince, il appliquait sur cette couche le recto d'une gravure dont le papier était rendu transparent par quelque vernis, et il exposait le tout au jour.

Sous l'influence de la lumière, le bitume devenait insoluble dans tous les clairs et restait soluble dans les noirs. Niepce lavait alors la plaque avec l'essence de térébenthine ou l'essence de lavande, ou avec un mélange des deux; le métal était mis à nu dans toutes les parties correspondant aux tailles : il n'y avait plus qu'à faire mordre à l'acide qui creusait les traits et restait sans action trop sensible sur le vernis formant réserve sur les autres parties. Nous avons de Nicéphore Niepce une reproduction de gravure datant de 1824, celle du portrait du cardinal d'Amboise; elle a été obtenue par ce moyen. Ce procédé était déjà très avancé; nous le retrouverons en entier dans les applications actuelles de la Photographie aux impressions par les encres grasses.

Les essais isolés de N. Niepce, commencés en 1814, comprennent une période de quinze années, mais les progrès ne marchaient qu'avec une extrême lenteur. De son côté, Daguerre, après avoir inventé le diorama, cherchait aussi les moyens de fixer les images de la chambre obscure, ce qui devait simplifier considérablement le travail de copie et de mise en place pour les toiles de diorama. Ce fut en 1826 que Daguerre eut connaissance des recherches de N. Niepce, par l'entremise de l'opticien Ch. Chevalier; alors commença entre les deux chercheurs une correspondance pleine de réserve[1]. Jusqu'en décembre 1829 Niepce continue seul ses recherches, et il résulte de sa correspondance avec M. Lemaître, célèbre graveur du temps, qu'en 1828 il employait déjà les plaques de doublé d'argent [2] pour produire l'image au bitume de Judée.

En 1829, Niepce et Daguerre s'associèrent, mettant en commun leurs recherches et leurs découvertes(+) Niepce mourut le 15 juillet 1833. Il serait difficile de déterminer la part d'invention qui revient à chacun des deux associés à cette époque; mais Daguerre continua les recherches commencées et peu à peu il transforma le procédé.

Déjà en 1831 il avait essayé de mieux faire ressortir l'épreuve obtenue sur plaque métallique, en noircissant les fonds par des agents sulfurants, puis par la vapeur d'iode [3] (Invention de Niepce)

Il reconnut alors la grande sensibilité d'une couche mince d'iodure d'argent formée sur un fond d'argent poli; il découvrit en 1835, nous ne saurions dire comment, que la couche d'iodure d'argent impressionnée par la lumière, bien qu'elle ne laisse voir aucune trace d'action, fixe cependant les vapeurs de mercure de telle sorte que l'image d'abord invisible se dessine avec une netteté et une finesse merveilleuses.

Daguerre fit à ce moment la plus grande découverte relative à la Photographie : celle de l'image latente, dont nul avant lui ne soupçonnait l'existence.

Pendant cette même période qui précède 1839, M. Bayard, chef de bureau au Ministère des Finances, mettait à profit, d'une autre manière, la propriété que possède la lumière de tendre à séparer

---

(1) FOUQUE, *La vérité sur l'invention de la Photographie*, p. 134, 135.

(2) *Ibid.*, p. 153.

(3) *Comptes rendus des séances de l'Académie des Sciences*, t. IX, p. 424. — EDM. BECQUEREL, *La lumière*, t. I, p. 168.

(+) Daguerre n'a jamais rien découvert; il a simplement volé et publié les secrets de Niepce, six ans après la mort de ce dernier.

l'iode de ses composés, même de ceux qui peuvent paraître les plus stables, et il obtenait directement à la chambre noire des images avec leurs lumières et leurs ombres telles que les présente la nature.

Son procédé consistait à former préalablement sur une feuille de papier une couche de chlorure d'argent en l'immergeant d'abord dans une solution de chlorhydrate d'ammoniaque à 2 pour 100 et, après dessiccation, en la posant sur un bain d'azotate d'argent à 10 pour 100. Le papier était séché, puis exposé en plein à la lumière jusqu'à ce qu'il devînt noir; il le lavait alors à plusieurs eaux et le conservait en portefeuille jusqu'au moment de l'employer. Pour en faire usage, il le trempait dans une solution d'iodure de potassium à 4 pour 100; il appliquait le côté blanc sur une ardoise mouillée avec la même solution et exposait ainsi sa préparation à la chambre obscure, le côté noir du papier recevant l'image.

Sous l'influence de la lumière, et en présence d'un corps capable d'absorber l'iode, l'iodure de potassium est décomposé; l'iode se porte sur l'argent, avec lequel il forme un iodure blanc jaunâtre, celui-là même que nous avons mentionné comme non altérable parce qu'il est mélangé d'un excès d'iodure alcalin; il en résultait pour le papier noir une décoloration qui, graduée suivant l'intensité lumineuse, produisait l'effet des modèles. L'image, bien lavée d'abord à l'eau pure, ensuite à l'eau ammoniacale, se conservait assez longtemps.

Le *Moniteur officiel* du 22 juillet 1839 mentionne que, le 24 juin de la même année, M. Bayard avait exposé en public un cadre renfermant des épreuves ainsi obtenues; ce cadre faisait partie d'une exposition organisée rue des Jeûneurs, dans la salle des commissaires-priseurs, au profit des victimes du tremblement de terre de la Martinique; les images photographiques de M. Bayard précédaient donc la divulgation des procédés de Daguerre et de Talbot; les méthodes étaient d'ailleurs complètement différentes.

Ce mode d'opérer ne fut pas communiqué par son auteur; aussi l'invention de M. Bayard passa presque inaperçue et fut éclipsée par la divulgation de la découverte de Daguerre; cependant, elle a été le point de départ de plusieurs applications intéressantes, surtout lorsqu'on eut reconnu l'identité des réactions pour les images visibles et les images latentes; en présence de la lumière, l'action directe de l'iodure de potassium sur le chlorure d'argent noirci est lente, mais elle se produit rapidement sur une impression latente; dans le premier cas, elle décolore la surface sensible; dans le second, elle l'empêche de noircir sous les réactifs.

De son côté, Daguerre communiqua à François Arago l'ensemble de son procédé, et, sur l'initiative de cet illustre savant, les Chambres françaises votèrent, les 3 et 30 juillet 1839, une loi qui accordait aux inventeurs de la Photographie, à titre de récompense nationale, une pension viagère de 10000^fr, soit 6000^fr pour Daguerre, 4000^fr pour Isidore Niepce, fils de Nicéphore et héritier de ses droits, les deux réversibles par moitié sur les veuves de l'un et de l'autre; le 10 août de la même année, François Arago fit connaître dans tous ses détails le procédé de Daguerre, par un Rapport très remarquable dans lequel il prévoyait déjà la majeure partie des grandes applications photographiques [1].

Cette récompense nationale, donnée par la France, dota le monde de cette merveilleuse invention de la Photographie, qui commença dès lors, sans entraves, la série de perfectionnements et de progrès qui ont amené toutes les applications actuelles.

Le procédé de Daguerre a régné sans rival pendant dix années sous le nom de *daguerréotype;* l'épreuve, obtenue sur plaque d'argent iodurée, devient visible par l'action des vapeurs de mercure (*voir*, au chapitre spécial, le détail des manipulations); les images sont d'une admirable finesse, mais elles ont les inconvénients graves d'être miroitantes, comme la surface d'argent polie qui les porte, et renversées, telles que les présente la chambre noire, à moins que l'on ne fasse usage d'un prisme ou d'une glace parallèle; les épreuves sont en outre facilement altérables, car, malgré l'énorme production qui se fit alors, il n'en reste que de rares spécimens; enfin, chacune d'elles est unique : pour en avoir une seconde, il faut répéter toute l'opération, ce qui est souvent impossible.

Aussi, malgré la beauté des résultats, ces inconvénients ont fait abandonner complètement ce procédé, remplacé aujourd'hui par d'autres méthodes dérivées des découvertes que Fox Talbot fit connaître peu après celles de Daguerre.

---

[1] *Comptes rendus de l'Académie des Sciences*, t. IX (1839), p. 250.

En effet, dans le courant de cette année 1839, F. Talbot, qui, depuis 1834, poursuivait le même problème, communiqua à la Société royale d'Angleterre le résultat de ses recherches, fondées, comme celles de Charles, de Wedgwood et de Davy, sur la sensibilité du chlorure d'argent ([1]) et sur le fixage des épreuves par l'iodure de potassium, bientôt abandonné pour l'hyposulfite de soude indiqué par Herschel.

Mais ce fut seulement en septembre 1840, plus d'un an après la publication des procédés de Daguerre, que Fox Talbot montra que des corps réducteurs autres que les vapeurs de mercure peuvent aussi développer une image latente sur une couche d'iodure d'argent et qu'il se servit à cet effet d'un mélange d'acide gallique et de nitrate d'argent.

La méthode de Talbot fut éclipsée au début par le succès passager de la plaque daguerrienne, mais elle se développa ensuite pour donner naissance à la plupart des procédés actuels.

On doit donc reconnaître que la Photographie compte, dans cette période de 1830 à 1840, quatre inventeurs : Nicéphore Niepce, qui fit à la chambre noire la première épreuve résistant à la lumière ; M. Bayard, dont le procédé n'a pu prendre qu'un développement accessoire ; Daguerre, ~~qui trouva l'image latente~~ (1) et le procédé complet qui porte son nom ; Fox Talbot, créateur des types négatifs qui ont permis à la Photographie de prendre tout son essor.

24. Négatifs et positifs. — Exception faite pour les images résultant des procédés de Daguerre ou de M. Bayard, l'action de la lumière sur les composés argentiques se traduit généralement par une coloration intense, soit que cette coloration se manifeste immédiatement, soit qu'elle se montre par le développement de l'image latente ; les grandes lumières donneront donc les teintes les plus foncées, et *vice versa*, et le résultat sera l'inverse de celui que l'on veut obtenir ; ainsi, le ciel lumineux s'accusera en noir, les arbres foncés ressortiront en blanc (*fig.* 7) ; dans un portrait, une robe noire deviendra une robe blanche, la figure blanche sera

([1]) *Notice biographique sur H. Fox Talbot*, par I. Richard Cull, F. S. A. Londres, Harisson et fils, 1879.

(1) L'image latente a été trouvée par Nicéphore Niepce, qui en fait longuement mention dans l'exposé de son procédé, remis par lui à Daguerre lors de leur association. C'est faux. il n'a rien donné à Daguerre

C'est faux ! le sublime de l'invention de Daguerre c'est d'avoir soupçonné et révélé cette image latente.

noire; cependant, si la préparation est bien faite, les plus faibles dégradations de lumière seront rendues par des dégradations de teintes égales, mais opposées, et l'image, bien que renversée, n'en sera pas moins harmonieuse dans son ensemble.

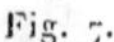

Fig. 7.

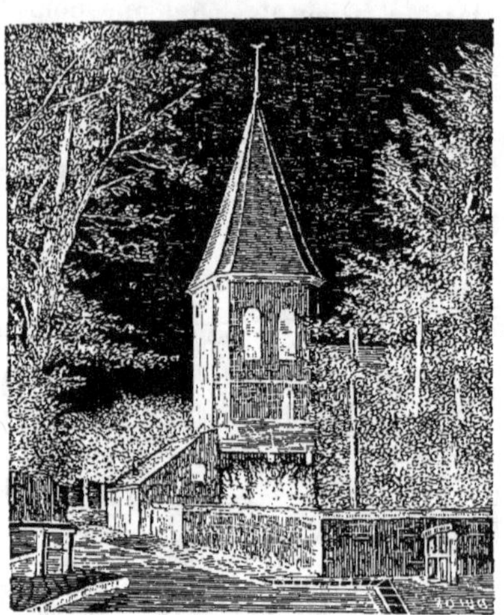

Épreuve négative.

Mais si, prenant cette première image inverse, on l'utilise comme modèle en recommençant l'opération, on la renverse de nouveau, et l'on revient à l'effet de la nature (*fig.* 8). On a donné à la première le nom de *négative* et à la seconde le nom de *positive*, et souvent, supprimant le mot *épreuve* ou *image*, on dit un *négatif*, un *positif*.

L'impression latente de la couche sensible pouvant être obtenue très rapidement, même avec de faibles intensités lumineuses, est utilisée pour copier l'image donnée par la chambre noire et produire le négatif; tandis que, le plus souvent, ce négatif sert comme écran pour faire directement sur chlorure d'argent, ou autres réactifs, l'épreuve positive qui s'accuse par la seule action de la lumière.

Cette nécessité de passer de l'épreuve négative à l'épreuve positive était une conséquence du procédé de Talbot; pendant quelque temps, elle fit préférer l'image daguerrienne, qui était directe et beaucoup plus fine; mais, les perfectionnements aidant, on reconnut bientôt que l'obtention d'un type négatif constituait au contraire une découverte précieuse pour la Photographie, puisque, le premier type étant obtenu, on pouvait par un simple

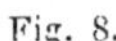

Fig. 8.

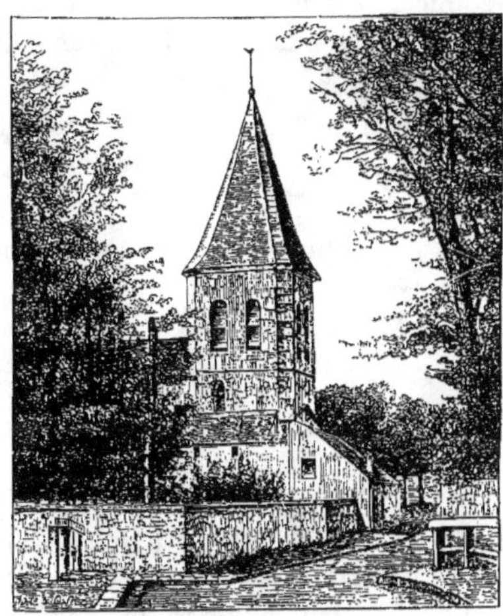

Épreuve positive.

décalque reproduire une quantité indéterminée de positives, ce qui était impossible avec le procédé sur plaque d'argent.

25. **Perfectionnements des procédés négatifs.** — L'épreuve négative (ou cliché), prise sur la nature ou sur un modèle quel qu'il soit, a donc une grande importance, car de sa perfection, de sa pureté dépend toute la beauté du résultat final qui est l'image positive; on ne saurait apporter trop de soins aux opérations qu'elle nécessite; aussi les moyens proposés pour l'obtenir ont-ils été très travaillés et continuellement améliorés.

Les manipulations compliquées du procédé auquel F. Talbot avait donné le nom de *calotype* furent d'abord très simplifiées par Blanquard Evrard en 1847 (1); mais les réactions se faisaient

(1) *Comptes rendus de l'Académie des Sciences*, t. XXIV, p. 117; 1847.

toujours sur papier; les négatifs ainsi obtenus avaient l'inconvénient d'être grenus comme la texture du support et de n'avoir qu'une transparence imparfaite; en outre, les manipulations devaient se succéder rapidement à partir du moment où ce papier avait acquis la sensibilité à la lumière; Niepce de Saint-Victor, neveu de Nicéphore Niepce, proposa, en 1848 (1), de remplacer le papier par le verre sur lequel il étendait une couche de gélatine, d'amidon, ou de préférence d'albumine additionnée d'un iodure soluble. Après la dessiccation, l'iodure alcalin était transformé en iodure d'argent par l'immersion de la glace préparée dans un bain de nitrate d'argent acidulé par l'acide acétique; l'albumine, coagulée du même coup, restait adhérente au verre et l'on avait ainsi une couche d'une très grande finesse. Ce procédé, que l'on emploie encore aujourd'hui lorsqu'on recherche le maximum de pureté, est délicat dans l'application; il manque de rapidité. Poitevin, en 1850(2), décrivit une méthode dans laquelle il employait sur verre la gélatine additionnée d'acétate d'argent; mais, dans la pratique, on préféra la préparation inventée par Legray et connue sous le nom de *papier ciré sec;* la cire donnait au papier une transparence beaucoup plus grande, elle en atténuait le grain et mettait les fibres à l'abri d'une attaque trop rapide par le nitrate d'argent, ce qui permettait, après un bon lavage, de sécher la préparation et de la conserver un jour ou deux avant de l'employer; c'était déjà un avantage considérable pour les voyageurs; cependant les négatifs sur papier, à peu près suffisants pour les vues de paysages et de monuments, n'avaient ni la rapidité ni la finesse qu'offrait la plaque daguerrienne pour l'obtention des portraits.

En 1850, on proposa de remplacer l'albumine et la gélatine par le collodion pour préparer sur verre les couches sensibles d'iodure et de bromure d'argent : ce furent MM. Archer et Fry qui publièrent la première formule applicable d'où découlèrent les innombrables variantes qui, de cette époque jusqu'à ces dernières années, ont été presque exclusivement employées.

(1) *Comptes rendus de l'Académie des Sciences;* t. XXVI, p. 637; 1848.

(2) *Procédés photographiques* de M. A. Poitevin, 2e édition, revue par M. L. Vidal. Gauthier-Villars, éditeur, 1882.

Le procédé dit du collodion humide fut immédiatement appliqué aux portraits, qui, obtenus à l'état négatif, étaient ensuite multipliés à autant d'exemplaires qu'on pouvait le désirer; il en résulta l'abandon de la plaque et un très grand développement des ateliers photographiques.

Mais l'ensemble des opérations devait être réalisé dans un temps trop court pour permettre l'emploi du collodion humide loin du laboratoire; il fallait que la couche sensible préparée sur le verre ne pût se dessécher, sans cela le nitrate d'argent en excès la détériorait complètement; aussi les essais pour préparer les glaces au collodion sec furent nombreux; ce fut Taupenot qui, en 1855, par l'alliance de couches collodionnées et albuminées, inventa la méthode excellente qui porte son nom et avec laquelle on put dès lors préparer des glaces sensibles se conservant assez longtemps pour en permettre l'usage dans les excursions lointaines.

Le champ ouvert aux préparations sèches ne tarda pas à s'agrandir; le procédé à l'albumine de Taupenot fut modifié et amélioré, puis une autre méthode, basée sur les propriétés du tannin, fut publiée en 1861 par le major Russell (¹). Le tannin, en effet, conserve pendant un temps fort long la sensibilité des couches collodionnées, et bientôt on vit apparaître un grand nombre de formules nouvelles appliquées à ces préparations; la plupart se rattachent au même principe et utilisent soit les dérivés du tannin, soit des solutions de matières organiques qui en contiennent une notable proportion, comme le thé, le café, etc. Mais, avec les préparations dites au tannin, la sensibilité photographique se trouve très amoindrie, surtout pour les rayons colorés moins réfrangibles que le bleu; le major Russell et les autres expérimentateurs reconnurent la nécessité d'augmenter de plus en plus la dose du bromure d'argent et même de le substituer complètement à l'iodure; M. Jeanrenaud nous communiqua une formule dans laquelle il n'employait plus que le bromure d'argent seul, à dose très élevée, sans addition de substance tannique ni d'aucun autre préservateur; il obtenait ainsi des préparations d'une grande sensibilité, qui lui

(¹) *Photographic News*, 15 mars 1861.

donnaient, même dans les ombres intenses, tous les détails des verdures.

Dans les procédés pour opérer à sec, la première condition est la complète élimination de tout le nitrate d'argent libre, ce qui permet de substituer aux révélateurs acides d'autres solutions, alcalines ou neutres, qui jusque-là n'avaient pu être employées qu'avec d'extrêmes précautions et après des lavages prolongés du collodion humide. Cette substitution fut un nouveau progrès pour les préparations sèches; on attribue au major Russell, en 1862, la première formule de révélateur alcalin formé d'acide pyrogallique additionné d'ammoniaque.

D'autres travaux, joints à ceux que nous venons d'énumérer, ont conduit à la préparation tout à fait industrielle et courante des glaces au gélatinobromure, que maintenant on trouve dans le commerce, dont on peut faire provision à l'avance et dont la sensibilité ainsi que la conservation dépassent toutes les prévisions. Ce progrès considérable a transformé de nouveau la Photographie dans ces dernières années.

Dès 1853, M. Gaudin ([1]) demandait théoriquement un liquide sensible tout prêt à être versé sur la glace; et, en 1861 ([2]), il réalisait ce *desideratum* par l'emploi d'une émulsion à l'iodure ou au chlorure d'argent à laquelle il donnait le nom de *photogène* et pour laquelle il employait le collodion ou la gélatine.

Plus tard, dans les années 1864 et 1865, MM. Sayce et Bolton ont décrit une formule de collodiobromure ([3]); mais elle n'offrait pas encore d'avantages marqués sur la pratique ordinaire. Ce moyen fut très travaillé pendant toute la période de 1865 à 1876, avec discussions nombreuses des divers partisans sur la question de savoir s'il fallait ou non employer des préservateurs; mais il n'a paru devenir réellement pratique que par la publication, en 1876, des procédés que M. A. Chardon étudiait depuis 1872 et auxquels la Société française de Photographie a décerné le prix proposé par elle, et de ceux que M. Warnercke a fait connaître, en 1877,

([1]) *La Lumière*, 20 août 1853.

([2]) *Ibid.*, 20 avril 1861.

([3]) *Théorie et pratique du procédé au gélatinobromure d'argent* du Dr Eder, 1883 (*Photographic News*, 1865, vol. IX, p. 305).

à l'Association belge de Photographie, procédés qui furent primés par elle et publiés dans son Bulletin.

Les grands avantages du collodiobromure furent bientôt dépassés par ceux du gélatinobromure. L'emploi de la gélatine fut successivement proposé : en 1847, par Niepce de Saint-Victor; en 1850, par Poitevin; en 1854, par Hadow; en 1856, par M. Bayard, comme modification du procédé Taupenot et moyen de remplacer l'albumine. La gélatine fut également appliquée, en 1861 (¹), par M. Gaudin, pour former la première émulsion à l'iodure d'argent; puis on l'utilisa pour la préparation des émulsions au bromure d'argent, procédé successivement très travaillé en Angleterre à partir de 1871, d'abord par le Dr R.-L. Maddox, M. King (1873), M. Burgess (*id.*). On se reporta aux études toutes chimiques, faites en 1873-1874, par M. Stas. M. Bennett, en 1878, montrait que l'émulsion de gélatine et de bromure d'argent augmente de sensibilité par l'action du temps et de la chaleur; en 1879, Van Monckhoven prouvait que l'ammoniaque produit le même résultat en beaucoup moins de temps.

L'ensemble de ces recherches a doté la Photographie de ce merveilleux procédé, dont l'usage est devenu général et qui est universellement connu aujourd'hui sous le nom de *gélatinobromure*.

26. **Perfectionnements des épreuves positives.** — Le perfectionnement des épreuves positives a suivi celui des épreuves négatives; le tirage des images aux sels d'argent, étudié dans sa théorie par MM. Davanne et Girard (1855 à 1864), est devenu plus régulier, mais ses résultats sont encore altérables et coûteux; de plus, le tirage est subordonné aux variations continuelles de la lumière; aussi, dès le début de la Photographie, nous voyons les efforts les plus soutenus et les plus variés pour produire des épreuves au moyen de produits de prix moins élevé ou par des procédés mécaniques.

Les sels de fer et les bichromates solubles additionnés de matières organiques peuvent remplacer le chlorure d'argent.

Les premiers, étudiés d'abord par Hunt et par Herschel, de 1840

(¹) *La Lumière*, p. 21-25 (1861).

à 1844, ont été repris ensuite; en 1863, M. de Motileff obtenait, par l'emploi de citrate de fer ammoniacal mélangé de prussiate rouge de potasse, le papier sensible connu sous le nom de *papier Marion*, avec lequel on produit les épreuves bleues. A. Poitevin, parmi ses nombreux travaux, commencés en 1842 et continués jusqu'à la fin de sa carrière (1882), a montré que le perchlorure de fer mélangé à l'acide tartrique était réduit par la lumière, ramené à l'état de protochlorure, et que cette réduction était mise en évidence par le cyanoferrure de potassium en donnant une coloration bleue, ou par l'acide gallique en formant un gallate de fer noir d'encre. A côté de ces réactions, utilisées dans la pratique et qui ont été le point de départ des procédés de M. Pellet et de M. Colas, Poitevin en a indiqué un très grand nombre d'autres qui restent encore à l'état théorique.

Les progrès les plus importants sont dus aux recherches de l'action de la lumière sur le mélange des bichromates alcalins avec des matières organiques dont ils modifient profondément les propriétés.

Ce fut Mungo Ponton qui, le premier, en 1838, montra qu'un papier imprégné de bichromate de potasse prend une teinte plus foncée sous l'influence de la lumière. M. Edm. Becquerel, en 1840, utilisa cette réaction, suivie de celle de l'iode sur l'amidon du papier, pour produire de véritables épreuves photographiques. En 1853, Fox Talbot reconnut que la gélatine bichromatée, étendue en couches minces sur métal et exposée sous un écran photographique ou autre, devenait insoluble par l'action de la lumière et constituait une réserve contre l'action corrosive des persels métalliques, tels que le bichlorure de platine ou le perchlorure de fer. Il fit ses premières planches de cuivre gravées par ce procédé, qui, ensuite, a été généralisé. En 1855, M. Paul Pretsch montra que les reliefs durs de gélatine, que l'on obtenait en enlevant par l'eau chaude les parties restées solubles, pouvaient être moulés par la galvanoplastie et fournir ainsi des planches pour l'impression en taille-douce; mais ce fut surtout, à cette époque, la communication des études de Poitevin sur la gélatine bichromatée qui amena les plus grands progrès, car, de ces études, Poitevin fit sortir le procédé dit au charbon, les moulages des reliefs humides et les procédés analogues à la lithographie, qui sont la base des grandes applications actuelles.

La transformation des épreuves photographiques en planches susceptibles de donner les impressions par les encres grasses progressait parallèlement aux découvertes précédentes.

En 1824, Nicéphore Niepce, employant le bitume de Judée, avait produit la première planche gravée par la lumière. Le bitume fut repris en 1852, par MM. Barreswil, Lemercier, Lerebours, pour des recherches de photolithographie, auxquelles nous avons collaboré, afin d'obtenir des impressions sur pierre; puis, en 1853, Niepce de Saint-Victor et, en 1854, Ch. Nègre l'utilisèrent pour l'héliogravure par deux méthodes entièrement différentes. Actuellement, malgré son peu de sensibilité à la lumière, le bitume de Judée est encore fréquemment utilisé pour les impressions aux encres grasses. Plusieurs méthodes de lithographie, de zincographie photographique, directes ou par report, sont basées sur son emploi, ainsi que les gravures en relief pour typographie auxquelles les procédés de MM. Gillot père et fils ont donné une si grande extension.

Mais c'est principalement par l'observation des propriétés nouvelles que les mélanges de bichromates alcalins et de gélatine, ou d'albumine, de sucre, etc., prennent sous l'influence de la lumière, qu'ont été réalisés les plus grands progrès dans les impressions photomécaniques.

Les essais de photogravure faits en 1853 par Fox Talbot furent suivis de ceux de M. Garnier et de M. Dujardin; ils donnent maintenant de très remarquables résultats.

Ceux de Pretsch, en 1855, par moulage des reliefs durs de la gélatine, précèdent d'autres procédés de moulage employés, les uns par M. Placet en 1860, d'autres par M. Rousselon en 1872, d'autres par M. Michaud en 1878. Ceux de M. Rousselon sont devenus tout à fait pratiques entre ses mains, dans les ateliers de la maison Goupil, qui édite ainsi en grand nombre de très remarquables photogravures.

Le moulage des reliefs durs de la gélatine a donné naissance, en 1865, au procédé entièrement nouveau et complet que l'on avait désigné du nom de l'inventeur, M. Woodbury, et que l'on appelle actuellement la *Photoglyptie*.

Les essais de lithographie sur albumine et sur gélatine bichromatée, que Poitevin fit en 1855, se sont transformés; au lieu de la pierre, Tessié du Motay et Maréchal (de Metz), en 1866, employèrent le cuivre comme support de la préparation sensible. En 1870, Albert (de Munich) substitua la glace à la plaque de cuivre, et le procédé d'impression obtenu sur une couche continue de gélatine donne maintenant de remarquables résultats.

Nous avons indiqué seulement les grandes lignes des progrès accomplis, sans entrer dans de minutieux détails que l'on retrouvera dans les bulletins et journaux spéciaux français et étrangers [1], et nous remettons les développements nécessaires pour les applications pratiques à la description, donnée plus loin, de chacun des procédés les plus employés.

La division de ce Traité est maintenant tout indiquée : nous réunissons dans le premier Volume les considérations ci-dessus et l'ensemble des méthodes employées pour produire les épreuves négatives; dans le second nous comprendrons : 1° les divers procédés pour faire les épreuves positives, soit par la lumière seule, soit par les impressions photomécaniques; 2° les applications et les renseignements qui ne pourraient être classés dans la première partie sans en rompre l'ordre régulier; 3° l'étude chimique sommaire des corps employés en Photographie.

---

[1] *Bulletin de la Société française de Photographie;* — *Moniteur de la Photographie;* — *Journal de l'Industrie photographique* (France); — *Bulletin de l'Association belge de Photographie;* — *British journal of Photography;* — *Photographic News;* — *Photographische Correspondenz,* etc., etc.

ÉPREUVES NÉGATIVES.

PREMIÈRE PARTIE.

PRINCIPES COMMUNS A TOUS LES PROCÉDÉS NÉGATIFS.

27. Pour obtenir l'image négative, qu'elle soit faite sur papier, sur verre, au collodion humide ou sec, à l'albumine, à la gélatine, etc., les principes restent les mêmes et les méthodes employées, bien que différentes, nécessitent une série d'opérations semblables, que nous devons faire connaître d'une manière générale; elles comprennent :

1° L'obtention, à la grandeur voulue, de l'image lumineuse qui représente le sujet à reproduire, ce qui demande l'emploi de la chambre noire, de l'objectif approprié, la mise en place, la mise au point;

2° La préparation des surfaces sensibles sur lesquelles la lumière doit produire son action;

3° L'exposition, c'est-à-dire le temps plus ou moins long pendant lequel la surface sensible devra recevoir l'action lumineuse;

4° Le développement ou série des manipulations nécessaires pour faire apparaître, amener à l'intensité voulue et fixer l'image obtenue.

CHAPITRE I.

OBTENTION DE L'IMAGE LUMINEUSE.

28. Quel que soit le sujet à reproduire : paysages, architecture, sculpture, portraits, tableaux, cartes, plans, etc., etc., qu'il présente une surface plane ou des plans successifs, on peut en obtenir, au moyen de la chambre noire munie d'un objectif convenablement choisi, une image lumineuse qui vient se former sur la glace dépolie de cet appareil et dont toutes les parties apparaissent sur un même plan, ainsi que cela existe dans un tableau; il faut seulement que ce sujet soit suffisamment éclairé.

CHAMBRE NOIRE.

29. La chambre noire est donc l'instrument principal des opérations photographiques; elle dérive de cette observation, faite

Fig. 9.

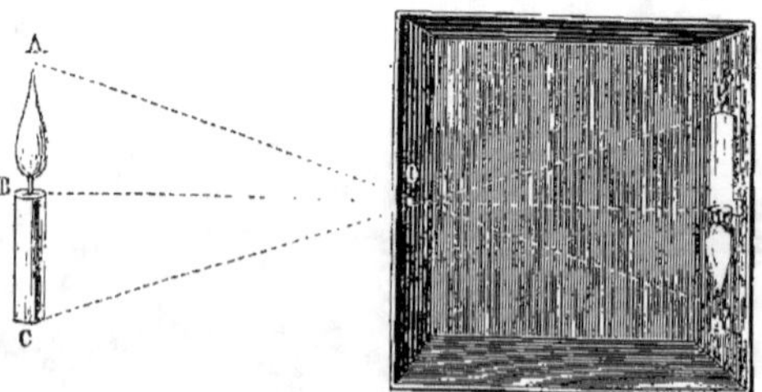

Effet de la chambre noire.

en 1560 par della Porta, physicien napolitain, que, si, dans un espace fermé de toutes parts (*fig.* 9), on fait pénétrer par une petite ouverture O les rayons lumineux réfléchis par les objets qui sont vis-à-vis, soit la bougie ABC, l'image renversée de ces objets avec leurs couleurs A′B′C′ se montre sur la paroi opposée à cette ouverture; elle est d'autant plus grande que les objets sont plus rapprochés et que l'écran est plus éloigné, d'autant plus petite au contraire si ces positions sont renversées.

Porta observa en outre que, si l'on place dans cette ouverture O une lentille convergente, l'image gagne considérablement comme netteté de contours et vivacité de couleurs, et que, pour les mêmes positions, ses dimensions sont variables suivant la longueur focale de la lentille.

On ne tarda pas à chercher à utiliser le phénomène de la chambre noire pour reproduire par le dessin les contours exacts d'un paysage, d'un panorama, et l'on inventa diverses dispositions pour rendre cette copie plus facile en ramenant dans son vrai sens l'image

Fig. 10.

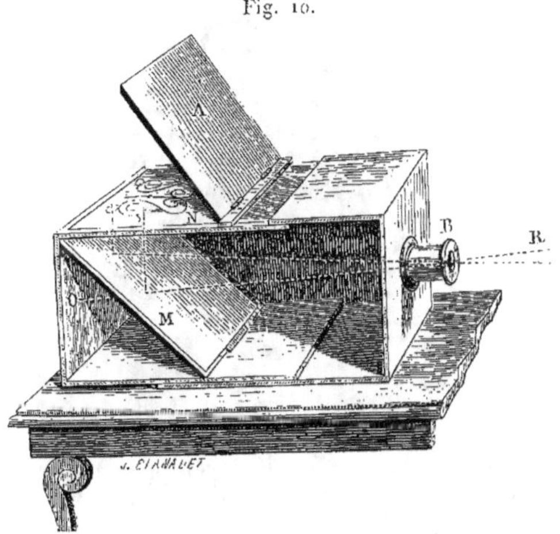

Chambre noire avec glace à 45° pour redresser l'image.

renversée; souvent, la copie étant faite sur un papier dioptrique, on n'a qu'à retourner celui-ci, ou, comme l'indique la *fig.* 10, les rayons lumineux R, tombant d'abord sur une glace étamée inclinée à 45° M, sont renvoyés sur l'écran N où ils forment l'image dans son vrai sens; la planchette A, en atténuant la lumière et en soutenant un voile dont on s'entoure la tête, facilite l'observation de l'image.

La *fig.* 11 montre une autre disposition dans laquelle l'objectif est muni d'un prisme E, qui rend le même office que la glace à 45°: l'image est alors formée sur une tablette D où le dessinateur la suit avec facilité.

Le rêve de fixer cette image fugitive par des moyens chimiques, sans être obligé de la copier, dut se répéter bien souvent ; ce fut

Fig. 11.

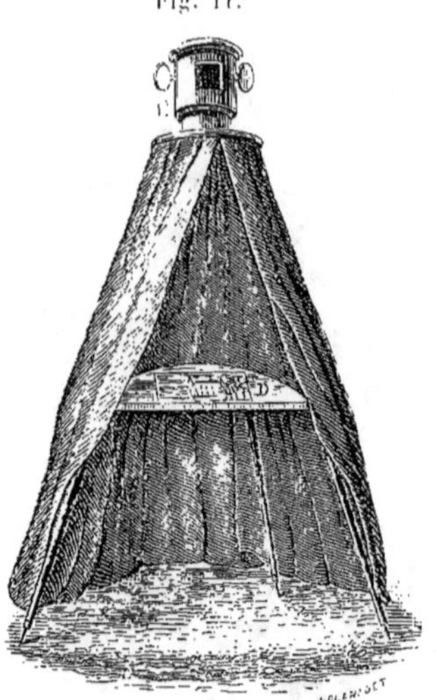

Chambre noire avec prisme.

ainsi que la Photographie, dont le développement actuel est si considérable, naquit des premières tentatives de Nicéphore Niepce et des réussites plus complètes de Daguerre, qui utilisait constamment la chambre noire pour les premiers relevés de ses dioramas.

Le modèle de chambre noire le plus simple est formé de deux boîtes ou tiroirs en bois rentrant l'un dans l'autre, et formant un espace fermé, dont les deux faces parallèles en avant et en arrière peuvent s'écarter plus ou moins l'une de l'autre suivant le besoin :

la base du tiroir d'avant se prolonge de toute la longueur du tiroir d'arrière qu'elle soutient et sert à fixer; sur la face antérieure est vissé l'objectif, sur la face postérieure s'ajuste la glace dépolie, qui, en arrêtant les rayons lumineux réfractés par l'objectif, reçoit l'image devenue visible dès que cette glace dépolie est moins éclairée que le milieu ambiant. La chambre noire se compose donc de trois parties principales, la base et les deux faces parallèles qui sont reliées entre elles, par des parois rigides ou souples, mais ne laissant pénétrer aucune lumière.

30. **Chambres noires photographiques.** — Lorsque l'invention de la Photographie fit de la chambre noire un réel instrument de travail, sa simplicité première fut modifiée, les diverses parties furent mieux appropriées aux différentes applications auxquelles elles devaient servir : de là un grand nombre de modèles variés, dont nous indiquons les principaux, mais qui tous doivent satisfaire à des règles dont ils ne peuvent se départir, sous peine de déformation de l'image ou de service incomplet.

La base, appelée aussi fréquemment *queue de la chambre noire*, devra se maintenir droite, inflexible, même lorsqu'elle est à rallonges ou à brisures; la surface en sera plane sur toute son étendue. Perpendiculairement sur cette base sont portées les deux parties antérieure et postérieure de la chambre noire, qui reçoivent l'une l'objectif, l'autre la glace dépolie; tantôt ces deux parties sont mobiles, tantôt une seule; le plus souvent, c'est celle qui porte la glace dépolie qui peut se déplacer; ce mouvement permet d'éloigner l'un de l'autre l'objectif et la glace : cet écart s'appelle le *tirage* de la chambre. Mais, tout en s'éloignant, ces deux faces doivent rester rigoureusement parallèles; cependant plusieurs dispositions, soit pour le portrait, soit pour le paysage, permettent de dévier de ce parallélisme pour rendre plus facile la mise au point. Cette contravention à la règle ci-dessus, sans conséquence grave pour les sujets qu'on pourrait appeler artistiques ou fantaisistes, entraîne toujours une déformation inacceptable quand il s'agit de reproductions comme celles des sujets d'architecture, des cartes ou des plans.

L'espace entre les deux faces est fermé, soit par les parois des tiroirs, soit le plus souvent par un soufflet de toile ou de cuir, qui prend beaucoup moins de place et rend le maniement de l'appareil plus facile.

Le tirage nécessaire pour la mise au point est réglé au moyen d'une vis de rappel ou d'une crémaillère qui, mieux que la main, permet de s'arrêter au point exact et de le fixer au moyen d'un bouton.

L'objectif ne doit pas être vissé directement sur la face antérieure, mais bien sur une planchette mobile P (*fig.* 12), encas-

Fig. 12.

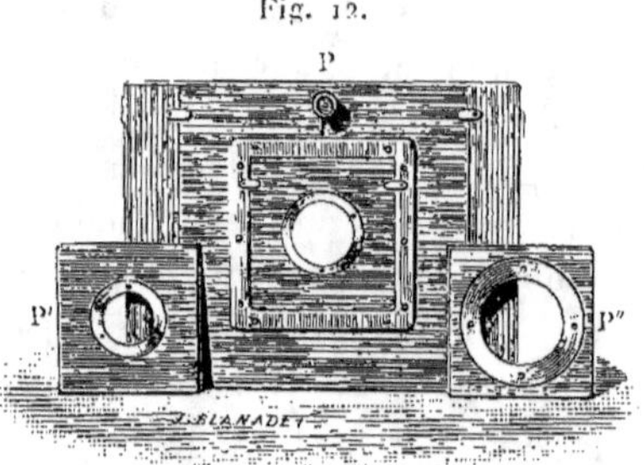

Planchettes mobiles.

trée dans celle-ci; il est en effet nécessaire qu'une même chambre noire puisse servir à des objectifs de divers formats : il suffit pour cela d'avoir autant de planchettes mobiles P', P'', qui se substituent les unes aux autres.

Enfin la face antérieure d'un grand nombre d'appareils, surtout de ceux qui sont destinés au paysage, est disposée de telle sorte que l'objectif et sa planchette puissent être déplacés perpendiculairement ou latéralement suivant le besoin.

La face postérieure reçoit à volonté la glace dépolie dans son cadre ou les châssis qui la remplacent.

La glace dépolie sera en beau verre finement douci, ou même en *glace* mince pour les grandes dimensions, afin d'avoir une surface sensiblement plane; il est bon d'en marquer le centre par deux diagonales, et, comme il est rare qu'une même chambre noire ne serve que pour une seule dimension, on indiquera également, à l'encre ou au crayon, la position exacte des grandeurs intermédiaires, afin que dans la mise au point on puisse placer l'image du sujet juste là où l'on veut l'obtenir sur la surface sensible (*fig.* 13).

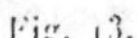

Fig. 13.

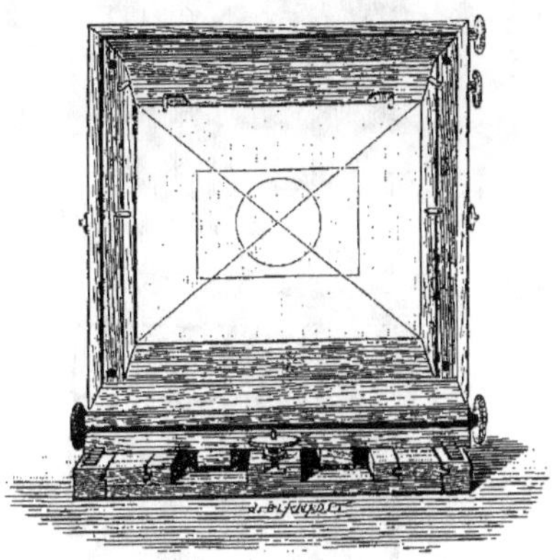

Glace dépolie.

La glace sera montée dans son cadre d'une manière simple pour que son remplacement soit facile en cas d'accident; trop souvent elle est fixée à demeure par des baguettes collées ou clouées, qui entraînent des réparations inutiles.

Le châssis que l'on substitue à la glace dépolie, contient la surface sensible sur laquelle se fait l'impression lumineuse; il ne doit pas laisser accès au moindre filet de lumière extérieure, et sa construction sera telle que la surface sensible vienne prendre exactement la même place que la surface dépolie de la glace, de telle sorte que l'image lumineuse, vue et déterminée sur celle-ci, soit rigoureusement dans les mêmes conditions en s'arrêtant sur les préparations.

L'intérieur du châssis pourra recevoir des intermédiaires pour des glaces de diverses dimensions (*fig.* 14). Ces intermédiaires seront également exécutés de manière à réaliser les conditions ci-dessus.

Il y a différentes sortes de châssis : le châssis à volet (*fig.* 14), qui peut servir pour l'atelier et pour l'extérieur; mais, pour le travail sédentaire de l'atelier, on lui préfère généralement le châssis

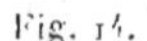

Fig. 14.

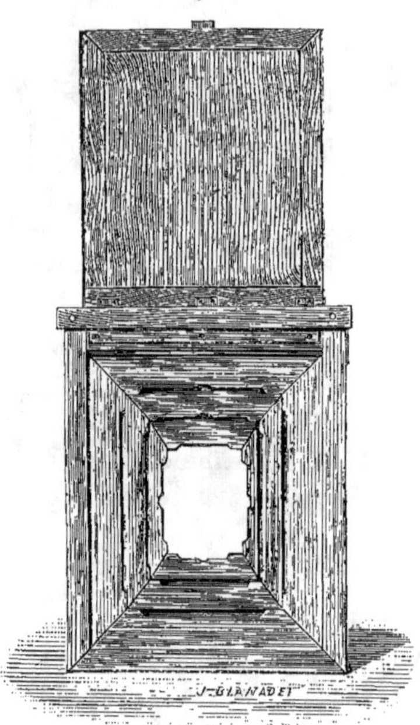

Châssis à volet et intermédiaires.

à rideau (*fig.* 15), dont le fonctionnement est plus facile, tandis qu'au dehors, comme on emploie presque toujours les préparations sèches, on fait usage de châssis très légers, simples ou doubles (*fig.* 16); pour les préparations pelliculaires, on peut même revenir aux étuis de carton, qui servaient autrefois pour le procédé sur papier sec.

Pour examiner la mise au point, on couvre la partie postérieure de la chambre avec un grand voile noir, qui enveloppe en même temps la tête de l'opérateur, de manière à produire l'obscurité en avant de la glace dépolie; l'image donnée par l'objectif peut être alors parfaitement appréciée; le choix de l'étoffe importe peu, pourvu que celle-ci soit bien opaque : un bon velours de coton noir, serré, est d'un excellent usage pour l'atelier; pour les travaux extérieurs, une fine étoffe caoutchoutée, qui peut recouvrir tout

Fig. 15.

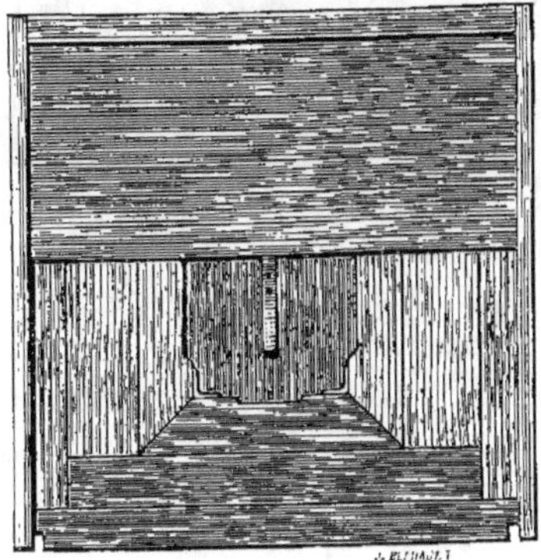
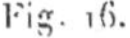

Châssis à rideau.

l'appareil en cas de pluie, serait préférable, si l'on n'avait à craindre qu'elle ne s'altérât et ne devînt agglutinative après quelques mois d'usage.

Fig. 16.

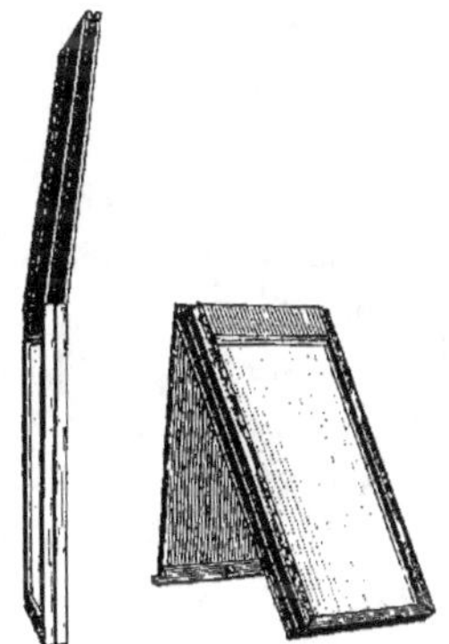

Châssis double léger.

Les chambres noires construites par de bons fabricants satisfont aux conditions générales que nous venons de présenter; cependant il est toujours préférable d'examiner si ces conditions sont remplies et de faire les essais suivants :

Le parallélisme des deux faces opposées dans les diverses positions de tirage et leur assemblage à angle droit sur la base seront vérifiés par mesure et à l'équerre ; on se rend facilement compte si la glace dépolie et la glace sensible dans le châssis viennent prendre rigoureusement la même place en mesurant avec une règle à T si la distance qui les sépare l'une et l'autre de l'ouverture de la planchette à objectif est bien la même ; s'il n'en est pas ainsi, il faut faire corriger les châssis ou la feuillure de la glace dépolie jusqu'à ce que cette condition soit réalisée.

L'axe de l'objectif dans sa position normale doit passer par le centre de la glace dépolie, préalablement indiqué par les diagonales : on s'en assure en couvrant les deux faces de l'objectif avec deux rondelles bien ajustées, en papier noir ou mieux en carton opaque ; au centre de ces rondelles on a percé un trou avec une forte épingle ; l'objectif étant monté sur la chambre, la glace dépolie mise en place, on tourne tout l'appareil vers la lumière, de manière à éclairer la glace en plein, et, en s'enveloppant du voile noir, on regarde par le trou de l'objectif si le petit rond lumineux que l'on aperçoit a le même centre que la glace. S'il n'en est pas ainsi, c'est que l'axe de l'objectif ne passe pas par le centre, soit parce que l'ouverture de la planchette n'est pas juste au milieu, ou parce que la face antérieure de l'appareil n'est pas parallèle à la face postérieure. La première cause a peu d'importance, puisque nous demandons qu'il soit possible d'opérer le déplacement de la planchette ; la seconde cause serait un vice sérieux ; il en serait de même si l'objectif ne se montait pas perpendiculairement sur sa planchette.

Pour reconnaître s'il ne pénètre dans la chambre aucune lumière diffuse, on met en place le châssis fermé, on tourne l'appareil en pleine lumière et, regardant par l'ouverture destinée à l'objectif, après s'être bien enveloppé avec le voile noir, on examine l'intérieur de la chambre pendant quelques secondes, pour vérifier s'il ne filtre aucun rayon lumineux ; on met successivement en place les divers châssis, on les ouvre et on les ferme en les étudiant de la même manière ; puis, vissant sur sa rondelle l'objectif fermé, on renouvelle l'examen par l'autre côté. Pour être tout à fait certain que les châssis ne laissent pénétrer aucune lumière qui puisse impressionner les surfaces sensibles, on fait l'essai direct en y enfermant une glace préparée et en exposant au grand jour pendant une dizaine de minutes ; cette glace préparée, soumise au développement, ne doit accuser aucune trace d'action.

Tout en réalisant les conditions diverses que nous avons énumérées, les chambres noires sont construites suivant divers modèles, d'après leurs destinations ; nous distinguerons les principales.

31. **Chambre à reproduction.** — Cette chambre (*fig.* 17) est généralement de grande dimension, allant à 1^m et plus de côté,

Fig. 17.

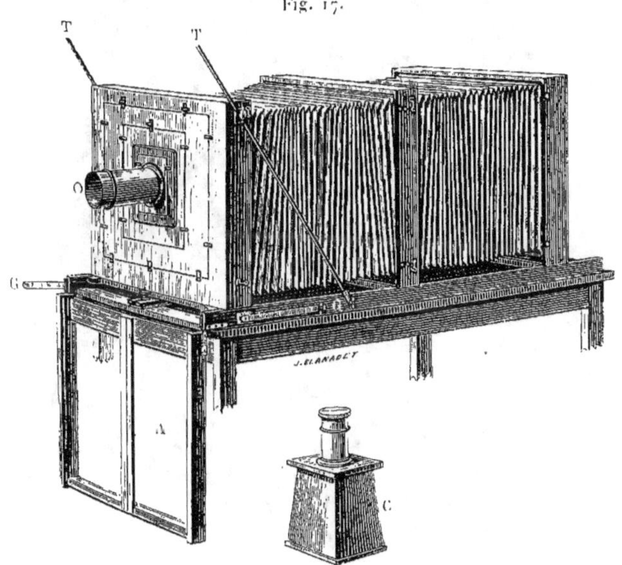

Grande chambre à reproduction.

avec un tirage considérable, qui souvent excède 2^m : c'est un instrument spécial pour quelques grands ateliers, pour les administrations publiques dont le travail principal est la copie des cartes, plans ou autres grands dessins. La partie A peut être relevée ; elle est alors maintenue par les glissières métalliques G, G dans le même plan que le reste de la base; les tringles T, T empêchent la déviation de toute la partie antérieure sous le poids de l'objectif O; un cône C, sur lequel l'objectif peut être monté, sert soit à rallonger le tirage, soit à le raccourcir, suivant qu'on le place à l'extérieur ou à l'intérieur de la chambre.

Ces chambres lourdes et encombrantes sont disposées sur des pieds-tables massifs (*fig.* 18), d'un déplacement assez difficile,

Fig. 18.

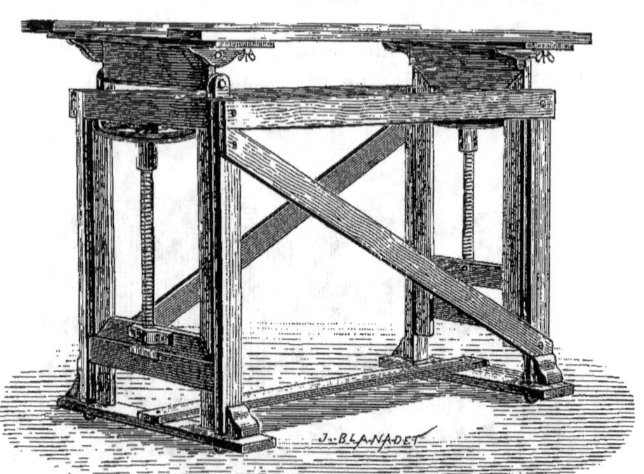

Pied-table.

mais d'une grande stabilité; aussi, lorsqu'on en fait usage, c'est presque toujours le chevalet qui porte le modèle dont on modifie la position en laissant la chambre immobile.

Lorsque l'atelier est orienté au nord, on préfère généralement monter sur des rails fixes, la chambre, son pied et le chevalet, ce qui rend le maniement plus facile.

32. Chambre dite universelle pour reproductions et portraits. — Pour un service courant comprenant les travaux sédentaires de l'atelier, on fera bien d'adopter la chambre dite universelle (*fig.* 19) qui se prête également aux reproductions et aux portraits, mais dont le format dépasse rarement la grandeur utilisable pour des glaces de $0^m,27 \times 0^m,35$; elle comporte diverses modifications qui permettent de faire toutes les dimensions inférieures; des pièces accessoires en assez grand nombre la rendent propre à toutes les applications. C'est le véritable instrument d'ate-

Fig. 19.

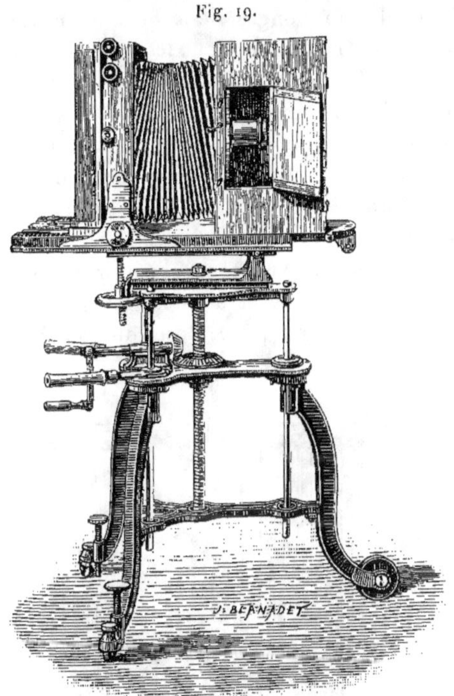

Chambre universelle.

lier qu'il ne faut pas craindre de voir massif, bien assis, porté sur un large pied qui en facilite le déplacement. La partie antérieure de cette chambre forme une sorte d'avant-corps au fond duquel se place l'objectif, qui se trouve ainsi à l'abri des lumières latérales et diffuses dont l'élimination permet d'obtenir des épreuves plus brillantes. Une petite porte donne accès à la main pour régler les objectifs accouplés et changer les diaphragmes. Un cône semblable à celui que représente la *fig.* 17 peut prendre la place de la planchette à objectif et, suivant qu'il est tourné vers la glace dépolie ou vers l'extérieur de l'avant-corps, il facilite l'emploi de courts ou de longs foyers. Toutes les pièces qui se placent à l'intérieur de l'avant-corps peuvent aussi bien s'adapter à l'extérieur, et celui-ci, suivi du soufflet, se tire à volonté en avant d'après le même système qu'une table à rallonges, de façon à augmenter considérablement le tirage de la chambre pour les longs foyers.

La partie postérieure a un mouvement de bascule qui est réglé et fixé par les deux boutons molletés que l'on voit à la partie supérieure; la mise au point de la glace dépolie est déterminée par une vis de rappel ou un pignon engrenant sur une crémaillère et fixée par un écrou. A la place de la glace dépolie on peut mettre une pièce additionnelle dite multiplicateur (*fig.* 20) permettant de déplacer le châssis et d'exposer successivement seulement la moitié ou le quart de la surface et d'obtenir ainsi très rapidement sur une même glace deux ou quatre poses différentes.

Fig. 20.

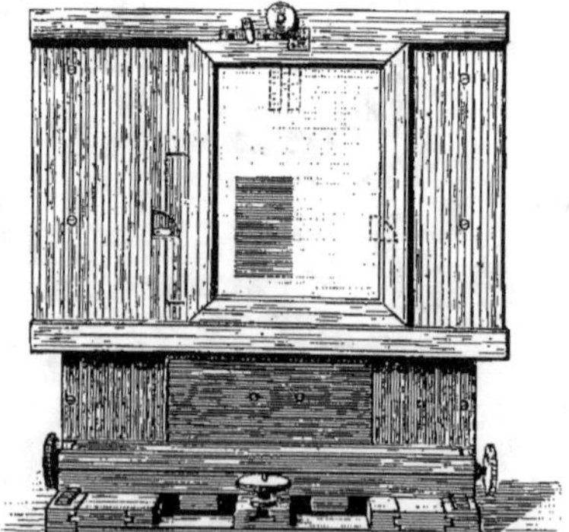

Châssis multiplicateur.

Souvent la même chambre reçoit ensemble deux objectifs exactement semblables qui donnent deux portraits à la fois. Enfin, pour les petits portraits, la chambre peut porter 6 ou 12 objectifs de très court foyer; leurs prolongements dans la chambre sont séparés par une sorte de trémie dont chaque partie fait une petite chambre noire dans la grande; avec cette disposition on obtient 6 ou 12 portraits d'un coup ou même 12 et 24 avec le multiplicateur. Cette modification est généralement adoptée par les photographes nomades pour faire les portraits livrés séance tenante par les procédés dits de la *ferrotypie*.

33. **Chambres noires à portraits.** — La chambre noire dite *à portraits* diffère très peu de la précédente; l'avant-corps, au lieu d'être rectangulaire, a une forme évasée; on le ferme à volonté par un volet à mouvement très doux qui sert d'obturateur. Les accessoires mentionnés pour la chambre universelle sont applicables à la chambre à portraits, qui généralement construite avec luxe, parce qu'elle est destinée aux ateliers publics des photographes portraitistes, rendra moins de services que la chambre universelle à l'amateur appelé à faire les opérations les plus diverses.

34. **Pieds-tables.** Ces pieds sont en bois ou en fer et fonte: nous préférons les derniers (*fig.* 19) ; lorsqu'ils sont bien exécutés et bien entretenus, leurs divers mouvements sont faciles et ils ne sont pas sujets, comme les pieds en bois, à se déformer par les températures élevées de l'atelier photographique.

Presque tous les pieds livrés par l'industrie ont le défaut de ne pouvoir s'abaisser suffisamment; lorsqu'on fait le portrait d'une personne assise, l'objectif doit être à la hauteur de la taille; or, si le pied n'est pas assez bas, on sera obligé d'incliner, de faire plonger l'appareil, ce qui est une cause de déformation; en outre, le portrait ainsi exécuté sera dans de mauvaises conditions artistiques, car, en plongeant, l'objectif voit le modèle de haut : il lui rentre la tête dans les épaules, il l'alourdit, tandis qu'un peintre se place toujours un peu plus bas que son modèle, de manière à dégager du buste le cou et la tête et à donner plus d'élégance à l'ensemble. Souvent une estrade pour la pose remédie à la trop grande hauteur du pied; mais on localise ainsi l'emplacement utilisable, il nous semble préférable d'avoir un pied un peu bas, qu'un engrenage permet de monter ensuite suivant le besoin.

35. Chambres pour excursions et travaux extérieurs. — Les appareils de campagne, chambres et pieds, sont dans des conditions justement opposées aux appareils d'atelier, et l'on ne saurait utiliser un seul modèle pour l'un et l'autre travail sans perdre les avantages que l'on doit rechercher dans l'un et l'autre cas.

Les appareils de campagne doivent réunir sous un format commode la plus grande légèreté et la plus grande rigidité; le modèle le plus généralement adopté est celui que présente la *fig.* 21,

Fig. 21.

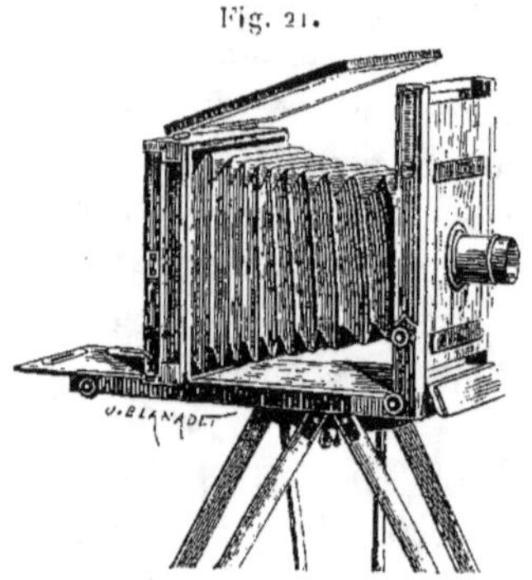

Chambre noire modèle du Club alpin.

auquel on donne quelquefois le nom de *chambre noire du Club alpin*. Cette chambre est à soufflet tournant, disposition que Relandin a exécutée en 1855 sur notre demande et qui donne la facilité de prendre les vues et monuments soit en hauteur, soit en largeur, par un simple renversement du cadre sur lequel s'adaptent les châssis. L'objectif monté sur sa planchette se meut perpendiculairement et horizontalement, suivant les nécessités du point de vue; le tirage assez étendu suffit pour des objectifs de foyers très divers; la glace dépolie, fixée à charnières, reste adhérente à la chambre et ne risque plus d'être brisée sous les pieds ou par les coups de vent. Dans les appareils soignés, deux petits niveaux incrustés dans la base règlent l'aplomb horizontal et vertical de l'appareil; les châssis (*fig.* 16), presque toujours disposés pour recevoir deux glaces, une sur chaque face, sont très légers, collés à la gomme laque, insensibles à l'humidité; ils ne servent que pour les préparations sèches, car il est bien rare qu'actuellement on veuille employer en campagne les procédés humides et s'embarrasser de tout le matériel encombrant qu'ils nécessitent.

Les appareils des excursionnistes subissent chaque jour des modifications qui les rendent de plus en plus commodes : les modèles sont donc très nombreux ; la *fig.* 22 représente un autre

Fig. 22.

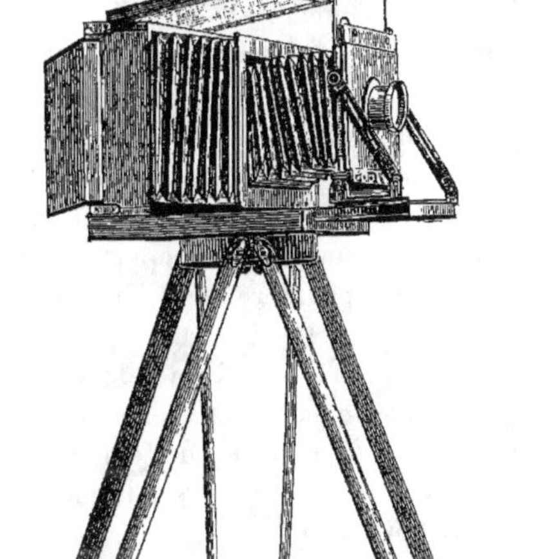

Appareil et pied de campagne.

appareil exécuté par M. Jonte, à qui, en 1879, la *Société française de Photographie* a décerné le prix proposé par elle pour une chambre noire de voyage.

Ces appareils sont exposés aux variations atmosphériques les plus diverses : il ne suffit donc pas que leurs assemblages soient réunis avec la colle forte; celle-ci devrait être remplacée par la glu marine et le tout vissé de manière à ne pouvoir jouer ni se séparer, quelles que soient les conditions climatériques auxquelles ils se trouvent soumis.

Nous ne mentionnons pas à dessein les chambres tournantes dites *panoramiques,* qui ont été en usage pendant quelques années; cette disposition n'est applicable qu'à quelques cas restreints de panoramas circulaires : l'emploi des objectifs dits panoramiques est préférable lorsqu'on veut embrasser un grand angle, et il n'entraîne pas les déformations de la chambre tournante.

36. **Pied de campagne.** — Le pied de campagne (*fig.* 22) doit également réunir la légèreté, la rigidité et la solidité, de manière à pouvoir supporter un poids assez considérable et à résister aux vibrations que le vent imprime aux appareils; pour cela, la partie sur laquelle se visse la chambre noire, la tête du pied, sera formée d'une large assise à laquelle viendront se fixer les branches qui la supportent; chaque branche est formée de deux tiges réunies par le bas et s'écartant dans le haut pour s'assembler sur la tête du pied. Plus cet écart sera grand, plus grande sera la résistance à la torsion et aux vibrations; lorsqu'un pied est formé de trois tiges seulement, il est sans solidité; s'il est formé avec six tiges réunies deux à deux en trois branches, il sera passable avec une tête de petit diamètre, excellent si le plateau qui forme cette tête a un diamètre se rapprochant de la largeur de la chambre noire.

Chacune des tiges du pied sera formée elle-même de deux morceaux glissant l'un sur l'autre, ce qui permet de le raccourcir ou de l'allonger à volonté de manière à abaisser ou à élever tout l'appareil et à se prêter aux inégalités du sol; des vis de pression ou des excentriques arrêtent le glissement au point voulu. De cette manière le pied entièrement développé et mis en place est assez élevé, ce qui est commode pour la mise au point et permet de dépasser en hauteur une foule d'obstacles qui seraient gênants avec un pied trop bas. Ce n'est plus ici comme pour le portrait; il est bon que l'appareil posé sur le pied arrive à hauteur d'homme et voie ce que voient les yeux d'un promeneur; le glissement des tiges sur elles-mêmes permet de diminuer cette hauteur de moitié et, quand tout est replié, la chambre noire et le pied de campagne prennent très peu de place.

L'ensemble d'un appareil de campagne n'est pas d'un poids exa-

Fig. 23.

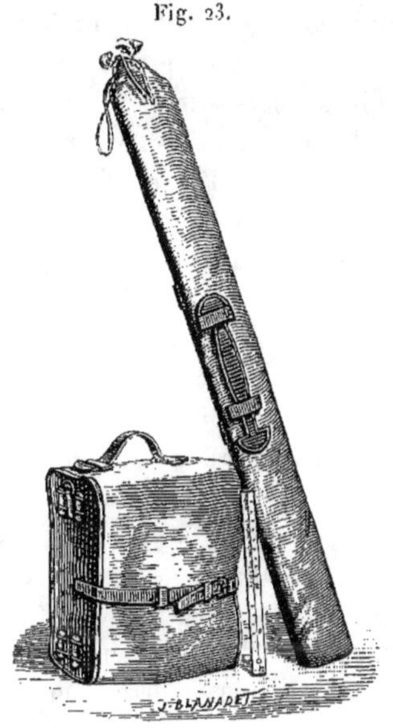

Bagage de campagne dans ses sacs.

géré et peut être porté par un touriste sans excès de fatigue si l'on veut se contenter de dimensions modestes, comme $0^m,13 \times 0^m,18$ ou $0^m,15 \times 0^m,21$, avec quatre à cinq châssis doubles, contenant donc huit à dix surfaces sensibles (*fig.* 23).

OBJECTIFS.

37. L'objectif est la pièce principale de la chambre noire : c'est lui qui, par le choix des matières employées, par la forme, la construction et les combinaisons des lentilles, détermine l'état de l'image sur la glace dépolie.

Un instrument de perfection idéale devrait donner une image à la fois très lumineuse, très nette, très étendue, avec la même finesse dans toutes ses parties, sans aucune déformation des lignes, etc. Mais un seul objectif, quels que soient ses combinaisons et le soin apporté à sa fabrication, ne peut réunir toutes ces qualités, qui semblent s'exclure les unes les autres; l'intensité lumineuse qui donne la rapidité ne s'obtient qu'au détriment de l'étendue et de la netteté générale, et réciproquement; donc, si l'on veut opérer très vite, ainsi qu'il est nécessaire pour le portrait et pour les instantanéités, l'image obtenue ne pourra avoir un large champ relativement à la longueur focale de l'objectif; si l'on veut pour un même instrument augmenter le champ de netteté, il faudra employer des diaphragmes de plus en plus petits, qui diminueront l'intensité lumineuse.

C'est aux physiciens, par leurs travaux optiques, aux constructeurs qui en font l'application, qu'il appartient de donner aux photographes et de perfectionner sans cesse les instruments nécessaires; nous n'entrerons donc pas ici dans les théories de la construction des objectifs, renvoyant pour cela aux Traités spéciaux, à l'*Optique photographique* du D[r] van Monckhoven, et nous nous bornerons aux indications pratiques, en donnant les figures des objectifs les plus employés avec les formes extérieures et intérieures, pour que l'opérateur qui aura démonté son instrument ne commette pas d'erreur en replaçant les lentilles sur la monture.

Les nécessités des applications diverses de la Photographie ont exigé la construction d'objectifs doués de qualités différentes, suivant le but proposé, et si, dans des combinaisons moyennes, plus particulièrement dans l'objectif dit *rectilinéaire rapide,* l'amateur peut trouver un instrument qui, grâce à l'extrême rapidité des préparations au gélatinobromure d'argent, peut donner en pleine lumière des portraits, des instantanéités et, avec de petits diaphragmes, des paysages complets, même quelques reproductions, l'artiste et le photographe de profession n'obtiendront dans leurs épreuves les meilleurs résultats qu'à la condition d'opérer avec les objectifs qui conviennent le mieux à chaque genre de travail.

38. Objectifs à portraits. — Une des premières conditions pour la réussite des portraits est la rapidité d'exécution, afin de saisir la physionomie du modèle, sans que la longueur de la pose l'ait altérée ; cela nécessite donc l'emploi d'objectifs calculés et exécutés dans ce but déterminé et pouvant donner, par un grand diamètre d'ouverture, une image très lumineuse ; mais on ne peut alors demander à cet instrument, ni la profondeur des plans successifs, ni la netteté générale sur une grande superficie. Cette netteté toutefois peut être très suffisante pour les parties importantes de l'épreuve, et les conditions artistiques qui doivent dominer pour cette application de la Photographie sont ainsi bien remplies. La théorie de cet objectif a été donnée par Petzwal, de Vienne, qui en a fait les calculs ; il a été ensuite exécuté par les divers constructeurs et il est connu sous le nom d'*objectif double à portraits* (*fig.* 24). Un seul instrument pour les portraits ne saurait suffire

Fig. 24.

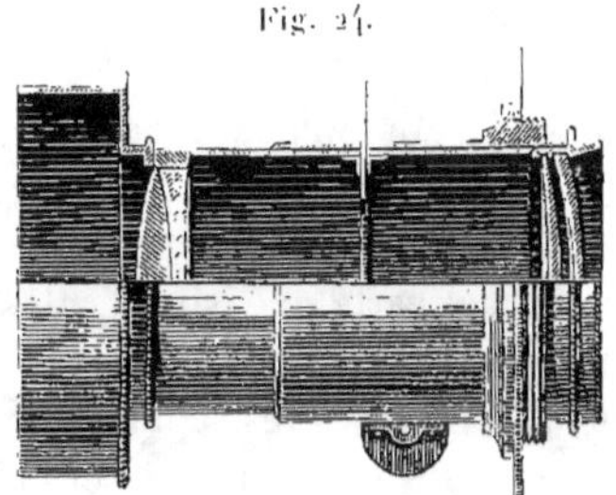

Objectif à portraits.

pour le photographe de profession qui est appelé, suivant les caprices de la mode ou le désir du client, à exécuter les dimensions les plus variées, depuis le format dit carte de visite, les cartes-album, les cartes promenade, jusqu'au portrait $0^m,21 \times 0^m,27$. Au-dessus de cette grandeur on a généralement recours aux procédés d'agrandissement.

L'objectif à court foyer ne peut donner les grandes dimensions ; à la rigueur, un objectif à long foyer peut donner les petites si la disposition de l'atelier permet un recul suffisant ; mais, à côté d'autres inconvénients, il a le défaut d'être beaucoup plus lent, car les intensités lumineuses décroissent en raison du carré des longueurs focales, le diamètre des ouvertures restant le même ; et si la rapidité d'un objectif d'environ $0^m,15$ de foyer, celui qu'on emploie généralement pour les cartes de visite, est représentée par 1, un objectif de $0^m,35$ de foyer demandera une pose égale au carré du rapport entre les deux longueurs focales; ce rapport est représenté par le nombre 2,33; le carré de $2,33 = 5,43$: la pose sera donc cinq fois et demie plus longue; il est vrai qu'un objectif de foyer plus long permet une plus grande ouverture de diaphragme, ce qui vient compenser en partie cette diminution de la rapidité.

Nous désignons et désignerons dans la suite par f la longueur focale de l'objectif ou, comme on dit le plus souvent à tort, le foyer. Dans les diverses désignations de longueur focale que nous donnons ci-dessous, nous comprenons celle que les fabricants indiquent sur leur catalogue et non la longueur focale réelle.

Il paraît donc nécessaire d'avoir au moins trois objectifs à portraits, dont les longueurs focales seront environ de $0^m,12$ à $0^m,15$ pour les portraits-cartes, de $0^m,20$ à $0^m,25$ pour la dimension dite *carte-album* et de $0^m,30$ à $0^m,35$ pour les épreuves de $0^m,18 \times 0^m,24$.

L'amateur qui n'a qu'un seul objectif pour portraits devra prendre un foyer moyen de $0^m,18$ à $0^m,20$ qui, avec un peu de recul, donnera le format carte de visite et, plus rapproché du modèle, le format carte-album; il pourra employer pour les grands portraits les objectifs rectilinéaires rapides, qui sont plus spécialement construits pour les vues extérieures et qui donneront de très bons résultats avec des préparations très sensibles, si la pose est un peu plus prolongée. Lorsqu'on opère au dehors, en pleine lumière, nous avons dit qu'on pouvait se servir des objectifs les plus divers avec un emploi judicieux des diaphragmes.

Nous croyons devoir prémunir les photographes contre la tendance à chercher l'augmentation de la rapidité par l'augmentation du diamètre des lentilles, lorsque ce diamètre doit excéder environ 4 pouces, soit $0^m,108$; car ces objectifs à large ouverture ont le grave inconvénient, outre leur prix très élevé, de donner des vues qui sont d'autant plus fausses pour nos yeux que l'instrument est plus rapproché du modèle. En effet, nous devons admettre que toute la surface du verre est utilisée et travaille, ou il serait inutile de la prendre aussi grande; alors, ainsi que l'a si bien fait observer Bertsch, cet objectif voit le modèle, comme nous le verrions nous-mêmes si nous portions la tête alternativement à droite et à gauche, c'est-à-dire qu'il aperçoit une succession de plans autre que celle perçue par nos yeux : ainsi, dans un portrait où la disposition de la pose ne nous laisserait voir qu'une oreille et à peine le commencement de l'autre, un large objectif nous montrera les deux oreilles, il élargira l'image en l'aplatissant, et le résultat choquant sera anti-artistique. On corrige, dit-on, cette déformation par les diaphragmes ; mais, si l'on met le diaphragme à l'extérieur, cela correspond à diminuer le diamètre de la lentille antérieure, puisque, dans les objectifs doubles, ces diaphragmes sont presque appliqués sur le verre ; si on les met à l'intérieur et s'ils laissent passer les rayons reçus par les bords de la lentille, la déformation persistera et l'objection restera la même : ou le grand diamètre donnera une image qui ne sera pas conforme à celle que nous voyons, alors mieux vaut ne pas l'employer ; ou par les diaphragmes ce grand diamètre devient inutile, alors mieux vaut ne pas le payer.

Donc le diamètre des lentilles ne devrait pas excéder $0^m,108$ ou 4 pouces, ce qui est déjà trop pour des poses rapprochées.

39. **Objectifs à paysages.** — Les conditions ne sont plus les mêmes pour les vues que pour les portraits ; le plus souvent le temps de pose peut être prolongé sans inconvénient : la lumière ambiante est d'ailleurs bien plus considérable que dans l'atelier ; cela permet l'emploi de petits diaphragmes avec lesquels on obtient la netteté générale sur toute la surface de la glace dépolie. La rectitude *absolue* des lignes n'est pas nécessaire ; dans ces conditions, l'objectif simple, qui est d'un prix peu élevé, peut donner d'excellents résultats. Il n'entraîne de déformation sensible dans les lignes que si l'on veut embrasser un angle trop considérable, excédant 40° environ, et il sera suffisamment rapide si l'on ne cherche pas à saisir des scènes animées.

L'objectif simple (*fig.* 25) est aujourd'hui trop délaissé, parce que l'on veut, avant tout, opérer très vite ; cependant de grands progrès ont été réalisés dans sa construction et l'on peut demander à cet instrument de donner une image nette dont le côté soit à peu près égal à la longueur focale de l'objectif, soit d'embrasser un angle de 50° environ, tandis qu'au début on était loin d'atteindre ce résultat. Mais, si l'on veut embrasser des angles de 60° à 70°, il faut prendre l'objectif à trois verres collés de M. Dallmeyer, ou recourir aux instruments spéciaux dits *grands angulaires, pano-*

Fig. 25.

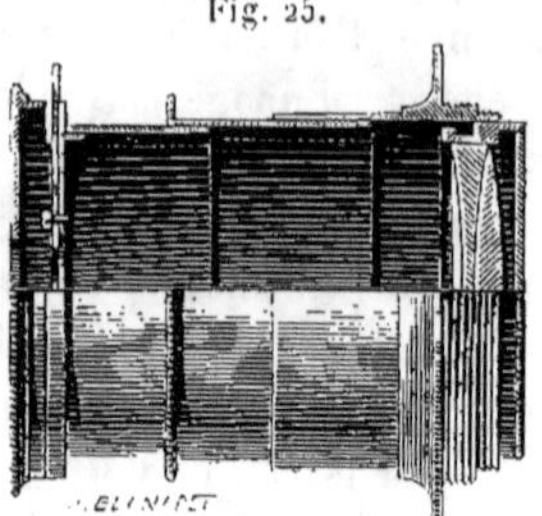

Objectif simple à diaphragme rotatif.

ramiques, etc. (*fig.* 26), avec lesquels on arrive à couvrir un rectangle dont le côté égale deux fois la longueur focale de l'objectif

Fig. 26.

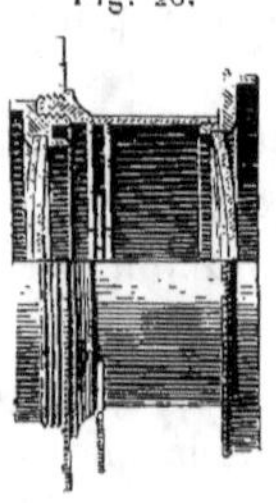

Objectif grand angulaire rectilinéaire à diaphragme tournant de Dallmeyer.

et embrasse, par conséquent, jusqu'à 90°. Cette amplitude dans la prise du point de vue est précieuse dans un grand nombre de circonstances, mais le résultat est presque toujours peu artistique, parce qu'il excède ce que nos yeux ont l'habitude de voir. Si l'on emploie ces instruments non plus comme panoramiques, mais pour obtenir des vues de moindres dimensions et rentrant dans les conditions ordinaires, leur court foyer permet de mettre au point les premiers plans et d'avoir ainsi de beaux effets, mais il faut alors se méfier de la perspective exagérée qui résulterait des plans trop rapprochés.

Pour les vues animées, les groupes, les marines, etc., on ne peut plus faire usage ni de l'objectif simple, ni du grand angulaire; ces instruments ne peuvent être employés qu'avec de petits diaphragmes dont le diamètre d'ouverture n'excède pas $\frac{1}{20}$ de la longueur focale, soit $\frac{f}{20}$; l'intensité lumineuse de l'image est trop faible pour impressionner rapidement la couche sensible : on a recours

Fig. 27.

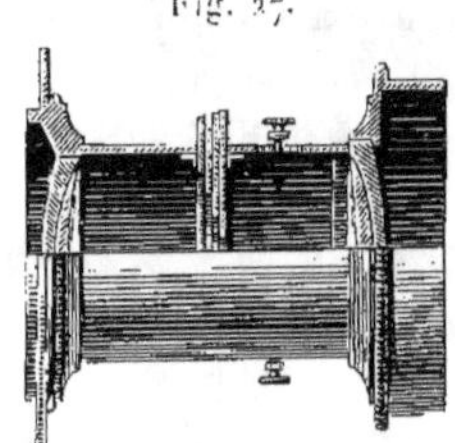

Objectif rectilinéaire rapide avec les diaphragmes adhérents à la monture (modèle de M. Fleury-Hermagis).

alors aux objectifs aplanétiques, ou rectilinéaires rapides (*fig.* 27), qui par leur construction admettent des ouvertures de diaphragmes pouvant aller jusqu'au sixième de la longueur focale, $\frac{f}{6}$; dans cette condition la netteté, par rapport à l'étendue du champ de l'image et la profondeur des plans, n'est pas considérable, mais elle augmente rapidement à mesure que l'on substitue de plus petits diaphragmes, et alors ces objectifs peuvent servir pour le paysage, les monuments et les reproductions; comme ils sont formés de deux lentilles symétriques, on peut en enlever une, l'autre, restée dans sa monture constitue un excellent objectif simple dont la longueur focale est double de celle que donnait la combinaison.

Si donc nous supposons un excursionniste muni d'une chambre de $0^m,15 \times 0^m,21$ avec un objectif panoramique de $f = 0,13$ et un rectilinéaire rapide de $f = 0^m,20$, il pourra faire les paysages, les vues à grand angle, les groupes et portraits à l'extérieur, et il disposera de quatre foyers différents qui seront $0^m,13$ et $0^m,26$ pour le panoramique, $0^m,20$ et $0,40$ pour le rectilinéaire.

En combinant sur une même monture des lentilles de foyers différents, on obtient, comme l'ont fait M. Darlot, M. Derogy et M. Français, des longueurs focales échelonnées qui peuvent rendre de grands services, surtout pour la photographie de paysage.

40. Objectif à reproductions. — Les reproductions, soit de monuments, soit de cartes ou plans, demandent l'absolue rectitude de lignes que l'on obtient par la position de la chambre relativement au modèle, ainsi qu'il est expliqué plus loin (*Positions et dimensions*), et par l'emploi d'objectif n'ayant pas, comme l'objectif simple, le défaut de déformer les lignes droites et de leur donner une courbure convexe ou concave (*fig.* 38 et 39), suivant la position des diaphragmes, et d'autant plus accentuée qu'on cherche à leur faire couvrir une surface plus étendue; on peut employer les objectifs rectilinéaires symétriques (*fig.* 27), les aplanats (*fig.* 29)

Fig. 28.

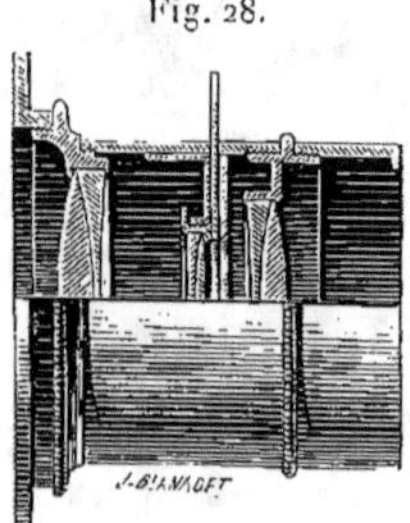

Triplet.

ou les triplets (*fig.* 28). Ces derniers sont moins rapides que les rectilinéaires et les aplanats généralement employés dans les ateliers des grandes administrations. Lorsqu'ils ont été fabriqués par une bonne maison, ces objectifs sont très remarquables par la netteté, la finesse, la pureté du trait. Ils sont d'un prix élevé, mais les grands travaux de reproduction n'admettent pas d'objectifs médiocres; ce serait une erreur complète de faire une économie dans l'acquisition des objectifs lorsqu'on veut la perfection des résultats ([1]).

([1]) On comprendra que dans cet Ouvrage nous ne voulions pas recommander tels ou tels fabricants, qui, supérieurs aujourd'hui, peuvent être dépassés demain par leurs concurrents. Les objectifs des maisons renommées d'Angleterre et d'Allemagne ont de grandes qualités, mais ils sont d'un prix exorbitant; les fabricants français font souvent, à des prix beaucoup plus abordables, d'aussi bons instruments; nous en avons eu même de supérieurs, et nous citerons: en France, MM. Darlot, Derogy, Fleury-Hermagis, Français, Prazmowski, etc.; en Angleterre, MM. Dallmeyer, Ross; en Allemagne, M. Steinheil, etc.

41. **Aplanats, antiplanats.** — Ces objectifs, construits par M. Steinheil, de Munich, les premiers en 1866, les seconds beaucoup plus récemment, en 1881, ont reçu ces noms des mots grecs α privatif (négatif) ou ἀντί (contre) et πλανάω (errer), parce qu'ils sont exempts d'aberration sphérique (ils n'ont pas de rayons

Fig. 29.

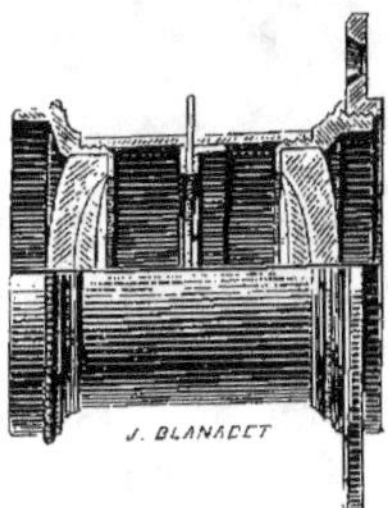

Aplanat.

errants); les deux noms signifient donc la même chose. L'image centrale qu'ils forment est nette, même avec une grande ouverture; cette netteté s'étend progressivement à mesure que l'ouverture des diaphragmes diminue.

Fig. 30.

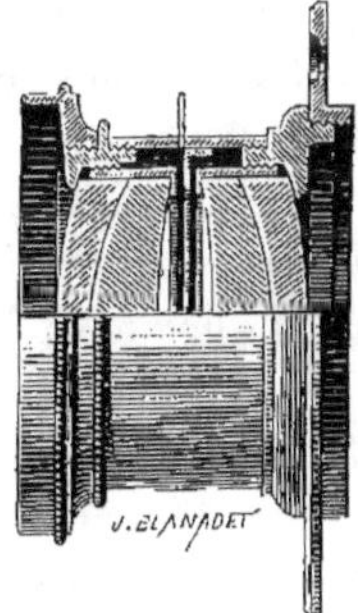

Aplanat grand angulaire.

Les objectifs panoramiques ou rectilinéaires de M. Prazmowski sont également des aplanétiques ou aplanats, de même que les rectilinéaires bien construits d'autres fabrications.

La *fig.* 29 montre la construction de l'aplanat ordinaire, rapide, de M. Steinheil; il peut servir pour les groupes, les vues animées et avec de petits diaphragmes pour la reproduction des cartes et plans.

Le grand angulaire représenté *fig.* 30 embrasse un angle de 70° : il est construit de la manière la plus favorable pour égaliser autant que possible la lumière au centre et sur les bords de l'épreuve : moins rapide que le précédent, il est néanmoins d'un bon emploi pour les cartes et plans.

42. **Détermination de la longueur focale d'un objectif.** — Quel que soit l'objectif employé, il est toujours bon, souvent nécessaire, de connaître sa longueur focale *réelle,* qui n'est jamais donnée d'une manière précise; c'est-à-dire qu'il faut savoir à quelle distance d'un point déterminé du système optique l'image prise sur l'infini viendra se former de la manière la plus nette sur la glace dépolie et quelle est exactement la longueur de cet écart.

M. Ad. Martin a bien voulu nous donner quelques renseignements tout à fait pratiques sur ce sujet, traité quelquefois trop scientifiquement pour la plupart de nos lecteurs et d'autres fois trop négligé.

Pour la mesure de cette longueur focale, il est relativement facile de fixer l'un des points, celui qui est indiqué par la position de la glace dépolie, mais l'autre nous échappe; nous ne pouvons savoir directement à quelle partie du système optique il correspond; il faudrait pour cela refaire les calculs de construction.

Pour constater le premier point avec une exactitude suffisante, il est nécessaire de prendre quelques précautions; en effet, après avoir vu que, pour un même objectif, la netteté de l'image et l'écartement de la glace varient avec la distance plus ou moins grande des objets que l'on reproduit, on peut constater que cet écart ne varie plus sensiblement si l'on vise un sujet suffisamment éloigné; à partir de ce point, tous les objets plus éloignés encore paraîtront nets, si, en faisant varier la position de la chambre noire, on les amène successivement sur la même partie de la glace : c'est ce que l'on appelle mettre au point sur l'infini.

Cet infini commence d'autant plus près que la longueur focale est plus courte, surtout si le diaphragme employé est de petit diamètre; cependant il est préférable, pour cette recherche, de ne pas faire usage de trop petits diaphragmes, qui donnent une plus grande tolérance de foyer et augmentent ainsi l'incertitude de l'arrêt de mise au point.

Avant de faire cet essai, on s'assure si, par le fait de la construction de la chambre noire et de la mise en place de l'ensemble, l'objectif et la glace dépolie sont dans des plans parallèles, ainsi qu'il est recommandé (30); on marque le centre de la glace dépolie et l'on vérifie si l'axe passant par l'objectif correspond avec ce centre (30); enfin, faisant varier très peu la glace en avant et en arrière, on met tous ses soins à fixer la position où l'image apparaît avec la plus grande netteté. Il y a dans cette observation un tâtonnement qui peut entraîner une incertitude d'autant plus grande que la longueur focale est plus considérable et le diaphragme plus étroit.

Cette mise au point sur l'infini nous donne le foyer principal de l'objectif et une des extrémités de la longueur focale.

Le plus souvent, dans la pratique photographique, on ne fait pas de distinction entre les termes de *foyer principal* et de *longueur focale*; il importe cependant de ne pas les confondre : *le foyer* d'un point lumineux quelconque est la position variable où l'image de ce point se forme de la manière la plus nette; la distance de ce foyer au point de départ de la longueur focale change avec la distance à laquelle se trouve l'objet représenté. Si celui-ci est suffisamment éloigné pour qu'il n'y ait plus de variations matériellement appréciables entre sa mise au point et celle des objets qui sont au delà, il est au *foyer principal; la longueur focale* de l'objectif est la distance qui sépare le foyer principal du point de départ [1].

Dans la pratique courante, on se contente, après la mise au foyer sur l'infini, de mesurer, pour les objectifs simples, la distance qui sépare la face postérieure de la lentille de la glace dépolie; on commet ainsi une erreur appréciable, qui est beaucoup plus grande si

---

[1] La définition théorique de ce point de départ, dont la position dépend de la construction de l'ensemble du système, nous entraînerait plus loin que ne le comportent les notions pratiques dans lesquelles nous voulons nous renfermer. M. Secretan, dans son étude *Sur les distances focales des systèmes optiques convergents* (1855), a défini ce point sous le nom de *centre de départ*.

l'on applique la même méthode aux objectifs doubles. Avec ces derniers, on se rapproche davantage de la vérité en prenant la mesure à partir de la position intermédiaire des diaphragmes ; mais, pour les objectifs comprenant des lentilles divergentes, l'un et l'autre modes sont tout à fait erronés.

Nous n'avons donc pas les données nécessaires pour mesurer la longueur focale sur l'objectif seul ; cette longueur dépend en fait des courbures des surfaces, des indices de réfraction et de dispersion des matières employées ; elle devrait être inscrite sur la monture d'une manière exacte, mais elle est très rarement donnée, même approximativement ; c'est donc à nous de rechercher, par des méthodes simples et pratiques, la longueur focale de nos instruments. Ces méthodes étant basées sur la mesure exacte des images, il importe de faciliter le plus possible cette mesure ; la disposition suivante nous a paru la plus commode. Nous adoptons comme sujet à viser, comme mire, une feuille de papier collée sur une planchette bien plane. Au centre de cette feuille, on fait, avec un compas et d'un trait fin, deux circonférences concentriques,

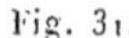
Fig. 31.

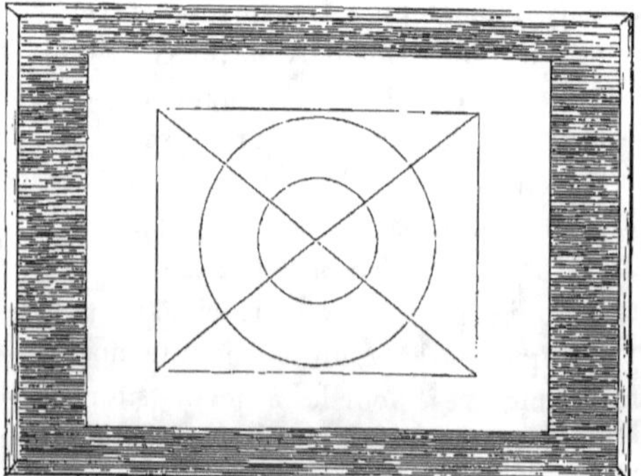

Mire pour déterminer les longueurs focales.

l'une ayant $0^{m},10$ de diamètre, l'autre $0^{m},20$ (*fig.* 31). D'autre part, sur la glace dépolie on a tracé une seule circonférence, ayant juste $0^{m},10$. Avec cette disposition, lorsqu'on fera les essais en examinant la grandeur égale des images, les deux circonférences de $0^m,10$ devront se superposer rigoureusement ; si l'on fait l'observation par la réduction à demi-grandeur, c'est la circonférence de $0^m,20$ qui viendra se superposer à celle de la glace dépolie. Les traits fins sont nécessaires pour avoir plus d'exactitude dans la superposition, ainsi que dans la mise au point, qui deviendra plus rigoureuse encore si l'on ajoute quelques lignes très légères pour faire la vérification.

Les choses étant ainsi disposées, on procède à la recherche de la longueur focale des objectifs.

43. *Première méthode.* — Une méthode facile pour déterminer cette longueur, moins précise cependant que les suivantes, consiste à viser un objet quelconque représenté dans la *fig.* 32 par la

Fig. 32.

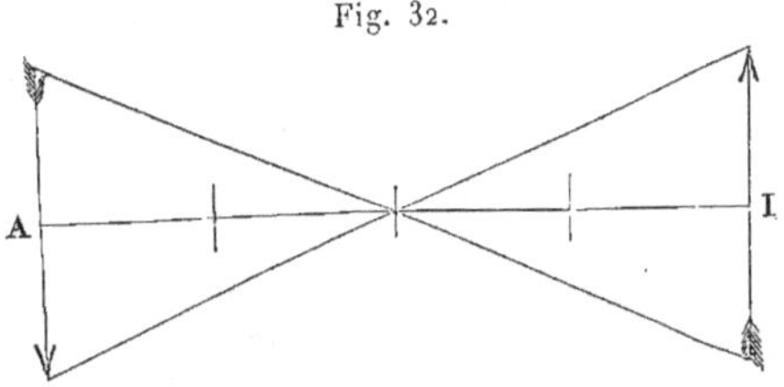

flèche A, dans la *fig.* 33 par la circonférence intérieure, et à en obtenir sur la glace dépolie une image I bien au point, de grandeur rigoureusement égale. Il suffit de mesurer exactement la longueur AI et de diviser par 4. Le quotient est à très peu près la longueur focale de l'objectif.

44. *Deuxième méthode.* — On commence par mettre au point sur l'infini, et par un trait fin bien exact on marque la place où s'arrête le tirage de la chambre noire; dans la *fig.* 33 nous supposons cette mise au point faite préalablement et arrêtée en T, on vise ensuite la mire AA et on fait varier sa distance à l'objectif de manière que l'image nette du cercle intérieur coïncide exactement avec le cercle de même grandeur tracé sur la glace dépolie.

Pour obtenir ce résultat, on a dû écarter la glace jusqu'à un autre point de la base que l'on marque d'un trait T', on mesure l'écart des deux traits T et T'; cet écart donne juste la longueur focale de l'objectif, sans qu'il soit besoin d'aucun calcul.

Fig. 33.

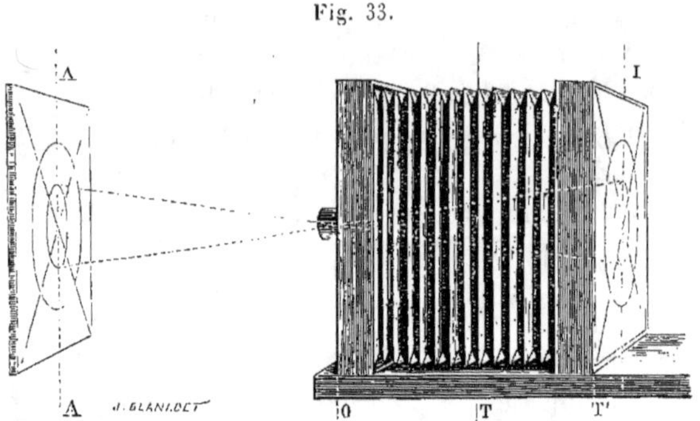

Nous savons, en effet, que, pour avoir une image de la grandeur de l'original, il faut deux longueurs focales. Or, puisque la première, commençant à un point indéterminé, s'arrête en T, l'écart TT' donnera la seconde.

45. *Troisième méthode.* — Il est quelquefois difficile, ou même impossible, de doubler le tirage de la chambre noire après la mise au point sur l'infini, la longueur focale de l'objectif étant trop considérable; on emploie alors une méthode basée sur la relation simple qui existe entre la dimension de l'objet visé A, celle de son image I sur la glace dépolie et l'écart FI entre le foyer principal et la nouvelle mise au point; cette relation est la suivante : $\frac{A \times FI}{I} = FO$, qui est la longueur focale cherchée.

Nous connaissons les trois quantités : A grandeur du sujet, I grandeur de l'image et FI tirage secondaire, puisqu'il nous suffit de les mesurer; le calcul nous donne la quatrième FO.

Cette formule convient à tous les rapports de dimensions entre A et I que l'on voudrait choisir; ainsi la deuxième méthode n'est qu'une application de cette formule au cas où I = A; mais on peut encore éviter les calculs, si l'on utilise les dispositions de la mire que nous avons indiquées ci-dessus.

Après avoir mis au point sur l'infini, ce qui a déterminé la position de la glace dépolie en F (*fig.* 34), on vise sur la mire A et l'on fait coïncider l'image du cercle de $0^m,20$ avec le cercle de $0^m,10$ tracé

Fig. 34.

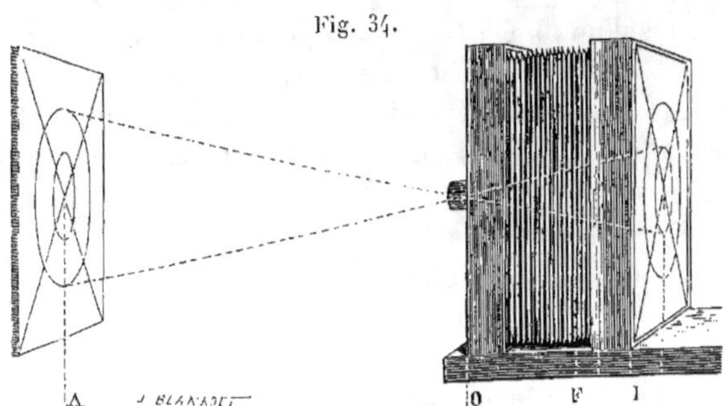

sur la glace; la longueur FI, dont il a fallu reculer la glace dépolie pour arriver à une mise au point exacte, est juste égale à la moitié de la longueur focale de l'objectif employé [1].

---

[1] Nous avons fait sur trois objectifs différents l'essai des méthodes ci-dessus; voici les résultats obtenus :

a. — *Objectif simple indiqué comme ayant* $0^m,45$ *de longueur focale.*

	m
Première méthode : Écart de la mire à l'image de même grandeur $1^m,770 : 4$	0,4425
Deuxième méthode : Impossible, faute d'un tirage suffisant de la chambre noire.	
Troisième méthode : Écart des deux mises au point : l'une sur l'infini, l'autre sur une réduction à demi-grandeur, soit $0^m,2225 \times 2$	0,445

b. — *Objectif double à paysage indiqué comme ayant* $0^m,177$ *de longueur focale.*

	m
Première méthode	0,193
Deuxième méthode	0,190
Troisième méthode	0,193

Longueur focale réelle, 0,190 au lieu de 0,177.

c. — *Objectif avec lentille divergente interposée, indiqué comme ayant* 0,177 *de longueur focale.*

	m
Première méthode	0,2059
Deuxième méthode	0,2065
Troisième méthode	0,2060

Avec l'objectif c, la différence entre la longueur focale indiquée 0,177 et la longueur focale réelle 0,206 est considérable, parce que la première est prise à partir

46. Relations entre les longueurs focales, les distances et les dimensions du sujet. — La connaissance de la longueur focale principale d'un objectif et des relations entre cette longueur focale, la dimension de l'objet et celle de son image nous permet de calculer deux distances importantes, pour la réduction ou l'agrandissement d'un sujet dans une proportion déterminée. Ces distances sont :

Le tirage de la glace dépolie;

L'écart total entre la glace dépolie fixée et le sujet à reproduire.

Nous avons ainsi la mise au point par le calcul seul; toutefois, si l'on veut arriver à la précision, il faut, par des essais répétés avec le plus grand soin, connaître la longueur focale exacte de l'objectif en la vérifiant à plusieurs reprises et au moyen de mesures rigoureuses par la deuxième et la troisième méthode indiquées.

Pour déterminer quel doit être le tirage de la glace dépolie pour la reproduction d'un objet à une grandeur fixée, il suffit d'appliquer la formule précédente, c'est-à-dire de multiplier la longueur focale principale F de l'objectif par la dimension I que l'on doit donner à l'image, et de diviser le produit par la dimension réelle de l'objet A, soit $\frac{I \times F}{A} = FI$. Cette longueur secondaire FI doit être ajoutée à la longueur focale principale qui a été déterminée par un trait (F), sur la base de la chambre noire.

Pour connaître l'écart total entre le sujet A et l'image I (*fig.* 35),

Fig. 35.

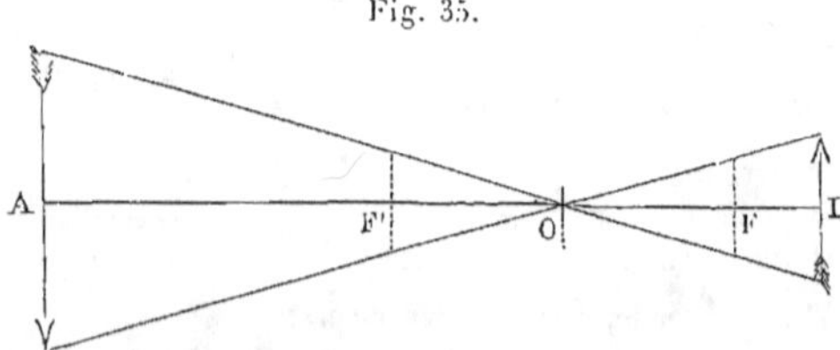

nous constatons d'abord que cet écart se compose de quatre quan-

---

des diaphragmes, tandis que, en réalité, la lentille divergente la reporte en avant du système optique.

La première méthode doit donner théoriquement un nombre un peu trop faible; les différences légères données dans les observations ci-dessus tiennent à la difficulté de saisir rigoureusement l'arrêt de la mise au point.

tités, dont trois, F′O, OF, FI, nous sont connues : une est inconnue, c'est AF′, mais il est facile de la calculer. En effet, d'après la loi des foyers conjugués, nous pouvons considérer I comme le sujet à reproduire, et A comme son image agrandie; le même calcul qui nous a permis de connaître FI nous permettra de connaître AF′; il suffit de poser la relation suivante $\frac{A \times FO}{I} = AF'$.

Les quatre parties de la distance étant connues, il suffit de les additionner pour avoir la longueur AI.

Dans la pratique, on commencera par fixer la glace dépolie à la distance voulue sur la base de la chambre noire, et l'on mettra ensuite tout le système à la place nécessaire pour qu'il y ait entre le sujet et la glace l'écart indiqué par le calcul. Si l'on ne veut pas chercher cet écart, il suffira de manœuvrer toute la chambre noire sans modifier l'arrêt fixé pour la glace dépolie, et lorsque, par cette manœuvre, on aura amené l'image bien au point, elle sera forcément à la grandeur demandée, puisque l'écart de la glace dépolie a été déterminé en conséquence.

La formule précédente, qui est exacte pour les objectifs symétriques, n'est plus rigoureuse lorsqu'on l'applique à des objectifs d'autre construction (¹).

(¹) Pour tous les objectifs on peut employer la méthode suivante, un peu plus compliquée que celle ci-dessus :

La distance AI est décomposée de même; elle comprend :

1° L'écart variable FI qui est égal à $\frac{F}{R}$: ici F nous représente la longueur focale principale précédemment déterminée, et R le rapport de grandeur de l'objet à l'image, soit $\frac{A}{I} = R$.

Fig. 36.

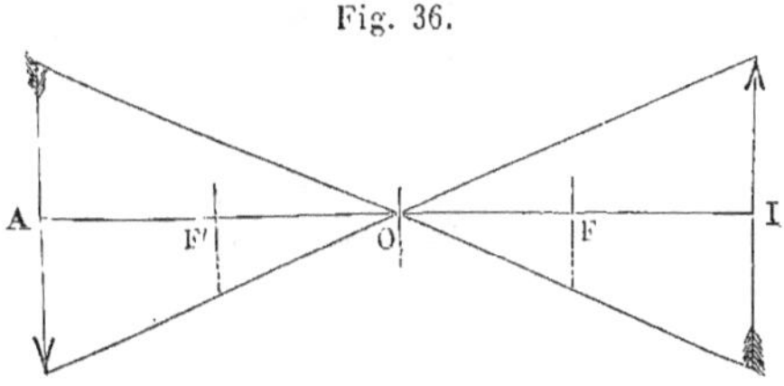

2° L'écart fixe F′OF (*fig.* 36), que l'on détermine une fois pour toutes pour chaque objectif, en faisant une reproduction à grandeur égale, en mesurant la distance totale AI, puis en retranchant de cette distance les deux longueurs

47. *Application.* — Nous reprenons ici toutes les données qui précèdent pour les appliquer à un exemple pris au hasard.

Nous supposons un objectif de longueur focale inconnue avec lequel nous devons faire une reproduction au quart de grandeur. Quelle sera la position de la glace dépolie sur la base de la chambre noire, et, une fois fixée, à quelle distance du modèle devra-t-elle être placée?

Commençons par déterminer la longueur focale réelle de l'objectif en mettant au point sur l'infini, en marquant d'un trait fin l'arrêt de la glace, puis en reproduisant la mire de même grandeur ou de demi-grandeur, d'après la deuxième ou la troisième méthode.

Admettons que l'essai ait accusé une longueur focale F de $0^m,30$.

L'original A a $0^m,80$ de hauteur; nous voulons que son image I soit réduite au quart, soit à $0^m,20$, nous faisons alors le calcul indiqué $\frac{F \times I}{A}$ ou, dans l'espèce, $\frac{0,30 \times 0,20}{0,80} = 0^m,075$; il faudra donc éloigner la glace dépolie de $0^m,075$ à partir du trait qui limitait la longueur focale principale, et la fixer dans cette position.

De combien cette glace devenue fixe doit-elle être distante du sujet? Sur les quatre parties dont la somme constitue cette distance, nous en connaissons trois :

L'écart ci-dessus	0,075
La longueur focale principale	0,30
Une seconde fois cette longueur focale en avant de l'objectif (1)	0,30
La quatrième partie est donnée par le calcul de la relation $\frac{A \times F}{I}$; dans l'espèce $\frac{0,80 \times 0,30}{0,20} = 1,20$	1,20
Total....	1,875

extrêmes, soient FI qui est la longueur focale principale, et AF′ qui lui est égale. Cette longueur focale a été précédemment déterminée par les méthodes 2 et 3. Il reste donc F′OF, quantité invariable pour tous les emplois du même objectif.

3° La distance variable AF′ qui égale FO, la longueur focale principale, × R, le rapport de l'objet à l'image, soit $FO \times \frac{A}{I}$.

En additionnant les trois quantités, on a la distance de l'objet à l'image.

(1) Si l'objectif n'est pas symétrique, il faudra faire le calcul suivant la méthode de la note ci-dessus.

Dans l'exemple donné, l'écart de la glace dépolie au delà du trait qui limite le foyer principal sera donc de $0^{m},075$, et l'écart total entre le sujet et son image au quart de grandeur sera de $1^{m},875$.

48. Secretan, dans sa brochure ci-dessus mentionnée, a dressé un tableau que nous donnons ici et dans lequel on trouve tout fait le calcul des distances qui doivent séparer le modèle et la glace dépolie suivant les proportions que l'on veut donner à l'image.

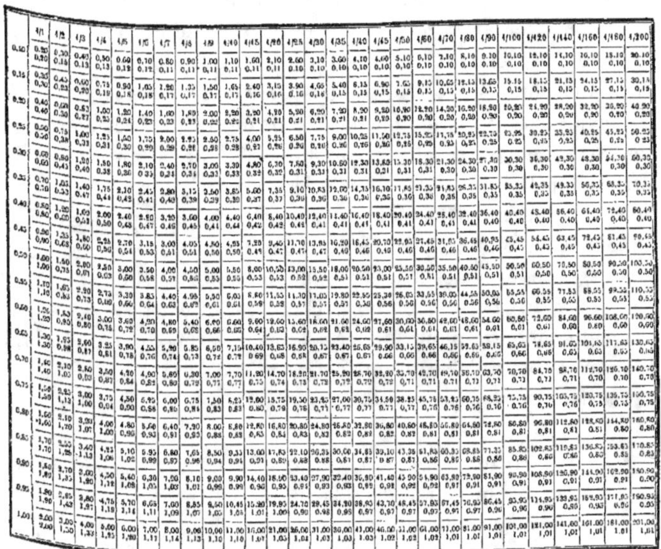

	1/1	1/2	1/3	1/4	1/5	1/6	1/7	1/8	1/9	1/10	1/15	1/20	1/25
0,10	0,20 0,20	0,30 0,15	0,40 0,13	0,50 0,13	0,60 0,12	0,70 0,12	0,80 0,11	0,90 0,11	1,00 0,11	1,10 0,11	1,60 0,11	2,10 0,11	2,60 0,10
0,15	0,30 0,30	0,45 0,22	0,60 0,20	0,75 0,19	0,90 0,18	1,05 0,18	1,20 0,17	1,35 0,17	1,50 0,17	1,65 0,17	2,40 0,16	3,15 0,16	3,90 0,16
0,20	0,40 0,40	0,60 0,30	0,80 0,27	1,00 0,25	1,20 0,24	1,40 0,23	1,60 0,23	1,80 0,23	2,00 0,22	2,20 0,22	3,20 0,21	4,20 0,21	5,20 0,21
0,25	0,50 0,50	0,75 0,38	1,00 0,33	1,25 0,31	1,50 0,30	1,75 0,29	2,00 0,29	2,25 0,28	2,50 0,28	2,75 0,28	4,00 0,27	5,25 0,26	6,50 0,26
0,30	0,60 0,60	0,90 0,45	1,20 0,40	1,50 0,38	1,80 0,36	2,10 0,35	2,40 0,34	2,70 0,34	3,00 0,33	3,30 0,33	4,80 0,32	6,30 0,32	7,80 0,31
0,35	0,70 0,70	1,05 0,53	1,40 0,47	1,75 0,44	2,10 0,42	2,45 0,41	2,80 0,40	3,15 0,39	3,50 0,39	3,85 0,39	5,60 0,37	7,35 0,37	9,10 0,36
0,40	0,80 0,80	1,20 0,60	1,60 0,53	2,00 0,50	2,40 0,48	2,80 0,47	3,20 0,46	3,60 0,45	4,00 0,44	4,40 0,44	6,40 0,42	8,40 0,42	10,40 0,42
0,45	0,90 0,90	1,35 0,68	1,80 0,60	2,25 0,56	2,70 0,54	3,15 0,53	3,60 0,51	4,05 0,51	4,50 0,50	4,95 0,50	7,20 0,48	9,45 0,47	11,70 0,47
0,50	1,00 1,00	1,50 0,75	2,00 0,67	2,50 0,63	3,00 0,60	3,50 0,58	4,00 0,57	4,50 0,56	5,00 0,55	5,50 0,55	8,00 0,53	10,50 0,53	13,00 0,52
0,55	1,10 1,10	1,65 0,83	2,20 0,73	2,75 0,69	3,30 0,66	3,85 0,64	4,40 0,63	4,95 0,62	5,50 0,61	6,05 0,61	8,80 0,59	11,55 0,58	14,30 0,57
0,60	1,20 1,20	1,80 0,90	2,40 0,80	3,00 0,75	3,60 0,72	4,20 0,70	4,80 0,69	5,40 0,68	6,00 0,66	6,60 0,66	9,60 0,64	12,60 0,63	15,60 0,62
0,65	1,30 1,30	1,95 0,98	2,60 0,87	3,25 0,81	3,90 0,78	4,55 0,76	5,20 0,74	5,85 0,73	6,50 0,72	7,15 0,72	10,40 0,69	13,65 0,68	16,90 0,68
0,70	1,40 1,40	2,10 1,05	2,80 0,93	3,50 0,87	4,20 0,84	4,90 0,82	5,60 0,80	6,30 0,79	7,00 0,77	7,70 0,77	11,20 0,75	14,70 0,74	18,20 0,73
0,75	1,50 1,50	2,25 1,13	3,00 1,00	3,75 0,94	4,50 0,90	5,25 0,88	6,00 0,86	6,75 0,84	7,50 0,83	8,25 0,83	12,00 0,80	15,75 0,79	19,50 0,78
0,80	1,60 1,60	2,40 1,20	3,20 1,07	4,00 1,00	4,80 0,96	5,60 0,93	6,40 0,91	7,20 0,90	8,00 0,88	8,80 0,88	12,80 0,85	16,80 0,84	20,80 0,83
0,85	1,70 1,70	2,55 1,28	3,40 1,13	4,25 1,06	5,10 1,02	5,95 0,99	6,80 0,97	7,65 0,96	8,50 0,94	9,35 0,94	13,60 0,91	17,85 0,89	22,10 0,88
0,90	1,80 1,80	2,70 1,35	3,60 1,20	4,50 1,12	5,40 1,08	6,30 1,05	7,20 1,03	8,10 1,01	9,00 0,99	9,90 0,99	14,40 0,96	18,90 0,95	23,40 0,94
0,95	1,90 1,90	2,85 1,43	3,80 1,27	4,75 1,19	5,70 1,14	6,65 1,11	7,60 1,09	8,55 1,07	9,50 1,05	10,45 1,05	15,20 1,01	19,95 1,00	24,70 0,99
1,00	2,00 2,00	3,00 1,50	4,00 1,33	5,00 1,25	6,00 1,20	7,00 1,17	8,00 1,14	9,00 1,13	10,00 1,10	11,00 1,10	16,00 1,07	21,00 1,05	26,00 1,04

	1/30	1/35	1/40	1/45	1/50	1/60	1/70	1/80	1/90	1/100	1/120	1/140	1/160	1/180	1/200
0,10	3,10 0,10	3,60 0,10	4,10 0,10	4,60 0,10	5,10 0,10	6,10 0,10	7,10 0,10	8,10 0,10	9,10 0,10	10,10 0,10	12,10 0,10	14,10 0,10	16,10 0,10	18,10 0,10	20,10 0,10
0,15	4,65 0,16	5,40 0,15	6,15 0,15	6,90 0,15	7,65 0,15	9,15 0,15	10,65 0,15	12,15 0,15	13,65 0,15	15,15 0,15	18,15 0,15	21,15 0,15	24,15 0,15	27,15 0,15	30,15 0,15
0,20	6,20 0,21	7,20 0,21	8,20 0,21	9,20 0,20	10,20 0,20	12,20 0,20	14,20 0,20	16,20 0,20	18,20 0,20	20,20 0,20	24,20 0,20	28,20 0,20	32,20 0,20	36,20 0,20	40,20 0,20
0,25	7,75 0,26	9,00 0,26	10,25 0,26	11,50 0,26	12,75 0,26	15,25 0,25	17,75 0,25	20,25 0,25	22,75 0,25	25,25 0,25	30,25 0,25	35,25 0,25	40,25 0,25	45,25 0,25	50,25 0,25
0,30	9,30 0,31	10,80 0,31	12,30 0,31	13,80 0,31	15,30 0,31	18,30 0,31	21,30 0,30	24,30 0,30	27,30 0,30	30,30 0,30	36,30 0,30	42,30 0,30	48,30 0,30	54,30 0,30	60,30 0,30
0,35	10,85 0,36	12,60 0,36	14,35 0,36	16,10 0,36	17,85 0,36	21,35 0,36	24,85 0,35	28,35 0,35	31,85 0,35	35,35 0,35	42,35 0,35	49,35 0,35	56,35 0,35	63,35 0,35	70,35 0,35
0,40	12,40 0,41	14,40 0,41	16,40 0,41	18,40 0,41	20,40 0,41	24,40 0,41	28,40 0,41	32,40 0,41	36,40 0,40	40,40 0,40	48,40 0,40	56,40 0,40	64,40 0,40	72,40 0,40	80,40 0,40
0,45	13,95 0,47	16,20 0,46	18,45 0,46	20,70 0,46	22,95 0,46	27,45 0,46	31,95 0,46	36,45 0,46	40,95 0,46	45,45 0,45	54,45 0,45	63,45 0,45	72,45 0,45	81,45 0,45	90,45 0,45
0,50	15,50 0,52	18,00 0,51	20,50 0,51	23,00 0,51	25,50 0,51	30,50 0,51	35,50 0,51	40,50 0,51	45,50 0,51	50,50 0,51	60,50 0,50	70,50 0,50	80,50 0,50	90,50 0,50	100,50 0,50
0,55	17,05 0,57	19,80 0,57	22,55 0,56	25,30 0,56	28,05 0,56	33,55 0,56	39,05 0,56	44,55 0,56	50,05 0,56	55,55 0,56	66,55 0,55	77,55 0,55	88,55 0,55	99,55 0,55	110,55 0,55
0,60	18,60 0,62	21,60 0,62	24,60 0,62	27,60 0,61	30,60 0,61	36,60 0,61	42,60 0,61	48,60 0,61	54,60 0,61	60,60 0,61	72,60 0,61	84,60 0,60	96,60 0,60	108,60 0,60	120,60 0,60
0,65	20,15 0,67	23,40 0,67	26,65 0,67	29,90 0,66	33,15 0,66	39,65 0,66	46,15 0,66	52,65 0,66	59,15 0,66	65,65 0,66	78,65 0,65	91,65 0,65	104,65 0,65	117,65 0,65	130,65 0,65
0,70	21,70 0,72	25,20 0,72	28,70 0,72	32,20 0,72	35,70 0,71	42,70 0,71	49,70 0,71	56,70 0,71	63,70 0,71	70,70 0,71	84,70 0,71	98,70 0,71	112,70 0,70	126,70 0,70	140,70 0,70
0,75	23,25 0,77	27,00 0,77	30,75 0,77	34,50 0,77	38,25 0,77	45,75 0,76	53,25 0,76	60,75 0,76	68,25 0,76	75,75 0,76	90,75 0,76	105,75 0,76	120,75 0,75	135,75 0,75	150,75 0,75
0,80	24,80 0,83	28,80 0,82	32,80 0,82	36,80 0,82	40,80 0,82	48,80 0,81	56,80 0,81	64,80 0,81	72,80 0,81	80,80 0,81	96,80 0,81	112,80 0,81	128,80 0,81	144,80 0,80	160,80 0,80
0,85	26,35 0,88	30,60 0,87	34,85 0,87	39,10 0,87	43,35 0,87	51,85 0,86	60,35 0,86	68,85 0,86	77,35 0,86	85,85 0,86	102,85 0,86	119,85 0,86	136,85 0,86	153,85 0,85	170,85 0,85
0,90	27,90 0,93	32,40 0,93	36,90 0,92	41,40 0,92	45,90 0,92	54,90 0,92	63,90 0,91	72,90 0,91	81,90 0,91	90,90 0,91	108,90 0,91	126,90 0,91	144,90 0,91	162,90 0,91	180,90 0,90
0,95	29,45 0,98	34,20 0,98	38,95 0,97	43,70 0,97	48,45 0,97	57,95 0,97	67,45 0,96	76,95 0,96	86,45 0,96	95,95 0,96	114,95 0,96	133,95 0,96	152,95 0,96	171,95 0,96	190,95 0,95
1,00	31,00 1,03	36,00 1,03	41,00 1,03	46,00 1,02	51,00 1,02	61,00 1,02	71,00 1,01	81,00 1,01	91,00 1,01	101,00 1,01	121,00 1,01	141,00 1,01	161,00 1,01	181,00 1,01	201,00 1,01

Spécimen de réduction et de gravure photographiques, par Fernique.

La première colonne verticale indique les longueurs focales des objectifs espacées de $0^{m},05$ en $0^{m},05$ jusqu'à 1^{m}. Dans la colonne horizontale sont notées les proportions de l'image relativement au modèle ; à la base de jonction des deux colonnes, il y a deux nombres superposés : le premier indique la distance du sujet au point de départ de la longueur focale, le second, la distance de ce point de départ à la glace dépolie ; la somme des deux égale en nombres ronds la distance du sujet à la glace. Avec les méthodes indiquées ci-dessus, il devient facile de mesurer les points de départ du système optique en déterminant la longueur focale principale et en portant exactement cette longueur de la glace dépolie, à l'objectif.

Nous avons expliqué que, pour ces déterminations, il fallait placer les appareils dans les conditions de centrage et de parallélisme nécessaires. Pour vérifier si ces conditions sont remplies, *voir* plus loin le paragraphe intitulé : *Dimensions et positions*.

49. **Des aberrations.** — Lorsqu'on fait l'essai des objectifs, on peut constater certains défauts provenant de ce que les rayons réfractés ne viennent pas tous former leur foyer à la place nécessaire pour donner la plus grande netteté de l'image; ce défaut dans la convergence porte le nom d'*aberration*. Le point de concours de ces rayons peut être plus ou moins en avant ou en arrière de la surface focale principale, suivant la matière, la forme des lentilles, leurs courbures convexes ou concaves. Aussi est-ce par l'association de plusieurs lentilles, les unes convergentes, les autres divergentes, faites avec des matières plus ou moins réfringentes ou plus ou moins dispersives, qu'on ramène ces rayons au point où ils doivent concourir pour donner à l'image le maximum de netteté. L'absence totale d'aberration porte le nom d'*aplanétisme* (du grec α privatif, et πλανήτης, errant).

50. *Aberration sphérique ou de sphéricité.* — Généralement les rayons partant de l'objet éclairé et tombant sur les bords d'une lentille convergente sont trop fortement réfractés, relativement à ceux qui passent par la partie centrale; ce défaut a reçu le nom d'*aberration sphérique*. L'image formée dans ces conditions est confuse dans toutes ses parties; elle se compose en effet de séries d'images produites à des foyers différents. L'emploi de diaphragmes convenablement placés ou l'association de lentilles ayant des courbures appropriées permet de remédier en grande partie à ce défaut.

L'image donnée par un objectif exempt d'aberration sphérique doit être parfaitement nette dans sa partie centrale, avec ou sans diaphragme; mais les diaphragmes sont nécessaires dans les objectifs photographiques pour détruire un autre genre d'aberration, dont nous parlerons plus loin sous le nom de *distorsion*.

51. *Courbure du champ focal.* — Lorsqu'on examine l'image sur la glace dépolie de la chambre noire, on constate, surtout avec de grandes ouvertures, que si l'image est nette au centre, elle ne l'est plus vers les bords et qu'en rapprochant un peu la glace on gagne en netteté sur les bords ce que l'on perd au centre; cela provient de ce que l'objectif ne forme pas son foyer selon une surface plane, mais bien selon une surface courbe plus ou moins prononcée.

Il ne faut pas confondre, ainsi qu'on le fait généralement, cette cause d'aberration avec l'aberration sphérique; celle-ci empêche la netteté dans toutes les parties de l'image, la courbure du champ la répartit suivant une forme qui est généralement convexe du côté de l'opérateur, concave du côté de l'objectif, et, par le mouvement de la glace dépolie, on voit que l'on retrouve la netteté dans toutes les parties où le plan de la glace coupe les courbes de la surface focale.

Par une combinaison convenable des formes données aux lentilles, on peut amoindrir ce défaut et ramener le champ focal vers la *planité*. Plus que les autres, les objectifs à portraits ont une courbure de champ accentuée dont on tire parti, le châssis à bascule aidant, pour mettre plus facilement au point une personne assise, ou pour amener la netteté sur telle ou telle partie du sujet.

Par l'emploi des diaphragmes, on rend les faisceaux lumineux d'autant plus aigus que les ouvertures sont plus petites, et l'on obtient ainsi une tolérance plus grande, qui permet d'arrêter la mise au point lorsque l'image apparaît nette dans toutes ses parties.

52. *Foyer chimique.* — Un autre genre d'aberration constitue ce qu'on appelle le *foyer chimique*, provenant d'un achromatisme imparfait au point de vue de la Photographie. Nous savons déjà que les rayons du spectre n'ont pas tous les mêmes propriétés; tandis que l'intensité lumineuse réside surtout dans la partie jaune (raies D et E), l'action chimique ou actinique est due principalement aux rayons qui forment la partie bleu indigo (raie G), qui l'entourent et qui s'étendent jusqu'au violet (raie H) et à l'ultraviolet. Si, dans la construction de l'objectif photographique, on n'a pas tenu compte de ces propriétés différentes des rayons colorés,

on aura deux foyers : le foyer visuel, actif pour nos yeux, et le foyer chimique, actif pour les surfaces sensibles, de sorte que l'image vue nette sur la glace serait floue sur l'épreuve ; il est donc nécessaire de ramener ensemble et de confondre ces deux foyers et de combiner l'achromatisme photographique de manière que l'image lumineuse et l'image actinique se confondent de plus en plus.

Il est facile de constater si l'objectif est achromatisé convenablement pour la photographie; Claudet, qui le premier s'est occupé de cette question, a construit sous le nom de *focimètre* un appareil très simple avec lequel on fait la vérification. Sur un axe en bois, long de 20^{cm} environ (*fig.* 37), on implante cinq ou

Fig. 37.

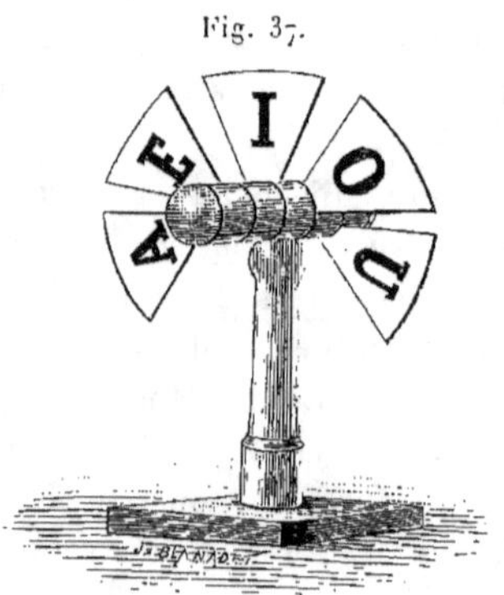

Focimètre.

six segments séparés, en fort carton, chaque segment portant soit une lettre, soit un chiffre; on les espace régulièrement, de telle sorte que l'instrument vu de face représente le cercle complet ; le tout est monté sur un pied ; il suffit de prendre une épreuve de cet objet en mettant rigoureusement au point sur le segment du milieu, et l'on voit, d'après l'image obtenue, si le maximum de netteté correspond au point visé.

Pour être certain qu'un défaut de concordance entre le châssis et la glace dépolie n'amène pas une cause d'erreur, on se sert du châssis lui-même pour régler la mise au point, en y mettant d'abord un verre dépoli sur lequel on examine l'image et en lui substituant la glace sensible.

Si la partie visée apparaît la plus nette après le développement, il n'y a pas de foyer chimique, mais si la netteté s'accuse sur le segment antérieur ou postérieur, c'est que l'achromatisme chimique ne coïncide pas avec l'achromatisme visuel; l'objectif a un foyer chimique dont il faut tenir compte dans la mise au point.

Après avoir constaté à l'œil la netteté la plus grande, on pourrait faire la correction du foyer chimique en avançant ou en reculant l'arrêt de la glace dépolie d'une quantité mesurée expérimentalement, ou encore régler cette différence en modifiant de cette quantité la position de la glace dépolie dans son cadre, de sorte que le foyer visuel arrêté sur celle-ci vînt correspondre au foyer chimique dans le châssis; mais cette correction ne peut être exacte que pour une mise au point déterminée, car la différence (l'écart entre les deux foyers) varie suivant le tirage; suivant que le modèle est plus ou moins rapproché, il est préférable de choisir un autre objectif.

La sensibilité de ce mode de vérification est d'autant plus grande que les segments du cercle sont plus rapprochés les uns des autres; d'autre part, s'ils sont trop près, la différence de netteté entre deux ou trois numéros s'apprécie difficilement; on accentue ou l'on diminue ces différences en prenant des épreuves plus ou moins rapprochées.

Lorsque la vérification est faite et qu'on s'est assuré que l'objectif n'a pas de foyer chimique, le même instrument peut servir à essayer la bonne construction des châssis et l'identité de position pour la glace dépolie et les surfaces sensibles.

53. *Distorsion.* — L'objectif simple a le défaut de courber les lignes droites verticales ou horizontales du modèle lorsqu'on veut lui faire rendre une image relativement trop grande pour sa longueur focale; cette courbure s'accentue d'autant plus que ces lignes s'éloignent davantage du centre; l'ensemble de l'image, quelle qu'elle soit, suit ce mouvement dont la courbe est tantôt convexe, tantôt concave, ce qui dépend de la position du diaphragme; dans la pratique, nous voyons que si le diaphragme est en avant de

l'objectif, les courbes sont en douves de tonneau (*convexes, fig.* 38) : s'il est placé en arrière, elles sont en sens inverse (*concaves*, *fig.* 39). Le premier effet se produit également si le diaphragme

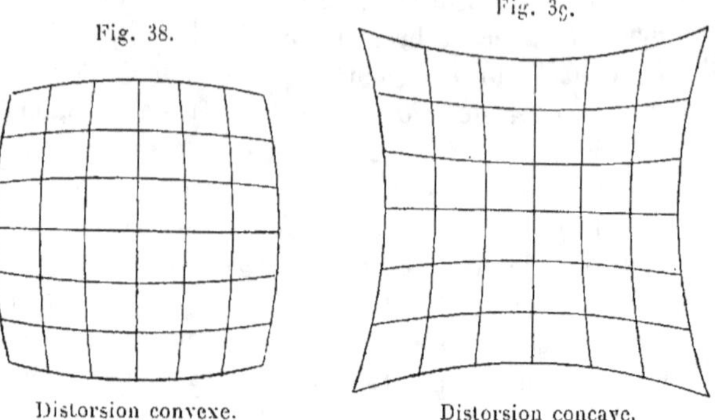

Fig. 38. Distorsion convexe.

Fig. 39. Distorsion concave.

est trop près de l'objectif, le second s'il est trop loin ; si on le met juste à la place voulue, les lignes tendent à reprendre leur rectitude, mais l'image peut manquer de netteté sur les bords.

Lorsqu'on fait usage de l'objectif double avec des lentilles symétriques et un diaphragme posé entre les deux, la distorsion donnée par la première lentille est reprise en sens inverse par la seconde, et par conséquent corrigée si l'écartement des lentilles a été convenablement déterminé. Cette correction peut être obtenue par d'autres dispositions des verres, ainsi que cela existe dans l'antiplanat de M. Steinheil.

DIMENSIONS ET POSITIONS.

54. La dimension des images que l'on désire obtenir doit être examinée sous deux conditions différentes : la grandeur générale de l'épreuve en hauteur et en largeur, c'est-à-dire le cadre dans lequel on veut qu'elle soit contenue, et, lorsque celui-ci est adopté, la proportion du sujet reproduit relativement à ce cadre ; cette proportion dépend soit de la position, soit de l'instrument : de la position, en ce sens que l'image est d'autant plus grande que le sujet est plus près et d'autant plus petite qu'il est plus éloigné; de l'instrument, parce que la grandeur de l'image, pour une position fixe, dépend de la longueur focale de l'objectif; enfin, s'il s'agit d'épreuves sur nature, il faut tenir compte de la proportion du sujet principal et des accessoires : ce dernier point dépend des positions relatives.

La dimension du cadre, c'est-à-dire de la surface totale à couvrir, est d'abord limitée par celle de la chambre noire ou mieux par celle des surfaces sensibles employées; elle est en outre subordonnée à la longueur focale de l'objectif, à sa construction, aux diaphragmes qui assurent la netteté de l'épreuve en étendue, et, subsidiairement, à la proportion de l'image relativement au modèle. Dans les conditions usuelles, nous avons dit qu'on peut demander à un bon objectif, celui à portraits excepté, de donner, avec un diaphragme moyen, une image nette dont le côté soit égal à sa longueur focale; l'emploi de petits diaphragmes augmente cette étendue de la netteté qui progresse considérablement si, au lieu de réductions, on fait des agrandissements.

La grandeur de l'image, relativement à l'original, dépend de la longueur focale de l'objectif et de la distance qui sépare le sujet à reproduire de cet objectif. Les calculs indiqués par la table de Secretan (p. 77) fournissent les données nécessaires pour opérer à l'atelier avec assez de précision, mais, le plus souvent, on agit par tâtonnements, et, lorsque le sujet est en place, on avance ou on recule la chambre noire jusqu'à ce que l'on ait la dimension désirée; il en est de même pour les vues extérieures.

Lorsque, d'après ce qui précède, on s'est arrêté sur le choix convenable de la chambre noire et de l'objectif approprié au travail à exécuter, on procède à la mise en place, c'est-à-dire qu'on détermine les positions respectives de la chambre et du modèle.

S'il s'agit de vues extérieures, le sujet à reproduire est presque toujours fixe; au contraire, la chambre noire légère est, ainsi que son pied, d'un transport facile; on cherche alors avec soin l'installation qui semble la plus favorable pour obtenir l'ensemble que l'on désire. De la position choisie dépendent les proportions relatives des diverses parties qui composent cet ensemble. L'importance des premiers plans peut s'accroître ou diminuer considérablement suivant que l'on avance ou que l'on recule de quelques pas, tandis que les fonds restent sensiblement les mêmes; les effets divers qui doivent dominer dans l'épreuve seront donc déterminés par cette étude.

55. En dehors de la question de position, il se présente pour le choix d'un point de vue quelques observations sur lesquelles nous appelons l'attention du photographe paysagiste : la nature vue avec nos yeux apparaît avec deux séductions dont nos appareils ne peuvent rendre le charme ou ne le rendent que d'une façon incomplète : ce sont les couleurs et certains effets de relief autres que ceux basés sur la perspective aérienne; tel ensemble qui séduit par l'harmonie de la coloration ou par le fuyant des plans successifs pourra donc se traduire d'une manière insignifiante, monotone et plate sur la reproduction photographique.

Les séductions de la couleur seront très atténuées si nous nous rappelons les explications données plus haut (21) relativement à l'action des divers rayons colorés sur les surfaces sensibles, en tenant compte toutefois de ce correctif que les objets librement éclairés reflètent toujours une quantité plus ou moins considérable de lumière blanche, ce qui permet, avec des poses suffisamment prolongées, d'arriver à une reproduction, monochrome il est vrai, mais se rapprochant de l'effet général. C'est ainsi que si les feuilles, quoique vertes, ne réfléchissaient pas une forte somme de lumière blanche, il deviendrait très difficile d'avoir un paysage d'un ensemble harmonieux; pour cette même raison, il existe une différence de pose très considérable pour faire la photographie d'un arbre isolé ou celle d'un dessous de bois même très éclairé. L'arbre isolé reçoit et réfléchit une masse de lumière blanche, le dessous de bois n'a qu'une lumière tamisée, réfléchie en grande partie par les feuilles, et dans laquelle les rayons verts, très peu actiniques, entrent pour une très forte proportion.

Pour ne pas être entraîné par la séduction des couleurs et pour se rendre mieux compte de ce que donnera l'épreuve photographique, il suffira de regarder l'ensemble du sujet avec un verre bleu un peu foncé qui, absorbant (partiellement) les rayons rouges et jaunes, donnera l'impression d'une vue monochrome, comme le sera l'image obtenue.

Les séductions de l'effet de relief viennent de notre vision binoculaire; cet effet ne peut être convenablement rendu que par les vues stéréoscopiques, mais il suffit de regarder le sujet avec un seul œil pour voir les différents plans qui contribuent à cet effet se plaquer les uns sur les autres, et l'on a ainsi une idée plus vraie de ce que donnera l'épreuve finale.

Celle-ci, en supposant d'ailleurs toutes les opérations bien réussies, tire sa valeur de la manière dont elle est éclairée et, aussi bien à l'extérieur que dans l'atelier, on doit rechercher l'éclairage le plus favorable; disons d'une manière générale qu'on doit, autant que possible, éviter que les oppositions entre les clairs et les ombres ne soient trop crues; on se rend assez facilement compte de ce dernier effet en clignant fortement les yeux lorsqu'on regarde le sujet : les grandes ombres semblent alors presque noires; on devra dans ce cas prolonger d'autant plus la pose que les oppositions paraîtront plus vives.

56. Lorsque l'emplacement est trouvé et l'ensemble du sujet délimité, on choisit l'objectif de la longueur focale voulue pour que ce sujet soit de dimensions concordant avec la grandeur des surfaces sensibles dont on dispose; ni trop petit, ce qui arriverait avec un objectif de trop court foyer; ni trop grand, si ce foyer était trop long. On a souvent une tendance fâcheuse à changer la position pour retrouver la grandeur nécessaire; on ne se rend pas assez compte alors qu'on modifie en même temps les effets parce qu'on change les proportions relatives.

On comprend, d'après cela, pourquoi nous insistons souvent sur la nécessité d'avoir pour les vues extérieures plusieurs objectifs de foyer très différents, trois au moins, appropriés toutefois aux dimensions de la chambre noire, afin de se rapprocher le plus possible de la grandeur d'épreuves que l'on désire. Voici à peu près les proportions que l'on doit rechercher entre ces trois longueurs focales et ce que nous nommons le *côté* ou la *base* de l'épreuve :

Pour les vues panoramiques la longueur focale devra être égale aux trois quarts ou à la moitié du grand côté de l'épreuve; on embrassera ainsi un angle de 70° à 90°. — *Exemple :* pour faire les épreuves panoramiques de $0^m,18$, l'objectif devra avoir de $0^m,13$ à 0,09 de longueur focale.

L'objectif le plus souvent employé est celui dont la longueur focale égale au moins le grand côté de l'épreuve, il embrassera un angle de 50° environ. C'est généralement sur cette proportion qu'on prend l'objectif rectilinéaire rapide destiné aux instantanéités. On peut le dédoubler et l'employer à l'état d'objectif simple; la longueur focale devient alors double de celle donnée par les deux lentilles accouplées : c'est le maximum utilisable pour les touristes; à cette dimension, les proportions du dessin sont presque toujours trop grandes pour le cadre, elles deviennent lourdes. Il est rare d'ailleurs que le tirage donné par le soufflet de la chambre noire excède deux fois le grand côté de la glace dépolie. Les vues artistiques sont presque toujours limitées à un angle de 30 à 35°, ce qui demande une longueur focale d'environ une fois et demi la base de l'image; on peut obtenir ce résultat en dédoublant l'objectif panoramique. On doit se rappeler, lorsqu'on fait ces dédoublements, que, même avec une grandeur de diaphragme égale, l'objectif simple devient quatre fois moins rapide que l'objectif double, puisque sa longueur focale est deux fois plus grande.

Les objectifs multiples réunis sous forme de trousse présentent donc de précieuses ressources pour le touriste, à la condition de comprendre un bon rectilinéaire rapide et un bon panoramique.

57. **Chercheur.** — Pour faciliter la recherche du point de vue, l'encadrer et indiquer de suite quelle longueur focale il est nécessaire de prendre pour obtenir l'image de la grandeur voulue, nous avons fait construire autrefois, sous le nom de *chercheur focimétrique*, un instrument qui montre par son seul emploi la proportion qui existe entre la dimension de l'épreuve prise comme unité et la longueur focale à employer; on peut ainsi choisir sans tâtonnements parmi les divers objectifs que l'on a à sa disposition et monter sur la chambre noire celui qui convient à la grandeur déterminée. Ce chercheur a l'avantage de pouvoir servir pour toutes les dimen-

sions et pour tous les objectifs, parce qu'il est basé, non sur la grandeur des épreuves, mais sur leur proportion relativement à la longueur focale : il est représenté aux $\frac{2}{3}$ de grandeur (*fig.* 40).

Fig. 40.

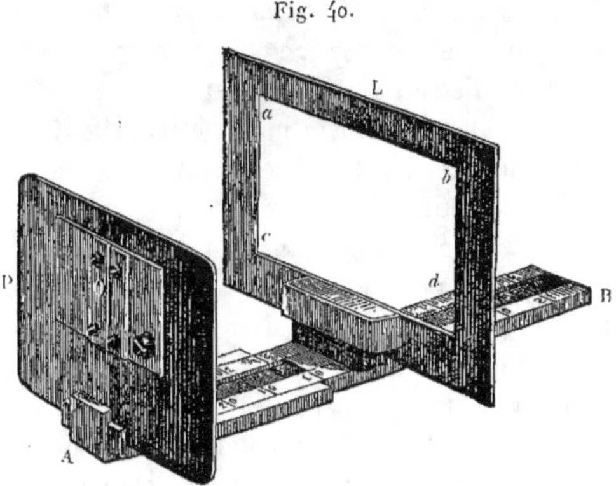

Chercheur focimétrique.

Il se compose d'une base AB sur laquelle sont assemblées à charnières les deux platines P, L, qui peuvent se rabattre l'une sur l'autre, de sorte que l'instrument replié se met facilement dans la poche.

Pour examiner le sujet à reproduire, on relève les deux platines, on regarde par l'ouverture O placée très proche de l'œil, et l'on recule plus ou moins la platine L jusqu'à ce que l'ensemble à reproduire apparaisse encadré dans l'ouverture rectangulaire *abcd*, faite dans la proportion de 3 × 4, qui est à peu près celle de toutes les dimensions de glaces ; le sujet est ainsi isolé de son entourage ; on en fait une sorte de tableau, et on l'étudie au point de vue artistique en cherchant à quelle position, à quelle place l'ensemble apparaît de la manière la plus favorable ; la position étant trouvée, il faut obtenir cet ensemble dans une dimension convenable pour la grandeur de glace dont on dispose ; il suffit alors de regarder, derrière la platine mobile L, où s'arrête le petit index et de prendre le nombre le plus proche gravé sur la base. En multipliant ce nombre par la mesure du côté de la glace, on a la longueur focale approximative de l'objectif à employer. Supposons l'index près du nombre $1\frac{1}{4}$, cela veut dire que l'objectif à employer devra avoir une longueur focale égale à 1 fois $\frac{1}{4}$ le côté de la surface sensible; dans l'espèce, pour une glace dont le côté a $0^m,21$, nous aurons donc $0,21 \times 1,25 = 0,26$; $0^m,26$ est la longueur focale demandée. Si l'index marque $\frac{3}{4}$, ce sera $0,75 \times 0,21 = 0,157$, soit $0^m,16$ de longueur focale. Au lieu de surfaces sensibles de $0^m,21$, emploie-t-on la dimension $0^m,35$, ce sera le même calcul : $1,25 \times 0,35 = 0,43$ qui est la longueur focale cherchée. Pour l'indication $\frac{3}{4}$ nous aurons $0,75 \times 0,35 = 0,26$.

Ce chercheur n'est pas un instrument de précision, ce serait inutile, puisqu'on ne saurait avoir autant d'objectifs de foyers différents qu'il y aurait d'indications; mais, dans la pratique, il est suffisant. Le Photographe paysagiste pourra, dans ses promenades, sans emporter d'appareil et sans recourir à une fatigante observation sur la glace dépolie, déterminer d'une manière sûre. avec son chercheur, sur quel point il devra placer sa chambre noire; il connaîtra en même temps quel objectif convient à cette position.

58. Lorsque la chambre noire est en place, il faut, sous peine de déformation, la mettre bien horizontale; deux petits niveaux incrustés dans la base ou, à leur défaut, l'emploi d'un fil à plomb. serviront à obtenir ce résultat auquel on parvient facilement en modifiant la position ou la longueur des branches du pied. Quand ces dispositions sont prises, il est rare qu'en examinant le sujet sur nature, puis sur la glace dépolie, on le trouve tel qu'on veut l'obtenir. Si l'emplacement et l'objectif ont été choisis convenablement, l'image sera bien de la dimension voulue; mais, par le fait de l'horizontalité de la chambre, il arrivera souvent que le sujet principal, un monument par exemple, sera placé ou trop haut ou trop bas dans l'ensemble : il y aura trop de terrain ou trop de ciel. Presque toujours on veut remédier à ce défaut en modifiant la position de tout l'appareil, en détruisant l'horizontalité de la chambre noire, et le résultat est déplorable, parce qu'alors l'objectif, au lieu de regarder de face, regarde en perspective vers le haut, de sorte que les lignes perpendiculaires du monument se repro-

duisent également en perspective exagérée sur l'épreuve; elles cessent d'être parallèles, convergent vers un point du ciel, et le monument se renverse en arrière; si, au contraire, l'opérateur placé trop haut faisait plonger l'appareil, le monument viendrait tomber en avant; de même, il fuirait vers l'horizon si l'objectif le regardait de côté. Ce n'est pas la chambre noire qu'il faut faire mouvoir pour corriger ce défaut, mais seulement l'objectif qui doit être placé sur une planchette mobile pouvant s'abaisser et surtout se relever à volonté et même varier dans sa position de droite à gauche, de manière à pouvoir donner ainsi une image complète. Mais dans ces conditions l'objectif se trouve excentré; il n'est plus dans l'axe de l'épreuve et, pour que le résultat soit bon, il est nécessaire que son champ de netteté soit beaucoup plus grand que la surface à couvrir.

59. Dans le travail de l'atelier, lorsqu'il s'agit de reproductions, presque toujours les chambres noires et les pieds-tables sur lesquels elles sont placées sont très lourds et difficiles à manœuvrer, tandis que l'objet à reproduire et le chevalet qui le supporte sont d'un maniement plus facile; aussi, après une première mise en place générale, c'est ce dernier que l'on fait varier pour arriver à obtenir les conditions nécessaires à une reproduction exacte.

Ces conditions se résument de la manière suivante :

La face du sujet à reproduire, la face de la planchette sur laquelle est fixé l'objectif, la face interne de la glace dépolie doivent être bien parallèles, sans quoi, ainsi que nous l'avons expliqué plus haut, on aurait des perspectives au lieu de reproductions de plans; l'écartement de ces trois faces par rapport les unes aux autres doit pouvoir se faire sans que le parallélisme soit altéré et, pour obtenir de l'objectif le meilleur rendement, l'axe passant par le système optique doit aboutir d'un côté au centre du sujet, de l'autre au centre de la glace dépolie.

Il est souvent assez difficile de savoir si ces conditions de parallélisme sont réalisées. Dans quelques grands ateliers, bien orientés au nord, de manière à avoir toujours une lumière régulière, la chambre noire et le chevalet sont montés sur des rails, de manière à empêcher toute déviation. Ces rails et le chariot sur lequel se fait le tirage de la chambre noire sont divisés exactement en centimètres et millimètres; avec cette disposition, on n'a plus à rechercher la mise au point rigoureuse, qui est toujours si longue et si délicate à arrêter lorsqu'on la fait directement sur la glace dépolie; des calculs exacts ont déterminé la longueur focale *vraie* de chaque objectif : on en a déduit pour les réductions (et les agrandissements, s'il y a lieu) la distance qui doit séparer l'objectif et la surface sensible, puis la distance de celle-ci au modèle; un tableau placé sur le mur en face de chaque appareil donne ces calculs faits à l'avance; dans ces conditions, l'opérateur a toute sécurité pour la régularité des reproductions.

Fig. 41.

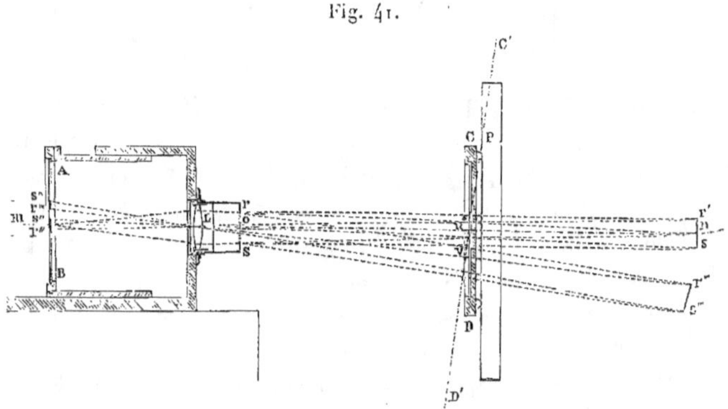

Constatation du parallélisme.

LÉGENDE.

AB, glace dépolie.

L, lentille.

mn, axe optique de l'objectif perpendiculaire à la glace dépolie; *m*, point de rencontre de cet axe optique avec la glace dépolie.

P, planchette sur laquelle est fixé le dessin à reproduire.

CD, petit miroir carré monté parallèlement, de sorte que sa surface étamée soit parallèle au plan sur lequel on l'applique.

A défaut de cette installation, qui serait difficile dans les ateliers à lumière variable, on peut employer, pour constater le parallélisme, un moyen simple indiqué par M. Huguenin, chef des travaux photographiques de l'École des Ponts et Chaussées.

On prend une glace montée parallèlement dans son cadre, on l'applique sur le milieu du sujet à reproduire (*fig.* 41).

Si la planchette P est perpendiculaire à l'axe optique mn, l'image du centre O dans le miroir CD se trouvera dans le prolongement de cet axe à une distance un égale à uo. Le centre de l'objectif sera donc reproduit sur la glace dépolie au point m, c'est-à-dire à la rencontre de l'axe optique et de la glace, comme s'il se trouvait au point n. Les points r et s de l'objectif auront leurs images aux points r'', s'', comme s'ils se trouvaient en $r's'$, et le contour de la lentille sera représenté sur la glace dépolie par un petit cercle dont le diamètre sera $r''s''$ et dont le centre tombera en m. On marque à l'avance le centre sur la glace par une petite croix.

Si, au lieu d'être bien placée, la planchette et par suite le miroir CD sont inclinés par rapport à l'axe optique mn, soit C'D' cette nouvelle position du miroir, le point r de l'objectif paraîtra sur la glace dépolie en r^{IV}, comme s'il se trouvait en r'''; de même, le point s se reproduira en s^{IV} comme s'il se trouvait en s'''. Le contour de la lentille n'aura plus pour centre le point m.

Pour rendre l'observation plus facile, on fait passer le pavillon de l'objectif par une ouverture centrale faite dans une feuille de carton blanc : le rond noir de l'objectif devient alors plus visible sur la glace dépolie. Donc, quand le miroir est perpendiculaire à l'axe optique, l'image de l'objectif se trouve au centre de la glace dépolie; s'il est incliné, cette image s'écarte plus ou moins du centre de la glace. On fait alors varier la planchette et par suite le miroir, vers le haut ou vers le bas ou à droite ou à gauche pour ramener l'image au centre.

Ainsi se trouvent déterminées les positions respectives du modèle et de la chambre noire : il reste à fixer la mise au point, par l'écart de la glace dépolie et l'emploi des diaphragmes.

60. **Mise au point.** — La glace dépolie s'écarte de l'objectif, soit au moyen d'une crémaillère et d'un bouton molleté, soit au moyen d'une vis de rappel; cela permet d'arrêter une position précise qu'il serait plus difficile de fixer si l'on opérait le déplacement seulement à la main. L'opérateur, après s'être enveloppé la tête du voile noir, fait avancer et reculer la glace dépolie et examine l'image

dans ses diverses parties, cherchant la netteté sur les lignes bien accusées du modèle ; ainsi, pour le portrait, il choisira de préférence son point de repère sur les paupières, les cheveux, la barbe ; pour le paysage, sur tout ce qui présente un trait bien accusé ; pour les reproductions, sur les traits les plus fins, qu'il faut obtenir nettement tranchés. Si les traits font défaut, comme cela peut se présenter quelquefois pour un tableau ou un autre sujet, on place au centre et à l'extrémité du modèle de petits fragments d'un papier imprimé quelconque, et on vérifie la netteté de la mise au point sur ces imprimés, qu'on a soin d'enlever immédiatement après.

Nous savons qu'en cherchant la mise au point on voit que la netteté est variable, suivant l'écart des plans, dans une proportion d'autant plus grande qu'ils sont plus rapprochés de l'appareil, que l'objectif a un plus long foyer et que les diaphragmes ont une ouverture d'un plus grand diamètre ; ainsi, avec de courts foyers et de petits diaphragmes, on peut obtenir des images nettes, à partir d'une distance de 4^{m} à 5^{m} de l'appareil jusqu'à l'horizon ; au contraire, à mesure que les foyers sont plus longs, cette distance s'accroît, et il devient difficile d'obtenir la netteté de premiers plans très rapprochés, sans que les parties éloignées soient floues, et réciproquement. Seul, l'emploi judicieux des diaphragmes peut corriger ce défaut.

Lorsqu'il s'agit de vues pittoresques, l'ensemble dépend du goût de l'opérateur ; il peut, comme l'artiste, sacrifier certaines parties pour mieux faire ressortir les autres, exiger par de petits diaphragmes une netteté générale qui n'est pas toujours nécessaire, ou, en opérant avec de plus larges ouvertures, obtenir surtout les effets d'ensemble et, par la mise au point, porter de préférence la netteté sur telle ou telle partie.

Pour la reproduction, il faut une mise au point rigoureuse partout ; on doit la vérifier non seulement au centre, mais aussi aux angles de l'image et dans la partie médiane ; on emploiera des diaphragmes de plus en plus petits jusqu'à ce que l'on ait une netteté parfaite ; cependant, avec des diaphragmes par trop petits, cette netteté s'altérerait, et, s'il était impossible de l'obtenir, on prendrait un objectif de plus long foyer, couvrant par conséquent une plus large surface, et l'on augmenterait la distance qui sépare l'appareil du sujet. Le plus souvent, il est nécessaire de vérifier la mise au point avec une forte loupe dont la base s'applique sur la glace dépolie. L'opérateur peut régler cette loupe et l'accommoder à sa vue au moyen d'un pas de vis hélicoïdal; on trouve cet instrument chez tous les fabricants d'objectifs.

Quand on aura obtenu la netteté cherchée, on fixera, avec la vis de serrage, la position du cadre qui porte la glace et qui recevra le châssis.

CHAPITRE II.

PRÉPARATION DES SURFACES SENSIBLES.

Dans cet examen général de la préparation des surfaces sensibles nous devons ranger :

L'étude des composés sensibles,
Les milieux interposés,
Les ateliers et laboratoires,
Les vases et ustensiles employés,
Les manipulations générales.

COMPOSÉS SENSIBLES.

61. Nous avons expliqué plus haut (19) que certains corps présentent cette propriété curieuse d'être influencés par la lumière sans que cette influence soit visible à nos yeux; mais sous l'action de réactifs dits *révélateurs*, qui sont toujours des réducteurs, l'impression produite se manifeste et les parties plus ou moins frappées par la lumière prennent une teinte plus ou moins foncée.

Il est probable que le nombre des substances douées de cette propriété dépasse celui que nous connaissons actuellement, mais, dans l'application photographique, trois seulement doivent fixer notre attention; ce sont : l'iodure, le bromure, le chlorure d'argent, et encore ce dernier est-il d'un emploi très restreint, lorsqu'il s'agit d'obtenir les images de la chambre noire.

Pour que l'agent sensible qui doit nous donner ces images pût atteindre complètement le but proposé, il faudrait que l'action fût instantanée, que les valeurs respectives des diverses couleurs du modèle influençassent la préparation comme elles influencent nos yeux, que les quantités de lumière qui nous donnent l'impression des clairs, des clairs obscurs et des ombres agissent dans les mêmes proportions sur la plaque sensible que sur notre vue, enfin, desideratum que peut-être l'avenir réalisera, que les couleurs pussent être reproduites telles que la nature nous les montre.

Les recherches si intéressantes faites sur ce dernier point prouvent que la reproduction des couleurs est possible scientifiquement, mais elle n'est pas encore pratique; nous n'avons donc pas à nous en occuper ici : ce sera l'objet d'une étude spéciale.

Depuis ces dernières années, la rapidité de l'impression lumineuse a fait de merveilleux progrès, et l'on peut dire qu'on est arrivé à l'instantanéité, puisqu'il est possible, dans de bonnes conditions de lumière et avec des objectifs supportant une large ouverture, de faire une épreuve en une minime fraction de seconde, qui peut être inférieure à $\frac{1}{500}$; dans des conditions spéciales, elle peut descendre à $\frac{1}{3000}$ et même au delà, puisque M. Janssen l'apprécie à $\frac{1}{30000}$ lorsqu'on photographie directement le Soleil.

Seul, jusqu'ici, le bromure d'argent peut acquérir cette remarquable sensibilité, qui permet actuellement d'obtenir avec facilité l'image des objets en mouvement.

Le bromure d'argent convenablement préparé jouit en outre de cette propriété d'être influencé par de très faibles intensités lumineuses, même pour des poses relativement courtes; par conséquent, il rend l'harmonie des demi-teintes avec plus de douceur que les autres préparations; l'iodure d'argent donne au contraire des effets heurtés; enfin, si l'on expose comparativement sous les divers rayons colorés des surfaces préparées au bromure ou à l'iodure d'argent, nous savons (21) que ce dernier n'est pas influencé par les rayons rouges, orangés, jaunes et même verts, tandis qu'avec le bromure la sensibilité s'étend davantage vers les rayons rouges, ce qui donne plus d'harmonie dans la reproduction des sujets colorés.

Il est donc nécessaire de faire varier la base des surfaces sensibles suivant le but qu'on se propose : pour la reproduction du trait (gravures, plans, dessins, etc.) on emploiera de préférence les préparations iodurées; pour le paysage, les portraits, on choisira les préparations bromurées, auxquelles on demandera le maximum de sensibilité pour les vues instantanées; en outre, l'étude des modifications que l'éosine, ou les substances analogues, font éprouver au bromure d'argent permet d'en faire d'excellentes applications pour les sujets à couleurs tranchées.

Dans quelques formules on mélange en diverses proportions l'iodure et le bromure, même le chlorure d'argent. Ces trois corps peuvent exister en même temps dans les préparations; il est bon toutefois de se rappeler qu'ils ne se forment que successivement, l'iodure d'abord, le bromure ensuite, le chlorure en dernier lieu; ainsi, lorsqu'on prend un mélange d'iodure, de bromure et de chlorure solubles, et qu'on y verse peu à peu de l'azotate d'argent dissous, il se forme d'abord de l'iodure d'argent; quand tout l'iodure soluble est décomposé, le bromure se transforme à son tour en bromure d'argent, et, seulement après, vient la décomposition du chlorure soluble en chlorure d'argent. Le mélange des trois corps précipités n'existera donc réellement que si l'azotate d'argent mis en contact est en quantité équivalente des trois corps dissous ou s'il est en excès.

L'affinité qui règle ces combinaisons est telle, que les précipités formés seront décomposés pour y satisfaire; ainsi, lorsqu'on a versé dans une solution de nitrate d'argent assez d'un chlorure soluble (sel commun ou autre) pour transformer le tout en chlorure d'argent, celui-ci sera décomposé si l'on ajoute une solution de bromure soluble qui le transformera en bromure d'argent; si l'on y verse ensuite un iodure, le résultat final sera l'iodure d'argent. Le contraire aura lieu si l'on fait agir les corps simples, chlore, brome ou iode, sur les sels solubles : c'est le chlore qui déplace le brome, et le brome qui déplace l'iode.

62. **Préparation des sels d'argent.** — La préparation des sels d'argent insolubles se fait toujours suivant la loi des doubles décompositions. Il suffit de mélanger une solution d'iodure, de bromure ou de chlorure soluble (généralement de potassium, de sodium ou d'ammonium) avec une solution de nitrate d'argent pour qu'immédiatement il se produise un précipité du sel d'argent correspondant, mais, même lorsqu'on a calculé les quantités équivalentes (ne pas confondre avec les quantités égales) suivant les-

quelles le mélange doit être fait, il arrive toujours que l'un ou l'autre des deux corps est en excès, à moins d'une pureté rigoureuse (qui n'existe jamais dans les produits employés) et de pesées d'une exactitude absolue; le corps en excès n'est donc pas décomposé; il baigne le précipité formé; les nitrates de potasse, de soude, d'ammoniaque, ou autres résultant de la décomposition, restent en solution dans le liquide.

Dans ce cas, suivant que dominent, soit le sel d'argent, soit les autres sels solubles, les propriétés du composé sensible présentent des variations considérables (20); en présence d'un excès d'iodure soluble, l'iodure d'argent est insensible à la lumière et, même par des lavages répétés, on n'arrive à lui donner qu'une sensibilité douteuse; pour qu'il puisse servir aux réactions photographiques, il lui faut le contact du nitrate d'argent ou d'un corps ayant une grande affinité pour l'iode.

Si, au contraire, dans la formation de l'iodure d'argent, il y a un excès de nitrate d'argent, la sensibilité de ce corps devient très grande et elle persiste, tout en s'affaiblissant, malgré des lavages prolongés qui éliminent la totalité du nitrate d'argent.

Dans la préparation du bromure d'argent, ces différences, bien qu'atténuées, sont encore très sensibles; un franc excès de bromure soluble anéantit la sensibilité, mais celle-ci apparaît à mesure qu'il est éliminé, et elle devient extrême lorsque les lavages en ont enlevé les dernières traces; si le nitrate d'argent domine au lieu du bromure soluble, la facilité de réduction du bromure d'argent formé devient telle qu'il n'est plus besoin de l'action lumineuse pour la produire sous les agents révélateurs; aussi les préparations ainsi faites ont toujours la plus grande tendance à se voiler, et, pour combattre le voile, il faut généralement ajouter aux révélateurs une minime quantité de bromure de potassium.

On s'étonne à juste titre qu'il se soit écoulé un si long espace de temps entre la première découverte de la grande sensibilité du bromure d'argent (1841) et l'emploi exclusif de ce corps tel qu'il est utilisé actuellement; cela tient évidemment à ce que les propriétés ci-dessus n'avaient pas été suffisamment étudiées; lorsque M. Fizeau constata l'accélération donnée à la sensibilité de la plaque daguerrienne par les vapeurs de brome, il lui fallut lutter contre

7

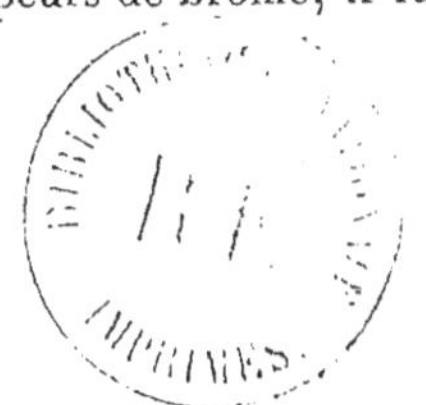

la tendance de voile qui se produisait; le brome, en effet, se trouvait toujours en présence d'un excès d'argent formant la surface de la plaque, et, pour remédier au voile, il était nécessaire de faire une nouvelle application des vapeurs d'iode.

Plus tard les essais furent faits avec le bromure d'argent préparé en présence d'un excès de nitrate d'argent; on obtint des résultats voilés qui étaient la conséquence de ce mode de préparation et qui retardèrent l'adoption complète de cet agent sensible, jusqu'au jour où il fut démontré que l'on faisait fausse route, que le bromure d'argent n'avait pas besoin, comme l'iodure, d'un excès d'argent pour acquérir les propriétés sensibles, parce qu'alors le but était dépassé, et qu'il fallait, au contraire, un léger excès de bromure soluble pour modérer cette sensibilité et régulariser l'action des agents révélateurs.

Connaissant la similitude des réactions qui groupent en une même famille l'iode, le brome et le chlore, l'ordre régulier dans lequel se révèlent leurs propriétés, on devrait penser que le chlorure d'argent dépasse le bromure en sensibilité comme celui-ci dépasse l'iodure; cette opinion pourrait être fortifiée par ce fait qu'autrefois, dans certaines formules, le chlore ou les chlorures ont été indiqués pour obtenir l'accélération dans la sensibilité des préparations et l'harmonie générale dans l'action lumineuse; jusqu'ici, cependant, les essais ne sont pas venus confirmer cette théorie. Le chlorure d'argent a des propriétés analogues à celles des deux autres sels, il a une sensibilité qui s'accuse d'une manière plus intense à la lumière directe, il peut donner, comme eux, une épreuve par développement de l'image latente; mais, soit que les réactions nécessaires n'aient pas encore été trouvées, soit que les propriétés photogéniques du chlorure d'argent n'excèdent pas ce que nous en connaissons, son emploi dans les préparations négatives reste inférieur à celui des préparations actuellement en usage.

MILIEUX INTERPOSÉS.

63. L'iodure et le bromure d'argent sont des corps insolubles que l'on peut obtenir à un état de division tel que, dans certaines préparations, ils échappent même à un fort grossissement micro-

scopique. Pour les utiliser comme surface sensible, il faut nécessairement les faire adhérer à un support sur lequel ils puissent être étendus d'une manière régulière et continue. Si ce support est une feuille de papier, sa texture spongieuse suffira pour retenir les corps sensibles que l'on produira dans la pâte même par double décomposition; mais si l'on emploie le verre, que l'on préfère à cause de sa parfaite transparence, il faut que le sel d'argent soit retenu à la surface par une substance adhésive que l'on appelle le *milieu interposé* et dans laquelle se passeront toutes les réactions photographiques.

Ce milieu doit réunir une série de propriétés qui se rencontrent difficilement toutes ensemble. Il doit être liquide pour s'étendre facilement sur la glace ou autre support la remplaçant, y adhérer en faisant prise, être ou devenir insoluble dans les bains successifs qu'il doit subir; il faut qu'il conserve une perméabilité suffisante pour permettre aux réactifs d'agir sur les molécules du composé sensible; il ne doit avoir aucune mauvaise influence immédiate ni sur le composé sensible ni sur les bains qui servent à le préparer ou qui sont employés dans les manipulations successives; aussi les substances utilisables sont-elles peu nombreuses; trois seulement sont réellement en usage : le collodion, l'albumine, la gélatine.

Le collodion étendu sur une glace fait prise par l'évaporation des dissolvants du coton-poudre; employé avant une complète dessiccation, il constitue une véritable feuille de papier très pur dans le réseau duquel toutes les réactions photographiques peuvent se produire avec facilité; l'emploi de ce milieu constitue la méthode dite du *collodion;* soit du collodion humide lorsque les manipulations se font toutes successivement avant la dessiccation de la couche, soit du collodion sec si on laisse celle-ci se dessécher après l'avoir modifiée et maintenue perméable par diverses préparations.

L'albumine nous donne un milieu d'une grande finesse, mais on ne peut en faire adhérer sur la glace qu'une couche très mince : la surface sensible obtenue est donc extrêmement ténue; de plus, l'albumine doit être coagulée par un bain d'azotate d'argent très concentré; elle devient alors très peu perméable; de ces deux causes il résulte une grande lenteur pour l'impression lumineuse et pour le développement; en outre, l'albumine elle-même se combine avec l'azotate d'argent et le composé qui en résulte s'altère peu à peu, ce qui empêche les plaques préparées de se conserver indéfiniment. Il est d'autant plus fâcheux que l'albumine présente ces défauts dans son emploi, que, bien mise en œuvre, elle donne de remarquables résultats.

La gélatine, qui possède la propriété de faire prise rapidement et de rester insoluble dans l'eau froide, devait appeler également l'attention des photographes. Elle offre en effet une insolubilité relative, la facilité de sécher et de reprendre ensuite une complète perméabilité, ce qui, en favorisant l'action des réactifs, doit contribuer à obtenir une grande rapidité; mais elle est plus altérable que l'albumine par le contact du nitrate d'argent; en outre, les sortes courantes du commerce sont tellement variables, que pendant longtemps on a eu quelques difficultés à trouver les gélatines convenables pour les applications photographiques.

Cependant l'emploi de la gélatine fut proposé dès 1850; mais les inconvénients étaient alors plus grands que les avantages; on ne connaissait pas encore les diverses modifications du bromure d'argent, et ce fut seulement dans ces dernières années que, par un meilleur ensemble de préparations, on put arriver au procédé dit du *gélatinobromure,* qui semble appelé à remplacer les autres dans la plupart des applications photographiques.

La nature du milieu interposé nous donne les principales divisions des divers procédés négatifs : telles sont les méthodes connues sous les noms de *collodion humide, collodion sec, papier sec, albumine, gélatinobromure,* etc. Chacune d'elles admet de nombreuses variantes, parmi lesquelles nous choisirons seulement les principales.

ATELIERS ET LABORATOIRES.

64. Atelier vitré. — Un atelier vitré est indispensable aux personnes qui consacrent à la Photographie la majeure partie de leur temps au lieu d'en faire un délassement passager. Il ne suffit pas, en effet, de prendre la lumière telle qu'elle arrive; elle est la force qui produira l'action photographique : il importe donc de la diriger suivant le résultat que l'on désire et, si un certain nombre d'applications peuvent se faire en plein air, les conditions atmosphériques exigent le plus souvent un abri, de même que les conditions artistiques demandent que l'opérateur puisse disposer le modèle et la lumière suivant sa fantaisie.

On a beaucoup écrit sur la construction des ateliers de pose et l'on s'est efforcé de donner des règles fixes, peut-être nécessaires, alors que, possédant des surfaces moins sensibles, il fallait subordonner les conditions artistiques aux exigences d'une pose suffisamment rapide; mais, si ces règles facilitaient le travail du photographe, elles l'enserraient dans des limites dont il s'écartait peu et elles donnaient le plus souvent à ses œuvres ce cachet d'uniformité monotone qui saisit encore quelquefois quand on voit une exposition de portraits; elles ne laissaient pas assez d'essor à l'imagination.

Il n'est nullement de notre compétence de donner des conseils au point de vue artistique; c'est une étude particulière trop négligée jusqu'ici et qui devrait être beaucoup plus cultivée (¹), mais nous ne saurions trop répéter qu'une œuvre bien comprise, quoique imparfaite dans son exécution, est de beaucoup préférable à l'épreuve la mieux réussie comme photographie, mais qui manquerait de goût et de sentiment artistique.

On est rarement maître de choisir l'emplacement pour l'atelier : on agence donc le mieux possible celui qui est disponible. Pour le portrait, il paraît préférable de se rapprocher des conditions de l'atelier des peintres : il faut tâcher d'avoir une pièce un peu vaste, éclairée du côté du nord, d'exagérer la lumière par la dimension et par la forte inclinaison du châssis vitré; on répartit ainsi une belle lumière générale que l'on peut ensuite modifier à son gré soit au moyen de rideaux ou de légers châssis garnis de mousseline, soit en étudiant la place la plus convenable pour le modèle. Nous avons vu de véritables artistes, tels que le peintre Roller, obtenir ainsi de remarquables effets bien différents du portrait banal perpétuellement fabriqué dans le même moule.

(¹) *Voir* l'ouvrage : *De l'effet artistique en Photographie*, par Robinson, traduction de H. Collard; Gauthier-Villars, éditeur.

Pour les reproductions de tableaux, cartes, plans et travaux courants de copie, on doit rechercher l'uniformité de l'éclairage, tel qu'on peut l'obtenir en plein air; une vitrine éclairée de toutes parts semble ici le cas préférable et nous pourrions citer comme type le vaste atelier de reproductions construit à la Bibliothèque nationale par l'architecte, M. Pascal : cet atelier forme une grande vitrine de 16^{m} de long sur 6^{m} de large et 4^{m} de haut; toute la partie supérieure est couverte en glaces, trois côtés sont entièrement vitrés; la lumière y est générale, des stores mobiles garantissent au besoin des rayons du soleil; on y peut travailler dans tous les sens avec une grande régularité (1).

65. **Laboratoires.** — La question des laboratoires est forcément subordonnée à l'importance du travail et à l'emplacement disponible; pour les amateurs qui ne font pas toutes les préparations, il peut suffire d'un très petit espace, et souvent, pendant plusieurs mois de voyage, nous avons pu nous contenter de notre chambre d'hôtel, quelque incommode qu'elle fût, pour y faire, à la nuit close et à la lueur d'une lanterne rouge, toutes les opérations qui exigent une lumière anti-actinique. Mais il est infiniment plus agréable de travailler dans les bonnes conditions de confort que peut donner un agencement spécialement organisé. Nous expliquerons donc avec quelques détails cet ensemble d'ateliers que peuvent avoir le photographe de profession et l'amateur, en prenant comme exemple les installations que nous avons faites pour nous-même.

66. **Laboratoire sombre avec lumière anti-actinique.** — La condition première du laboratoire dans lequel on doit préparer,

(1) L'atelier photographique de la Bibliothèque nationale, à l'installation et à la réglementation duquel nous nous faisons un honneur d'avoir eu part, est accessible à toute personne qui en fait la demande *motivée* à l'administrateur général; la pièce à reproduire est mise par les soins de l'administration dans un châssis fermé par une glace, l'opérateur ne peut y toucher; il doit apporter à l'atelier ses appareils et ses produits; un cabinet noir avec robinet d'eau et installation spéciale lui permet de faire toutes les préparations.

La construction, entièrement en fer, est séparée des autres parties de la bibliothèque par des portes également en fer, qui sont toujours fermées. L'ensemble des mesures prises met nos richesses nationales à l'abri de tout danger.

manipuler, développer les surfaces sensibles consiste à l'éclairer de telle sorte que l'on puisse y travailler à l'aise sans que la lumière ait d'influence sur les préparations. Les explications que nous avons données plus haut (21) suffisent pour nous indiquer les conditions que cet éclairage doit remplir : le minimum d'action pour l'iodure et le bromure d'argent résidant dans la partie rouge orangée du spectre, cette lumière seule doit être employée.

On ménage dans la pièce une ou deux ouvertures que l'on garnit d'un verre jaune assez foncé, doublé d'un verre rouge rubis; si les verres sont bien choisis, la lumière qui les traverse doit être suffisamment anti-actinique pour que l'on puisse opérer avec sécurité; ainsi que l'a conseillé M. Bardy, il serait bon d'examiner ou de faire examiner ces verres au spectroscope pour vérifier s'ils ne laissent passer que les rayons antiphotogéniques à l'exclusion de tous autres. Si l'on ne peut se procurer de verres convenables, on les remplace par des verres blancs recouverts d'un vernis à la gomme laque teinté avec la chrysoïdine. Cette substance, examinée par M. Bardy, est, parmi tant d'autres qui ont été proposées, celle qui absorbe le mieux les rayons actiniques. Une feuille de gélatine colorée avec ce produit peut rendre le même service, mais elle est d'un moins bon usage, il faut la défendre contre l'action de l'humidité.

L'ouverture doit être assez grande pour que la pièce soit éclairée dans toutes ses parties; cependant, au moyen d'un rideau, d'un écran ou d'un volet convenablement disposé, on pourra diminuer à volonté la quantité de lumière admise.

Il est inutile et même mal commode de peindre cette pièce en noir, car l'obscurité devient trop grande; une lumière anti-actinique reflétée par les parois est toujours inactive : elle n'est qu'une atténuation de celle qui a passé par les verres colorés, elle ne peut pas être plus nuisible. Il n'en serait pas de même des reflets de lumière blanche, dont on doit se garer si l'on s'éclaire avec une bougie, avec une lampe ou avec la lumière du gaz.

Il est bien entendu qu'on devra calfeutrer avec soin toutes les ouvertures qui pourraient donner le moindre filet de lumière blanche et, afin d'avoir toute sécurité à cet égard, on masquera les verres colorés de manière à produire une complète obscurité dans la pièce, on y restera quelques minutes, et on ne tardera pas à apercevoir tous les points qui laissent passer un peu de lumière; on y collera des bandes de papier ou plutôt d'une étoffe noire serrée, celle-ci résistant mieux aux déchirures.

Cette disposition étant prise, on donnera l'éclairage jaune rouge et l'on essayera la nature de la lumière en démasquant la moitié seulement d'une glace très sensible, l'autre moitié restant absolument cachée; on la mettra, ainsi découverte par moitié, à la place où l'on doit faire les développements et les préparations; on l'y laissera deux à trois minutes, puis on la plongera entièrement dans le bain révélateur, que l'on recouvrira aussitôt. Après quelques instants, on examinera si la partie soumise à la lumière n'est pas sensiblement plus teintée que celle maintenue dans l'obscurité; s'il y a différence notable entre les deux parties, il faudra modifier la nature de la lumière en changeant les verres, ou diminuer l'ouverture jusqu'à ce que l'on soit certain de pouvoir travailler dans cette pièce sans voiler les préparations.

Dans le cas où l'on ne peut recevoir la lumière du jour, ou pour le travail du soir, on se sert d'une lumière artificielle quelconque : gaz, bougie, lampe, etc., mais l'appareil éclairant doit être muni d'un globe ou d'un verre rouge, ou enveloppé par une lanterne à verres rouges ou teintés par la chrysoïdine; on utilise aussi les flammes de coloration anti-actinique; ainsi M. A. Girard emploie la lumière monochromatique jaune que donne le chlorure de sodium dans la flamme d'un bec de Bunsen, et M. Scolla la flamme rouge ou jaune d'une lampe alimentée par l'alcool dans lequel on a dissous du perchlorate de strontiane ou du perchlorate de soude.

Une méthode très simple, que nous employons et qui nous réussit, consiste à entourer la lumière blanche avec un simple rouleau de papier passé à la chrysoïdine. Dans 100^{cc} d'alcool on dissout un gramme de chrysoïdine cristallisée et l'on filtre dans une cuvette; on fait affleurer sur le liquide quelques feuilles de papier blanc mince, de la force du papier positif ordinairement employé (8^{kg} la rame); on suspend les feuilles, qui sèchent très rapidement et qui ont alors une teinte orangée très accentuée.

Pour l'usage, on prend une feuille que l'on contourne de manière à former un large rouleau cylindrique, que l'on maintient au moyen de deux épingles fixées haut et bas; on fait deux ou trois entailles à la partie inférieure pour rendre facile le passage de l'air, dans le cas où la base s'appliquerait sur une surface plane, et l'on met ce tuyau sur le bougeoir ou sur la lampe, de manière à envelopper entièrement le tout; on a ainsi une lumière très peu actinique et suffisante pour travailler à l'aise. En voyage, la feuille est déroulée et mise à plat; elle reste bonne pour les opérations futures. Ce même papier peut être collé sur les vitres et employé utilement pour l'éclairage du laboratoire par la lumière du jour.

La nécessité de clore parfaitement le laboratoire contre toute lumière empêche souvent le jeu des fenêtres, ce qui s'oppose au renouvellement de l'air; bientôt le séjour y deviendrait malsain, surtout lorsqu'on fait des préparations au collodion fréquemment renouvelées; il est utile d'ouvrir dans le haut et dans le bas de la pièce deux prises d'air assez larges, que l'on recouvre par un double chapeau, de manière à laisser la circulation de l'air sans que la lumière puisse pénétrer; les vapeurs d'éther, qui sont très lourdes, s'écoulent facilement par l'ouverture du bas et elles n'incommodent pas le préparateur.

67. La disposition intérieure du laboratoire (*fig.* 42) dépend évidemment de l'espace disponible et du travail que l'on doit y faire; le plus souvent il suffit de mettre tout autour une double rangée de planches ayant environ $0^m,50$ de large; celles du dessus, fixées à hauteur d'appui, forment table; celles du dessous, plus basses d'environ $0^m,30$ à $0^m,40$, servent à ranger les cuvettes, les châssis et autres instruments de travail. Au-dessus, à portée facile de la main, on établira une série de tablettes d'environ $0^m,20$ de large, pour y déposer les flacons, les verres et les divers produits.

Trois places doivent être distinctes dans le laboratoire : le côté A où se font les préparations sensibles, le côté B où l'on développe l'épreuve (ce sera autant que possible celui de l'éclairage, parce qu'il est nécessaire de surveiller à chaque instant la venue du cliché aussi bien par transparence que par réflexion), le côté C où l'on met le bain fixateur; ce dernier peut être relégué sur la table du dessous; il faut toujours prendre les plus grandes précautions pour que les produits nécessaires à ces diverses opérations ne puissent venir au contact les uns des autres; à la rigueur, le fixage ainsi que les cuvettes et les solutions employées pour cette opération peuvent prendre place dans une pièce voisine éclairée par une fenêtre ordinaire, à la condition de les reléguer dans la partie la plus sombre; une grande abondance d'eau pour

Fig. 42.

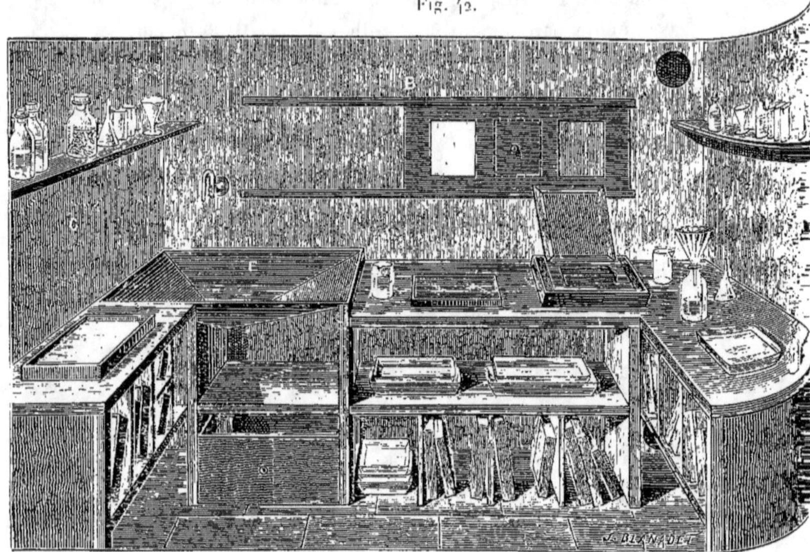

Laboratoire sombre.

les lavages, un évier E qui dirige les eaux de lavage au dehors sont indispensables pour un travail courant. L'évier sera de préférence fait en forme de trémie surbaissée, doublée en plomb; cette forme est très commode; par la pente des parois, elle met l'opérateur à l'abri des éclaboussures.

A défaut d'une double porte, il est bon que l'entrée soit recouverte d'une portière en étoffe imperméable à la lumière, ou tout au moins doublée de calicot jaune foncé, serré et permettant d'entrer ou de sortir sans laisser pénétrer la lumière. Même avec ces précautions, toutes les fois qu'il faut sortir du laboratoire, on doit recouvrir les épreuves en cours de développement et mettre toutes les préparations sensibles à l'abri du moindre rayon lumineux. Ces préparations ne peuvent rester longtemps exposées, même à la faible lumière du laboratoire, sans subir un commencement d'impression. Il est donc indispensable d'avoir une armoire complètement obscure dans laquelle on puisse les renfermer. Cette armoire bien disposée servira à la fois de séchoir et d'étuve.

68. **Séchoir.** — Les préparations sèches au collodion, à l'albumine, à la gélatine nécessitent un emplacement où l'on puisse les faire sécher complètement à l'abri de la lumière; il faut donc, lorsqu'on organise l'atelier, s'efforcer de disposer un séchoir qui pourra servir également pour la dessiccation des papiers positifs, des surfaces à la gélatine bichromatée, etc.

Un système assez simple consiste en une armoire de profondeur suffisante pour que l'on y puisse ranger sur champ les plus grandes glaces que l'on aurait à préparer (*fig.* 43); on la sépare en deux parties inégales, de manière à former deux armoires distinctes, ayant chacune leur porte indépendante, fermant sur de larges feuillures, celle du dessus principalement, de manière à empêcher toute infiltration de lumière.

La partie supérieure, commençant environ à $0^m,60$ du sol, constitue réellement le séchoir; celle du dessous, pouvant servir à tous autres usages, recevra au besoin le système de chauffage qui activera le séchage ou même transformera le séchoir en étuve. La séparation entre les deux parties sera formée par une tôle un peu forte, bien adaptée de manière à empêcher les gaz de combustion qui se produisent dans le compartiment inférieur de pénétrer dans celui du dessus : ce serait une cause continuelle de voiles et d'insuccès, ces gaz étant le plus souvent réducteurs.

L'organisation de la partie supérieure, qui constitue le séchoir proprement dit, varie suivant les préparations auxquelles celui-ci est destiné; la disposition que nous indiquons nous a paru la plus commode pour un atelier d'amateur, car, s'il s'agit d'une application industrielle un peu importante, il est nécessaire de disposer d'espaces beaucoup plus vastes.

Si l'armoire est en bois, et s'il y a lieu de craindre qu'il ne s'y produise quelques fissures pouvant donner des traces de jour, on la double soit avec une seconde feuille de bois placée à contre-fil, soit avec du velours noir ou autre étoffe très serrée; on place aux

Fig. 43.

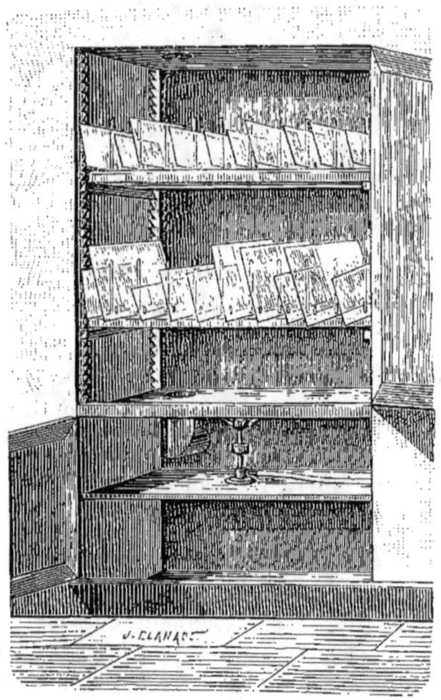

Séchoir.

quatre angles des crémaillères de bois sur lesquelles on adapte des tasseaux, et ainsi l'on pourra mettre à toute hauteur soit des barres soit des tablettes, que l'on peut enlever et changer à volonté.

Pour faire sécher les glaces, on se contente de trois barres de bois (*fig.* 44) que l'on met en travers sur les tasseaux et à côté les unes des autres. La barre du milieu, de $0^{m},01$ plus basse, porte une série de bâtons plantés verticalement à $0^{m},15$ de distance chacun, ayant environ $0^{m},20$ de haut et assez solides pour ne pas ployer ou vibrer sous l'appui d'une glace. C'est contre ces bâtons que viendront s'accoter les glaces, une de chaque côté si leur dimension le permet; dans ce cas, un butoir en verre haut de $0^{m},015$, fixé au milieu de l'intervalle entre chaque bâton, suffit pour les séparer. Chacune des deux autres barres, taillée en biseau vers le dessus, porte, couchée dans une rainure *ad hoc*, une tige de verre plein; on met entre ces deux barres et celle du milieu l'intervalle

Fig. 41.

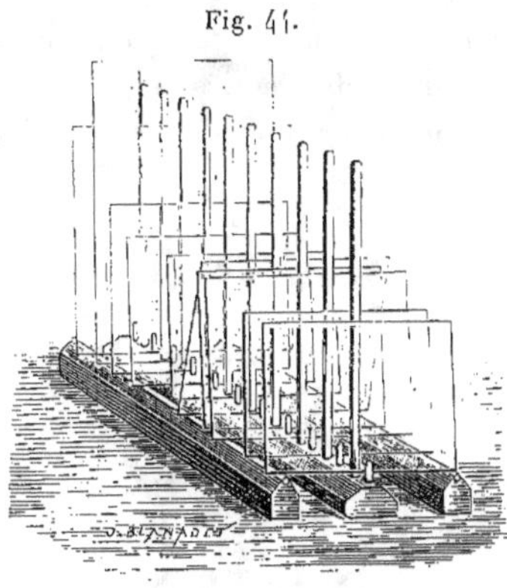

Disposition des barres de séchage.

nécessaire pour la largeur des glaces, dont le bord vient porter en deux points seulement sur les tiges de verre, tandis que le dos s'appuie sur les bâtons; après chaque séchage, il suffit de laver les tiges de verre et de les essuyer pour assurer une rigoureuse propreté. On peut étager plusieurs séries de ces barres, de manière à garnir toute la hauteur du séchoir avec les différentes dimensions de glaces que l'on voudra. Dans ces conditions, l'air circule facilement et active la dessiccation, qui doit se faire régulièrement.

Pour qu'il en soit ainsi, il est nécessaire que l'air soit constamment renouvelé : aussi le séchoir a-t-il deux ouvertures, l'une à la partie supérieure, l'autre à la partie inférieure; des tuyaux de tôle ou de zinc contournés permettent l'entrée de l'air sans laisser pénétrer la lumière; on se défiera des reflets sur les surfaces métalliques intérieures des tuyaux : l'ouverture extérieure ne doit donc pas être tournée vers le jour. Avec cette disposition, si l'on veut un courant d'air froid dans l'intérieur du séchoir, il suffit de chauffer légèrement le tuyau de tôle supérieur : il se fait un appel qui renouvelle incessamment l'air de l'intérieur. Si l'on veut un courant d'air chaud, on place dans le compartiment inférieur, sous la tôle, une bougie, une lampe, un ou plusieurs becs de gaz dont on règle la hauteur suivant la température nécessaire; il est inutile d'ajouter qu'il faut prendre de minutieuses précautions contre les dangers d'incendie.

Si les conditions d'installation sont telles qu'on ne puisse avoir ni double armoire ni chauffage direct, on mettra dans le séchoir même quelques cruchons remplis d'eau bouillante ou quelques briques dont on aura préalablement élevé la température.

Lorsqu'on veut se servir de cette armoire pour la dessiccation des papiers positifs, on pique les feuilles sur des bandes de liège que

Fig. 45.

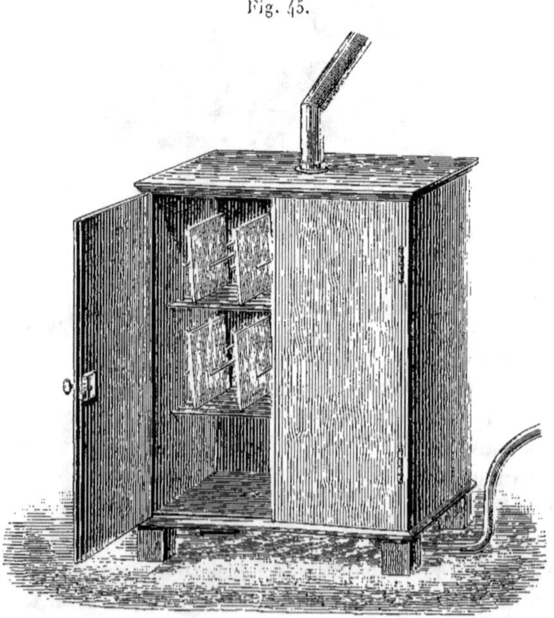

Séchoir de M. Chardon.

l'on a collées sur la face des barres ci-dessus décrites, à moins que l'on ne dispose des barres spéciales.

Lorsqu'on ne peut installer de séchoir à demeure, on met dans la partie la plus favorable celui que l'on achète chez un fabricant d'appareils photographiques : il en existe plusieurs modèles.

Le séchoir-étuve employé par M. Chardon (*fig.* 45) est sensiblement le même que celui qui est indiqué ci-dessus ; il diffère par l'installation des barres qui soutiennent les glaces à sécher : leur disposition fixe pourrait être un obstacle pour d'autres opérations.

Le modèle de M. Rogers (*fig.* 46) est disposé surtout pour

Fig. 46.

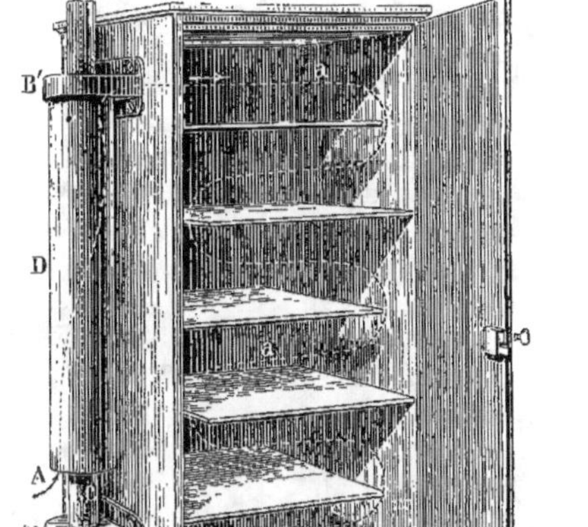

Étuve de M. Rogers.

sécher les glaces à plat et de niveau. L'air pénètre en A dans le manchon D où il s'échauffe, il entre dans l'étuve par la partie supérieure B', il passe successivement sur les tablettes suivant le courant *aaa*, il sort par la partie inférieure, attiré dans le tube C où il alimente un bec de gaz ou une lampe qui produit en même temps la chaleur et le tirage, et il s'échappe en A'.

Dans l'étuve de M. Kennett, représentée *fig.* 47, le courant d'air pénètre dans la partie inférieure, il passe successivement sur les tablettes, attiré à la partie supérieure par la lanterne F qui sert en même temps pour l'éclairage et pour le tirage.

Fig. 47.

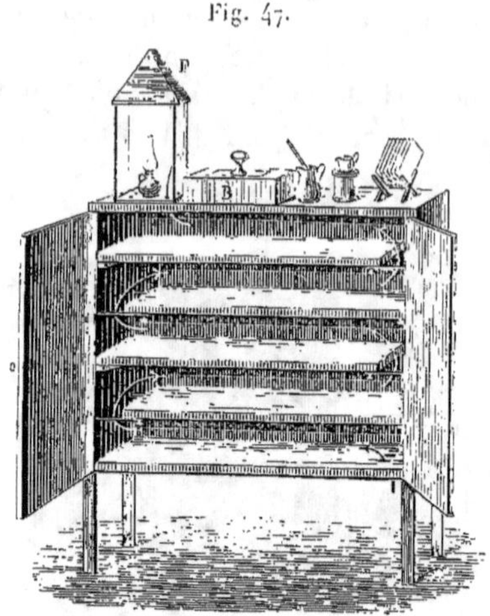

Étuve de M. Kennett.

69. **Laboratoire clair.** — Pour la facilité des opérations, il sera préférable de disposer une seconde pièce franchement éclairée par la lumière du jour; mieux vaut restreindre l'espace du laboratoire sombre au strict nécessaire et gagner l'emplacement d'un laboratoire clair.

En cas d'impossibilité, on disposera l'éclairage de l'unique laboratoire de façon à substituer à volonté des verres blancs aux verres colorés. Le système le plus commode consiste en un châssis à glissières (*fig.* 42), manœuvrant horizontalement à droite et à gauche et formé successivement d'un panneau de verres colorés, d'un panneau plein et d'un panneau de verre blanc, de sorte que, suivant la partie amenée devant l'ouverture, on aura le jour anti-actinique, ou l'obscurité ou le jour blanc. Si ce système ne peut être installé, on le remplace par de petits châssis volants que l'on substitue les uns aux autres.

Lorsqu'on peut avoir un second laboratoire éclairé par une fenêtre ordinaire, il suffira d'un simple rideau de calicot jaune ou d'un volet mobile pour diminuer à volonté la lumière admise.

On fera dans cette pièce toutes les opérations pour lesquelles on n'a pas à craindre le jour : telles sont les pesées, les solutions, les filtrations, les fixages d'épreuves ; seulement, pour ces dernières, on prendra soin d'atténuer notablement la lumière.

Les manipulations nécessitent souvent l'emploi de l'eau et du feu : aussi nous conseillons de remplacer sur un des côtés de la pièce les tables ou tablettes de bois par une construction légère en maçonnerie formant ce qu'on appelle une *paillasse de fourneau :* cette paillasse, recouverte avec des carreaux de terre ou de faïence, facilitera sans danger toutes les opérations de lavage et de chauffage ; un coup d'éponge la maintiendra toujours propre ; on la disposera de manière à joindre à la suite un évier qui conduira au dehors les eaux de rebut.

Autant que possible, on aura l'eau à discrétion, ce qui permet les lavages abondants à l'eau courante ; à son défaut, on installera un large réservoir.

La disposition de la paillasse sera encore meilleure si une partie passe sous une cheminée : tel est un fourneau de cuisine, parce qu'on fera de préférence à cette place toutes les manipulations qui dégagent des vapeurs dangereuses ou désagréables ; à défaut de la cheminée, il faudra s'abstenir de toute opération malsaine ou opérer en plein air.

On peut utiliser les modes de chauffage les plus divers ; l'emploi du gaz est le plus commode : un petit fourneau à gaz (voir *fig.* 49), un bec dit de Bunsen (voir *fig.* 55) que l'on relie par un tube de caoutchouc avec la prise de gaz et que l'on peut placer où l'on veut, sont d'un usage tout à fait facile ; à défaut du gaz, on peut employer le charbon de Paris, les fourneaux à pétrole, les lampes à esprit-de-vin, etc.

VASES ET USTENSILES.

70. Les diverses opérations photographiques demandent l'emploi de produits tantôt acides, tantôt alcalins, le plus souvent de solutions métalliques et de substances qui peuvent être altérées

par les corps avec lesquels elles viennent en contact; il est donc préférable pour les manipulations d'employer des ustensiles vitrifiés : aussi, pour le travail sédentaire de l'atelier, on devra se servir presque exclusivement de vases de verre, de porcelaine ou de grès dur; nous considérons comme d'un moins bon usage, excepté cependant pour l'emploi de l'eau pure, la faïence, les terres vernissées et même les métaux émaillés, dont la couverte, souvent tressaillée, donne accès aux infiltrations.

Les ustensiles en carton durci, en caoutchouc durci, en gutta-percha seront réservés pour les opérations faites au dehors ou en voyage; bien que ces matières soient loin d'égaler le verre et la porcelaine, elles ont l'avantage de ne pas se briser et elles épargnent ainsi à l'opérateur de grands embarras.

Quelques-uns des vases employés sont spécialement affectés à la Photographie : ce sont les cuvettes; les autres rentrent dans les formes courantes adoptées, soit pour l'usage journalier, soit pour les opérations chimiques.

Les surfaces que l'on prépare et que l'on emploie en Photographie sont planes; elles doivent recevoir l'action des réactifs régulièrement sur toute leur étendue, le plus souvent être immergées dans les bains; il faut donc, pour l'emploi économique des réactifs, faire usage de vases également plans, à large surface, permettant une immersion complète dans le moins de liquide possible.

Les cuvettes rectangulaires à fond plat, à bords peu élevés, répondent à ce but : les meilleures sont les cuvettes de porcelaine, dont on se procurera un assortiment par couples de grandeurs diverses, correspondant aux dimensions des épreuves données par la chambre noire. Leur blancheur permet de constater leur rigoureuse propreté, la dureté de leur émail les met à l'abri de toute altération et, sauf les accidents de casse, elles durent indéfiniment.

Lorsque les dimensions s'élèvent au-dessus de $0^m,27 \times 0^m,35$, les cuvettes de porcelaine sont de prix trop élevé, la fabrication devient presque impossible; on les remplace alors par des cuvettes formées d'un fond de verre avec entourage de verre maintenu par un cadre en bois, le tout assemblé et collé à la glu marine.

Pour les lavages et fixages, les cuvettes en verre peuvent être remplacées par des cuvettes en gutta-percha.

Les autres vases se trouvent dans le commerce de la verrerie pour produits chimiques; ils sont de prix si modéré, sauf les vases gradués, que ce serait un tort de n'en pas faire provision.

Ce sont des verres à pied et à bec pour verser les liquides (*fig.* 48 et 49), quelques gobelets, cylindriques depuis 100^{cc} jus-

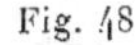

Fig. 48.

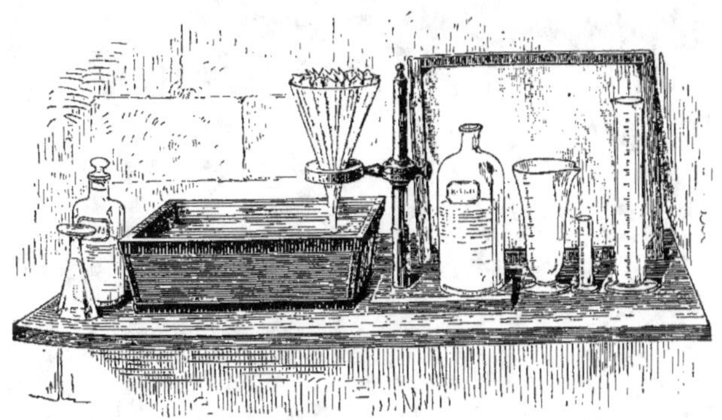

Cuvettes et vases divers.

qu'à 1^{lit} et plus, dits *vases à précipité,* qui servent à faire les solutions, quelques agitateurs en verre, des entonnoirs assortis pour les filtrations, des fioles ou vases minces à fond plat, dites *fioles à médecine,* allant bien au feu si l'on ne fait pas arriver la flamme directement sur le fond. Pour chauffer les produits de quelque valeur, sans crainte de casser le récipient, on emploiera de préférence les capsules de porcelaine : une ou deux suffiseut; on aura également quelques flacons de grandeurs diverses pour contenir les produits solides ou liquides : le nombre de ces flacons ne tardera pas à s'augmenter par le seul fait de l'acquisition des produits photographiques, presque toujours livrés dans des vases de verre.

Les vases gradués (*fig.* 48) sont absolument nécessaires pour mesurer les liquides, il suffit généralement d'un verre gradué de 250^{cc} et d'une petite éprouvette plus précise de 20^{cc} à 30^{cc}; ces vases sont d'un prix assez élevé : aussi doit-on en réserver l'emploi comme mesures et éviter de s'en servir pour l'usage courant.

Dans l'atelier nous rangeons cette verrerie sur un égouttoir représenté ci-dessous (*fig.* 49); avec cette disposition, si chaque pièce est

Fig. 49.

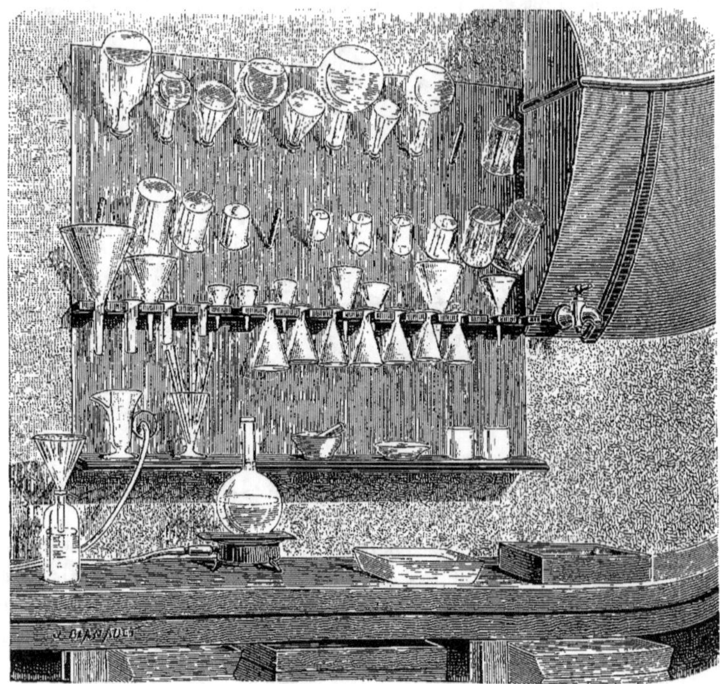

Disposition d'un égouttoir et d'une partie du laboratoire clair.

rangée à sa place, on a toujours sous la main celle qui est nécessaire, propre et prête à servir, surtout si on a le soin, que nous ne saurions trop recommander, de rincer chaque vase aussitôt qu'on en a fait usage et de le mettre sur l'égouttoir.

Les produits doivent être renfermés dans des flacons soigneusement étiquetés et placés dans une armoire fermant à clef; un certain nombre sont d'un prix élevé, d'autres sont vénéneux; on ne peut sans danger les laisser à la disposition de chacun.

MANIPULATIONS DIVERSES.

Les manipulations photographiques nécessitent plusieurs opérations généralement connues, sur lesquelles nous donnerons cependant quelques explications pour les personnes qui n'en auraient pas l'habitude : ce sont, entre autres, les pesées, l'emploi des mesures, des aréomètres, les dissolutions, les filtrations, les lavages, etc.

71. Pesée. — Sauf quelques rares circonstances, on n'a besoin en Photographie ni de rigoureuse précision ni de pesées considérables; une balance à plateaux supérieurs (*fig.* 50), supportant un

Fig. 50.

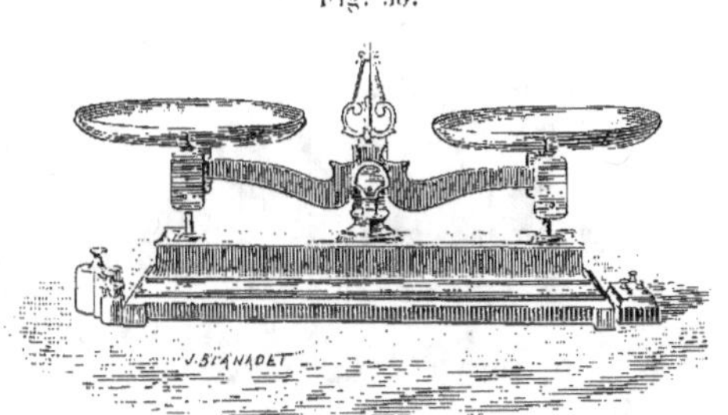

Balance.

poids de 1^{kg} à 2^{kg} et assez sensible pour accuser $0^{gr},1$, suffira le plus souvent. On peut y joindre un petit trébuchet (*fig.* 51) d'un transport facile, accusant le centigramme; il conviendra pour les excursions même lointaines, et dans toutes les circonstances où l'on opère sur de minimes quantités.

On ne doit jamais peser les produits directement sur le plateau; il faut interposer une feuille de papier, en ayant soin d'en placer une semblable sur l'autre plateau et de vérifier s'il y a équilibre.

Si l'on croit devoir rechercher la plus grande précision, on emploiera la méthode dite de la *double pesée*, avec laquelle il suffit d'avoir une balance très sensible; on met dans un des plateaux les poids représentant la quantité de substance nécessaire, on fait équilibre de l'autre côté avec du sable, des grains de plomb, ou toute autre matière; puis, retirant les poids, on les remplace par

Fig. 51.

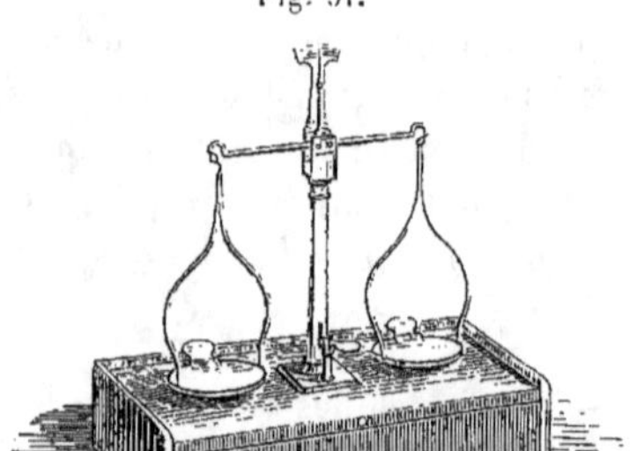

Trébuchet.

la quantité de substance qui rétablit l'équilibre; on est ainsi certain de la parfaite égalité dans la pesée, même si la balance n'est pas juste, puisque les poids sont remplacés par une quantité de substance rigoureusement égale.

72. Presque toutes les nations ont adopté le système métrique pour les poids et mesures; l'Angleterre, qui pendant longtemps avait fait exception, y a récemment fait accession officielle; mais pour l'intelligence des anciennes formules et de celles qui très probablement seront encore données suivant l'ancien système, il est nécessaire de pouvoir faire la conversion des poids et mesures anglais en poids et mesures français.

Les Tableaux ci-dessous, pris dans l'*Annuaire du Bureau des Longitudes*, 1884 (Annuaire publié chaque année par M. Gauthier-Villars), permettent de ramener au système décimal et *vice versa* les mesures de longueur, de capacité et de poids :

Comparaison des mesures françaises et anglaises.

MESURES DE LONGUEUR.

Anglaises.	Françaises.
Inch, Pouce ($\frac{1}{36}$ du yard).......	2,539954 centimètres.
Foot, Pied ($\frac{1}{3}$ du yard)..........	3,0479449 décimètres.

Anglaises.	Françaises.
Yard impérial..................	0,91438348 mètre.
Fathom (2 yards)...............	1,82876696 mètre.
Pole ou perch (5½ yards).......	5,02911 mètres.
Furlong (220 yards)............	201,16437 mètres.
Milne (1760 yards).............	1609,3149 mètres.

Françaises.	Anglaises.
Millimètre.....................	0,03937 pouce.
Centimètre	0,393708 pouce.
Décimètre	3,937079 pouces.
Mètre..........................	39,37079 pouces. 3,2808992 pieds. 1,093633056 yard.
Kilomètre......................	1093,633056 yards. 0,6213824 mile.

MESURES DE SUPERFICIE.

Anglaises.	Françaises.
Yard carré.....................	0,83609715 mètre carré.
Rod (perch carré)..............	25,291939 mètres carrés.
Rood (1210 yards carrés).......	10,116775 ares.
Acre (4840 yards carrés).......	0,404671 hectare.

Françaises.	Anglaises.
Mètre carré....................	1,196033261 yard carré.
Are (100 mètres carrés)........	119,6033261 yards carrés. 0,098845 rood.
Hectare........................	2,47114322 acres.

MESURES DE CAPACITÉ.

Anglaises.	Françaises.
Pint (⅛ de gallon).............	0,5679 litre
Quart (¼ de gallon)............	1,1359 litre.
Gallon impérial	4,543458 litres.
Peck (2 gallons)...............	9,086916 litres.
Bushel (8 gallons).............	36,34766 litres.
Sack (3 bushels)...............	1,09043 hectolitre.
Quarter (8 bushels)............	2,90781 hectolitres.
Chaldron (12 sacks)............	13,08516 hectolitres.

Françaises.	Anglaises.
Litre..........................	1,760773 pint. 0,2200967 gallon.
Décalitre......................	2,2009668 gallons.
Hectolitre.....................	22,009668 gallons.
Mètre cube.....................	35,31658 pieds cubes.

POIDS.

Anglais. Troy.	Français.
Grain (24e de pennyweight).....	6,479895 centigrammes.
Pennyweight (20e d'ounce).....	1,555175 gramme.
Ounce (12e de livre troy).......	31,103496 grammes.
Livre troy impér. (5760 grains).	373,241948 grammes.

Anglais. Avoirdupois.	Français.
Dram (16e d'ounce)............	1,771846 gramme.
Ounce (16e de la livre)........	28,349540 grammes.
Livre avoirdupois (7000 grains)..	453,592645 grammes.
Quintal (112 livres)............	50,802 kilogrammes.
Ton (20 quintaux)............	1016,048 kilogrammes.

Français.	Anglais.
Gramme........................	15,432349 grains troy. 0,643015 pennyweight.
Kilogramme....................	15432,349 grains troy. 2,679227 livre troy. 2,204621 livre avoirdupois.

73. **Mesures de capacité.** — Lorsqu'il s'agit de produits liquides, on remplace presque toujours les pesées par les mesures de capacité évaluées au moyen de vases gradués : cela nuit quelque peu à l'uniformité des formules et il serait certainement préférable, au point de vue de l'unité, que les quantités de produits quelconques fussent toujours évaluées en poids; mais cette excellente recommandation théorique échouera certainement devant les facilités pratiques de la mesure ; dans notre Ouvrage, pour concilier la théorie et la pratique, nous réunirons le plus souvent les deux systèmes et, après avoir donné la formule en poids, nous noterons à côté la transformation du poids en volume lorsqu'il s'agira de produits liquides.

Si les deux indications peuvent être confondues lorsqu'il s'agit de l'eau, puisque le centimètre cube d'eau pure à 4° est le type du gramme, les différences en plus ou en moins sont souvent considérables pour les autres liquides; ainsi le centimètre cube d'éther ne pèse que $0^{gr},73$: il est donc bien plus léger que le même volume d'eau; au contraire, le centimètre cube de glycérine supposée pure pèse $1^{gr},269$. Or il arrive souvent que, dans les formules données ou dans la transcription, on confond les indications de poids ou de volume au grand préjudice de l'exactitude. Il est facile, lorsqu'on connaît la densité d'un liquide, de ramener le poids au volume : il suffit de diviser le poids par la densité ; ainsi, pour 500gr d'éther supposé pur, ayant la densité de 0,73, on a $\frac{500}{0,73} = 685^{cc}$; pour 50gr de glycérine, on a $\frac{50}{1,269} = 39^{cc},3$.

Si l'on veut au contraire ramener la mesure de capacité au poids, on fait l'opération inverse, on multiplie la mesure par la densité du liquide : ainsi 500cc d'éther à 0,73 de densité pèsent 500 × 0,73, soit 365gr, et 50cc de glycérine à 1,269 de densité pèsent 50 × 1,269 = 63gr,45.

74. **Densité.** — On appelle *densité* D d'un corps le rapport qui existe entre son poids P et son volume V, soit $\frac{P}{V} = D$.

Le Tableau suivant donne la densité de quelques liquides employés en Photographie, ces liquides étant supposés purs.

Densité des liquides, celle de l'eau à 4° étant prise pour unité.

Eau distillée à 4° C.	1
Mercure (à 0°)	13,600
Brome	2,966
Acide sulfurique hydraté, SO^3,HO	1,842
Acide azotique fumant, $Az\,O^5,HO$	1,52
Acide azotique, quadrihydraté, $Az\,O^5, 4HO$	1,42
Acide chlorhydrique hydraté, $ClH, 6HO$	1,208
Benzine $C^{12}H^6$	0,89
Essence de térébenthine, $C^{20}H^{16}$	0,864
Alcool absolu, $C^4H^6O^2$	0,795
Éther, $C^8H^{10}O^2$	0,730
Esprit-de-bois, $C^2H^4O^2$	0,801
Acide formique, $C^2H^2O^4$	1,22
Acide acétique monohydraté, $C^4H^3O^3,HO$	1,063
Glycérine	1,269

Lorsque ces corps sont additionnés d'eau, la densité augmente pour ceux qui sont plus légers que l'eau, elle diminue au contraire pour ceux qui sont plus lourds (l'acide acétique fait exception) ; des Tableaux tout faits indiquent la richesse proportionnelle de ces mélanges d'après leur densité, mais l'évaluation n'est juste que si aucune autre substance n'est mélangée avec l'eau.

En donnant plus loin les notions chimiques sur les corps les plus employés en Photographie, nous y joignons les Tableaux établis par divers chimistes qui indiquent la richesse centésimale des solutions d'après la densité.

Pour connaître la densité d'un corps ou d'un mélange liquide, on peut se servir de la balance lorsqu'on veut le maximum de précision, mais on la remplace généralement par des instruments auxquels on a donné le nom d'*aréomètres* ou de *densimètres,* suivant leur mode de graduation.

75. **Aréomètres et densimètres.** — Ces instruments consistent essentiellement en un flotteur en verre formé d'une partie cylindrique ou sphérique sur laquelle est soudé un tube étroit et bien cylindrique également en verre mince, renfermant une échelle graduée (*fig.* 52); un lest placé dans le bas de l'appareil le main-

Fig. 52.

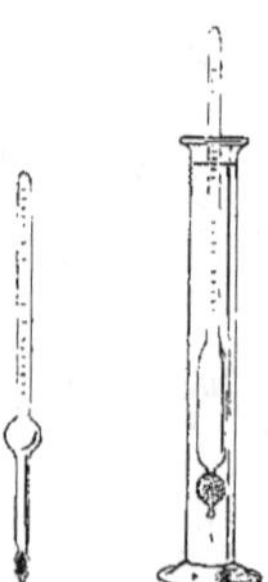

Aréomètres.

tient droit quand il flotte librement dans un liquide, ce qui a lieu lorsque le poids du liquide déplacé égale le poids du flotteur.

Donc si le liquide est plus dense, plus lourd pour un même volume, le flotteur plongera; mais si, au contraire, il est moins dense, le flotteur s'enfoncera davantage; le point d'affleurement sera donc déplacé suivant les liquides essayés, ce qui permet d'en apprécier la densité en examinant l'échelle graduée. La graduation de cette échelle a été établie de deux manières : Baumé a choisi l'écart des affleurements dans l'eau à 4°C. qu'il a marqué 0° et dans une solution de 15 parties de sel marin dans 85 parties d'eau qu'il a marquée 15; cet écart a été divisé en 15 parties égales et il a continué sur l'échelle les divisions équidistantes. Cet aréomètre sert pour les liquides plus lourds que l'eau; lorsqu'il s'agit d'apprécier les liquides plus légers que l'eau, la graduation varie, elle est faite en marquant 10° au point d'affleurement dans l'eau distillée et 0° dans une solution faite avec 10 parties de sel marin dans 90° parties d'eau. Cartier a fait également un aréomètre pour les liquides plus légers que l'eau : il diffère peu de celui de Baumé; Gay-Lussac a construit sous le nom d'*alcoomètre* un instrument spécial qui donne directement la richesse centésimale d'un mélange d'eau et d'alcool; on a aussi établi sous le nom de *densimètre* des instruments qui indiquent la densité réelle à chaque point d'affleurement.

Pour l'emploi il suffit d'avoir une éprouvette à pied, un peu plus haute que l'aréomètre; on la remplit avec le liquide à essayer et l'on y plonge l'instrument qui doit y prendre son équilibre sans toucher les parois de l'éprouvette; on lit alors le point d'affleurement. On pourrait avoir un aréomètre pour chaque corps liquide à essayer, et, par une échelle spéciale, on connaîtrait immédiatement la composition centésimale de chaque solution. C'est ainsi que nous avons fait construire pour la Photographie un aréomètre portant trois échelles sur une même tige : l'une donne la composition centésimale d'une solution *pure* de nitrate d'argent, l'autre, celle d'une solution d'hyposulfite de soude, la troisième la densité du liquide; cette dernière permet de se reporter aux Tables spéciales pour les solutions ou les liquides plus lourds que l'eau, quels qu'ils soient.

Il est plus rationnel, sinon aussi commode, d'adopter pour les aréomètres une seule échelle fixe et de ne se servir que du densimètre, puisqu'il suffit alors de se reporter aux Tables pour connaître la richesse centésimale correspondante : comme un tel instrument devrait avoir une échelle beaucoup trop longue, on en fait un ou deux pour les liquides plus denses que l'eau et un autre pour les liquide moins denses.

Malheureusement, les anciennes habitudes résistant aux progrès, il n'y a pas encore unification générale dans l'application des aréomètres et, tandis que la Science a adopté le densimètre et l'alcoolmètre centésimal de Gay-Lussac, le commerce et l'industrie s'en tiennent souvent encore à l'ancien usage des pèse-sels, pèse-acides, pèse-sirops, etc. suivant Baumé, et aux évaluations de la richesse alcoolique suivant Cartier.

76. En attendant une régularité désirable, il faut, par des Tableaux comparatifs que nous donnons ci-dessous, rétablir les valeurs respectives de ces diverses échelles.

RAPPORT

DES DEGRÉS BAUMÉ ET DE LA DENSITÉ POUR LES LIQUIDES PLUS LOURDS QUE L'EAU.

BAUMÉ.	DENSITÉ.	BAUMÉ.	DENSITÉ.	BAUMÉ.	DENSITÉ.
0	1,000	24	1,199	48	1,498
1	1,007	25	1,210	49	1,514
2	1,014	26	1,221	50	1,530
3	1,022	27	1,231	51	1,546
4	1,029	28	1,242	52	1,563
5	1,036	29	1,252	53	1,580
6	1,044	30	1,262	54	1,597
7	1,052	31	1,275	55	1,615
8	1,060	32	1,286	56	1,634
9	1,067	33	1,296	57	1,662
10	1,075	34	1,309	58	1,671
11	1,083	35	1,320	59	1,691
12	1,091	36	1,332	60	1,711
13	1,100	37	1,345	61	1,732
14	1,108	38	1,357	62	1,753
15	1,116	39	1,370	63	1,774
16	1,125	40	1,383	64	1,796
17	1,134	41	1,397	65	1,819
18	1,143	42	1,410	66	1,842
19	1,152	43	1,424	67	1,872
20	1,161	44	1,438	68	1,897
21	1,171	45	1,453	69	1,921
22	1,180	46	1,463	70	1,946
23	1,190	47	1,483		

RAPPORT

DES DEGRÉS BAUMÉ ET DE LA DENSITÉ POUR LES LIQUIDES PLUS LÉGERS QUE L'EAU.

BAUMÉ.	DENSITÉ.	BAUMÉ.	DENSITÉ.	BAUMÉ.	DENSITÉ.
10	1,000	31	0,872	52	0,776
11	0,993	32	0,867	53	0,772
12	0,987	33	0,862	54	0,768
13	0,979	34	0,857	55	0,764
14	0,973	35	0,852	56	0,760
15	0,966	36	0,847	57	0,756
16	0,960	37	0,842	58	0,752
17	0,953	38	0,837	59	0,748
18	0,947	39	0,832	60	0,744
19	0,941	40	0,827	61	0,741
20	0,935	41	0,823	62	0,738
21	0,929	42	0,818	63	0,734
22	0,923	43	0,813	64	0,730
23	0,917	44	0,809	65	0,726
24	0,911	45	0,804	66	0,722
25	0,905	46	0,800	67	0,719
26	0,900	47	0,795	68	0,715
27	0,894	48	0,791	69	0,712
28	0,888	49	0,789	70	0,708
29	0,883	50	0,785		
30	0,878	51	0,780		

COMPARAISON

DES DEGRÉS BAUMÉ, CARTIER, AVEC L'ALCOOMÈTRE CENTÉSIMAL DE GAY-LUSSAC ET LES DENSITÉS.

DEGRÉS au densimètre.	DEGRÉS Baumé.	DEGRÉS Cartier.	RICHESSE centésimale. (Alcoomètre de Gay-Lussac.)
	Alcool (¹).		
0,936	20	19,25	50
0,924	22	21,11	56
0,913	24	22,82	61
0,902	26	24,67	66
0,888	28	26,68	71
0,879	30	28,43	75
0,874	31	29,34	77
0,868	32	30,29	79
0,863	33	31,36	81
0,857	34	32,28	83
0,854	35	32,80	84
0,848	36	33,88	86
0,842	37	35,01	88
0,838	38	35,62	89
0,832	39	36,84	91
0,829	40	37,55	92
0,826	41	38,24	93
0,822	42	38,95	94
0,814	43	40,49	96
0,810	44	41,33	97
0,805	45	42,25	98
0,800	46	43,19	99
0,795	47	44,19	100

(¹) Pour l'alcool, les degrés commerciaux sont généralement évalués au pèse-esprit Cartier. Cependant l'instrument légal est l'alcoomètre centésimal de Gay-Lussac, qui donne immédiatement la quantité d'alcool absolu dans 100 parties de liquide. Cette Table est faite pour une température de 15°. (*Dictionnaire de Chimie industrielle*, par MM. Barreswil et Girard.)

77. **Dissolution.** — La dissolution est l'opération par laquelle un corps solide, intimement mélangé à un liquide, passe lui-même à l'état liquide sans qu'il y ait modification des propriétés chimiques du corps dissous ou du dissolvant; ainsi l'eau dissout certains corps solides, comme le sel, l'hyposulfite de soude, le nitrate d'argent, sans les altérer; elle dissout de même des liquides, comme l'alcool; des corps gazeux, comme l'ammoniac; l'alcool dissout des résines, etc. La solution est dite *saturée* quand le liquide refuse de se charger d'une quantité plus considérable du corps à dissoudre. Généralement la dissolution des corps solides se fait plus facilement et en plus grande quantité à chaud qu'à froid : c'est le contraire pour les corps gazeux.

Il y a souvent une légère confusion dans les formules données pour les solutions; on dit presque indifféremment : faire une solution à tant pour cent ou prendre 100 parties d'eau pour tant du corps à dissoudre; il existe entre les deux modes une notable différence; prenons comme exemple une solution d'hyposulfite de soude.

Dans une solution d'hyposulfite de soude à 20 pour 100, il doit y avoir 20^{gr} de produit pour 100^{cc} de la solution; on mettra d'abord le poids de l'hyposulfite de soude, soit 20^{gr}, dans le récipient et on complétera le volume avec la quantité d'eau nécessaire pour faire le total, soit 100^{cc}; mais, si, d'après la seconde donnée, on prend d'abord la quantité d'eau indiquée soit 100^{cc}, et si l'on y ajoute l'hyposulfite de soude, le volume de celui-ci viendra s'ajouter en plus au volume de l'eau; donc la richesse de la solution se trouve diminuée en proportion. Il n'y a pas lieu de se préoccuper de cette différence dans les opérations courantes, mais on doit en tenir compte dans les dosages de précision, pour lesquels le premier mode sera adopté de préférence.

Pour faire rapidement la dissolution d'un produit en proportion un peu considérable, il ne suffit pas de le mettre dans l'eau et de l'abandonner, car il tombe au fond : il se fait une saturation locale de la couche liquide inférieure, et bientôt la dissolution ne s'opère plus. C'est par une pulvérisation préalable suivie d'une agitation fréquemment renouvelée qu'on peut accélérer l'opération; si le solide restait à la partie supérieure, la solution se ferait beaucoup plus vite, parce que le dissolvant saturé et lourd s'écoulerait vers le fond et serait incessamment remplacé par le liquide non saturé. Pour réaliser ces conditions, principalement avec l'hyposulfite de soude, l'oxalate neutre de potasse, le sulfate de fer, etc., on peut opérer de la manière suivante :

On prend un flacon muni d'un entonnoir de verre sur lequel on adapte un tube de caoutchouc que l'on force un peu en le faisant monter assez haut pour que cet entonnoir placé sur le flacon le bouche parfaitement (*fig.* 53). Le tube de caoutchouc est coupé à

Fig. 53.

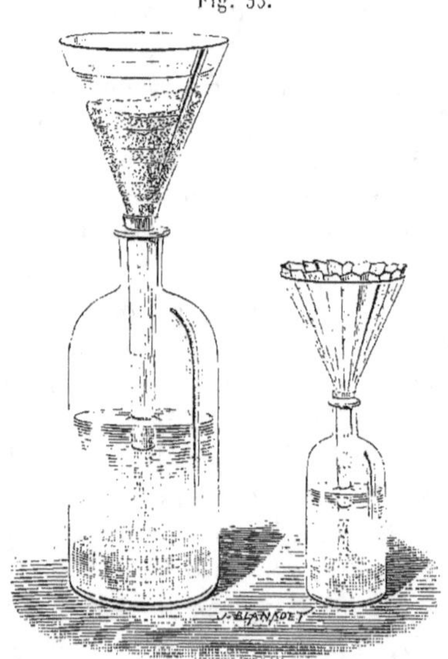

Appareils de dissolution automatique.

sa partie inférieure de manière à arriver à peu près au tiers de la capacité du flacon. Cet appareil très simple étant ainsi disposé, on verse dans le flacon les deux tiers de l'eau à employer, on le bouche bien hermétiquement avec l'entonnoir; dans celui-ci on met le produit à dissoudre et le reste de l'eau; le niveau de l'eau affleurant l'ouverture du tube, l'air ne peut plus se dégager et l'excès de liquide reste dans l'entonnoir; aussitôt il se produit deux courants dans la douille, l'un descendant qui emporte le liquide saturé, l'autre montant qui vient se saturer à son tour. La dissolution se fait ainsi seule, sans qu'on ait à s'en occuper; si l'on veut qu'elle soit filtrée, on met d'abord un filtre dans l'entonnoir; s'il faut une solution saturée, on y maintient un excès du corps à dissoudre.

78. **Filtration.** — Il est rare qu'une dissolution soit de prime abord parfaitement limpide : il arrive presque toujours que le produit dissous ou le dissolvant ne sont pas de pureté irréprochable; en outre, il peut se former entre les deux quelques réactions accessoires donnant lieu à des troubles ou à des précipités; ces impuretés sont séparées par filtration sur papier sans colle, opération devenue d'autant plus simple qu'actuellement on trouve dans le commerce les filtres de papier tout faits : nous ne nous arrêterons donc pas à décrire la manière de les faire ([1]).

Fig. 54.

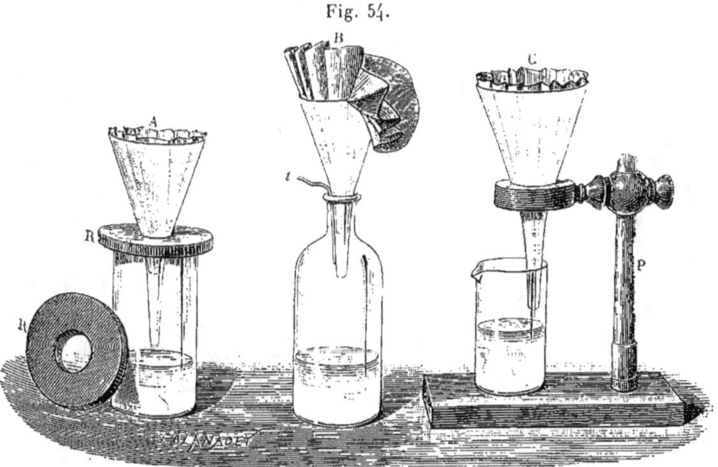

Filtration.

Pour filtrer (*fig.* 54), on prend un entonnoir de verre de dimension proportionnée à la quantité de liquide; on y place un filtre à

([1]) Voir Barreswil et Davanne, *Chimie photographique*, p. 74 et 75. Grand in-8; 1864 (Paris, Gauthier-Villars).

plis, que l'on enfonce assez profondément dans la douille pour que la pointe du filtre soit soutenue tout autour et offre une résistance suffisante au poids du liquide; les plis ont été préalablement écartés en rond dans la partie supérieure. Le papier doit être coupé au ras du bord de l'entonnoir (*fig.* 54) (A) (C); si on laisse le filtre dépasser le bord, on a toujours une tendance à le remplir, le papier mouillé se renverse (B) et non seulement on perd une partie du liquide, mais encore on peut tacher et gâter tout ce qui se trouve proche des éclaboussures; si, au contraire, le papier s'arrête au-dessous du bord, on a cette même tendance à mettre un excédent de liquide dont partie s'écoule entre l'entonnoir et les plis du filtre sans être clarifiée, et l'opération est à recommencer.

Si l'on filtre directement dans un flacon, on met la douille de l'entonnoir dans le goulot, qui quelquefois se trouve ainsi hermétiquement fermé; l'air ne pouvant s'échapper, la filtration ne se fait plus; on interpose alors entre les deux un tortillon de papier (*t*) qui livre passage à l'air.

Si l'on filtre dans un verre ou autre vase à large ouverture, on place dessus une rondelle de bois (R) percée d'une ouverture ronde assez large pour que l'entonnoir s'y pose d'aplomb. On emploie également bien les porte-entonnoirs (P) au moyen desquels le filtre peut être élevé et soutenu suivant le besoin.

Lorsqu'on filtre des liquides ayant l'inconvénient de mousser, on fait plonger l'entonnoir de sorte que la partie inférieure soit immédiatement immergée dans les premières couches de liquide filtré : l'inconvénient est ainsi très atténué.

Lorsqu'il est nécessaire de maintenir les liquides à une température suffisamment élevée pendant tout le temps de la filtration, ainsi que cela se présente pour les solutions de gélatine, on emploie l'appareil de M. Brewer (*fig.* 55), dont la disposition permet d'entretenir une couche d'eau constamment chaude entre l'entonnoir et son enveloppe extérieure en cuivre. On règle la température au moyen d'un bec de Bunsen, d'une lampe à alcool ou de tout autre système.

Si les liquides à filtrer sont de nature à attaquer le papier, on remplace celui-ci par un petit tampon d'amiante ou mieux de laine de verre: c'est du verre filé si fin qu'il est tout à fait souple;

on tasse légèrement ce tampon dans la douille de l'entonnoir; on a recours à ce moyen pour les solutions fortement acides ou

Fig. 55.

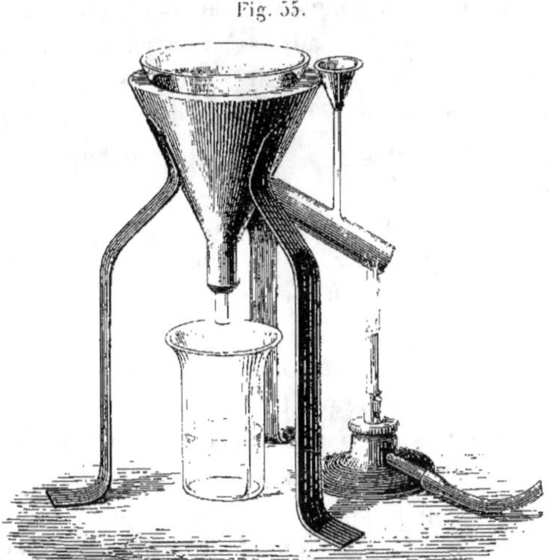

Appareil pour filtrer à chaud.

alcalines; on emploie souvent en Photographie des solutions trop épaisses pour passer à travers les filtres en papier : tels sont le collodion, les collodiobromure, gélatinobromure, etc.; on utilisera alors un tampon de laine de verre, ou de belle laine ordinaire cardée ou simplement de ouate non glacée, en ayant soin de mouiller préalablement ce tampon avec de l'alcool ou de l'eau suivant les liquides à filtrer; on emploiera également bien le coton préparé pour la chirurgie, lequel, débarrassé de ses matières résineuses, est immédiatement mouillé par les liquides.

79. **Précipité.** — On donne le nom de *précipité* au corps insoluble qui se forme dans une solution lorsque, par un changement dans la nature de ce corps ou du dissolvant, il se forme brusquement un composé solide et amorphe, c'est-à-dire n'ayant pas les formes régulières que donne la cristallisation; ainsi, en versant dans un verre quelques centimètres cubes d'une solution de nitrate

d'argent et en y ajoutant un peu d'une solution de sel commun, on produit immédiatement un précipité blanc épais de chlorure d'argent; en passant une couche de collodion ioduré dans un bain de nitrate d'argent, on forme dans l'épaisseur de cette couche un précipité d'iodure d'argent; d'autres causes peuvent produire la précipitation d'un corps, c'est-à-dire son passage brusque de l'état liquide à l'état solide : ainsi l'albumine diluée dans l'eau se coagule, se précipite par la chaleur; l'eau ajoutée au collodion en précipite le coton-poudre, etc.

Lorsque l'on précipite un corps, on cherche généralement à recueillir, soit le précipité, soit le liquide : on les sépare par filtration et, pour que la séparation soit complète, on procède au lavage.

80. Lavage. — Le lavage des précipités se fait généralement sur le filtre en versant de petites quantités d'eau pure qu'on laisse écouler chaque fois et en renouvelant l'opération jusqu'à ce que les gouttes qui s'écoulent, essayées chimiquement, n'accusent plus aucune trace d'impureté.

Les fioles à laver sont d'un usage trop commode dans les laboratoires pour que nous n'engagions pas les opérateurs à en avoir toujours une toute montée sous la main.

On prend un flacon, une bouteille, ou mieux une fiole à fond plat (dite à médecine) parce que, allant au feu, elle permet les lavages à l'eau chaude quand ils sont nécessaires; on y adapte un bon bouchon de liège fermant bien, on perce ensuite ce bouchon de deux trous avec la lime dite *queue-de-rat*. On dispose d'autre part deux tubes A et B, comme les représente la *fig.* 56.

Pour cela, on chauffe dans la flamme de la lampe à alcool ou dans celle d'un bec de Bunsen un tube de verre que l'on fait tourner régulièrement entre les doigts jusqu'à ce que la partie échauffée soit suffisamment ramollie pour être étirée; avec une lime dite *tiers-point* on fait un trait vif et, par une pression des deux mains en sens inverse, on sépare les deux morceaux de manière à obtenir avec l'un un tube effilé; l'autre, par un second trait, est ramené à la forme cylindrique; on donne à ces tubes la courbure voulue en les échauffant dans la flamme de telle sorte que le côté extérieur de la courbe reçoive plus de chaleur que la partie intérieure et en faisant peu à peu de légers efforts pour les amener à la forme demandée; on les coupe à la grandeur, on fond à la flamme les arêtes vives des parties séparées pour empêcher qu'elles

Fig. 56.

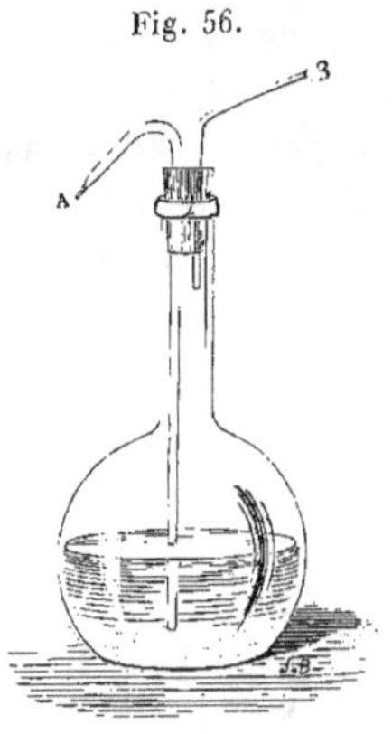

ne coupent le bouchon, les mains ou les lèvres, et, après avoir vérifié si les trous sont de même calibre que les tubes, on introduit ceux-ci à frottement dans le bouchon en les tournant toujours et les tenant de très près pour éviter de les casser et de se blesser. Quand la fiole est ainsi montée, il suffit de souffler dans le tube B pour que l'eau sorte par la pointe effilée A et l'on dirige le jet à volonté avec plus ou moins de force; on peut aussi obtenir un écoulement régulier en renversant la fiole de manière à verser l'eau par l'orifice B, tandis que l'air rentre en A dans l'intérieur.

Nous n'avons rien à dire des lavages des surfaces sensibles, ils se font en plein bain dans les cuvettes : ils seront d'ailleurs expliqués suivant les procédés.

81. Décantation. — Lorsque les précipités sont lourds, faciles à rassembler et que ce sont eux que l'on veut recueillir sans s'inquiéter des liquides, on peut souvent remplacer le lavage par la décantation, moyen commode et rapide, qui a seulement l'inconvénient de dépenser une assez grande quantité d'eau, moins cependant que le lavage à l'eau courante. On met le précipité dans un vase assez grand et assez profond pour qu'il n'occupe au plus que le cinquième ou le sixième de la capacité; les vases de verre à fond plat (dits *à précipités*) (voir *fig.* 49 et 54) sont assez commodes pour la décantation, les terrines destinées à l'usage domestique sont aussi d'un bon usage. On remplit ensuite le vase d'eau, on agite avec une baguette de verre et, quand la masse est retombée au fond, on déverse, on *décante* doucement le liquide surnageant. Si le précipité est précieux, on fait cette décantation dans un second vase où se rassemble ce qui pourrait s'échapper du premier. On remplit d'eau de nouveau, on agite et l'on décante une seconde fois; en répétant cette opération une dizaine de fois, on a un lavage très complet, car on peut voir par le calcul qu'il ne reste plus qu'une quantité infinitésimale du premier liquide et des corps qu'il contient en dissolution, même si nous supposons qu'à chaque fois on n'ait versé que la moitié de l'eau qui surnageait; en effet, après la dixième décantation, cette quantité n'est plus que d'un millième; or on déverse presque toujours les trois quarts de l'eau de lavage, et alors la quantité se réduit à un millionième dont la majeure partie se trouve encore expulsée, puisqu'en recueillant en dernier lieu le précipité on laisse écouler presque toute l'eau dont il est imprégné; si le précipité qu'on veut laver a une certaine cohésion, comme le gélatinobromure d'argent, il faut le diviser le plus possible, l'agiter plusieurs fois entre chaque décantation pour que la diffusion fasse passer dans le liquide les sels solubles contenus dans chaque petite masse gélatineuse.

On se sert de ce procédé de décantation sous le nom de *lévigation* lorsqu'on veut séparer des poudres très fines de poudres plus grossières; on agite la masse dans une assez grande quantité d'eau : on attend plus ou moins longtemps suivant la finesse que l'on veut obtenir; on décante le liquide trouble qui laisse déposer ainsi des poudres très ténues.

CHAPITRE III.

EXPOSITION.

82. Après avoir étudié le sujet à reproduire et convenablement choisi son éclairage, puis déterminé la position de la chambre noire et adapté l'objectif ainsi que le diaphragme nécessaires, on vérifie rigoureusement la mise au point et l'on procède enfin à l'exposition pour que les rayons lumineux qui formaient l'image sur la glace dépolie viennent la former exactement de même sur la surface sensible qu'ils doivent impressionner, et l'on proportionne la durée de cette action au temps nécessaire pour que la lumière fasse son œuvre juste à point.

En conséquence, on retire ou l'on relève la glace dépolie de la chambre noire, on s'assure d'un coup d'œil qu'il ne s'est déposé aucune buée sur l'objectif, ce qui arrive quelquefois, soit parce que l'objectif froid se trouve porté dans une pièce humide et plus chaude, soit parce que les rayons du soleil frappant sur la chambre noire fermée en dégagent intérieurement un excès de vapeur humide qui vient se condenser sur la face de la lentille ; cette buée, qui parfois passe inaperçue et disparaît pendant la pose, peut produire sur les épreuves un trouble qui semble alors inexplicable ; en même temps on voit si l'objectif n'est pas couvert de quelques poussières ; cela fait, on met l'obturateur, c'est ainsi que l'on nomme le bouchon de l'objectif, on substitue à la glace dépolie le châssis qui renferme la surface sensible, on couvre l'arrière de la chambre avec le voile noir, et c'est sous ce rideau qu'on tire le volet du châssis, afin d'être plus certain qu'il ne passera pas de lumière par les feuillures ; la surface sensible étant découverte, on choisit le moment opportun pour démasquer l'objectif avec un mouvement doux afin de ne pas faire trembler l'appareil, et on le referme après un temps de pose convenable : pendant ce temps on laisse le voile noir sur la chambre et le châssis.

TEMPS DE POSE.

83. La durée de la pose est une question des plus importantes et des plus aléatoires dans les manipulations photographiques : une pose insuffisante donne des épreuves heurtées, les grandes lumières ont eu seules le temps d'agir, tandis que les lumières faibles n'ont encore rien produit; une pose trop longue donne au contraire des épreuves grises et plates, parce que l'ensemble s'est égalisé, car l'action des lumières vives se renverse au lieu de continuer; arrivée à son maximum, elle décroît et rejoint les demi-teintes dans leur marche par un phénomène encore inexpliqué, auquel on a donné le nom de *solarisation*, et le tout se fond alors dans une teinte grise uniforme.

Il faut donc rechercher une pose juste; mais elle dépend de tant de conditions diverses qu'il est bien difficile de donner et surtout de suivre des règles précises à cet égard : cette appréciation demande une extrême habitude, et c'est par une grande expérience, aidée de quelques règles générales, qu'il est possible de se rendre à peu près compte du temps nécessaire pour l'impression.

Dans l'atelier un ou deux essais préliminaires renseignent à ce sujet l'opérateur déjà exercé, et d'ailleurs les épreuves successives qu'il fait dans la journée lui permettent de corriger à chaque instant les légères erreurs qu'il peut commettre; pour le photographe en campagne cette évaluation est beaucoup plus difficile, car maintenant, au dehors, on opère toujours sur des surfaces sèches, les épreuves ne sont développées que le soir au plus tôt; c'est seulement alors qu'on s'aperçoit des erreurs commises, et le lendemain les incertitudes du temps viennent trop souvent compliquer de nouveau les incertitudes de pose.

C'est donc par une longue étude de tous les faits qui contribuent à déterminer le temps de pose que l'on parvient, une grande habitude aidant, à une appréciation approximative. D'autre part, le développement de l'image latente peut être plus ou moins modifié en vue d'amener à bien des clichés ayant quelques écarts d'exposition, soit en plus, soit en moins, ce qui permet la correction des erreurs quand elles ne sont pas trop considérables.

Il faut tenir compte pour le temps de pose de trois ordres de faits différents : les conditions extérieures ou physiques, les conditions chimiques, les conditions optiques, qui toutes ont leur part d'influence (¹).

Les conditions physiques échappent presque entièrement à notre volonté : elles dépendent surtout de la lumière, de sa coloration, de son intensité actinique plus grande le matin que le soir, de la hauteur du soleil sur l'horizon, de la coloration et de la transparence du milieu dans lequel on se trouve, en plein air, sous bois, au bord de la mer, à l'intérieur de l'atelier vitré, etc., de l'objet reproduit, de son éloignement plus ou moins grand, de sa coloration, de l'ensemble de ses couleurs plus ou moins disparates au point de vue actinique, des éclairages plus ou moins heurtés ; dans ces questions, c'est donc la qualité et la quantité de la lumière qu'il faut observer.

Un grand nombre de méthodes et d'instruments ont été proposés, ceux-ci sous le nom de *photomètres* et d'*actinomètres,* dans le but de mesurer ces conditions de la lumière ; peut-être l'habitude d'opérer sans ce secours nous le fait-il trop négliger, mais jusqu'ici, quelque ingénieux que soient ces instruments, aucun ne nous a paru pouvoir remplacer l'habitude acquise de l'appréciation ; les uns sont trop savants pour l'usage courant ; les autres, d'un emploi plus facile, donnent la constatation relative de l'intensité lumineuse ; mais, pendant les quelques minutes nécessaires à cette observation, le nuage passe, la lumière change, le sujet se modifie dans son aspect et l'indication n'est plus celle qui conviendrait ; souvent aussi la lumière que l'on observe là où est la chambre noire n'est pas celle qui éclaire le sujet à reproduire et jusqu'ici, bien que ces méthodes puissent être bonnes en théorie, les opérateurs les ont rarement utilisées dans la pratique.

Les conditions chimiques dépendent du mode de préparation des surfaces sensibles ; la sensibilité va croissant dans l'ordre suivant : Préparations à l'albumine, au papier sec, au collodion albu-

(¹) Clément (R.), *méthode pratique pour déterminer exactement le temps de pose en Photographie.* In-18 jésus ; 1884. — Vidal (L.), *Calcul des temps de pose et Tables photométriques.* In-18 jésus ; 1884. (Paris, Gauthier-Villars.)

miné, au collodion sec, au collodion humide, au gélatinobromure d'argent; avec cette dernière préparation on arrive facilement à l'instantanéité; cet ordre toutefois n'est pas rigoureux : le soin apporté dans les manipulations, leur réussite plus ou moins grande peut modifier la sensibilité donnée par l'une ou l'autre méthode; mais, en général, il y a identité pour toute une même série de mêmes préparations. Cela est surtout vrai pour les émulsions soit au collodion, soit à la gélatine; dans ces conditions, il suffit de deux ou trois essais préalables pour obtenir le renseignement relatif à la sensibilité de toutes les glaces préparées dans la même série.

Les conditions optiques ont l'avantage d'être soumises pour la plupart à des lois connues dont l'application est assez simple. Ces lois dérivent de la longueur focale de l'objectif, de son ouverture, c'est-à-dire du diamètre des lentilles et de celui des diaphragmes interposés; mais elles se compliquent de la construction de l'objectif, du nombre des lentilles, de leur épaisseur, de la perfection du poli, de la coloration des verres et par conséquent de la somme de lumière transmise, absorbée et réfléchie par ces milieux, enfin de la position plus ou moins rapprochée du modèle relativement à l'objectif, ce qui, en faisant varier les dimensions de l'image, modifie l'intensité proportionnelle de la lumière.

84. **Calcul du temps de pose.** — Il est encore difficile de donner des formules rigoureuses comprenant toutes les conditions optiques que nous venons de citer; nous nous bornerons aux deux lois suivantes, que M. Clément énonce dans son Ouvrage :

1° *Les temps de pose sont proportionnels aux carrés des longueurs focales des objectifs.*

On peut aussi formuler cette règle en disant : Les temps de pose sont proportionnels au carré du rapport entre les longueurs focales.

Comme exemple, supposons deux objectifs de même construction et d'ouverture identique; la longueur focale de l'un est $0^m,17$ et il faut une pose de 5^s pour faire une bonne épreuve, celle de l'autre est $0^m,25$: combien faudra-t-il poser?

Le rapport entre les deux longueurs focales est $\frac{25}{17}$ ou $1,47$, qui, élevé au carré, égale 2,16 (¹); si le premier objectif demandait 5^s, le second demanderait $5 \times 2,16$, soit $10^s,80$. Il est bien entendu que nous supposons la lumière et les préparations identiques.

Si, nous servant d'un seul objectif, soit de $0^m,15$ de longueur focale, nous faisons varier notablement cette longueur en mettant au point, pour le premier essai, sur un objet éloigné pour lequel le tirage de $0^m,15$ suffit, puis sur un objet beaucoup plus rapproché exigeant $0^m,20$ de tirage, nous nous trouvons dans les mêmes conditions que s'il s'agissait de deux objectifs de longueur focale différente et la règle ci-dessus reçoit la même application : $\frac{20}{15} = 1,33$ qui, élevé au carré, donne 1,77; donc le temps de pose demandé pour le tirage, $0^m,15$ (soit 2^s), devra être multiplié par 1,77 pour le tirage de $0^m,20$ (soit $2 \times 1,77 = 3^s,54$). Cependant il faut encore faire intervenir l'écartement des plans; cet élément, dont il est nécessaire de tenir compte, dérange ce que le calcul pourrait avoir d'absolu; avec la même lumière générale, le même objectif, la même longueur focale, le même diaphragme, la rapidité d'impression varie selon la distance de l'objet à reproduire; c'est surtout cette différence dans la valeur de l'impression d'un objet proche ou éloigné qui donne aux épreuves leur effet de perspective aérienne.

2° *Les temps de pose sont inversement proportionnels aux carrés des diamètres des ouvertures* (ou au rapport de ces diamètres élevé au carré). Prenons comme exemple un objectif dont on fait varier seulement le diaphragme; si, l'ouverture de ce dernier étant $0^m,02$, on a posé 5^s, quel sera le temps de pose, toutes choses égales d'ailleurs, avec une ouverture de $0^m,03$?

Le rapport entre les deux ouvertures est de $\frac{3}{2}$, soit 1,50, qui, élevé au carré, égale 2,25; le temps de pose sera donc $\frac{5}{2,25}$ ou 2,20, soit $2^s,20$.

Supposons le diaphragme réduit à 0,01, le rapport est $\frac{1}{2} = 0,50$, qui, élevé au carré, donne 0,25; le temps de pose devient $\frac{5}{0,25} = 20^s$.

D'après les données ci-dessus, on voit que si l'augmentation des

(¹) Nous rappelons qu'élever un nombre au carré c'est le multiplier par lui-même : le carré de 3 est $3 \times 3 = 9$; le carré de 9 est $9 \times 9 = 81$.

longueurs focales allonge la pose comme le carré de leur rapport, l'augmentation du diamètre des ouvertures la diminue au contraire comme le carré du rapport entre ces ouvertures; d'où il résulte que, par des ouvertures proportionnellement plus grandes de diaphragme, on peut compenser d'une manière absolue l'augmentation du temps de pose exigé par une plus grande longueur focale; ainsi :

Étant donnés deux objectifs ayant l'un $0^m,10$, l'autre $0^m,20$ de longueur focale et portant, le premier un diaphragme de $0^m,10$, le second un diaphragme de $0^m,20$, ce qui, pour l'un comme pour l'autre, représente une ouverture dont le diamètre est $\frac{1}{10}$ de la longueur focale, soit $\frac{f}{10}$, le temps de pose sera le même pour l'un et l'autre objectif; en effet, si d'après la règle posée l'objectif de $0^m,20$ devait être quatre fois plus lent que le premier en raison de sa longueur focale double, d'autre part son champ d'ouverture double le rend quatre fois plus rapide; ce qui nous amène à répéter avec MM. Vidal et van Monckhoven : les objectifs de longueur focale quelconque demandent un temps de pose égal si les ouvertures sont également proportionnelles à cette longueur focale et si l'objectif est de même construction. Telles sont les lois admises d'une manière générale, mais leur rigueur absolue devrait être démontrée par de nouvelles expériences.

Il est donc nécessaire d'établir les ouvertures de diaphragmes en fractions de la longueur focale de chaque objectif, comme le font déjà plusieurs opticiens, et de choisir ces fractions de telle sorte que, du plus grand au plus petit, les diaphragmes se succèdent en demandant chacun le double de pose du précédent; on peut adopter pour le plus grand diamètre d'ouverture un cinquième de la longueur focale, soit $\frac{f}{5}$: c'est à peu près la proportion admise pour les objectifs les plus rapides, et, en prenant la série suivante

$$\frac{f}{5},\quad \frac{f}{7,07},\quad \frac{f}{10},\quad \frac{f}{14,14},\quad \frac{f}{20},\quad \frac{f}{28,28},\quad \frac{f}{40},$$

le quotient donnera le diamètre d'ouverture que doivent avoir les diaphragmes successifs; les temps de pose qu'ils demanderont iront en doublant; et, si la première pose est représentée par 1, on aura la série

$$1,\quad 2,\quad 4,\quad 8,\quad 16,\quad 32,\quad 64.$$

Dans ces conditions, quelle que soit la longueur focale, l'évaluation optique d'un temps de pose comparatif devient plus facile ; si l'on change l'objectif, il suffit de mettre un diaphragme de même proportion pour que le temps d'exposition reste le même ; si l'on change le diaphragme, on sait que le temps de pose va doublant par chaque ouverture plus étroite ; si l'on modifie la longueur focale d'un même objectif par un plus long tirage de la chambre noire, on prend le diaphragme se rapprochant le plus de la proportion exigée par cette nouvelle longueur ; dans ce cas, les évaluations par le calcul donneront une plus grande précision, puisque le tableau qui précède laisse tout l'intermédiaire du simple au double ; mais nous rappelons que le développement conduit avec habileté peut réparer de notables écarts dans la pose et que les règles optiques ne s'appliquent qu'à une partie du problème des temps de pose.

85. **Photomètres et actinomètres.** — Même avec les règles qui précèdent, l'opérateur n'a pas d'indications précises, car il se trouve en présence des variations continuelles de la lumière, qui viennent singulièrement compliquer l'appréciation du temps d'exposition. Si la lumière était toujours identique, nous venons de voir qu'il serait possible de déterminer approximativement le temps de pose normal de chaque instrument et d'opérer presqu'à coup sûr, du moment que l'on emploierait des surfaces photographiques de sensibilité égale ; les variations de la lumière ne seraient même qu'une complication légère s'il était facile de les apprécier numériquement, c'est-à-dire si, partant d'une unité toujours la même, on pouvait dire : telle lumière est 2, 3, . . . , x fois plus grande ou moins grande que l'unité sur laquelle on a calculé le temps de pose normal, il suffirait alors de diviser ce temps par le rapport entre les deux lumières pour obtenir la pose ; mais, pour arriver à ce résultat, il nous faudrait deux choses que nous ne possédons pas encore : l'unité de lumière à laquelle on comparerait toutes les variations et l'instrument qui les apprécierait en les transformant en mesures rapportées à l'unité.

En attendant cette unification très désirable, il a été fait un assez grand nombre d'appareils pour mesurer, à défaut de la valeur absolue, du moins la valeur relative des différentes variétés de lumière; ils ont reçu, quelquefois indistinctement, les noms de *photomètres* et d'*actinomètres;* cependant le photomètre devrait être plus spécialement destiné à comparer les diverses intensités visibles de la lumière, tandis qu'à l'actinomètre reviendrait la comparaison des intensités de l'action chimique. Nous savons qu'en Photographie c'est le second point qui doit nous occuper, puisqu'une lumière peut être très intense mais faiblement actinique, et très actinique quoique peu intense. Les méthodes appliquées à la Photographie doivent donc être comprises au point de vue actinique et non au point de vue photométrique.

Parmi les procédés et appareils divers proposés, les uns sont trop savants, trop délicats pour la pratique courante : ils sont destinés surtout aux recherches scientifiques; d'autres sont peu portatifs pour les opérations extérieures; d'autres demandent une observation un peu prolongée : ces appareils s'appliqueront surtout au tirage des épreuves positives, bien qu'ils puissent aussi rendre quelques services pour les négatives; on peut les diviser d'après leurs principes en appareils fondés :

1° Sur l'altération chimique du chlorure d'argent et sa coloration plus ou moins intense par la lumière : ces appareils sont actinométriques, car nous savons que ce sont surtout les rayons chimiques (bleu, indigo, violet et ultra-violet) qui impressionnent le chlorure d'argent; les moyens proposés par [1] MM. Bunsen et Roscoë, Vidal, van Monckhoven, Lamy, Fleury-Hermagis, Woodbury reposent sur cette propriété;

2° Sur la combinaison du chlore et de l'hydrogène, ou sur la réduction d'un composé métallique, tel que le chlorure d'or, le nitrate d'urane, le perchlorure de fer, le plus souvent en présence de l'acide oxalique qui se trouve transformé en acide carbonique : procédés de MM. Bunsen et Roscoë, Draper, Niepce de Saint-Victor, Marchand, Roussin, van Monckhoven, Warnerke; l'action lumineuse s'apprécie alors soit par le poids de métal réduit (si l'on emploie un sel d'or), opération longue, délicate et toute scientifique;

[1] M. WARNECKE, *Étude sur les actinomètres* (*Photographic journal*); traduction de M. Campo, dans le *Bulletin de l'Association belge de Photographie*, année 1880, p. 403.

soit par le volume d'acide carbonique dégagé, ce qui demande des appareils montés spécialement, est entaché de toutes les incertitudes de température, de pression, de dissolution, et ne peut donner quelque exactitude qu'en y apportant les soins d'une opération scientifique ;

3° Sur le développement, l'intensité et la transmission d'un courant électrique appréciable par la déviation de l'aiguille d'un galvanomètre : tels sont l'actinomètre électrochimique de M. Edm. Becquerel, le photomètre au sélénium proposé par M. L. Vidal ;

4° Sur l'intensité de la phosphorescence appliquée par M. Warnerke.

86. *Actinomètres basés sur la coloration du chlorure d'argent.* — Supposons une feuille de papier sensible préparée au chlorure d'argent et, de préférence, par les procédés qui permettent de lui conserver cette sensibilité pendant un temps assez long [1], ainsi du reste qu'il est expliqué au chapitre des épreuves positives. Si nous en mettons un fragment en pleine lumière diffuse, la coloration ira croissant avec la longueur du temps d'exposition ; arrêtons l'action de la lumière après une minute, puis prenons deux autres fragments que nous exposerons l'un dans une lumière plus vive, l'autre dans une lumière moins vive, jusqu'à ce que, pour l'un et pour l'autre, nous obtenions une coloration sensiblement égale à celle du premier morceau (qui, bien entendu, aura été abrité dans l'obscurité après sa première coloration d'une minute); la même teinte obtenue pour les trois fragments indique qu'ils ont reçu la même somme de lumière active, mais le temps a été différent : l'intensité lumineuse a donc été en raison inverse du temps dépensé.

Admettons que, le premier morceau ayant posé 1^{m}, le second ait posé une demi-minute et le troisième $2^{m},5$, quelle sera l'expression des trois intensités ?

---

[1] Par exemple, le papier de Rives immergé pendant dix minutes dans un bain de chlorure d'ammonium, 2^{gr} pour 100^{cc} d'eau ; puis laissé flottant, après dessiccation, pendant quatre minutes sur un bain d'azotate d'argent à 12^{gr} pour 100 d'eau additionnée de 6^{gr} d'acide citrique. Après avoir été séché dans l'obscurité, ce papier se conserve identique pendant plusieurs mois.

La première = 1 ; la deuxième = $\frac{1}{0,50}$ ou 2 ; la troisième = $\frac{1}{2,50}$ ou 0,40. Si maintenant l'expérience directe nous a montré qu'avec l'intensité 1 il fallait 3^s de pose pour faire une impression négative, avec l'intensité 2 il faudra $\frac{3}{2}$, soit $1^s,5$; avec l'intensité 0,40, il faudra $\frac{3}{0,40}$ ou $7^s,5$.

Il nous est facile maintenant de construire un actinomètre : sur un petit étui formé par un double de carton mince collons un papier qui représente une teinte fixe égale à celle que prend le papier sensible après une minute d'exposition à la lumière diffuse, pratiquons une ouverture d'environ $0^m,01$ de diamètre dans ce papier et le carton qui le porte, glissons dans l'étui un morceau de papier sensible qui passe sous l'ouverture, puis exposons cet ensemble à la lumière diffuse : il faudra un temps plus ou moins long pour que les teintes s'égalisent; nous notons ce temps.

D'autre part, nous essayons les surfaces sensibles en cherchant combien il faut de pose pour avoir une bonne épreuve négative avec la lumière qui demande une minute pour arriver à l'égalité des teintes de l'actinomètre; pour cela, il nous suffira de faire poser au jugé une ou deux glaces de la série à essayer en fractionnant la pose pour chacune; nous connaîtrons ainsi très rapidement le temps de pose normal P, c'est-à-dire celui qui convient le mieux pour l'intensité de lumière égale à 1. On peut ensuite trouver toutes les autres poses en cherchant le temps nécessaire T par une lumière différente pour arriver à la coloration normale.

Il suffit de mettre en belle lumière diffuse l'actinomètre dont on a renouvelé la portion de surface sensible, de voir combien de temps T il faut pour arriver à l'égalité des teintes, et $P \times T$ donne le temps de pose cherché, qui est en raison directe du temps de coloration.

Ainsi, soit la pose normale $P = 2^s,5$ et le temps de coloration $T = 1^m$. Si le temps de coloration devient $1^s,5$, la pose sera $2,50 \times 1,50 = 3^s,75$. Si le temps de coloration est 0,75, la pose sera $2,50 \times 0,75 = 1^s,87$.

Différents systèmes proposés par MM. L. Vidal, Lamy, Woodbury reposent sur ce principe; celui de M. Woodbury est réalisé d'unemanière très ingénieuse. Son actinomètre a la forme d'une boîte plate et ronde pouvant se mettre dans la poche de gilet comme une montre (*fig.* 57); il est fermé par une glace recouvrant un cercle divisé en six secteurs qui présentent six teintes de plus en plus foncées et d'une coloration semblable à celle que la lumière donne au papier préparé au chlorure d'argent; ces teintes sont

Fig. 57.

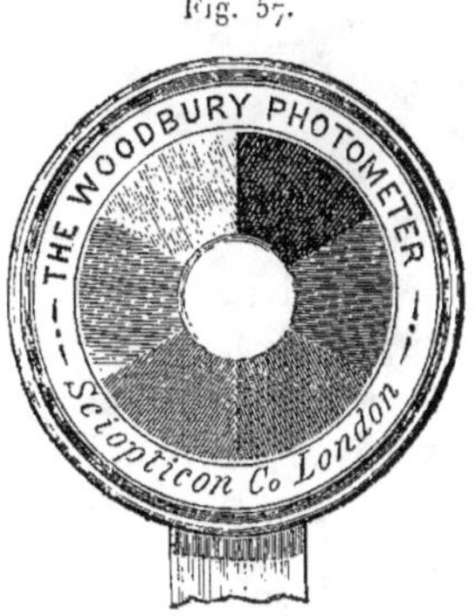

Actinomètre de M. Woodbury.

obtenues en superposant de une à six feuilles de papier mince; on en fait un moulage sous la presse hydraulique, puis, avec le moule ainsi obtenu, on imprime les secteurs d'après le procédé Woodbury, au moyen de la gélatine colorée. Les couleurs employées pour donner à l'encre gélatineuse d'impression les teintes du papier au chlorure d'argent sont l'encre de Chine et l'alizarine, ce qui les met à l'abri de toute altération par la lumière. Au centre de ce cercle est une ouverture sous laquelle se trouve une bande de papier sensible qui est maintenue en contact avec la glace par une légère pression intérieure. Cette bande sort de la boîte par une petite ouverture faite sur le pourtour, ce qui permet de la tirer et de substituer facilement une partie blanche à celle qui a été impressionnée. La bande a une largeur un peu plus grande que le diamètre de l'ouverture centrale; elle est enroulée dans l'intérieur de la boîte autour d'un petit tube.

Le photomètre ainsi disposé sert pour le travail de l'atelier et pour l'obtention des paysages; mais lorsqu'on veut l'utiliser pour les tirages au charbon, on interpose entre le cercle gradué et le verre qui le recouvre une feuille de gélatine légèrement teintée en jaune pour ralentir l'action de la lumière sur le papier sensible.

Dans l'application de ce photomètre au temps de pose pour les épreuves négatives, le rapport entre l'intensité des teintes, l'intensité lumineuse et la sensibilité des surfaces est inconnu : l'opérateur devra donc faire quelques expériences directes pour adapter l'instrument à ses travaux.

87. *Photomètres et actinomètres avec dégagement de gaz.* — Presque tous ces photomètres sont basés sur la réduction par la lumière d'un composé métallique en solution, comme le peroxalate de fer, le chlorure d'or (Draper), le nitrate d'urane (Niepce de Saint-Victor), le chlorure de mercure (Edm. Becquerel, Marchand), le perchlorure de fer (Roussin, van Monckhoven, Marchand), etc., réduction qui se fait en présence de l'acide oxalique ou d'un oxalate alcalin; sous l'influence de la lumière, le sel métallique est ramené à un état de combinaison inférieure (même à l'état de métal pour le composé d'or), avec production directe ou indirecte d'oxygène qui se porte sur l'acide oxalique et le transforme en acide carbonique; celui-ci étant gazeux se dégage et l'on a donné diverses formes aux appareils pour mesurer avec le plus de facilité et d'exactitude possible la quantité du gaz produit.

Mais, ainsi que nous l'avons dit plus haut, ces méthodes seraient difficilement utilisées en Photographie.

Nous mentionnons seulement à titre de découverte récente, communiquée par M. Guyard à l'Académie des Sciences, la décomposition de l'iodure d'azote par la lumière, avec dégagement proportionnel de gaz azote.

L'iodure d'azote est un de ces produits éminemment explosifs qu'on ne peut manier sans danger; il détone brusquement sans cause apparente, dès qu'il commence à sécher. On peut le préparer de différentes manières : la plus simple est de laisser digérer l'iode en poudre dans l'ammoniaque. Tant que l'ammoniaque est en excès, il n'y a pas de danger, et il suffit de mettre ce mélange à la lumière pour qu'il se décompose tranquillement en iodhydrate et iodate d'ammoniaque, avec un dégagement d'azote d'autant plus rapide et volumineux que l'intensité lumineuse et le temps d'exposition sont plus considérables. Cette réaction ne saurait, quant à présent, servir en Photographie, car la décomposition de l'iodure d'azote est provoquée par les rayons jaunes et non par les rayons violets; elle peut servir pour la photométrie, mais non pour l'actinométrie.

88. *Actinomètre et photomètre électriques.* — Toute modification chimique donne naissance à un courant électrique, tout courant électrique fait dévier l'aiguille d'un galvanomètre suffisamment sensible : donc l'action de la lumière sur les composés d'argent doit s'accuser par un développement d'électricité appréciable. M. Edm. Becquerel a construit d'après ces principes, pour ses études sur les propriétés de la lumière, un actinomètre électrique d'une très grande sensibilité ([1]), véritable instrument de recherches scientifiques, trop délicat pour les travaux du photographe.

D'autre part, un courant électrique, quelle que soit la cause qui le produit, parcourt facilement son circuit si les fils sont bons conducteurs; mais si les fils sont coupés et si l'on interpose un corps non conducteur, le courant ne passe plus; si le corps est moins bon ou mauvais conducteur, le courant passe avec peine, son intensité décroît plus ou moins, et ces variations sont accusées par les déviations plus ou moins grandes de l'aiguille du galvanomètre. Or, il existe un corps, le sélénium, ayant de grandes analogies chimiques avec le soufre et qui, préparé dans certaines conditions de température, possède cette propriété singulière d'être mauvais conducteur de l'électricité dans l'obscurité et, au contraire, assez bon conducteur lorsqu'il est frappé par la lumière; il perd et reprend ses propriétés conductrices très rapidement. M. L. Vidal ([2]) a eu l'heureuse idée d'appliquer le sélénium à la construction d'un photomètre mesurant l'intensité éclairante, mais non l'intensité chimique de la lumière : une petite pile donne un courant électrique; on interpose dans le courant un galvanomètre, plus l'interrupteur, qui peut être formé de petites lames métalliques s'entrecroisant sans se toucher; l'ensemble des lames est couvert d'une

([1]) *La lumière*, par Edm. Becquerel, t. II, p. 121 à 131 et suiv.
([2]) *Bulletin de la Société française de Photographie*, année 1881, p. 44.

couche mince de sélénium convenablement préparé; le courant ne passe pas tant que le sélénium reste dans l'obscurité; mais, lorsque la lumière frappe cet interrupteur, il devient un conducteur d'autant meilleur qu'elle est plus intense, et la déviation de l'aiguille du galvanomètre est en rapport de cette intensité.

89. *Actinomètre phosphorescent.* — Un assez grand nombre de substances possèdent la propriété de rester lumineuses, même quand les causes diverses (frottement, électricité, chaleur, lumière) qui leur ont communiqué cette propriété ont disparu. Ces substances sont appelées *phosphorescentes* [1]. Les sulfures de calcium, de barium, de strontium et de zinc préparés dans des conditions particulières, sont les corps qui semblent garder leur pouvoir phosphorescent pendant le temps le plus prolongé.

Si l'un de ces sulfures est exposé à la lumière, même pendant un temps excessivement court, il devient et reste lumineux avec une intensité d'autant plus grande que la lumière qui l'a frappé était plus vive; ce sont particulièrement les rayons actiniques (bleu, indigo, violet, ultra-violet) qui agissent sur lui, tandis qu'au contraire les rayons vert, jaune et rouge éteignent la phosphorescence que les autres avaient développée.

Ces diverses conditions ont été mises à profit par M. Warnerke pour la construction d'un actinomètre ayant la forme d'une boîte ronde, dont le fond est garni par une préparation phosphorescente hermétiquement renfermée entre deux glaces; sur ce fond tournent deux disques concentriques indépendants l'un de l'autre et portant à leur circonférence : le premier, qui est en contact avec le fond, une ouverture libre ayant environ $0^m,015$ de diamètre; le second une série d'ouvertures de même diamètre et pouvant venir se superposer à la précédente.

La première ouverture de ce second disque est également libre; celles qui suivent portent des plaques transparentes, dont l'opacité va croissant et qui sont numérotées par des chiffres indicateurs de cette opacité; la dernière ouverture est fermée par une plaque

(1) M. Edm. Becquerel a fait une étude approfondie de la phosphorescence dans son Ouvrage *La Lumière*, t. I, p. 7 et suiv.; p. 207 et suiv.

verte ou rouge qui éteint la phosphorescence; un couvercle également tournant ferme le tout : il porte une sorte de petite loupe ou œillère, contre laquelle on met l'œil pour voir à l'intérieur de la boîte. Le jeu de l'appareil est simple : on fait coïncider les ouvertures libres des disques, une portion de la surface phosphorescente se trouve ainsi à découvert quand on ouvre le couvercle; on expose en pleine lumière pendant trois à quatre secondes, on referme la boîte, et, se plaçant sous le voile noir, on observe par l'œillère après avoir attendu une minute. On fait passer successivement sur le petit rond de lumière phosphorescente les ouvertures d'opacité variable jusqu'à ce que l'on ne puisse plus lire le chiffre qui les numérote; on devrait donc apprécier ainsi d'une manière approximative la lumière ambiante. Mais, avec cet actinomètre comme avec les autres, on n'a que des indications relatives : chaque instrument peut être variable dans sa matière phosphorescente, dans les degrés de l'échelle d'opacité, qui n'ont aucun point de départ précis; de plus, bien que la phosphorescence développée persiste pendant un temps assez long, elle va néanmoins en décroissant très rapidement. Après 35^s, elle a diminué d'un quart; après $1^m 15^s$, elle n'a plus que le tiers; après 2^m, elle n'a que le quart, et après 5^m, que le dixième de son intensité première. Cette décroissance rapide et inégale vient encore singulièrement compliquer l'observation, qui sera certainement variable suivant les divers instruments, suivant les capacités individuelles de perception et suivant l'intensité lumineuse du milieu ambiant; c'est ainsi que, si la lumière extérieure est très vive, l'appréciation sera trop basse parce que l'œil de l'opérateur ne pourra percevoir les numéros qu'il lirait sans peine s'il était resté dans l'obscurité; dans ce dernier cas, l'appréciation sera au contraire trop élevée et exagérée.

90. En résumé, pour la pose des épreuves négatives, les actinomètres sont des instruments commodes dont il n'y a pas lieu de trop négliger le secours, mais il ne faut pas les considérer comme des appareils de précision. Ajoutons qu'on veut leur faire comparer des intensités lumineuses d'ordre très différent : ainsi telle lumière n'aura aucun effet pendant des heures d'exposition sur le papier sensible, qui pourra agir sur le bromure d'argent en quelques se-

condes; il faut donc, quant à présent, utiliser l'actinomètre comme donnant d'utiles renseignements, mais en même temps tenir grand compte des données acquises par l'expérience.

91. *Sensitomètres.* — Même si nous admettons que les règles données pour le calcul du temps de pose suivant l'objectif, sa longueur focale et son ouverture ont été fructueusement observées, que l'emploi de l'actinomètre a permis d'évaluer avec précision l'intensité de la lumière, nous nous trouvons encore en face d'une inconnue : la sensibilité des surfaces, qui varie dans une proportion en quelque sorte indéfinie; et, de même qu'il nous faudrait l'unité de comparaison pour les objectifs et pour la lumière, il nous faudrait de même une unité de sensibilité à laquelle nous puissions rapporter toutes les autres. Jusqu'à ce que ces unités soient trouvées et adoptées d'une manière générale par le monde photographique, nous ne pourrons nous appuyer que sur des observations relatives, individuelles et n'ayant pas de liaison suffisante les unes avec les autres.

La question d'évaluer numériquement la sensibilité des préparations est peut-être moins difficile que les précédentes; cependant elle est encore très compliquée, puisqu'il faudrait y appliquer l'unité de lumière, agissant pendant l'unité de temps à une unité de distance, et suivie de l'unité de développement.

M. Warnerke s'est encore occupé de cette question avec beaucoup de science, et il propose de faire intervenir, comme pour l'actinomètre, les propriétés de la phosphorescence.

Étant accepté : 1° qu'une substance phosphorescente prend un éclat proportionnel à la lumière qui l'a frappée; 2° que l'action est en quelque sorte instantanée et qu'elle n'est pas modifiée par la durée prolongée de l'exposition; 3° que la coloration de la source lumineuse ne modifie en rien la coloration propre du produit phosphorescent, on peut procéder de la manière suivante :

On prend une plaque couverte de substance phosphorescente, on la soumet à la lumière que donne la combustion d'un fragment de ruban de magnésium; cette plaque prend son maximum de phosphorescence, et l'on s'en sert comme source de lumière pour influencer, pendant un temps fixe de trente secondes, une surface sensible, à travers un milieu partagé par cases d'opacité croissante; on pourrait connaître ainsi quelle est la sensibilité relative des diverses préparations photographiques.

On comprend que cet ingénieux système est néanmoins soumis à un certain nombre d'aléas; rien n'assure la phosphorescence égale des diverses préparations de sulfure de calcium ou autres : il faut tenir compte encore de la rapidité de diminution dans l'intensité de la lueur phosphorescente, ainsi que nous l'avons mentionné plus haut. On ne peut donc obtenir que des résultats comparatifs avec un même instrument pour un même opérateur; mais on n'atteint pas encore, selon nous, un système qui puisse se généraliser.

Pour des essais comparatifs, il nous semble qu'il serait plus simple : de prendre comme lumière une bougie de même marque; comme écran gradué une glace sur laquelle on aura déterminé une dizaine de cases d'opacité différente par des superpositions de papier dioptrique; d'exposer sous cet écran une glace sensible à une distance fixe de la bougie pendant un temps fixe; d'appliquer un révélateur toujours le même à une température de 15°C., pendant un temps également fixe. Pour éviter les erreurs qui résulteraient après quelque temps de la coloration jaune que prend rapidement le papier dioptrique, surtout dans l'obscurité, on peut se servir d'un premier écran ainsi préparé, pour en faire par superposition une reproduction photographique qui offrira les mêmes différences dans l'opacité des teintes, mais qui ne sera pas susceptible de varier par l'action du temps. L'opérateur obtiendra ainsi un mode d'essai pour son service particulier; il pourra diviser de suite ses préparations en très sensibles, sensibles et lentes, mais les évaluations de chaque expérimentateur pourraient être difficilement comparées et chiffrées d'une manière générale.

92. Nous avons présenté les observations qui précèdent autant pour faire connaître les systèmes qui apportent une aide à la recherche des temps de pose que pour expliquer qu'il n'est pas possible, quant à présent, de leur demander une précision rigoureuse; nous avons montré que la recherche et l'adoption générale des unités de l'action lumineuse sont des plus désirables, mais qu'elles sont encore à établir.

On peut aussi, comme l'a proposé M. Londe (¹), mettre dans le châssis une glace sensible, exposer à une distance de $0^m,50$ à la lumière d'une bougie, ouvrir successivement le châssis par fractions, en laissant agir la lumière pendant une seconde chaque fois, de sorte que, si la totalité de la glace a été découverte en dix fois, il y aura dix bandes exposées, dont la première pendant dix secondes et la dernière seulement pendant une seconde. En développant ensuite cette glace avec un révélateur qui soit toujours de même composition pour les essais comparatifs suivants, et en le faisant agir pendant un même temps fixe de cinq minutes, on obtiendra une série de dix bandes de plus en plus foncées, suivant le temps d'exposition. Le premier type étant produit, lorsqu'on voudra connaître la sensibilité d'une autre série de glaces ou de préparations sensibles quelconques, on répétera la même opération exactement de la même manière pendant le même temps, et la comparaison entre l'intensité des teintes de la glace type et de la surface sensible essayée donnera la sensibilité relative des préparations.

M. Londe a déduit cette méthode de la communication faite à l'Académie des Sciences par M. Janssen, le 3 juin 1881 (²), sur la photométrie photographique. M. Janssen montre que l'étude de l'action de la lumière sur les plaques sensibles peut servir à la comparaison des diverses intensités lumineuses; il suffit en effet, pour connaître les rapports d'intensités, de rechercher quel est le temps nécessaire et variable pour que l'une et l'autre source lumineuse donnent une même opacité de teinte sur une surface d'égale sensibilité.

Cette méthode, appelée à rendre de grands services dans les recherches scientifiques, ne saurait être usitée couramment dans la pratique des opérateurs photographes; c'est en effet la Photographie appliquée à la science photométrique, mais non la Photométrie appliquée aux besoins de la Photographie. Toutefois cette même méthode peut servir, comme l'indique M. Janssen et comme l'a réalisé M. Londe, pour apprécier la sensibilité relative des diverses préparations.

(¹) *Bulletin de la Société française de Photographie*, mars 1882, p. 70.
(²) *Bulletin de la Société française de Photographie*, février 1882, p. 39.

93. Dans les différentes appréciations de la lumière pour le temps de pose, il est bon d'avoir un guide auquel on puisse se reporter et qui rappelle approximativement les conditions variables dans lesquelles on peut se trouver, et l'augmentation proportionnelle de la pose normale.

M. Dorval a établi le Tableau ci-dessous, qui accompagne les plaques et les appareils qu'il livre à ses clients; ce Tableau donne des indications pouvant rendre de réels services aux opérateurs.

Tableau des variations des temps de pose suivant la lumière et les sujets.

(Il faut bien comprendre que les chiffres indiqués ne sont que des coefficients par lesquels on doit multiplier le temps de pose que les essais auront fait connaître pour les conditions du n° 1, c'est-à-dire pour un panorama en plein soleil.)

DÉSIGNATION DES SUJETS.	SOLEIL.		LUMIÈRE DIFFUSE.		TEMPS
	Plein jour.	Matin et soir.	Plein jour.	Matin et soir.	gris et sombre.
Grande vue panoramique	1	2	2	4	6
Grande vue panoramique avec masses de verdure	2	4	4	8	12
Vues avec premiers plans, monuments blancs	2	4	4	8	12
Vues avec verdure ou monuments sombres	3	6	6	12	18
Dessous de bois, bords de rivières ombragées, excavations de rochers, etc.	10	20	25	40	60
Sujets animés, groupes, portraits en plein air	4	8	12	24	40
Sujets animés près d'une fenêtre ou sous un abri	8	16	24	48	80
Reproductions de photographies, gravures, etc.	6	12	12	24	50

Le plein jour se compte en été de 9^h à 4^h, en hiver de 11^h à 2^h.

OBTURATEURS.

94. On donne le nom d'*obturateurs* aux divers systèmes qui servent à ouvrir et à fermer l'objectif de manière à laisser la lumière agir sur la surface sensible pendant le temps que l'on juge nécessaire. Si la pose doit durer plus d'une seconde, il est facile d'opérer à la main : alors l'obturateur n'est qu'un simple bouchon que l'on ôte et que l'on replace en prenant d'autant plus de précautions pour l'ouverture que la pose est plus courte, afin qu'il ne se produise pas d'ébranlement pouvant altérer la netteté de l'épreuve.

Mais si la pose doit être très rapide et se rapprocher de l'instantanéité, il n'est plus possible de manœuvrer à la main : il faut se servir d'obturateurs mécaniques; les recherches faites pour obtenir les meilleurs appareils en ce genre ont montré combien grandes étaient les difficultés à vaincre. Il faudrait en effet que le mécanisme pût produire en un centième et même en un millième de seconde ce que fait la main pour une pose prolongée, c'est-à-dire découvrir immédiatement la totalité de l'ouverture donnée à l'objectif, laisser la lumière agir avec cette pleine ouverture pendant la fraction de seconde déterminée, puis fermer immédiatement, le temps nécessaire pour ouvrir et fermer étant inappréciable relativement au temps de pleine pose. On aurait ainsi l'égalité d'éclairage, l'égalité et la simultanéité de la pose et le maximum d'effet utile dans le temps le plus court possible. Avec la plupart des systèmes présentés jusqu'à ce jour, ces conditions sont loin d'être remplies lorsqu'il s'agit de poses très courtes (instantanées).

Pour les obturateurs à volets (¹), les temps d'ouverture et de fermeture sont toujours trop longs relativement à celui de pleine pose, qui se trouve alors excessivement réduit.

Avec les obturateurs à disques tournants ou à planchette glissante (guillotine), la pleine pose sera encore inappréciable, si le diamètre d'ouverture de la plaque mobile est égal au diamètre

(¹) Systèmes Boca, Audra, Guerry.

d'ouverture de l'objectif ou s'il est moindre ([1]). S'il est égal, il n'y aura coïncidence parfaite des deux ouvertures, donc pleine lumière, que pendant un instant infiniment court; il en sera de même s'il est moindre, avec l'inconvénient de diminuer inutilement la quantité de lumière sans diminuer le temps de pose. La nécessité d'augmenter l'ouverture de la plaque mobile dans le sens du mouvement a été démontrée par M. Londe, et elle est facile à comprendre en examinant les *fig.* 58 et 59 :

Soit P la planchette mobile dont l'ouverture *r* est d'un diamètre égal à l'ouverture de l'objectif *o*; lorsque cette planchette glisse devant l'objectif, son ouverture prend successivement les positions de 1 à 9 (et toutes les poses intermédiaires), mais on voit que c'est seulement lorsqu'elle est dans la position 5 que l'on obtient la pleine pose, c'est-à-dire pendant un temps excessivement court

Fig. 58.

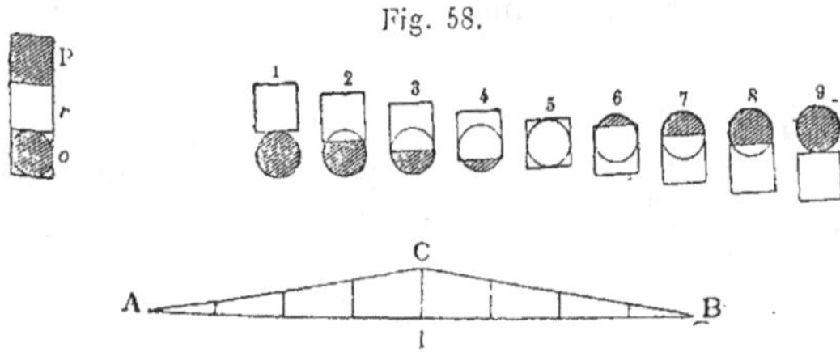

relativement au reste. Si le graphique ACBI représente la totalité du temps de pose, on voit que l'ouverture augmente de A en C,

Fig. 59.

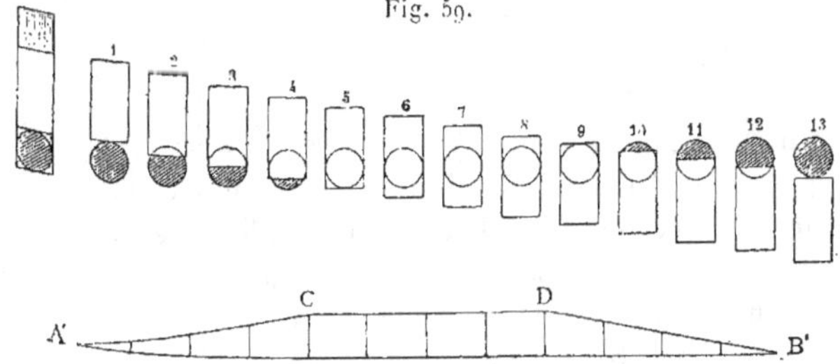

qu'elle décroît de C en B; elle n'est pleine que pendant le temps

([1]) *Considérations théoriques sur la guillotine photographique*, par M. Londe (*Bulletin de la Société française de Photographie*), octobre 1883, p. 256 et suiv.

représenté par la ligne CI; mais si l'on augmente la longueur de l'ouverture r de manière qu'elle soit le double du diamètre utilisé de l'objectif, on voit, d'après la *fig.* 59, que les temps de 1 à 4 servent à découvrir graduellement l'objectif, la pleine pose dure de 5 à 9, puis l'objectif est recouvert par le passage de 10 à 13, et le graphique A'CDB' montre que la lumière va croissant de A' en C, elle est égale et pleine de C en D, puis décroît de D en B'.

Il y a donc un avantage considérable avec le second système, seulement, l'ouverture de la guillotine étant deux fois plus longue, il faut que la planchette glisse deux fois plus vite pour que dans l'un et l'autre cas le temps de pose soit le même. Cette augmentation de rapidité peut être obtenue par la tension d'un simple anneau de caoutchouc.

Ajoutons que les obturateurs sont rarement placés dans la position qui convient le mieux. M. Ad. Martin a démontré qu'ils doivent être situés (¹) dans le plan des diaphragmes; lorsque cette position n'est pas observée, on n'a pas l'éclairage simultané de toutes les parties du sujet, mais bien l'éclairage successif; inconvénient sérieux qui peut entraîner la déformation des images. Suivons sur la *fig.* 60 la marche des rayons lumineux et celle de

Fig. 60.

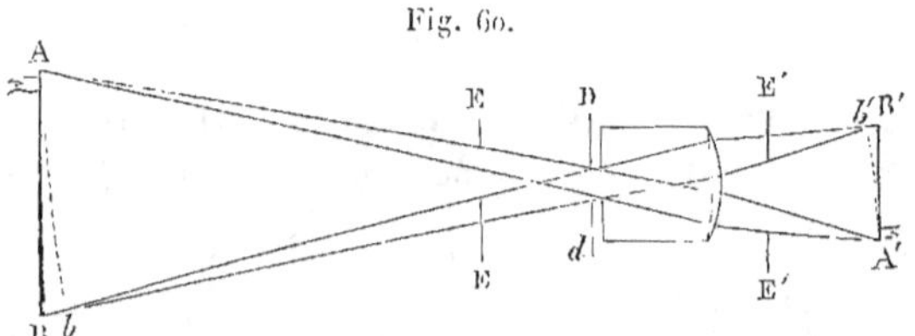

l'obturateur suivant ses diverses positions. Nous supposons que la ligne AB représente le mât d'un navire; pendant la chute de l'obturateur placé en EE à l'avant du diaphragme Dd, les rayons envoyés par A seront entièrement découverts, impressionneront la plaque avant ceux envoyés par B, et donneront l'image en A', puis à son tour B sera découvert pendant que A sera fermé et B fera son impression en B'; il en sera en effet ainsi si le navire est

(¹) *Bulletin de la Société française de Photographie*, octobre 1883, p. 254.

immobile; s'il est en marche, A impressionnera correctement la plaque, mais, pendant le temps nécessaire pour que B soit découvert, le mât se sera avancé en *b*, il produira son impression en *b'* et le changement de position par points successifs représentera le mât par une ligne courbe; l'épreuve sera fausse parce qu'il n'y aura pas eu simultanéité d'impression des diverses parties du sujet en mouvement. Supposons un clown faisant le saut périlleux, le mouvement des jambes ne concordera plus avec celui de la tête et des bras.

Le même effet sera produit, mais en sens inverse, si l'obturateur est placé derrière l'objectif en E'E'.

Si, au contraire, on le place au point de croisement des rayons lumineux en D*d*, le passage de la plaque mobile fait fonction de diaphragme qui va s'agrandissant et se rétrécissant; l'*éclairement* et l'*obscurcissement* se produisent d'une manière générale en laissant toujours la totalité de l'image se dessiner en plein sur la surface sensible. La *fig.* 60 donne la démonstration pour l'objectif

Fig. 61.

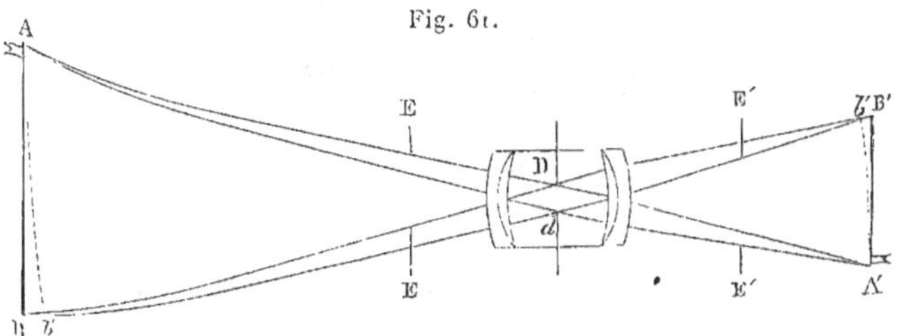

simple, et la *fig.* 61 pour l'objectif double : avec ce dernier l'obturateur doit donc être placé entre les deux verres à la place, ou tout près, du diaphragme D*d*.

Il résulte de l'ensemble des observations ci-dessus que :

L'ouverture de l'obturateur devra toujours être plus longue dans le sens du passage que le diamètre de l'ouverture de l'objectif, afin d'obtenir pendant plus longtemps la pleine exposition;

La rapidité d'exécution dépendra non, comme on s'est imaginé de le faire quelquefois, de la diminution des ouvertures, ce qui correspond à diminuer la pleine pose, mais de la rapidité du mouvement de la plaque mobile, qui devra passer d'autant plus vite pour un même temps de pose que son ouverture sera plus longue; la position de l'obturateur sera le plus près possible des diaphragmes.

Pour éviter autant que possible les vibrations toujours à craindre, le déclenchement du mécanisme sera commandé à distance par une transmission pneumatique et non par la main agissant directement sur le cliquet.

95. Les différents systèmes d'obturateurs sont très nombreux; chaque jour en voit naître de nouveaux; nous mentionnons ici ceux qui sont le plus souvent employés.

L'obturateur à volet simple ou double (système Audra ou Guerry) ouvre ou ferme l'objectif par un rapide mouvement de bascule (*fig.* 62).

Fig. 62.

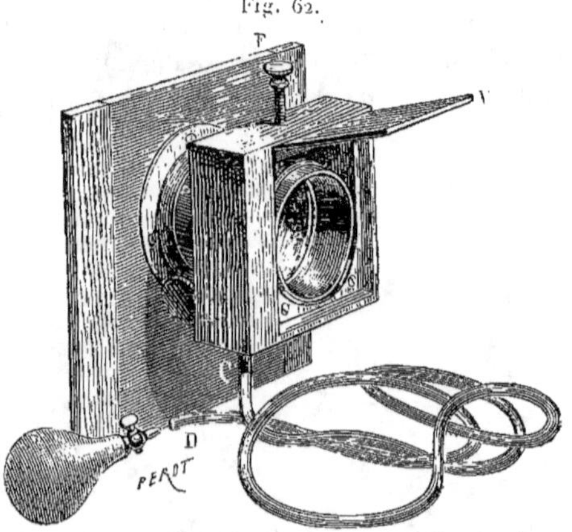

Obturateur à volet.

Ce mouvement, commandé par la poire à air que l'on tient à la main, suit assez bien la volonté de l'opérateur; un levier mû par la pression communiquée en C dans une petite poche à air soulève le léger volet V pour le laisser retomber aussitôt que la pression vient à cesser.

On comprend que, dans ce mouvement, la pose est inégale; la partie haute est découverte la dernière et recouverte la première; cette inégalité, qui peut être favorable pour quelques vues de paysages, est en réalité un défaut que l'on a corrigé en faisant entraîner un second volet par le mouvement du premier, de telle sorte qu'ils se recouvrent immédiatement l'un par l'autre; mais alors dans les poses rapides le temps de pleine exposition est inappréciable.

D'autres obturateurs à disques tournants, ou à plaques mobiles glissant l'une contre l'autre, reçoivent leur mouvement d'un ressort dont on modifie la tension suivant la rapidité cherchée : tels sont divers appareils présentés par M. Londe, par MM. Thury et Amey (*fig.* 63).

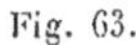

Fig. 63.

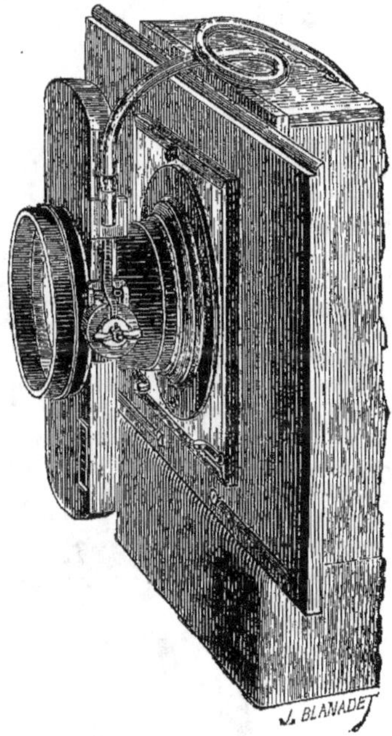

Obturateur de MM. Thury et Amey.

Tel est aussi l'obturateur chronométrique de M. Boca, dont les volets à ressort sont commandés par un chronomètre sur le cadran duquel on règle la vitesse à $\frac{1}{50}$ de seconde.

Les appareils les plus simples sont formés par une lame percée d'une fenêtre et glissant rapidement entre deux coulisseaux. Ce sont les obturateurs dits *à guillotine;* le plus souvent la lame tombe par son propre poids, quelquefois elle est actionnée par un léger ressort. Ce système est presque toujours placé soit devant, soit derrière l'objectif, ce qui serait sans inconvénient pour l'objectif simple, si la position était bien choisie suivant les règles données (94), mais ces mêmes règles ont montré que, pour l'objectif double, la place est entre les deux lentilles; sans cela il peut se produire une déformation de l'image d'autant plus accentuée que le temps de pose est plus prolongé et que la pleine exposition est plus courte.

Les *fig.* 64 et 65 représentent l'obturateur à guillotine exécuté par M. Jonte.

Fig. 64.

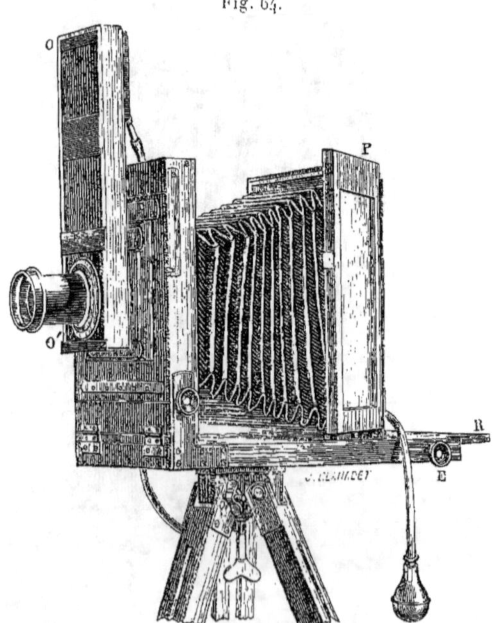

Obturateur à guillotine de M. Jonte.

L'ensemble est trop volumineux pour qu'il soit possible de le mettre entre les deux lentilles de l'objectif double; il est placé derrière afin d'atténuer autant que possible les vibrations du déclenchement. Dans cet obturateur on voit (*fig.* 65) que la fenêtre A de

Fig. 65.

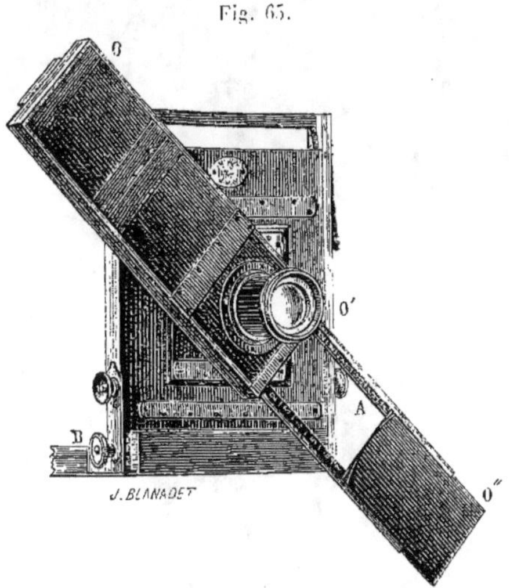

Obturateur à guillotine.

la guillotine O O' O'' peut être augmentée ou diminuée par la manœuvre de la plaquette mobile O''; nous pensons que c'est une complication inutile et qu'il est préférable de toujours laisser la fenêtre avec son ouverture fixe, puisque l'intensité lumineuse doit être commandée par les ouvertures de diaphragme et le temps d'exposition par la rapidité du mouvement donné à la guillotine.

Dans la *fig.* 65 l'obturateur est fortement incliné, pour ne pas gêner l'opérateur lorsque, placé derrière la chambre noire, il attend pour presser la détente le moment précis où le sujet est dans la meilleure position; cette inclinaison n'a pas d'inconvénient lorsque la plaque mobile est mue par un ressort, mais elle produirait un ralentissement marqué si cette plaque tombait en chute libre.

L'obturateur de M. Mauduit (*fig.* 66) nous paraît réaliser le mieux les conditions théoriques et pratiques telles que nous les comprenons; il se compose d'une simple lame métallique GG percée d'une longue fenêtre O; cette lame glisse dans deux ouvertures pratiquées dans la monture de l'objectif; des coulisseaux métalliques, placés intérieurement, en guident la chute régulière. Une bague R porte le petit verrou qui maintient la lame à la hauteur

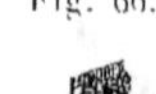

Fig. 66.

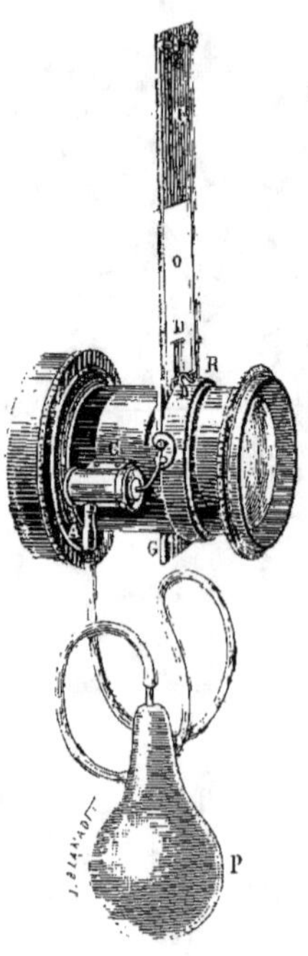

Obturateur de M. Mauduit.

nécessaire, le crochet qui la surmonte sert à tendre un ressort de caoutchouc ou autre lorsqu'on veut le maximum de rapidité. Cette bague se meut à frottement doux sur le tube et elle vient recouvrir et masquer à volonté les deux fentes de la monture lorsqu'on opère dans les conditions ordinaires après avoir enlevé la lame. Le déclenchement du verrou est commandé par un petit cylindre C, qu'on place à volonté sur le côté de la monture; la poire à air P et son tube se raccordent avec ce cylindre par l'embouchure A; la pression actionne un piston intérieur dont le petit bras coudé agit sur le verrou et laisse instantanément tomber la plaque. M. Mauduit a fait construire un autre modèle dans lequel il remplace la pression atmosphérique par l'attraction électrique.

Dans l'appareil que nous avons fait exécuter pour notre usage, l'ouverture O de la guillotine a une longueur double du diamètre utilisable de l'objectif, ce qui assure un temps de pleine pose relativement considérable; la partie pleine inférieure est en outre deux fois plus longue qu'il ne serait strictement nécessaire, de sorte qu'il est possible de fixer le verrou sur trois hauteurs différentes équidistantes l'une de l'autre. On obtient ainsi trois temps de pose s'accélérant suivant la loi de la chute des corps. Si la première hauteur donne un temps de pose égal à 1, la seconde, qui est deux fois plus longue, et la troisième, qui est trois fois plus longue, donneront des poses dont la rapidité ira croissant comme le carré des espaces parcourus, soit 4 et 9 fois plus rapide. Veut-on au contraire ralentir la chute, il suffira d'incliner tout le système soit à droite, soit à gauche; la plaque appuiera ainsi plus ou moins sur l'un des coulisseaux et tombera plus lentement. La *fig.* 65, bien qu'appliquée à un autre système, montre cette disposition.

Cet obturateur a donc de nombreux avantages, car il est placé entre les deux lentilles comme le demande la théorie, il donne un temps de pleine pose considérable, des vitesses suffisamment variables, il ne gêne pas la vue de l'opérateur, il est en même temps simple, léger et très portatif.

Nous n'avons parlé que des obturateurs pouvant servir pour les travaux généraux de la Photographie, mais pour les applications scientifiques ou spéciales, pour l'Astronomie, pour l'étude des mouvements, pour les expériences de l'artillerie, pour les recherches physiologiques, etc., chacun des savants opérateurs invente, modifie ou fait construire les systèmes particuliers qui correspondent à ses recherches. Les descriptions de ceux employés par MM. Janssen, Marey, le capitaine Joly, Londe, etc., se retrouvent dans les communications qu'ils ont faites soit à l'Académie des Sciences, soit à la Société française de Photographie, et auxquelles nous renvoyons ceux de nos lecteurs qui s'intéressent plus particulièrement à ces applications.

IRRÉGULARITÉS DE L'ACTION LUMINEUSE.

96. Solarisation. — Lorsque le temps de pose est trop prolongé, il se produit, avec une facilité plus ou moins grande, suivant la composition et la préparation des surfaces sensibles, un phénomène particulier qui est le renversement de l'action de la lumière, auquel on a donné le nom de *solarisation;* le premier effet de l'impression latente est peu à peu détruit par la lumière elle-même; les parties vivement frappées par les rayons actiniques, au lieu de subir une action toujours croissante, ou, tout au moins, de garder le maximum de l'impression reçue, subissent au contraire une action décroissante; les parties moins vivement frappées continuent à s'accentuer jusqu'à ce que l'excès du temps d'exposition les amène à décroître à leur tour; sous cette influence, l'image, qui devait apparaître d'abord négative, s'efface d'une manière générale par l'excès de pose en passant par un état neutre, les noirs et les blancs prenant une même valeur; la pose prolongée davantage donne le renversement complet, c'est-à-dire une épreuve positive au lieu d'une négative; cette épreuve positive s'effacera à son tour par une pose infiniment plus longue et pourra passer de nouveau à l'état négatif, puis à l'état neutre, et cet effet bizarre pourrait sans doute continuer encore, mais en exigeant des poses dont le temps serait de plus en plus exagéré, car le premier retour d'un négatif à un négatif demande déjà que le temps de pose premier soit multiplié par un million (observations faites par M. Janssen).

Ce phénomène explique pourquoi, lorsqu'on veut reproduire des surfaces diversement colorées, on doit faire une exposition prolongée; les couleurs actiniques commencent à s'affaiblir, à se solariser, tandis que celles qui le sont moins agissent à leur tour et ramènent l'ensemble à l'harmonie sinon à l'exactitude. Cela explique encore pourquoi il arrive si souvent que les ciels n'ont pas l'intensité nécessaire; ils sont solarisés avant que le reste de l'image ait reçu la pose suffisante.

M. le capitaine Abney, dans les *Proceedings* de la Société Royale de Londres, t. XXVII, p. 291 et 451, attribue ce phénomène à l'action de l'oxygène. D'après ses expériences il ne se produit pas toutes les fois que l'impression de la couche sensible est faite en présence d'une substance avide d'oxygène, comme l'acide pyrogallique, le nitrite de potasse, ou dans un milieu qui, comme l'hydrogène, la benzine, met cette couche à l'abri de l'oxygène ambiant; au contraire, la présence de réactifs oxydants, comme le bichromate de potasse, le permanganate de potasse, l'eau oxygénée, facilite beaucoup le renversement. M. Abney assimile la solarisation à l'action des iodure, bromure et même chlorure solubles sur une couche sensible ayant déjà reçu l'impression lumineuse; sous l'influence de la lumière ces sels se décomposent en laissant dégager de minimes quantités d'iode, de brome ou de chlore et, par conséquent, anéantissent la première impression.

Jusqu'à plus complète démonstration, il ne nous paraît pas prouvé qu'il y ait parfaite identité dans les deux phénomènes; l'action des iodure et bromure solubles en excès s'explique par ce que la lumière facilite la mise en liberté d'une quantité plus ou moins grande de brome ou d'iode libre, qui réagit sur le composé argentique noir ou apte à noircir et le ramène à l'état de bromure ou d'iodure d'argent insensible; l'influence des composés oxydants est exactement de même nature, puisqu'ils tendent aussi à mettre le brome, le chlore et l'iode en liberté. Mais, pour expliquer ainsi le phénomène de la solarisation, il faut admettre une succession d'effets inverses; la lumière commence par produire le composé apte à noircir en séparant le brome ou l'iode de l'argent, puis elle défait ce premier produit en lui rendant ce brome et cet iode, puis elle les retire de nouveau, et cette action se succéderait ainsi pour faire alternativement sur la même plaque des épreuves négatives, puis positives, puis négatives, etc. Sans rejeter cette théorie, nous ne pensons pas qu'elle soit encore suffisamment démontrée.

97. **Auréoles ou halos** (¹). — Un autre phénomène assez fréquent est celui des *auréoles* ou *halos* qui se présentent dans

(¹) Rapport, par M. Davanne, au nom de la Commission d'essai sur les causes des auréoles (*Bulletin de la Société française de Photographie*, 1879, p. 136 et 225). — *Ibid.*, par M. Rossignol. — *Ibid.*, p. 259. — *Sur la solarisation et autres effets d'une pose trop prolongée*, par M. Warnerke (*Bulletin de la Société française de Photographie*, 1878, p. 123).

diverses circonstances et surtout avec les préparations sèches bromurées; le cliché, examiné après le développement, montre un envahissement des noirs sur les blancs ou des blancs sur les noirs, même dans les parties les plus nettement tranchées et malgré une mise au point rigoureuse.

Plusieurs causes peuvent produire ce phénomène. C'est quelquefois une action chimique qui se manifeste au développement avec les révélateurs mélangés de nitrate d'argent; dans les parties claires, l'argent libre restant en plus grande quantité se porte par voisinage vers les parties foncées qui en appellent davantage, et la limite entre les grands clairs et les grands noirs se trouve estompée d'une manière plus intense; le halo peut aussi être attribué à une cause optique, à l'achromatisme, qui est toujours incomplet pour tous les rayons du spectre (14). Si la pose est courte, le rayon le plus actif agit seul, l'image est rétrécie; une pose plus longue permet l'action de rayons que le défaut d'achromatisme empêche de se superposer au premier, l'image s'élargit; avec une pose très longue, elle s'élargit encore en s'estompant, presque tous les rayons venant produire leur effet à côté les uns des autres.

La cause la plus fréquente des auréoles, celle qui les produit avec la plus grande intensité, est la réflexion des rayons lumineux sur la surface postérieure de la glace et leur diffusion dans la masse totale du verre.

Pour se rendre compte de cet effet, il suffit d'examiner ce qui se passe lorsque, dans une pièce peu éclairée, on fait refléter par un verre plus ou moins épais la flamme d'une bougie ou de tout autre point lumineux. Si le reflet se produit sous un angle suffisamment prononcé, on aperçoit très nettement deux lumières, l'une un peu plus forte que l'autre et d'autant plus espacée que l'angle d'incidence avec la surface est plus aigu et la glace plus épaisse; la lumière est donc réfléchie deux fois dans des positions différentes (*fig.* 67) : le rayon lumineux a, tombant sur la glace GG, est en partie réfléchi sur la face CC qui le renvoie en a'; l'autre partie continue son chemin, pénètre dans la glace en subissant une légère réfraction; elle se réfléchit en B sur la seconde face que nous appellerons la face postérieure, et elle sort en B' parallèlement à a'; l'œil placé de ce côté voit donc deux images B' et a'. Pour prouver que telle est bien la cause de la formation des deux images, il suffit de prendre un verre coloré et de répéter l'expérience; la première réflexion du point lumineux sera sans coloration, car elle se fait

Fig. 67.

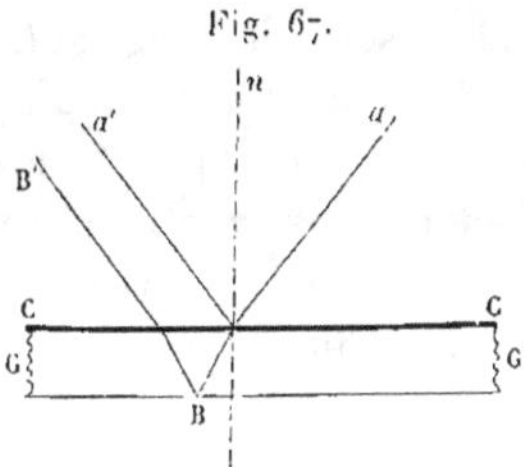

à la surface du verre coloré sans le pénétrer : elle ne prend donc pas sa couleur, mais la seconde image prend la coloration du verre puisqu'elle en a traversé la masse.

La seconde réflexion se produit bien sur la face postérieure et non dans la masse même du verre; car si l'on prend un verre doublé, c'est-à-dire coloré seulement sur une de ses faces, que l'on place en dessous, la seconde image prend la coloration du verre parce qu'elle a pénétré cette mince épaisseur avant de se réfléchir sur la face postérieure.

Ces phénomènes nous indiquent la cause principale des auréoles.

En effet, quand l'image de la chambre noire se projette sur la surface sensible d'une glace préparée, une partie des rayons qui la forment, surtout les plus intenses, comme ceux venant du ciel, des fenêtres éclairées, ou d'autres points très lumineux, ne sont pas entièrement arrêtés par la couche sensible en CC; ils la traversent, passent dans la masse du verre, se réfléchissent sur la surface postérieure B et retournent déviés vers la couche sensible CC, qu'ils impressionnent dans une autre partie.

Toutefois, une première question se présente : les rayons qui ont traversé une couche sensible un peu épaisse, comme celle des préparations photographiques usuelles, sont-ils encore assez énergiques pour avoir une action?

La réponse n'est pas douteuse et, ainsi que l'a démontré M. Audra, en exposant deux glaces au bromure d'argent l'une derrière l'autre, on développe sur la deuxième glace, après un temps de pose convenable, une image très nettement accusée, quoique complètement floue, puisqu'elle est diffusée par la couche opaline supérieure.

Donc, dans les fortes lumières, le rayon réfléchi, après avoir traversé les couches sensibles, revient vers les parties supérieures, et, comme il a pénétré sous des angles divers, il ne ressort pas dans la direction de l'entrée; il fait donc une double impression. Cette explication fait surgir une première objection : en suivant la marche de la lumière, ainsi que nous venons de la décrire, la réflexion doit toujours se faire en partant du centre de la glace vers la circonférence et donner une auréole RR (*fig.* 68), de plus

Fig. 68.

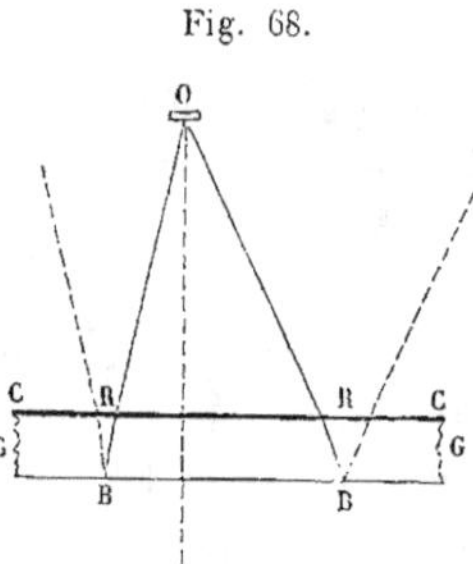

en plus étendue à mesure qu'elle s'éloigne du centre. Ces caractères s'accentueront d'autant plus que le diaphragme sera plus petit et le foyer plus court, de telle sorte que l'auréole se produirait toujours du côté des bords de la glace, et qu'elle serait d'autant plus large qu'elle s'éloignerait davantage du centre, tandis qu'au centre même elle serait insensible, puisque les rayons lumineux y tombent perpendiculairement et sont réfléchis sur eux-mêmes.

Or l'expérience nous montre que ces conditions ne se réalisent pas; mais cette contradiction n'est qu'apparente; il suffit pour l'expliquer, comme l'a fait M. Ad. Martin, de montrer que, avant d'être réfléchi, le rayon lumineux OR (*fig.* 69) est diffusé de tous côtés par la translucidité de la couche CC fortement opaline; ce n'est plus alors un rayon marchant dans un sens déterminé, mais une lueur locale RDR qui passe à travers cette couche, est réfléchie dans tous les sens, et dont partie suffisante remonte pour former de chaque côté du point incident l'auréole RR, aussi bien des bords vers le centre que du centre vers les bords. Cette diffusion explique pourquoi le rayon lumineux paraît ne pas obéir aux lois de l'optique.

Fig. 69.

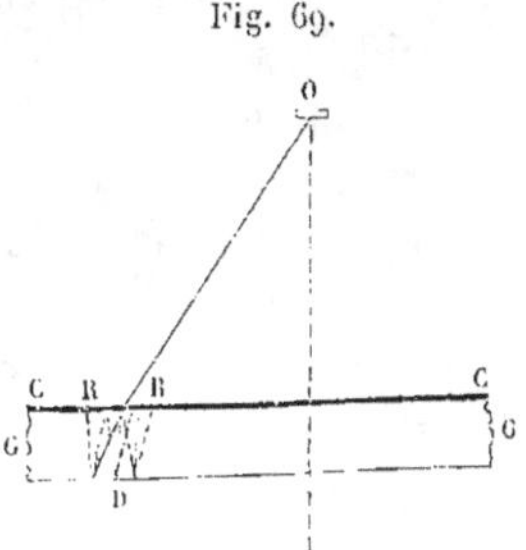

Une autre objection a été présentée : pourquoi l'auréole semble-t-elle affecter certaines préparations plus particulièrement que d'autres? Ainsi la pratique nous a montré que le collodion humide est moins sujet à produire ces effets que les procédés secs, et certains procédés secs, comme ceux au bromure d'argent, sont plus susceptibles de les donner que ceux à l'iodure d'argent.

Plusieurs causes peuvent expliquer la susceptibilité plus grande du bromure d'argent : d'abord sa sensibilité à de très faibles rayons lumineux, de sorte que la lumière réfléchie fait sentir son action sur cette préparation quand elle resterait au contraire inactive sur des couches moins susceptibles. Une seconde expérience de M. Audra a démontré que la couche de bromure d'argent, bien que plus opaque que d'autres préparations, laisse néanmoins passer une plus forte proportion des rayons actiniques; la coloration jaune de l'iodure d'argent peut, mieux que la coloration blanc verdâtre du bromure, s'opposer à leur passage, et, dans l'expérience faite avec l'une et l'autre de ces deux couches, l'iodure d'argent paraissait très transparent, le bromure très opaque; pourtant une glace sensible placée derrière ces deux couches était fortement impressionnée sous le bromure opaque et à peine affectée sous l'iodure transparent.

D'autres causes viennent s'ajouter aux précédentes s'il s'agit du collodion humide; le plus souvent avec celui-ci l'image développée est surtout à la face extérieure du collodion; l'auréole, au contraire, se formerait à la face intérieure; pour revenir à la face extérieure, il faudrait traverser deux fois la couche colorée. Cette couche est beaucoup plus épaisse et imprégnée de liquides qui sont des solutions de nitrates et d'acide nitrique; or les travaux de M. Spiller ont justement démontré que les nitrates et l'acide nitrique sont particulièrement imperméables aux rayons actiniques.

Si l'on cherche à s'opposer à la réflexion sur la face postérieure de la glace en y appliquant une couleur antiphotogénique, on obtient une image beaucoup plus nette, beaucoup plus brillante que lorsqu'on ne prend pas cette précaution; les brindilles des arbres se découpant sur le ciel, les arêtes dans les grandes lumières sont d'une pureté bien supérieure à celle que donne une autre partie du même cliché laissée sans être recouverte.

D'autre part, pour le bromure d'argent, l'auréole décroît en raison de l'opacité de la couche sensible; elle ne se produit donc pas par la réflexion de la lumière à la surface même des molécules sous l'influence de rayons très obliques, mais bien par l'action de la réflexion sous-jacente.

La cause des larges auréoles, qui sont surtout une gène dans les opérations courantes, est donc la réflexion de la lumière sur la face postérieure de la glace; le remède est tout indiqué et il a été pratiqué dès le début : il faut empêcher cette réflexion, et pour cela mettre en contact *optique* avec la face postérieure de la glace une substance dont la réfraction se rapproche le plus possible de celle du verre et qui absorbe les rayons actiniques (Ad. Martin). Le contact optique est le contact immédiat avec la glace, sans qu'il y ait interposition d'aucun autre corps gazeux ou liquide; c'est pourquoi on met en vain derrière la glace des fonds de velours, de drap ou de papier, noirs ou jaunes, des surfaces quelconques, capables cependant d'absorber la lumière; dans ces conditions, la réflexion n'est pas empêchée, car il y a toujours une couche d'air interposée. C'est encore vainement qu'on appliquerait des surfaces mouillées contre la glace; il se fait bien, dans ce cas, un contact optique, mais c'est le contact optique de l'eau et non celui du corps absorbant, et, le pouvoir de réfraction de l'eau n'étant pas assez rapproché de celui du verre, la réflexion se produira encore, et l'auréole, quoique amoindrie, devra se manifester.

Si maintenant nous supposons le contact optique parfait et la substance juxtaposée d'une réfraction convenablement choisie, mais de couleur mal appropriée, de couleur blanche par exemple, le rayon lumineux qui viendra la frapper ne sera pas absorbé : il l'éclairera d'une manière locale et donnera lieu à des effets secondaires pouvant réagir sur la couche sensible; ces effets ne seront plus à craindre si cette substance noire, jaune ou rouge, absorbe les rayons actiniques.

Parmi les substances dont l'emploi peut être recommandé comme se rapprochant des conditions voulues, on trouve la poix, la plupart des résines, la gélatine, la dextrine, le sucre; il suffit d'ajouter à ces substances les matières colorantes convenables. La gomme, l'albumine, la colle de pâte donnent de moins bons résultats.

La théorie étant ainsi bien établie, la pratique devient des plus simples; on peut étendre derrière les glaces un vernis coloré en jaune comme celui que nous indiquons plus loin pour la retouche des clichés (p. 188); on l'enlèvera ensuite en totalité ou en partie, suivant les transparences plus ou moins grandes que l'on veut donner au cliché.

Le plus souvent, on recouvre le dos de la glace avec un mélange sirupeux fait de dextrine, d'eau et de terre de Sienne; il n'est pas nécessaire que cette couche soit opaque : il suffit, pour obtenir un bon résultat, qu'elle mette obstacle à la réflexion.

Avant de développer les glaces ainsi préparées, on passe sur l'envers, à deux ou trois reprises différentes, une éponge humide, et l'on enlève ainsi toute cette matière colorante qui salirait les bains de développement.

CHAPITRE IV.

DÉVELOPPEMENT ET FIXAGE DE L'ÉPREUVE.

98. La pose étant terminée, l'objectif fermé, la planchette du châssis rentrée dans ses coulisses, en opérant sous le voile noir que l'on a maintenu tout le temps sur la chambre, on retire le châssis que l'on met à l'abri du jour; il reste à faire apparaître l'impression produite, ce que l'on appelle *développer l'épreuve*, puis à la rendre inaltérable à la lumière, c'est-à-dire à la *fixer*.

Suivant les modes de préparation et suivant les circonstances, ces opérations doivent être faites immédiatement ou peuvent être différées jusqu'au moment le plus opportun.

Avec les préparations dites au *collodion humide*, le développement suit la pose pour que les surfaces n'aient pas le temps de sécher; avec les préparations sèches et suivant leur nature, le moment du développement et du fixage peut être retardé pendant des jours, des semaines, même pendant des mois; toutefois, contrairement à des conseils que nous ne saurions approuver, nous croyons qu'il est préférable de faire cette opération aussitôt que possible, c'est-à-dire le soir ou le lendemain de la pose; on atténue ainsi les chances d'erreurs ou de taches, les épreuves sortent presque toujours plus brillantes et plus fraîches, on connaît mieux pour les travaux suivants la valeur des glaces que l'on emploie et les conditions de pose à rectifier; s'il s'agit de photographies faites en voyage, on peut le plus souvent réparer le lendemain les insuccès de la veille; enfin, nous ne saurions trop nous élever contre la tendance de quelques opérateurs qui confient à une autre personne le développement des épreuves qu'ils ont fait poser; celui-là seul fera cette opération, avec le sentiment convenable de l'effet qu'il veut obtenir, qui connaît son sujet et qui peut apprécier les diverses conditions de lumière dans lesquelles il se trouvait au moment de l'exposition.

DÉVELOPPEMENT.

99. Lorsqu'on a une installation complète, ce qui est nécessaire pour le procédé humide au collodion, ou pour les opérations courantes des portraits et des reproductions, on fait le développement de l'épreuve dans le cabinet obcur; à défaut de cette installation, et lorsqu'on opère avec les préparations sèches, on peut attendre le soir et révéler l'image dans une pièce quelconque en ayant le soin de ne s'éclairer qu'avec une lumière rouge orangé, si les préparations ont une grande sensibilité; si la sensibilité est moyenne, la lumière jaune suffira; souvent même on pourra se contenter d'éloigner une bougie à 2^{m} ou 3^{m}. A défaut d'une lanterne spéciale garnie de verres jaunes ou rouges, on peut entourer la bougie ou la lampe avec un cylindre de papier jaune orangé à la chrysoïdine (*voir* p. 66).

Les liquides révélateurs seront préparés à l'avance de manière à n'avoir qu'à faire le mélange convenable au moment opportun. Ces révélateurs sont toujours des réducteurs puissants, ayant une grande tendance à ramener les sels d'argent à l'état métallique; leur composition est très variable suivant les procédés employés. Au début de la photographie sur papier, on se servait seulement de l'acide gallique additionné de nitrate d'argent; sur le conseil de Regnault, on lui substitua l'acide pyrogallique et, plus tard, le sulfate de protoxyde de fer; ces corps, lorsqu'ils sont additionnés d'acide acétique, n'agissent qu'autant qu'ils sont mélangés avec une solution de nitrate d'argent; ils réduisent alors assez doucement ce nitrate pour que les molécules mises en liberté se portent sur la glace impressionnée et y dessinent l'image; ils n'ont pas d'action réductive visible sur l'iodure et le bromure d'argent, qui forment la base de la couche sensible. Dans ce cas, l'image apparaît par superposition et non par réduction immédiate du composé sensible : c'est pour cela que, dans plusieurs ouvrages, on dit que l'apparition de l'image est la conséquence d'une action physique et qu'elle est effectuée par développement physique.

Avec les préparations au bromure d'argent, on emploie de préférence soit l'acide pyrogallique additionné d'alcalis ou de carbonates alcalins, soit l'oxalate de protoxyde de fer; dans ces conditions, il est absolument nécessaire que les préparations sensibles ne renferment aucune trace de nitrate d'argent libre. Ce sel, en effet, serait immédiatement réduit et deviendrait noir sous l'action du révélateur. Pour pouvoir employer les révélateurs alcalins avec des surfaces contenant quelques traces de nitrate d'argent, il faut les additionner de bromure de potassium en quantité suffisante pour saturer tout ce nitrate et le transformer en bromure d'argent inactif. Les révélateurs alcalins agissent sur le bromure d'argent lui-même, ils ramènent à l'état métallique toutes les parties qui ont reçu l'action de la lumière; dans ces conditions, le développement résulte entièrement d'une action chimique.

Nous ne pouvons donner ici toutes les formules diverses de ces révélateurs, ce serait sortir du cadre des généralités; elles seront données plus loin en détail, en même temps que les procédés auxquels elles sont appliquées.

Lorsqu'on a préparé l'éclairage nécessaire pour que la préparation sensible n'ait rien à craindre de la lumière ambiante, on retire l'épreuve sensible du châssis négatif. Nous savons qu'à ce moment la surface n'a reçu que l'impression latente et qu'elle ne laisse voir aucune trace d'image; on la dispose alors dans la cuvette où l'on a versé le révélateur en nappe uniforme, de manière à recouvrir régulièrement toute la surface; la quantité doit être suffisante pour que l'épreuve soit complètement immergée.

En inclinant la cuvette, on vérifie s'il ne s'est pas formé quelques bulles d'air adhérentes à la glace, ce qui occasionnerait autant de taches, on balance la cuvette à plusieurs reprises et on ne tarde pas à voir l'image se manifester.

Il est préférable de ne pas laisser le révélateur séjourner immobile pendant un trop long temps sur l'épreuve : c'est souvent une cause d'irrégularité dans le développement; on agite le liquide par un fréquent mouvement de bascule, même quelques opérateurs très soigneux installent leur cuvette sur une planchette mobile qu'un système hydraulique (M. Gobert), ou un pendule électrique (M. Chardon), ou encore un mécanisme d'horlogerie (M. Baluze) maintient constamment en oscillation.

Si l'on est forcé d'abandonner le développement à lui-même, il est bon de retourner l'épreuve et de la mettre face en dessous; on l'exhausse par un support quelconque afin qu'il y ait entre les faces de la cuvette et de la glace une couche de liquide à peu près uniforme. C'est ainsi que l'on fait le développement acide des épreuves au collodion albuminé; il faut éviter que la face du cliché soit trop près du fond de la cuvette, la couche du liquide interposé serait trop vite épuisée et le développement se ferait d'une manière irrégulière.

Lorsque le développement est très rapide, ainsi que cela arrive pour les épreuves au collodion humide révélées par le sulfate de protoxyde de fer, on se contente le plus souvent de mettre la glace sur un support que l'on tient à la main, et l'on fait ainsi toute l'opération sans qu'il soit besoin de cuvette.

Si l'image se montre d'un coup *uniformément* sous l'action du révélateur, c'est l'indice d'une pose beaucoup trop longue; l'épreuve doit venir rapidement, mais graduellement, les teintes s'accentuant les unes après les autres; si au contraire les vives lumières apparaissent seules et si les demi-teintes ne se montrent pas ou ne se manifestent que tardivement, avec peine, c'est qu'il y a insuffisance de pose; suivant la nature des préparations et des révélateurs, on peut, par différents moyens, corriger ces erreurs lorsqu'elles ne sont pas trop accentuées; nous indiquerons ces moyens en parlant des divers procédés qui permettent de les employer.

L'action du révélateur doit être surveillée avec soin; on la prolonge plus ou moins suivant les effets que l'on veut obtenir; c'est seulement par une grande pratique que l'on arrive à apprécier le moment où l'épreuve négative est développée au point voulu. Les effets renversés de la lumière rendent encore cette appréciation plus difficile. Si le développement est insuffisant, les épreuves positives qu'on tirera plus tard seront molles, sans vigueur; s'il a été trop poussé, les effets seront durs et heurtés; il vaut mieux dans l'incertitude rester en deçà qu'aller au delà : on a quelque chance de remonter l'intensité d'un cliché trop faible, il est plus difficile de ramener un cliché heurté à l'harmonie nécessaire.

L'examen du cliché par transparence permet de se rendre compte approximativement de la venue de l'image; on retire l'épreuve du bain, on l'interpose entre les yeux et la lumière, et l'on juge les intensités relatives entre les noirs, les demi-teintes et les clairs; mais les variations provenant de la lumière du jour rendent cette appréciation difficile et souvent on préfère un éclairage toujours le même, comme celui d'une lampe ou d'une bougie convenablement coloré et atténué par un écran orangé.

Dans cet examen on doit avoir la précaution de ne pas approcher le cliché trop près de la lumière. Quelquefois, ainsi qu'il arrive avec le gélatinobromure d'argent, la couche est trop épaisse et ne permet pas de juger les progrès du développement : l'appréciation est alors beaucoup plus difficile et demande une habitude plus grande.

Lorsque l'épreuve est au point voulu, on arrête le développement par quelques lavages à l'eau commune, et l'on peut procéder au fixage soit immédiatement, soit plus tard. Si le fixage est retardé, il faut tenir les épreuves à l'abri de la lumière, jusqu'au moment où elles seront définitivement fixées.

FIXAGE.

100. L'opération du fixage a pour but d'anéantir la sensibilité des préparations, afin que l'action prolongée de la lumière, agissant en plein, ne donne pas à la couche sensible une teinte générale foncée et uniforme. Avec les préparations à l'iodure d'argent, il pourrait suffire d'enlever toute trace de nitrate d'argent en lavant la glace avec une solution d'iodure, car nous savons que l'iodure d'argent sur lequel a passé un excès d'iodure soluble est insensible à la lumière; une solution de bromure ou même de chlorure soluble produit le même effet. Mais si la préparation avait été faite avec le bromure ou le chlorure d'argent, elle continuerait de noircir sous l'action du jour, même après un lavage soigné; il est donc nécessaire d'éliminer les composés sensibles. Il faut aussi remarquer que la présence des sels d'argent insolubles rend la glace plus opaque, par conséquent plus difficile à employer pour le tirage des épreuves positives; le mieux est donc d'enlever cette opacité en faisant usage d'un réactif chimique qui ait la propriété de dissoudre les sels d'argent sans toucher à l'argent réduit qui forme l'image.

Parmi les composés qui sont doués de cette propriété, trois

seulement sont employés : le cyanure de potassium, les sulfocyanures alcalins (de potassium ou d'ammonium), l'hyposulfite de soude.

Le rôle chimique de ces trois agents est sensiblement le même ; lorsqu'on les met en contact avec la surface sensible, l'iodure et le bromure d'argent qui la forment sont successivement transformés en sulfocyanure, en cyanure ou en hyposulfite d'argent, qui tous trois sont insolubles dans l'eau, mais très solubles dans un excès de sulfocyanure, de cyanure ou d'hyposulfite alcalin. Donc les fixateurs doivent toujours être employés en quantité plus que suffisante, afin que cette dissolution se fasse immédiatement ; s'il en était autrement, on verrait apparaître les propriétés spéciales et les inconvénients inhérents à chacun des composés d'argent qui resteraient insolubles.

Le sulfocyanure d'argent est un composé blanc, sensible à la lumière directe qui lui donne une teinte violacée ; il est soluble dans les sulfocyanures alcalins employés en *grand excès ;* il faut donc faire usage de solutions très concentrées à 30 pour 100 d'eau ; c'est un inconvénient sérieux, parce que le produit est d'un prix assez élevé, qui baisserait cependant rapidement si l'on arrivait à une grande consommation ; en outre, dès que, par le fait des lavages, le sulfocyanure alcalin est étendu d'eau, il ne retient plus en solution le sulfocyanure d'argent formé et celui-ci se dépose sous forme de précipité blanc aussi bien sur la couche sensible que dans son épaisseur ; il met ainsi sur l'image un voile blanc qu'il faut enlever par un second fixage fait avec une solution neuve ; enfin, les sulfocyanures alcalins ont une action dissolvante immédiate sur la gélatine ; ils ne peuvent donc être employés pour les procédés au gélatinobromure, dont l'usage est actuellement si répandu.

Le cyanure d'argent se forme et se dissout avec facilité dans une solution faible de cyanure de potassium ; ce dernier sel pourrait donc être considéré comme un très bon fixateur ; il est peu coûteux, car il suffit de 2 à 3 parties pour 100 d'eau, mais les qualités réelles du cyanure de potassium sont très atténuées par de graves inconvénients ; son action est assez énergique pour que, même aussi dilué, il attaque l'argent métallique, qui, en couche infiniment mince, forme les demi-teintes légères des épreuves ; en même temps qu'il éclaircit le cliché, en lui donnant une apparence séduisante, il en altère les qualités réelles; en outre, il répand dans le laboratoire une odeur qui rappelle celle des amandes amères, mais qui est âcre et forte et qu'un grand nombre de personnes ne peuvent supporter sans malaise : c'est un poison tellement énergique qu'il tue rapidement à très faible dose; mis en contact avec les acides, ce qui peut se présenter fréquemment dans les opérations photographiques, il dégage de l'acide cyanhydrique (acide prussique), dont les émanations peuvent être rapidement mortelles; le danger de son emploi devrait le faire proscrire de tous les laboratoires; presque tous les empoisonnements accidentels ou volontaires qui ont eu lieu dans les ateliers de photographie ont été causés par le cyanure de potassium; nous devons donc prémunir très sérieusement les opérateurs contre les dangers que présente l'emploi d'un semblable agent, danger réel dont malheureusement ne veulent pas convenir ceux qui ne savent pas. Lorsqu'on a aux mains quelques coupures ou écorchures, le cyanure de potassium absorbé peut amener des accidents graves et même la mort.

L'hyposulfite d'argent est un corps blanc, éminemment altérable, qui se décompose avec rapidité en sulfure d'argent noir; mais cette décomposition ne s'effectue pas s'il est en présence d'un excès d'hyposulfite de soude avec lequel il forme des sels doubles qui se dissolvent aussitôt. L'hyposulfite de soude peut donc être utilisé comme un excellent agent fixateur, du moment qu'il est en excès. Son très bas prix permet de l'employer très largement, de le renouveler fréquemment. Nous verrons plus loin que son application au fixage des épreuves positives sur papier demande des soins particuliers, mais pour les épreuves négatives, l'application est moins délicate : le point principal est de laver convenablement l'épreuve fixée.

L'hyposulfite de soude, indiqué à F. Talbot par Herschel comme dissolvant les sels d'argent, est le véritable agent fixateur des épreuves photographiques; on l'emploie en solution qui varie de 10 à 20 parties de ce sel pour 100 parties d'eau ordinaire. Cette solution concentrée est utilisée pour le fixage des épreuves au collodion humide ou sec et pour celui des épreuves positives sur papier;

étendue à 10 pour 100, elle sert pour le fixage des clichés au gélatinobromure qu'elle pourrait soulever de la glace, si on l'employait à la dose de 20 pour 100; comme elle ne s'altère pas avec le temps, il est bon d'en préparer de suite une quantité de quelques litres, au titre de 20 pour 100, pour tous les usages du laboratoire; on l'étend d'eau, s'il faut l'employer moins concentrée. Le dosage exact de l'hyposulfite de soude étant rarement nécessaire, on peut, au lieu de peser, mesurer la quantité de cristaux employés : le poids en sera à peu près le même que celui d'un semblable volume d'eau, si l'on ne cherche pas à tasser les cristaux.

Lorsque le cliché est plongé dans l'hyposulfite de soude, on voit peu à peu disparaître l'aspect laiteux que lui donnent les sels d'argent insolubles; on suit cette action, on retourne la glace, on examine l'envers, on la remet dans la solution jusqu'à ce que le composé laiteux soit dissous et éliminé de toute la surface, on prolonge encore pendant quelques instants l'immersion; en effet, l'excès de fixage n'a pas d'inconvénients, car l'hyposulfite de soude ne produit d'action nuisible que si son contact est très longtemps maintenu; au contraire, un fixage incomplet laisserait des inégalités de teinte qui se reproduiraient sur les épreuves positives futures.

L'épreuve négative fixée est retirée du bain d'hyposulfite de soude, lavée à plusieurs eaux avec beaucoup de soin; le tissu spongieux de la préparation retient en effet la solution dans ses pores et il faut enlever complètement l'hyposulfite de soude par des lavages répétés; sans cela, par la dessiccation, il reviendrait cristalliser à la surface comme un givre; à cet état, il agit sur l'argent très divisé qui forme le négatif, et le lendemain, ou quelques jours plus tard, une épreuve mal lavée est complètement perdue. Le fixage, comme nous l'avons déjà dit, peut être fait à une faible lumière diffuse; avec des préparations très sensibles comme celles au gélatinobromure, il est préférable de fixer les épreuves dans le cabinet noir; on peut toujours terminer au grand jour. Pour les lavages il n'y a aucun inconvénient à opérer à la plus vive lumière. Après les lavages convenables, on égoutte la glace, on examine s'il ne reste à la surface aucune impureté, aucune poussière, qu'on rejetterait au dehors par un courant d'eau renouvelé, on la pose sur le chevalet (*fig.* 70) et on l'abandonne à la dessiccation spontanée. Pour faire sécher les glaces, nous préférons à tous autres

Fig. 70.

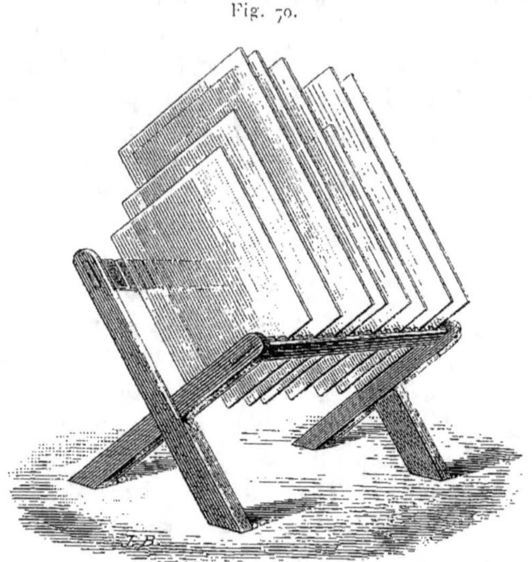

Chevalet à rainures.

les chevalets à rainures en porcelaine ou en verre, qu'il est facile de maintenir constamment en état de propreté.

RENFORCEMENT DE L'ÉPREUVE.

101. Il arrive assez fréquemment que l'épreuve développée ne présente pas, soit avant, soit après le fixage, la vigueur, l'intensité qui seraient nécessaires pour faire un bon négatif; on ne doit cependant pas la considérer comme perdue : il existe différentes méthodes pour la renforcer, soit que l'on provoque à la surface un nouveau dépôt d'argent, soit que l'on se borne à modifier la teinte et la composition de l'image existante, soit que l'on amène, par réaction chimique, le dépôt d'un corps étranger apte à donner une plus grande épaisseur et à recevoir une coloration plus intense.

Dans tous les cas, la première condition pour les renforcements qui suivent le fixage à l'hyposulfite de soude est un lavage à outrance, ayant pour but d'enlever les dernières traces du fixateur. Les renforçateurs varient suivant les milieux dans lesquels on les produit, c'est-à-dire suivant les substances qui retiennent dans leurs pores les composés sensibles; ainsi, avec l'albumine et le collodion, on peut employer les mélanges d'acides gallique, pyrogallique et de nitrate d'argent, à la condition de les acidifier très fortement par l'acide acétique; avec les préparations à la gélatine, on ne peut utiliser ce même mélange sans de grandes précautions, parce que la gélatine forme avec le sel d'argent une combinaison facilement altérable; le plus souvent on emploie le bichlorure de mercure en solution aqueuse saturée ou un peu étendue; il se produit alors du chlorure d'argent et du protochlorure de mercure insoluble qui reste fixé sur l'image; celle-ci devient toute blanche, mais il suffit de la mettre en contact avec une solution sulfureuse très étendue (sulfhydrate d'ammoniaque ou monosulfure de sodium) pour que les deux chlorures blancs passent à l'état de sulfures noirs en donnant une très grande intensité à l'épreuve. Si l'on veut un renforcement moins énergique, on se contente, après l'action du bichlorure de mercure, de passer le cliché dans un bain légèrement alcalin ou dans une solution faible d'hyposulfite de soude. Nous donnerons pour chaque procédé les renforçateurs qui semblent le mieux convenir.

AFFAIBLISSEMENT DE L'IMAGE.

102. On peut aussi diminuer l'intensité des épreuves trop poussées au développement et surtout des épreuves trop posées ou trop noires; elles sont formées de couches plus ou moins épaisses d'argent, il suffit théoriquement de diminuer cette épaisseur : mais il est assez difficile de le faire avec une grande régularité. On peut employer l'iode sous la forme d'eau iodée plus ou moins étendue; l'eau iodée normale est composée de

Eau	250^{cc}
Iodure de potassium	5^{gr}
Iode en paillettes	1^{gr}, 25

on ajoute à cette solution qui serait trop énergique une quantité d'eau plus ou moins grande suivant la force que l'on veut faire agir; la surface de l'épreuve négative se transforme en iodure d'argent. On emploie également bien les perchlorures métalliques tels que : le perchlorure de fer, le bichlorure de cuivre, et, dans ce cas, la surface de l'épreuve se transforme en chlorure d'argent.

Le cliché à affaiblir, bien lavé, est mis dans une cuvette; on le recouvre d'une solution étendue de l'un ou l'autre de ces réactifs, on l'agite fréquemment pour que l'action soit régulière. La superficie de l'image passe à l'état d'iodure ou de chlorure d'argent. Aussitôt que l'on pense l'attaque suffisante, on lave avec soin et l'on passe le cliché dans un bain d'hyposulfite de soude, qui dissout l'iodure ou le chlorure formé; l'opacité du négatif se trouve diminué d'autant. Mais ces procédés enlèvent très rapidement les fines demi-teintes, qui sont rongées plus vite que le reste, ils rendent les images de plus en plus heurtées; si l'action était trop prolongée, l'épreuve tout entière disparaîtrait; on ne doit avoir recours à ces moyens que pour des épreuves désespérées, ou lorsqu'on les a suffisamment pratiqués pour en être complètement maître.

VERNISSAGE.

103. Lorsque les épreuves sont obtenues dans des milieux interposés qui deviennent très durs, très résistants par le seul fait du séchage, comme l'albumine et la gélatine, on peut à la rigueur, après le lavage, le fixage, la dessiccation, les utiliser telles qu'elles sont pour faire le tirage des épreuves positives. Toutefois cela n'est pas prudent, parce que la moindre humidité fait adhérer au cliché la préparation positive et peut occasionner ainsi des taches irrémédiables, ce qui arrive souvent avec les papiers au nitrate d'argent; l'albumine ou la gélatine retiennent un peu de ce nitrate et forment avec lui une combinaison qui, sous l'action de la lumière, se teinte fortement et d'une manière indélébile.

Si le cliché est obtenu dans un milieu sans résistance comme le collodion, sa surface n'offre aucune solidité contre les éraillures et les altérations de toutes sortes qui peuvent se produire ; il est nécessaire de le protéger au moyen d'un vernis.

Pour les épreuves qui n'ont pas besoin de retouche au crayon, nous conseillons comme le meilleur vernis une solution de belle gomme laque blonde en écailles dans l'alcool à 40° à raison de 10gr de gomme laque pour 100cc d'alcool ; la gomme laque blanche est d'un moins bon usage, parce qu'elle est altérée par l'action du chlore. Le tout est mis dans un flacon, quelquefois avec addition de verre pilé, pour faciliter la solution ; on agite fréquemment, et quand il n'y a plus de magma visqueux, on laisse reposer pendant quelques jours, on décante la partie claire sur un filtre, puis ensuite la partie trouble, qui filtre avec plus de difficulté, et l'on conserve le liquide limpide dans un flacon bien bouché.

Le vernis à la gomme laque est étendu à chaud ; le cliché est préalablement bien desséché, puis légèrement chauffé à une température douce à la main ; on verse le liquide sur la glace tenue horizontalement, il s'étend en rond, gagne les angles supérieurs, redescend à l'angle gauche inférieur, et est reversé par l'angle droit dans un autre flacon muni d'un filtre et d'un entonnoir. On débarrasse ainsi cet excédant de vernis des poussières et impuretés qu'il a pu entraîner et qui formeraient des points sur les glaces suivantes, si on l'avait remis dans le même flacon.

Lorsque tout l'excédant est écoulé, avec un léger tampon de papier Joseph serré entre deux doigts, on essuie à diverses reprises les deux côtés de la glace par lesquels se fait l'écoulement, en évitant que le liquide ne revienne sur lui-même, parce qu'il produirait d'épaisses doublures.

Après cet essuyage, on chauffe de nouveau la glace, soit sur une plaque de poêle soit au-dessus d'un léger feu de braise. Il faut éviter d'employer les flammes comme mode de chauffage, ce serait s'exposer à mettre le feu à l'alcool, ce qui peut occasionner des brûlures et de graves accidents ; en outre, quand le vernis étendu a pris feu, sa surface est aussitôt altérée.

On doit éviter également qu'il ne passe une petite quantité de vernis sur le dos de la glace ; une seule goutte courant ainsi sur la surface opposée produit un refroidissement partiel qui rompt l'uniformité de la couche supérieure et laisse des traces.

Au lieu de vernis à la gomme laque, on peut employer les vernis à l'ambre, dissous soit dans la benzine, soit dans le chloroforme; ils peuvent être appliqués sans qu'il soit nécessaire de faire intervenir la chaleur; il y a d'autres vernis à froid qui sont aussi d'un bon emploi, tels que les vernis Parrayon, Durozier, etc.

Un grand nombre de vernis du commerce d'autre composition que ceux ci-dessus ont l'inconvénient de sécher lentement, de se ramollir sous l'action du soleil et de devenir poisseux, ce qui entraîne l'altération du cliché et des épreuves positives.

Avec les vernis que nous venons d'indiquer, la surface du cliché est lisse comme la glace même; il est impossible d'y faire adhérer le crayon et de procéder à une retouche délicate; l'emploi de la composition suivante rend cette opération plus facile :

Benjoin concassé	50^{gr}
Sandaraque	100^{gr}
Alcool	1^{lit}
Huile de ricin	1^{cc}

Faites dissoudre à une douce chaleur et filtrez.

Ce vernis est ensuite étendu exactement comme nous l'avons expliqué ci-dessus.

Les clichés vernis doivent être abandonnés au repos jusqu'au lendemain, afin que la résine durcisse et ne colle pas au contact des papiers ou autres surfaces que l'on y appliquerait.

Lorsque les clichés sont secs, on en nettoie parfaitement l'envers avec un tampon de linge fin, de papier ou de coton imbibé d'eau, ou d'eau ammoniacale, et on les dispose pour le tirage.

RETOUCHE DES CLICHÉS [1].

104. Théoriquement, le cliché photographique devrait sortir pur et complet des diverses manipulations chimiques qui ont servi à le produire, sans qu'il fût nécessaire d'y faire la moindre retouche. Les perfectionnements de la Photographie et l'habileté du photo-

---

[1] *Retouche photographique*, brochure par un spécialiste, publiée chez H. Carette, 31, rue d'Enghien.

graphe doivent tendre à obtenir régulièrement ces résultats, mais, si l'on y parvient quelquefois, il est rare qu'une épreuve, de quelque nature qu'elle soit, n'ait pas besoin de réparations, souvent même de corrections, s'il s'agit du portrait; ces corrections deviennent parfois tellement exagérées, qu'elles modifient complètement le travail de la lumière.

Aussi nous nous bornerons à indiquer quelques moyens de faire les réparations nécessaires; la retouche telle qu'on la comprend actuellement, c'est-à-dire la transformation d'un cliché, est une spécialité qui intéresse principalement l'application de la Photographie à l'obtention des portraits et qui demande une main très habile et très exercée (1).

Comme il est très difficile que l'on puisse juger de la valeur d'un cliché par l'inspection seule, à moins d'une grande expérience, le mieux est de commencer par le gommer ou même par le vernir, puis d'en tirer une épreuve positive complètement terminée et collée sur bristol; on peut aussi prendre le cliché tel qu'il se trouve après fixage et séchage et en tirer une épreuve positive avant de lui faire subir aucun vernissage; mais alors, pour éviter toute altération qui résulterait du contact avec le papier positif, on interpose entre les deux surfaces une feuille de gélatine incolore excessivement mince. On examine alors le cliché et l'épreuve, et l'on peut trop souvent constater toute une série de défauts divers; il peut y avoir des piqûres à jour plus ou moins nombreuses, des lignes d'intensités différentes, des duretés trop accentuées, des faiblesses dans les fonds, dans les ciels, des valeurs trop égales dans les derniers plans, etc., etc. Il y a donc lieu de chercher à atténuer ces défauts si l'on ne peut les faire disparaître complètement; on y parvient par quelques corrections faciles.

Comme instrument nécessaire, mentionnons d'abord le pupitre spécial, bien connu actuellement des photographes, se composant de trois pièces ou châssis à charnières (*fig.* 71) se développant en forme de Z. Le châssis horizontal du bas encadre une glace étamée qui renvoie la lumière sur le châssis incliné du milieu:

(1) *Traité pratique de la retouche des clichés photographiques*, par M. P. Piquepé. Paris, Gauthier-Villars, 1881.

celui-ci est formé par une glace dépolie assez grande pour qu'on puisse y poser le cliché. Le châssis supérieur est en bois plein et fait abat-jour; il peut soutenir un voile noir qui, tombant des deux

Fig. 71.

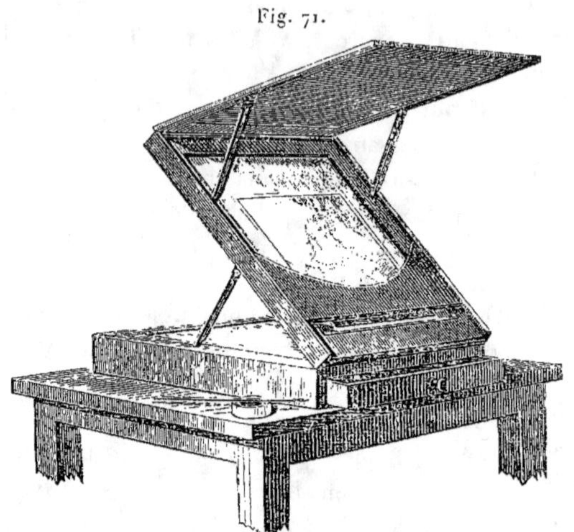

Pupitre à retoucher les clichés.

côtés et derrière l'opérateur, l'empêche d'être gêné par la lumière extérieure, lui permet de voir l'épreuve par transparence sans fatigue et d'en juger tous les défauts; les autres instruments sont une bonne loupe achromatique, quelques petits pinceaux, des crayons Gilbert de consistance différente, de la pierre ponce très fine destinée à granuler légèrement le trop grand dépoli du vernis, des estompes, du papier noir ou orangé, de l'encre de Chine, etc. Au lieu d'employer l'encre de Chine simplement délayée dans l'eau, on fera bien d'y ajouter une très petite quantité de sucre, pour empêcher la couleur de s'écailler après le séchage.

L'examen comparatif du cliché et de l'épreuve positive permet de constater quelles sont les retouches indispensables.

S'il s'agit de masquer complètement des parties entières, comme un ciel trop transparent ou rempli de taches et d'inégalités, on commence par coller en plein au dos de l'épreuve un papier noir ou jaune orangé, et, pendant qu'il est encore humide, on le déchiquète avec une pointe, de manière à suivre les traits de l'image en laissant environ 0m,002 de marge en dehors des contours, puis, retournant le cliché et le plaçant sur le pupitre à retouche, on suit ces contours d'abord avec un pinceau fin ou une plume d'oie mouillée d'encre de Chine, de manière à former une ligne exacte n'empiétant pas sur les parties qui doivent venir au tirage de l'épreuve positive, ensuite, avec un pinceau plus gros, on complète largement le premier trait, de manière à rejoindre et à dépasser la silhouette du papier. Les ciels refaits ainsi en plein ont le grave défaut de ne plus s'accorder avec l'ensemble de l'épreuve; il faut avoir soin de les teinter au tirage, sur l'épreuve positive.

On rebouche également avec l'encre de Chine les trous, les éraillures et les autres défauts qui se seraient produits dans les clichés, surtout dans les épreuves de voyage, où il est difficile de prendre toutes les précautions nécessaires; mais on procède alors par petites applications, en employant la couleur presque sèche, et l'on tâche de donner à ces rebouchages la même valeur en transparence que celle du milieu dans lequel on les fait, afin de ne pas avoir dans les positifs des points blancs nécessitant une correction nouvelle.

Quelquefois le papier positif trop sec ou un frottement quelconque produit dans l'épreuve terminée et vernie une ou plusieurs rayures très fines, semblables à un trait de gravure; il suffit le plus souvent de mettre sur ces rayures un peu de plombagine, un peu de crayon gratté et d'y passer le doigt pour que ce trait soit rempli et bouché.

Lorsqu'il faut atténuer certaines parties trop transparentes, on les frotte avec un peu de poudre de pierre ponce ou avec de la potée d'émeri impalpable pour dépolir légèrement le vernis, ou bien on y passe quelques-unes de ces préparations spéciales vendues dans le but de faciliter la retouche, puis avec le crayon on cherche et l'on arrive à égaliser les teintes. Le même moyen, appliqué aux portraits, permet non seulement de régulariser les teintes, mais aussi de faire disparaître certains défauts du modèle, et c'est en procédant ainsi qu'un retoucheur habile refait même complètement les modelés, mais le plus souvent aux dépens de la vérité.

Quelquefois il n'est pas nécessaire de procéder avec autant de soin; quelques parties du cliché ont seules besoin d'une teinte générale qui leur donne un peu plus d'intensité, soit pour rendre ces parties plus légères comme demi-teintes, si l'épreuve est trop uniforme; soit pour permettre à d'autres parties trop dures d'arriver au point voulu si le cliché est heurté; on peut ainsi accentuer la séparation des plans, adoucir des masses de verdure trop foncée, etc. Pour cela, on emploie des couches de collodion ou de vernis teinté, appliquées au dos de l'épreuve. On peut prendre du collodion normal, coloré avec des couleurs d'aniline rouge, jaune ou verte (le rouge résiste mal à la lumière); mieux vaut du vernis ordinaire à la gomme laque auquel, suivant le besoin, on donne une teinte plus ou moins foncée avec l'acide picrique avec ou des couleurs jaunes d'aniline. Pour appliquer le vernis, on commence par bien nettoyer le dos de la glace, on chauffe légèrement comme s'il s'agissait de vernir le cliché et l'on y étend en plein une couche du vernis teinté comme on le croit convenable; avec une pointe ou un crayon, on délimite, sur ce vernis séché, les parties qu'on doit laisser et celles qu'on doit enlever, puis avec un pinceau trempé dans un mélange à parties égales d'eau et d'ammoniaque on mouille les surfaces à enlever : le vernis se plisse et se gonfle sous l'alcali; on le détache rien qu'en l'essuyant. On fait ainsi rapidement des teintes plates générales d'un très bon effet; si la jonction des deux parties est dure et visible au tirage, on l'atténue par de petites hachures faites à la pointe sèche sur le vernis coloré.

CONSERVATION DES CLICHÉS.

105. Lorsque les clichés ont été bien vernis, on les enferme généralement dans des boîtes à rainures dites *boîtes à glaces* (*fig.* 72): c'est le meilleur de tous les systèmes pour les conserver; toutefois on doit prendre les précautions nécessaires pour que ces épreuves ne puissent pas être exposées à des froids trop rigoureux. L'expérience a montré en effet que, sous l'influence d'une température très basse, quelques clichés se soulèvent en larges ramifications, surtout parmi ceux obtenus par le procédé du collodion humide; le vernis crispé se brise et l'épreuve est perdue.

Ce fâcheux accident n'atteignant qu'une partie des clichés soumis aux mêmes influences, on doit penser qu'il résulte d'un défaut d'adhérence entre le verre et la préparation, défaut qui doit pro-

Fig. 72.

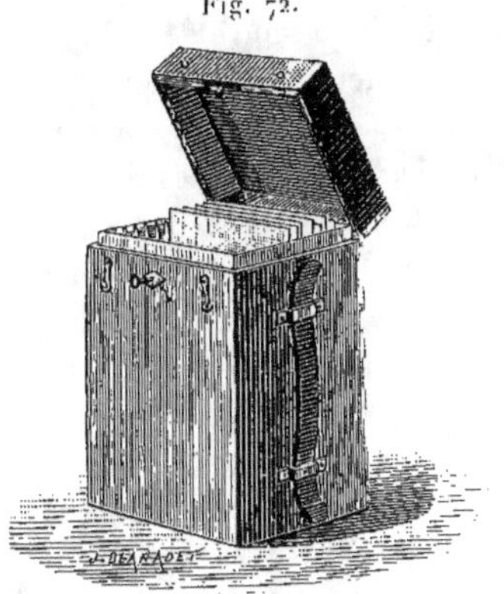

Boîte à glaces.

bablement être attribué à une très mince couche d'humidité interposée, soit qu'avant de vernir on n'ait séché l'épreuve qu'à la superficie, soit qu'un lavage incomplet ait laissé sous la couche un peu d'un sel déliquescent. Jusqu'ici cette altération ne s'est produite ni pour les clichés au collodion albuminé ni pour ceux au gélatinobromure.

Si les épreuves sont sur pellicules de gélatine, on les conserve entre des buvards bien secs. Pour assurer leur *planité,* il est préférable de ne pas les mettre dans des cahiers reliés, la reliure faisant presque toujours goder le papier; on prépare des feuilles de buvard coupées un peu plus grandes que les épreuves, on interpose un cliché entre chaque feuille et on serre le tout entre deux planches avec des sangles à boucles. Des boîtes avec planchettes à ressort semblables aux châssis positifs seraient parfaites pour conserver les clichés pelliculaires.

Lorsqu'il s'agit du transport en voyage, on doit prendre les plus grandes précautions. Les clichés sur glace étant bien terminés, les vernis parfaitement secs, on colle au dos quelques bandes de papier qui, en cas de rupture, maintiennent les morceaux de verre et empêchent les fragments brisés d'aller érailler et perdre les autres épreuves; ensuite on les met ensemble dans les boîtes à glaces, dos à dos si les rainures sont assez larges, puis on remplit l'intervalle avec du son ou de la sciure de bois parfaitement sèche; enfin on ne les confie au chemin de fer qu'après avoir placé ces boîtes à glaces dans une caisse plus grande, garnie de foin. Dans ces conditions, les transports à petite vitesse sont peu redoutables, ceux à grande vitesse offrent toujours quelques dangers, à cause de la rapidité que demande la manutention des colis. Un opérateur très soigneux fait alors un choix des épreuves les plus précieuses et il garde avec lui la caisse qui les contient.

Au lieu d'employer les boîtes à rainures, on peut aussi empiler les glaces les unes sur les autres en les mettant à nu dos à dos, et en séparant les faces par un léger matelas formé de trois ou quatre doubles de papier joseph; on fait ainsi un paquet par douzaine de clichés, on l'enveloppe avec un fort papier dont on colle les parties rabattues pour éviter des épaisseurs de cire ou de ficelle qui, interposées entre les paquets, pourraient occasionner des ruptures, et ces blocs, mis avec du foin ou des rognures dans des caisses communes, peuvent voyager sans danger.

On emploie aussi le même système pour emmagasiner à l'atelier les stocks de vieux clichés; on serre chaque douzaine entre deux planchettes avec des sangles; en prenant soin de mettre du papier joseph entre chaque glace et de ne pas trop serrer les sangles, on a peu de chance de casse, et on peut ranger les paquets de clichés dans une armoire, comme des livres dans une bibliothèque.

DEUXIÈME PARTIE.

DESCRIPTION DES DIVERS PROCÉDÉS NÉGATIFS.

106. Les grandes divisions de la Photographie et les principes généraux étant connus, nous étudierons maintenant les procédés négatifs successivement usités. Il semblerait aujourd'hui que toutes les méthodes anciennes dussent céder le pas, disparaître même, devant les préparations dites au *gélatinobromure;* tel n'est pas cependant notre avis et, malgré l'excellence, la commodité de ce procédé nouveau, il est bon de ne pas négliger les autres, qui quelquefois peuvent être mieux appropriés au but que l'on se propose d'atteindre. Ainsi, pour les reproductions de gravures ou de dessins, on obtiendra le maximum de finesse et de pureté avec l'albumine; les travaux courants de l'atelier, sauf ceux qui demandent une grande rapidité de pose, se feront plus vite, plus économiquement, avec le collodion humide dont les clichés se prêtent mieux au retournement et au transport sur pellicules; déjà quelques opérateurs regrettent les finesses, les purs lointains qu'il était possible d'obtenir avec le collodion sec albuminé; mais au gélatinobromure reviennent l'extrême sensibilité, la grande facilité, la propreté de l'emploi, la possibilité d'avoir sous la main des préparations toujours prêtes, ce qui le rend très précieux.

Nous grouperons ces divers procédés d'après les milieux interposés qui servent à maintenir les réactifs sensibles et nous suivrons à peu près l'ordre chronologique; cependant nous reporterons à la fin les procédés sur papier qui, après avoir été presque complètement abandonnés, commencent à revenir en s'assimilant les progrès acquis.

Du moment que l'on n'emploie pas le papier, les préparations ont toutes pour support le verre ou la glace, qui doit être d'une rigoureuse propreté; nous consacrerons donc un chapitre à la préparation première des glaces, et nous adopterons pour cette deuxième Partie les grandes divisions suivantes :

CHAPITRE I.

LES GLACES ET LEURS PRÉPARATIONS PRÉLIMINAIRES.

107. On donne, par habitude, le nom général de *glaces* aux feuilles en matière vitrifiée transparente, qui reçoivent les préparations photographiques, sans trop s'inquiéter de savoir si ce sont réellement des glaces, c'est-à-dire des feuilles coulées à plat, puis polies sur les deux faces, ce qui assure la *planité* du produit, mais avec une main-d'œuvre et une dépense assez considérables; ou si ce sont des cylindres de verre soufflés, puis coupés et étendus, qui constituent le verre à vitres ou à encadrement. La fabrication du verre à vitres est beaucoup plus rapide, de prix moins élevé, mais les feuilles ainsi obtenues n'ont pas leurs surfaces planes. Le verre peut remplacer la glace dans toutes les circonstances qui ne demandent pas des soins exceptionnels et lorsque les dimensions n'excèdent pas 0,27 × 0,33 de côté; mais, lorsqu'on veut faire de grandes épreuves, les *glaces*, quoique plus lourdes et plus coûteuses, doivent être préférées; l'absence de courbure permet une mise au point plus exacte, elles sont moins facilement brisées dans les châssis-presses lors du tirage des épreuves positives, en outre les préparations s'y étendent avec plus de régularité.

Il est facile de distinguer une glace d'un verre, il suffit de faire refléter par la surface des objets présentant des lignes droites et de faire varier l'inclinaison : la glace renvoie l'image sans déformation, le verre la réfléchit en donnant des ondulations qui la déforment. Acceptant l'habitude admise, nous ne ferons pas de distinction entre les mots de *verre* et de *glace;* toutefois, lorsque la préparation nécessitera l'emploi de véritables *glaces*, nous aurons soin de souligner le mot.

108. **Coupage des glaces.** — Presque toujours on achète dans le commerce les verres coupés à la grandeur voulue et rodés sur les

bords pour éviter que leurs arêtes et leurs coins vifs ne blessent les doigts, mais souvent aussi l'opérateur doit se servir du diamant et couper lui-même les verres ou les glaces, ne fût-ce que pour utiliser les morceaux qu'il est possible de ramener aux dimensions inférieures.

L'emploi du diamant est chose facile : cependant il ne faut pas croire que, même avec un diamant excellent, on arrive du premier coup à couper convenablement le verre : il faut tenir l'outil d'aplomb; on appuie alors légèrement sur la feuille à couper, on suit d'un bout à l'autre la ligne à tracer sans faire varier l'inclinaison; le diamant doit faire une strie fine et non une éraillure : pour cela on fait passer le manche entre l'index et le médium, on pose le pouce et l'index sur les deux échancrures disposées à cet effet sur la monture, et le médium se réunit à ces deux doigts en appuyant sur une des faces; ainsi pris entre les trois doigts, l'instrument se pose facilement d'aplomb.

Un des côtés de la monture du diamant est marqué par deux petits ronds d'ivoire incrustés dans l'acier : c'est celui qu'on applique contre la règle qui guide la coupe; si le diamant était posé à contre-sens, il éraillerait le verre sans le couper.

Lorsqu'on a donné le trait, on fait une légère pesée à l'une des extrémités et les morceaux se séparent; si le verre est épais et résiste, on se sert d'une pince plate en interposant quelques doubles de linge ou de papier mou; on peut aussi donner avec la monture du diamant, faisant office de marteau, quelques coups secs en dessous du trait qui file d'un bout à l'autre.

Lorsqu'on a fait une coupe, on s'aperçoit que le trait ne se produit pas contre la règle qui sert de guide, mais à une distance de cette règle égale à une demi-épaisseur de la monture, ce dont on est obligé de tenir compte dans toutes les coupes et dans tous les calibres que l'on dispose pour rendre l'opération plus facile.

La *fig.* 73 montre la disposition que nous avons adoptée comme très commode pour le coupage des glaces; nous nous servons d'une planchette bien d'équerre (celle des dessinateurs); sur cette planchette on colle une feuille de papier blanc, sur laquelle on commence par tracer, au moyen de la règle à T, les deux lignes AB et BC perpendiculaires l'une à l'autre et parallèles chacune au côté de la planchette auquel elles correspondent. Avec quelques petites pointes on fixe en BC la règle plate RR, qui sera le butoir contre lequel viendront porter les verres à couper. Avec le diamant appuyé contre ce butoir on trace la ligne *bc* parallèle à BC et sé-

Fig. 73.

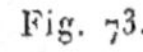
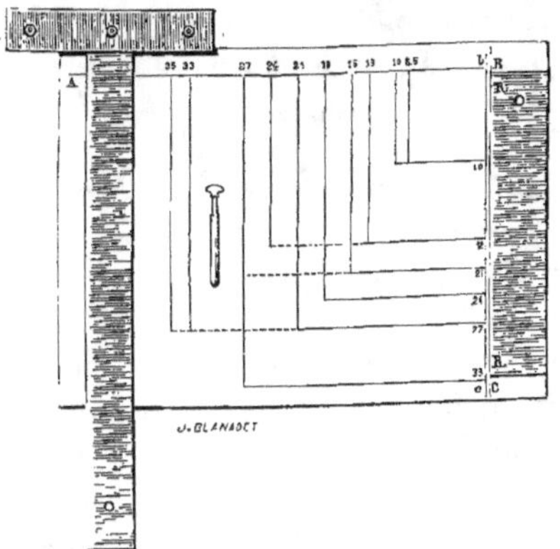

Disposition d'une planchette pour couper les glaces.

parée d'elle juste de la demi-épaisseur de monture du diamant; il ne reste plus qu'à porter avec un compas sur la ligne AB les diverses grandeurs des côtés des glaces dont on fait usage, en ayant la précaution de faire partir cette mesure du point *b* et non du point B, afin d'avoir de suite dans la coupe la compensation de l'épaisseur du diamant.

Avec la règle à T on trace les parallèles suivant les points marqués; on fait, si l'on veut, la même opération sur la ligne *bc*, et en reliant les longueurs avec les largeurs suivant chaque format de glace, on a les calibres des grandeurs.

Les chiffres marqués sur la *fig.* 73 indiquent en centimètres les dimensions de glaces les plus courantes. La première marquée 10 × 8,5 est celle généralement admise pour les projections (1).

Il suffit de poser un verre quelconque sur la feuille ainsi tracée, de faire buter un des côtés contre la règle plate RR pour voir tout de

(1) Dimension des épreuves pour projections, de M. Levy et de M. Molteni.

suite quelle dimension de glace on en peut tirer; puis, faisant coïncider l'arête de la règle à T, mobile avec la ligne qui détermine cette dimension, on coupe au diamant : la ligne est d'une demi-épaisseur de monture en avant; mais, comme le butoir est d'une demi-épaisseur en arrière, la dimension est parfaitement juste. Après avoir coupé sur la ligne de longueur et enlevé le morceau, on reporte la glace et on la coupe sur la parallèle qui, dans le même sens, représente la largeur, et l'on obtient ainsi une grande régularité pour toutes les dimensions.

109. Rodage. — Lorsque les deux morceaux de verre sont séparés, leurs arêtes vives sont coupantes et dangereuses, ainsi que les angles; il suffit le plus souvent de passer ces arêtes l'une sur l'autre dessus et dessous pour les érailler toutes deux et n'avoir plus à craindre les coupures; on prend même si vite l'habitude de cette opération qu'on la fait machinalement comme complément de la séparation des morceaux; on obtient le même résultat en passant une lime douce sur les deux côtés des bords. Pourtant il ne faut pas employer ces moyens lorsqu'on coupe des glaces portant déjà leur préparation sensible : les petits fragments qui se séparent peuvent rester sur les surfaces et produire des éraillures; même lorsqu'on opère sur des glaces nues, on prend la précaution de les épousseter avant de les empiler les unes sur les autres.

Si l'on veut un rodage plus parfait, on frotte les arêtes des glaces sur une plaque de fonte ou sur un verre épais avec un peu de grès mouillé ou à sec sur une plaque d'émeri. Un moyen plus simple consiste à se procurer chez le serrurier un bout de fer coudé à angle droit, tel qu'il se trouve dans le commerce; il suffit d'une

Fig. 74.

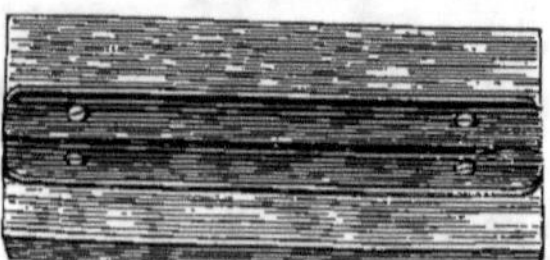

Fer à roder les glaces.

longueur de $0^m,25$ à $0^m,30$ sur une hauteur de $0^m,04$ à $0^m,05$. On encastre ce fer dans un morceau de bois, comme le représente la *fig.* 74. L'ensemble forme une sorte de gouttière à angle vif, dans laquelle on met du grès mouillé, et on y frotte les côtés de la glace jusqu'à ce qu'ils soient comme on les désire. On peut utiliser de la même manière les gros fers cornières, que l'on trouve à très bas prix dans tous les magasins de quincaillerie pour bâtiments.

110. Nettoyage des glaces. — Quel que soit le procédé pour lequel on emploie les verres ou les glaces, le premier soin est d'assurer la rigoureuse propreté de la surface par un nettoyage convenable; cela peut paraître une opération accessoire, pourtant elle est des plus importantes, on ne peut la négliger : un mauvais nettoyage est une cause première de taches et de nombreux insuccès.

Que les glaces aient servi ou non, on les soumettra au nettoyage; car, même lorsqu'elles sont neuves, elles ont pu recevoir l'empreinte de matières grasses ou autres, par le seul fait du contact des doigts ou de papiers interposés; lorsqu'elles ont déjà servi, il est nécessaire d'enlever toutes traces des préparations précédentes. Aussi un nettoyage complet sera-t-il le résultat de deux opérations. La première a pour but de mettre la surface à nu : c'est une sorte de décapage que l'on peut faire à tous moments perdus. La seconde est un avivage, un dernier coup de poli, que l'on donne peu de temps avant l'emploi.

111. Décapage. — Pour enlever toutes les impuretés, telles que corps gras, vernis quelconques, albumine, gélatine, préparations diverses, nous préférons à tous autres moyens préconisés l'emploi du carbonate de soude, ou cristaux de soude du commerce, bien connus des ménagères et que l'on trouve partout à très bon marché; on en fait une abondante solution à raison de

Carbonate de soude....................	50^{gr}
Eau ordinaire..........................	1000^{gr}

Si l'on veut une action très énergique, il suffit d'ajouter à cette solution 25^{gr} de chaux éteinte préalablement avec un peu d'eau. Pour éteindre la chaux vive, le meilleur moyen est de plonger le morceau de chaux dans l'eau pendant quelques secondes; lorsqu'il ne s'en dégage plus de bulles d'air, ce qui prouve que l'eau l'a bien pénétré, on le retire et on le laisse sur une feuille de papier; la combinaison avec l'eau s'effectue avec dégagement de chaleur et de vapeur, la chaux se délite en poudre fine que l'on ajoute au carbonate de soude pour le transformer en soude caustique; dans le cas où l'on ne peut se procurer de chaux vive, on la remplace dans la solution par une quantité égale de potasse ou de soude caustique. On doit éviter de laisser cette solution en contact avec les doigts, la peau serait rapidement altérée. Lorsque le liquide est ainsi préparé, on l'abandonne pendant douze ou vingt-quatre heures pour le laisser déposer, puis on le décante sans filtrer dans une grande bassine en fer battu; une turbotière avec son faux fond (*fig.* 75) remplira parfaitement le but; on la prend de dimension telle qu'elle puisse recevoir largement les plus grandes glaces dont on fait usage. On met les glaces pêle-mêle et de préférence chevauchant les unes sur les autres, dans la lessive abondante contenue dans la bassine, et on les y laisse pendant quelques heures. Si l'on est pressé, on chauffe le tout : le faux fond empêche l'action directe

Fig. 75.

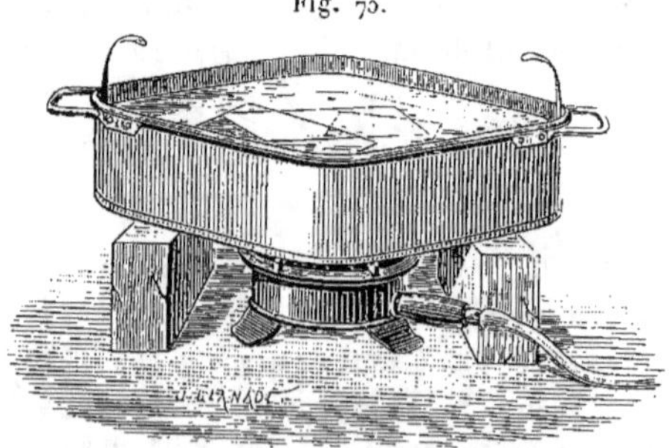

Bassine pour le nettoyage des glaces.

de la chaleur; on risquerait, sans cette précaution, de briser les glaces qui seraient en contact immédiat avec le fond.

Lorsque l'action paraît suffisante, on soulève chaque glace avec une petite spatule recourbée en fer (un bout de tringle à rideau aplatie), on la prend avec une pince en bois et, la soutenant avec le crochet, on la fait passer dans une cuvette d'eau ordinaire. Si les impuretés restent adhérentes au verre, on facilite le nettoyage en grattant avec le couteau à palette des peintres.

Lorsqu'on veut que l'opération soit très rapide, on peut doubler les proportions indiquées ci-dessus pour une même quantité d'eau; mais alors on prendra d'autant plus de précautions contre l'action du liquide sur la peau, car il est fortement alcalin.

Quelques vernis exceptionnels très durs résistent à ce traitement, mais il suffit de prolonger l'immersion pour arriver à les détacher complètement.

Lorsque, après le bain alcalin, on fait passer les glaces dans l'eau ordinaire, il se produit un dépôt blanc de carbonate de chaux; on le fait disparaître immédiatement, en plongeant chaque glace dans une eau légèrement acidulée par un acide quelconque, l'acide sulfurique excepté. Le plus simple est de prendre l'esprit-de-sel (acide chlorhydrique), que l'on trouve partout chez les mêmes marchands que le carbonate de soude; on fait un mélange de 5 parties d'acide pour 100 parties d'eau; l'acide nitrique, l'acide acétique conviendraient aussi bien. En sortant de ce bain, la glace est parfaitement claire, l'eau qui la baigne doit couler régulièrement partout, sans se retirer par places, ce qui arriverait si, au lieu de la prendre par les bords, on posait les doigts sur la surface; on

Fig. 76.

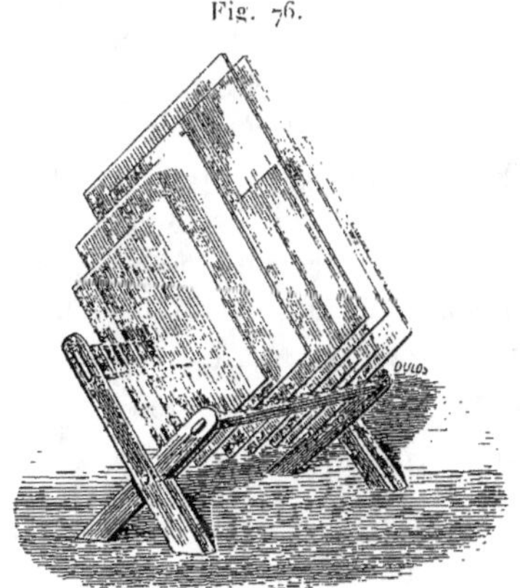

Chevalet.

rince alors chaque glace sous le robinet et on la met sur le chevalet (*fig.* 76) pour égoutter et sécher à l'air. Si l'eau employée n'est pas de bonne qualité et donne un dépôt appréciable par évaporation, au lieu de laisser sécher on essuie chaque glace avec du papier joseph; on les range ensuite dans les boîtes à rainures ou on les met en paquet directement les unes sur les autres, sans rien interposer; on les conserve ainsi jusqu'au moment de les utiliser.

Les autres modes de décapage proposés sont l'acide nitrique étendu de son volume d'eau, le bichromate de potasse additionné d'acide sulfurique. L'emploi de l'acide nitrique par grandes masses est désagréable, les vapeurs qu'il répand sont pénibles et malsaines, elles détériorent les surfaces métalliques sur lesquelles elles viennent se condenser; aussi, à moins d'une installation spéciale, il est préférable de s'en abstenir.

On évite les vapeurs acides en faisant usage d'un mélange de bichromate de potasse et d'acide sulfurique, soit :

Bichromate de potasse	60gr
Eau ordinaire	1000gr

Après dissolution ajoutez :

Acide sulfurique	60gr

L'acide chromique libre qui résulte de ce mélange est un oxydant énergique, il attaque et détruit les matières organiques qui salissent les glaces; mais, avec ce mélange, il est encore nécessaire de manipuler des acides violents; l'acide sulfurique (huile de vitriol) n'est pas sans présenter quelques dangers pour les personnes qui n'ont pas l'habitude de son emploi. En outre, les solutions acides ne peuvent être contenues que dans des cuvettes de verre ou de porcelaine : toute cuvette métallique serait immédiatement attaquée; le décapage au carbonate de soude est préférable comme commodité, sécurité et énergie.

112. Polissage. — Le plus souvent on pourrait utiliser les glaces telles qu'elles sortent du premier nettoyage, mais il est plus prudent de leur donner un dernier coup, le jour ou la veille de leur emploi.

Il a été proposé de très nombreuses formules pour le polissage des glaces; l'alcool, l'ammoniaque étendue, les vieux collodions, le cyanure de potassium, les solutions alcooliques de savon, etc., etc., avec ou sans addition de tripoli ou terre pourrie, ont été préconisés tour à tour. Tous ces moyens peuvent être bons, mais on doit rejeter d'une manière absolue le cyanure qui, dans cette application, ne présente que des dangers sans compensation.

Nous préférons le mélange suivant :

	Parties.
Eau ordinaire........................	50
Eau iodée............................	50
Terre pourrie........................	50

Le tout est introduit dans un petit flacon, bien agité, et forme un mélange un peu épais.

L'eau iodée sert à divers usages dans le laboratoire, il est utile d'en préparer à l'avance une petite provision de 250^{cc} d'après la formule suivante :

Eau..................................	250^{gr}
Iodure de potassium..................	5^{gr}

On met l'eau dans un flacon, on y fait tomber l'iodure de potassium qu'on laisse dissoudre au fond sans agiter, puis on ajoute, toujours sans agiter :

Iode en paillettes...................... $1^{gr},25$

L'iode, au contact de la couche concentrée d'iodure de potassium, se dissout rapidement; on agite alors et la solution est complète. Elle eût été très longue si l'on avait agité dès le début, parce que l'iode, presque insoluble dans l'eau pure, ne se fût pas trouvé en contact avec une quantité suffisante d'iodure de potassium pour faciliter la solution.

La terre pourrie et le tripoli peuvent être employés indifféremment, à la condition de ne contenir aucun grain grossier; on s'en assure par un premier essai sur une glace, qu'ils ne doivent pas rayer. S'il y a dans ces poudres quelques grains trop durs ou trop grossiers, on les sépare au moyen de la lévigation, opération que nous avons expliquée (p. 134).

Pour faciliter le nettoyage et le polissage des glaces, on emploie une presse spéciale (*fig.* 77), qui se prête aux divers formats et qui est d'un usage très commode.

La glace à polir est solidement maintenue entre la barre fixe qui est près du manche et la barre mobile qui obéit à la vis. On projette à la surface un peu du mélange de terre pourrie et d'eau iodée et, avec un tampon de papier joseph, on étend le mélange en

Fig. 77.

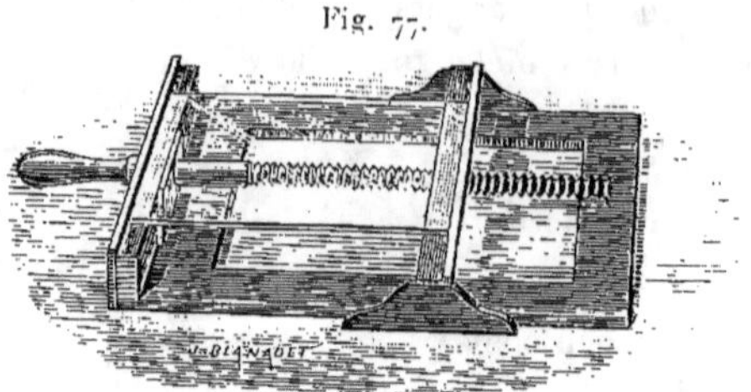

Presse à nettoyer les glaces.

frottant par petits ronds successifs; sans laisser sécher, ce qui est inutile, on enlève la terre pourrie avec un deuxième tampon, en frottant d'un bord à l'autre en ligne droite; avec un troisième tampon, dont le prolongement s'étend sous la main, on essuie le tout d'une manière complète et la surface doit être parfaitement propre. On retourne la glace sur la presse, on répète l'opération sur la face opposée, puis on l'enlève en ne la touchant que par les carres que l'on essuie avec un peu de papier pour enlever la terre pourrie qui pourrait y adhérer et qui plus tard salirait les bains.

Les glaces bien propres sont mises dans les boîtes à rainures préalablement bien époussetées (*fig.* 72).

Les mêmes tampons de papier peuvent servir pour un grand nombre de glaces; on prendra la précaution de les poser sur une feuille de papier et non directement sur les tables où ils pourraient être salis par quelque impureté.

Lorsqu'on n'a pas la presse à vis pour maintenir les glaces, on se contente de les mettre à plat sur quelques doubles de papier buvard.

113. Talcage. — Quelquefois il est nécessaire de talquer la face destinée à recevoir les préparations. On met la poudre de talc (dite *craie de Briançon*, *poudre à gants*, etc.) dans un flacon dont l'ouverture est recouverte de mousseline ou de parchemin percé de trous; on peut aussi bien employer la boîte à poudre pour les gants.

Lorsque la glace a reçu le dernier coup de polissage et qu'elle est encore fixée dans la presse, on projette sur la surface un peu de poudre de talc et, avec un polissoir en peau semblable à celui qu'on utilisait autrefois pour le polissage des plaques daguerriennes, on passe quelques coups sur la glace jusqu'à ce qu'elle soit bien glissante et comme savonnée : le talc semble complètement enlevé; la quantité invisible qui reste est suffisante. Le polissoir que nous indiquons à cause de sa commodité est une simple planchette longue et étroite munie au dos d'une poignée; la face est garnie d'une petite épaisseur de crin, recouverte d'une étoffe et par-dessus d'une peau de daim bien dégraissée. On emploiera aussi bien un tampon de linge fin ou une peau chamoisée.

L'emploi du talc, conseillé par M. Fortier [1], a principalement pour but de permettre de séparer la préparation ou le cliché photographique de la glace qui le porte. Il arrive quelquefois que cette séparation se fait plus tôt qu'on ne le voudrait; pour empêcher cet accident, il suffit d'enlever le talc tout autour sur une bande de 2^{mm} à 3^{mm}, ce que l'on fait facilement en prenant entre les doigts un petit tampon de coton mouillé et bien essoré; on le passe sur les quatre tranches et en même temps sur les bords de la glace. Les préparations que l'on mettra ensuite resteront adhérentes aux parties non talquées et ne se sépareront que lorsqu'on les coupera.

Le talc a encore une propriété signalée par M. Chardon [2] qui semble l'opposé de celle que nous venons d'exposer, et dont il est difficile de donner l'explication. Certaines préparations au collodion sec présentent l'inconvénient de se soulever par places ou par ampoules, même de quitter complètement la glace pendant les bains divers nécessaires au développement, au fixage et au lavage. Lorsque la surface a été préalablement talquée, ces soulèvements ne se produisent plus; l'adhérence est plus complète pendant les opérations, ce qui n'empêche pas de détacher ensuite l'épreuve avec facilité, à moins cependant qu'elle ne soit albuminée (procédé Taupenot).

(1) *Bulletin de la Société française de Photographie*; 1875.
(2) *Ibid.*

114. Albuminage préalable. — Quelquefois, pour obvier aux soulèvements, aux ampoules, ou même pour assurer d'une manière complète la rigoureuse propreté de la glace, on la recouvre préalablement d'une couche mince de gélatine ou d'albumine. Nous préférons l'emploi de l'albumine qui se fait de la manière suivante :

On prend deux blancs d'œufs sur lesquels on verse un mélange de 1^{cc} d'acide acétique cristallisable, et de 20^{cc} à 30^{cc} d'eau; on agite le tout avec une baguette de verre pendant une ou deux minutes; l'albumine perd sa viscosité, se trouble et devient très fluide. Au lieu d'employer l'acide acétique pour fluidifier l'albumine, on peut battre les blancs d'œufs en neige consistante, en prenant la précaution de n'employer aucun instrument métallique pour cette opération que l'on fait dans un vase de porcelaine, capsule ou assiette creuse, avec des baguettes de bois ou de verre.

Lorsque l'albumine des deux œufs a été traitée de l'une ou de l'autre manière, on y ajoute 1^{lit} d'eau distillée : il se sépare une foule de filaments blanchâtres insolubles; on filtre et le liquide est prêt à être employé; il ne se conserve que peu de temps, de deux à huit jours selon la température. Au moment de s'en servir, on filtre de nouveau une large quantité de cette solution dans un vase à bec, tel qu'un verre à expériences, un vase à précipité, ou tout autre; on recommence la filtration, qui se fait très rapidement, jusqu'à ce que le liquide, regardé par transparence, ne montre aucun grain de poussière; au moyen d'un fragment de papier propre on enlève les moindres bulles qui pourraient se trouver à la surface, puis sur la glace préalablement bien nettoyée et dont on a écarté les poussières en y passant un blaireau, on verse le liquide qui doit s'étendre facilement. On aide l'extension, s'il est nécessaire, avec une baguette de verre bien propre, on reverse l'excédent dans un large entonnoir muni de son filtre et posé sur un second vase à bec, de manière à trouver de nouveau un liquide prêt à servir quand celui de la première filtration est épuisé. La glace est posée soit sur un égouttoir convenablement essuyé, soit directement sur le séchoir. Cette opération est si facile qu'en moins d'une heure on peut couvrir ainsi une cinquantaine de glaces, qui sont sèches une ou deux heures après, suivant le milieu dans lequel elles sont placées et qui se conservent ensuite indéfiniment, prêtes à recevoir les autres préparations.

Lorsqu'on a employé l'acide acétique, le liquide garde une légère réaction acide qui n'a aucun inconvénient; on peut d'ailleurs saturer cet acide par un excès d'ammoniaque pure : le liquide s'étend mieux sur la glace; l'acidité ou l'alcalinité ne paraît avoir aucune action sur les opérations suivantes, la sensibilisation des glaces sèches se faisant presque toujours dans des bains franchement acides.

Si, cependant, on devait opérer dans les conditions du collodion humide, le mieux serait de ramener le liquide à l'état de neutralité par une goutte ou deux d'ammoniaque s'il est acide, ou par quelques gouttes d'acide acétique s'il est alcalin, ce qu'il est facile de vérifier dans les deux cas avec un peu de papier de tournesol : le bleu devient rouge par l'acide, le rouge devient bleu par l'alcali, et ni l'un ni l'autre ne change dans un liquide neutre.

L'emploi de glaces ainsi préparées est tellement commode pour éviter les taches et les soulèvements, qu'il a été conseillé pour toutes les préparations, même pour le collodion humide; cependant il faut excepter le gélatinobromure d'argent qui, au moment de son extension, dissoudrait l'albumine, à moins que celle-ci n'ait été spécialement coagulée.

Toutes les fois qu'il y aura une couche mince d'albumine ou de gélatine ainsi étendue sur les glaces, il sera très difficile, sinon impossible, de détacher le cliché et de l'enlever à l'état pelliculaire.

Quelques opérateurs préfèrent à l'albumine une légère solution de caoutchouc dans le chloroforme ou dans la benzine; nous ne partageons pas cette opinion : ce dernier procédé est plus coûteux, moins à la portée de tous les opérateurs; car, si l'on peut toujours trouver un ou deux œufs, il est plus difficile d'avoir du caoutchouc à l'état de solution; en outre, les surfaces caoutchoutées sont poissantes, elles retiennent les poussières bien plus que l'albumine sèche et elles introduisent dans le collodion des matières résineuses inutiles et probablement nuisibles.

CHAPITRE II.

PROCÉDÉS NÉGATIFS A L'ALBUMINE.

115. Lorsqu'on voulut substituer les procédés négatifs sur papier de F. Talbot, de Blanquard-Évrard ou de Legray aux épreuves sur plaques daguerriennes, on reconnut de suite que le grain inévitable de ce milieu, de ce tissu, ne permet pas d'obtenir toutes les finesses que promet l'image de la chambre noire. Pour s'en approcher le plus possible, il faut préparer la couche sensible sur une surface qui soit en même temps polie et transparente, la transparence étant indispensable pour les impressions positives.

Le verre présente ces qualités, mais les composés sensibles ne peuvent y adhérer directement; il est nécessaire d'interposer une substance qui les retienne sans altérer notablement leurs propriétés photographiques et sans nuire à la transparence du verre.

Niepce de Saint-Victor (1), neveu de Nicéphore Niepce, eut le premier l'idée d'employer l'albumine, qui paraissait en effet réunir toutes les qualités voulues.

L'albumine à l'état liquide peut dissoudre les iodures et les bromures alcalins qui, au contact du nitrate d'argent, se transforment en iodure et en bromure d'argent; en même temps que s'opère cette transformation, l'albumine devient insoluble; elle est coagulée par la solution métallique et retient dans ses pores les sels sensibles formés : on obtient ainsi une couche uniforme d'une grande finesse.

La simplicité théorique des procédés à l'albumine nous a engagé à les décrire les premiers, bien qu'ils soient trop rarement employés, parce que leur mise en pratique demande des soins particuliers auxquels ne se prêtent le plus souvent que des praticiens déjà très exercés.

(1) *Comptes rendus de l'Académie des Sciences*, t. XXVI, p. 637; 1848.

La source d'albumine pour la photographie est le blanc d'œuf frais dont on sépare avec soin les jaunes; on enlève également les germes, et l'on a un liquide jaunâtre, visqueux, s'écoulant par masses cohérentes, et dont il serait impossible de faire usage en cet état. L'albumine est retenue en effet dans de larges cellules formées de membranes excessivement minces qui ne lui permettent pas de s'écouler facilement; il faut briser ou détruire ces cellules pour avoir le liquide qu'elles contiennent. On les brise par le battage en neige fait dans un vase de porcelaine avec quelques brins d'osier réunis en faisceau, ou avec une fourchette de bois : on ne doit employer aucun vase ni aucun ustensile métallique; par suite du frottement, il se détacherait des particules microscopiques de métal qui seraient des causes de taches; les petits balais en fils de fer galvanisés, avec ou sans engrenage, dont on se sert dans les ménages, seront donc également rejetés. On continue le battage jusqu'à ce que la mousse soit assez consistante pour être tranchée en morceaux, puis on laisse reposer pendant douze heures au moins; après ce temps on trouve sous la mousse une couche d'albumine que l'on décante avec précaution en laissant perdre les dernières parties.

On peut également détruire les cellules par quelques gouttes d'acide acétique; ce moyen, donné ci-dessus, n'a pas été indiqué dans les procédés à l'albumine pure auxquels il pourrait cependant être appliqué.

Dans le liquide recueilli ou même souvent avant le battage en neige, on ajoute 1^{gr} d'iodure et $0^{gr},25$ de bromure (de potassium ou d'ammonium) pour 100^{cc} d'albumine (1).

Ces deux sels sont préalablement dissous dans un peu d'eau. Les bromures métalliques, tels que le bromure de cadmium ou autres, ne peuvent être employés : ils coagulent l'albumine.

(1) Dans les formules qu'ils ont données pour le procédé à l'albumine, les divers auteurs n'ont pas cru nécessaire de tenir compte de la différence des équivalents entre les sels de potassium et les sels d'ammonium; nous n'avons pas à faire de corrections à ce sujet : nous rappellerons seulement que 1^{gr} d'iodure de potassium a pour équivalent $0^{gr},873$ d'iodure d'ammonium; donc l'un ou l'autre de ces poids décomposé par l'azotate d'argent produit $1^{gr},418$ d'iodure d'argent.

De même 1^{gr} de bromure de potassium a pour équivalent $0^{gr},823$ de bromure d'ammonium : l'un ou l'autre donneront $1^{gr},579$ de bromure d'argent.

Le liquide obtenu est filtré au papier avec beaucoup de soin ; la première filtration est presque toujours très longue : l'albumine a conservé des matières mucilagineuses qui ne tardent pas à engorger le filtre, mais les filtrations suivantes se font beaucoup mieux, en ayant la précaution de ne plus se servir du premier filtre qui ne laisserait pas passer le liquide.

A partir de ce moment, il faut prendre les plus grandes précautions contre la poussière : c'est le point délicat du procédé ; la couche d'albumine qui restera sur la glace étant très mince, chaque grain de poussière forme un petit centre qui, par l'attraction capillaire, retient autour de lui une quantité plus considérable de liquide et occasionne une tache au développement.

Aussi fait-on plusieurs filtrations successives : la première débarrasse l'albumine iodurée des mucilages, on change le papier et l'on filtre de nouveau ; le liquide, en passant, entraîne toutes les poussières du filtre et de l'entonnoir et les ajoute à toutes celles qui sont dans le vase dans lequel on recueille l'albumine ; on rince celui-ci avec ce qui est filtré, on remet le tout sur le même filtre et l'opération, répétée deux ou trois fois sans changer le papier, donne une albumine parfaitement pure.

Pour avoir des couches très régulières, on est obligé d'employer des *glaces* et non des verres qui ne seraient pas assez plans ; on les nettoie avec le plus grand soin et par divers moyens suivant les opérateurs ; on y étend une couche mince d'albumine qu'il faut faire sécher dans une position parfaitement horizontale pour qu'elle ne s'épanche pas d'un côté plus que de l'autre, ce qui donnerait des inégalités dans la sensibilité.

Lorsqu'on a obtenu la couche régulière d'albumine sèche sur la glace, le plus difficile est fait, le reste rentre dans les préparations courantes.

Les glaces ainsi préparées n'ont encore aucune sensibilité : elles peuvent rester à la lumière sans inconvénient et elles se conservent indéfiniment.

La couche d'albumine iodurée devient sensible par une immersion complète dans un bain de nitrate d'argent composé le plus souvent de 10^{gr} de nitrate d'argent pour 100^{cc} d'eau distillée et additionné de 10^{cc} d'acide acétique cristallisable. Le bain d'argent a une action complexe, il produit en même temps : la coagulation de l'albumine qui de l'état soluble passe à l'état insoluble et se fixe sur la glace; une combinaison de cette albumine avec le composé argentique, combinaison sensible à la lumière et d'autant plus riche en argent que le titre du bain est plus élevé; une transformation des iodure et bromure solubles en iodure et bromure d'argent insolubles et sensibles à l'action lumineuse.

La coagulation de l'albumine doit se faire d'un bout à l'autre de la surface sans temps d'arrêt : chaque interruption est marquée par une ligne, un fil, qu'il n'est pas possible de faire disparaître; on peut admettre qu'au contact du bain il se produit une sorte de crispation dont chaque intermittence est indiquée par ce fil; pour éviter cet accident, il est nécessaire que la glace soit plongée d'un coup dans le bain.

La combinaison de l'albumine avec l'argent forme un composé encore mal défini, auquel on a donné le nom d'*albuminate d'argent :* les lavages les plus soignés ne la détruisent pas. Cette combinaison, sensible à la lumière, l'est aussi à l'action du temps; c'est elle qui empêche les préparations à l'albumine, sensibles et sèches, de se conserver avec leurs qualités, au delà de quelques jours. Les dérivés du tannin (acides gallique et pyrogallique) peuvent prolonger notablement la conservation.

La transformation des iodure et bromure solubles en iodure et bromure d'argent se produisant dans un milieu solide, les molécules ne peuvent se grouper sous forme de grains; leur division est, pour ainsi dire, extrême, et l'examen microscopique ne montre pas de granulations. De transparente qu'elle était, la couche devient opaline et translucide. Les expériences récentes faites avec le gélatinobromure d'argent montrent que la sensibilité des couches augmente à mesure que les grains de bromure d'argent sont plus accentués : ce serait par raison inverse une explication de la lenteur d'impression des préparations albuminées, dans lesquelles les molécules des sels d'argent sont à l'état de division infinie.

Après la sensibilisation dans le bain d'argent, les glaces sont lavées avec le plus grand soin dans de l'eau suffisamment pure, filtrée et fréquemment renouvelée; le lavage enlève d'autant plus difficilement les dernières traces de nitrate d'argent que le bain a été plus fort, la coagulation plus complète et l'état d'imperméabilité plus prononcé.

Ces notions générales donnent l'explication de l'ensemble de précautions que nécessite le procédé à l'albumine; les diverses manières dont ces précautions sont appliquées constituent les variantes du procédé.

PREMIÈRES INDICATIONS DE NIEPCE DE SAINT-VICTOR (¹).

116. Niepce de Saint-Victor indique dans sa Communication à l'Académie des Sciences les préparations suivantes :

On prend deux ou trois blancs d'œufs, on y ajoute, suivant le volume d'albumine, 12 à 15 gouttes d'une solution d'iodure de potassium à saturation; on bat en neige dans un vase creux, et, après quelques heures de repos, on recueille dans un verre ou dans un flacon le liquide qui s'est écoulé : on peut conserver cette albumine pendant quarante-huit heures dans un endroit frais. L'extension sur la *glace* est une opération délicate; on met dans une cuvette plate une couche d'albumine, et, tenant la glace verticalement contre le bord interne de la cuvette, on la fait redescendre doucement avec un crochet, de manière à l'appliquer sur la surface du liquide qui la mouille d'un bord à l'autre; on la relève avec les mêmes précautions, on l'égoutte et on la place parfaitement horizontale pour la faire sécher.

Les couches d'albumine trop épaisses s'écaillent facilement.

Après dessiccation, on sensibilise dans un bain d'acétonitrate d'argent et on lave à l'eau distillée. La glace sensible est employée soit humide, soit sèche; la pose est longue, l'image est développée à l'acide gallique, et, après lavage, on fixe avec une solution de bromure de potassium.

Ce procédé a été très travaillé d'après ces indications sommaires, et il a donné naissance à diverses méthodes pratiques, dans lesquelles on retrouve l'application de tous les principes énoncés.

(¹) *Comptes rendus de l'Académie des Sciences*, t. XXVI, p. 637; 1848.

PROCÉDÉ A L'ALBUMINE DE M. GOBERT.

La description de ce procédé nous a été donnée entièrement par M. Gobert, praticien des plus habiles et des plus soigneux, chargé des travaux photographiques de la Banque de France, et de qui nous connaissons des reproductions irréprochables, destinées à la gravure et à la typographie. Il n'y a dans l'application, nous l'avons dit déjà, qu'un seul écueil, la poussière, dont il est difficile de se garer, même en apportant les plus grands soins.

117. *Polissage des glaces.* — On projette sur la *glace*, préalablement bien décapée, quelques gouttes d'acide chlorhydrique; on la frotte avec un tampon imbibé de teinture d'iode, qui est une dissolution d'iode en paillettes dans l'alcool à la dose de :

Iode	15gr
Alcool	100gr

Après avoir frotté en tous sens, on essuie avec un tampon de papier joseph, puis avec un linge fin et propre.

118. *Extension de la couche d'albumine.* — Sur cette glace, dont on a écarté les poussières avec un blaireau, on étend l'albumine après l'avoir préparée d'après la formule suivante :

	gr
Albumine d'œufs frais	100
Iodure d'ammonium	1
Bromure de potassium	0,25
Iode en paillettes	0,25

On commence par mettre l'iodure et le bromure alcalin dans 5cc d'eau distillée, on y ajoute l'iode qui s'y dissout rapidement, on verse le tout dans les blancs d'œufs et l'on bat le mélange en neige avec une fourchette de bois ou un petit balai d'osier; les instruments de métal seraient attaqués par l'iode et abandonneraient des parcelles métalliques.

Après quelques heures de repos (douze heures au moins), on décante l'albumine déposée, on la filtre au papier; nous avons expliqué que la première filtration est lente, mais la seconde, faite sur un filtre neuf, marche très rapidement : le liquide passe comme de l'eau.

Au moment de l'employer, il faut toujours filtrer de nouveau et même répéter cette opération sur le même filtre deux ou trois fois de suite, de manière à rejeter à l'intérieur toutes les poussières, toutes les fibres qui se détachent toujours du papier. Le liquide regardé par transparence doit être d'une limpidité absolue, sans qu'on puisse voir flotter aucun corps étranger : de ce soin dépend la pureté des glaces.

Pour étendre l'albumine, on plonge dans le liquide le bec effilé d'une pipette qui a été elle-même bien nettoyée, et dans laquelle on a passé deux ou trois fois ce liquide pour le rejeter sur le filtre, on prélève la quantité reconnue nécessaire pour la surface à couvrir; puis, tenant la glace de la main gauche avec une bonne ventouse, on fait à la partie supérieure, du coin gauche au coin droit,

Fig. 78.

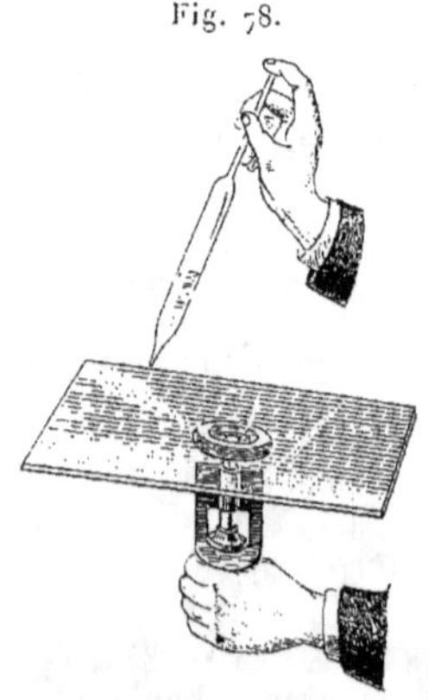

Extension de l'albumine.

une large bande d'albumine que l'on étend ensuite sur toute la surface de la glace, en s'aidant de la pipette comme d'une baguette de verre (*fig.* 78).

On fait descendre le liquide jusqu'à la partie inférieure, et l'on reverse le trop grand excès dans un second flacon.

On a ainsi sur la glace un peu plus d'albumine qu'il n'est nécessaire. Par une série d'inclinaisons variées en tous sens, on en régularise la répartition uniforme sur toute la surface. En même temps, on examine la préparation avec soin, mais rapidement; si l'on aperçoit quelques grains de poussière ou quelques petites bulles d'air, on les enlève avec la pointe d'une plume d'oie; retournant alors la glace, toujours adhérente à la ventouse, on accroche

Fig. 79.

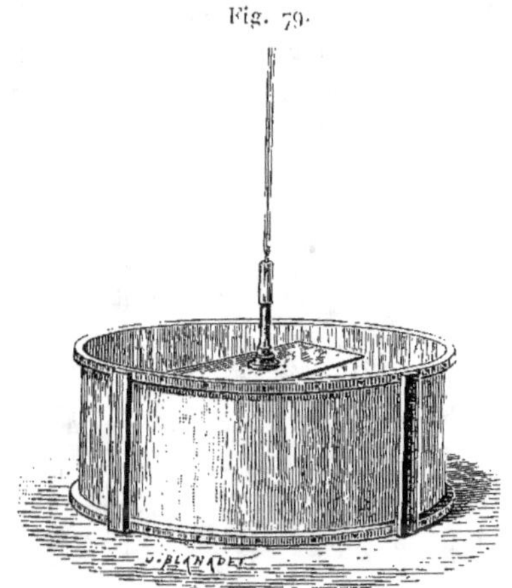

Appareil pour régulariser la couche d'albumine.

celle-ci au moyen d'un piton ouvert, fixé à l'extrémité du manche, à une ficelle pendue au plafond, et l'on donne à tout le système un mouvement lent de rotation; il faut choisir une ficelle mince et souple : un lacet de soie sera parfait; la glace tourne donc ainsi dans un plan horizontal (*fig.* 79).

Il est souvent difficile de se procurer une bonne ventouse : on peut la remplacer, même avec avantage, par un manche de bois terminé à l'une de ses extrémités par une rondelle légèrement concave [1], et dont le pourtour est enduit de gutta-percha; il suffit de chauffer très légèrement cette gutta-percha à la flamme d'une bougie ou autrement, on la ramollit et on la rend suffisamment

[1] COUPPIER, *Traité pratique de la Photographie sur verre*, 1852.

poissante pour qu'elle adhère au dos de la glace et la maintienne mieux que ne le ferait la ventouse.

Sous l'influence de la force centrifuge, l'albumine en excès est régulièrement projetée par les bords ; après la première torsion, le lacet se détend, imprimant un mouvement en sens inverse ; en peu de temps il ne reste plus sur la glace qu'une couche mince uniforme d'albumine, excepté sur les bords qui en retiennent un léger bourrelet ; la ventouse ou le manche à rondelle est alors décroché, on essuie les bourrelets avec un tampon de papier joseph, et la glace détachée de son support est portée à sécher.

Pour éviter les taches et les éclaboussures d'albumine résultant des projections par la force centrifuge, on fait l'opération au-dessus d'une grande cuvette profonde, d'une terrine, ou, mieux encore et plus facilement, dans un large tambour de calicot. Ce tambour est simple à faire : on fixe ensemble deux cerceaux, comme ceux avec lesquels jouent les enfants, au moyen de quatre morceaux de latte hauts de $0^m,40$ environ ; autour de cette carcasse on adapte une bande de calicot de même hauteur, et l'on fait tourner la glace dans l'intérieur de cet ensemble. Les gouttelettes projetées s'arrêtent sur l'enveloppe ; si l'on craint qu'il n'en tombe sur le sol, on interpose une feuille de papier ou un linge.

La dessiccation de la couche régulière d'albumine restée sur la glace doit être faite rapidement, en maintenant celle-ci parfaitement horizontale. Un excellent système consiste à la poser, face en dessous, à quelques centimètres d'une plaque de fonte régulièrement chauffée (*fig.* 80). On met sur la plaque de fonte placée sur un fourneau à gaz trois petits blocs à caler, terminés par une aiguille verticale. Ces blocs sont écartés de manière à correspondre à la dimension de la glace, et celle-ci est posée sur les trois aiguilles face *en dessous*, ce qui la met à l'abri de la poussière ; elle porte sur les aiguilles par deux angles et par le milieu du bord opposé. En très peu de temps, la dessiccation est complète, l'air chaud pouvant circuler librement entre cette glace et la plaque de fonte.

Cet ensemble de préparations ne demande que quelques minutes ; pendant le temps nécessaire pour sécher une première glace, on en prépare une seconde et successivement. Les glaces sont ensuite rangées, au fur et à mesure, dans une boîte à rainures bien propre, et mises à l'abri de l'humidité : le temps paraît ne leur faire subir aucune altération.

Fig. 80.

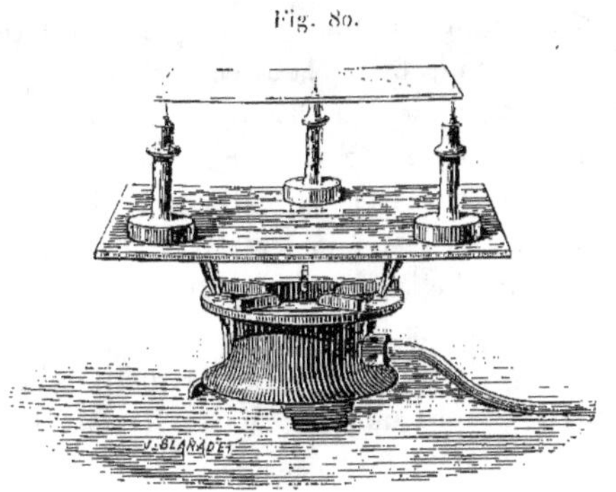

Dessiccation d'une glace albuminée.

On peut également faire sécher les glaces au séchoir ordinaire, en le disposant de manière à pouvoir y mettre chacune d'elles horizontalement et bien calées de niveau (voir *fig.* 46 et 47).

Avant de procéder à la sensibilisation, il est bon, sinon indispensable, d'exposer chaque glace aux vapeurs d'iode, en les posant au-dessus d'une cuvette, dont le fond est recouvert d'iode en paillettes; les boîtes qui servaient autrefois pour le daguerréotype sont parfaites pour cet usage. A leur défaut on emploie une simple cuvette de porcelaine ordinaire, sur laquelle on met une planchette semblable aux intermédiaires des châssis négatifs, et présentant une ouverture de la dimension des glaces.

Après un temps d'exposition variable, suivant la température et la quantité d'iode, mais qui peut aller jusqu'à trente minutes, la glace prend une riche teinte jaune d'or; on la laisse quelque temps à l'air libre, pour que l'excès d'iode se volatilise, et l'on se trouve dans les meilleures conditions pour la sensibilisation.

149. *Sensibilisation.* — La sensibilisation se fait dans le ca-

binet obscur, ou le soir à l'abri de la lumière, en immergeant la glace d'un coup dans un bain composé de :

Eau distillée	100^{gr}
Azotate d'argent	10
Acide acétique cristallisable	10

Après trois minutes d'immersion, la glace est relevée avec un crochet d'argent, puis bien égouttée; on la fait passer dans une cuvette pleine de bonne eau filtrée, où on la lave en la levant et l'abaissant plusieurs fois de suite, jusqu'à ce que l'eau coule bien régulièrement sur la surface; après l'avoir laissé tremper pendant quelques instants, on recommence l'opération dans une deuxième cuvette, dans laquelle on l'abandonne pendant qu'on sensibilise une deuxième glace; on la relève, on rince à plusieurs reprises la surface avec la pissette remplie d'eau distillée, filtrée, que l'on fait écouler par le tube non effilé (*fig.* 56) en renversant la fiole. Après avoir égoutté de nouveau la glace, on la porte au séchoir. Les glaces sèches sont renfermées dans leurs boîtes, à l'abri de la poussière et de l'humidité. La couche préparée doit avoir pris une teinte opale bien accentuée, mais l'opacité n'est jamais grande; si la teinte n'est pas suffisamment marquée, c'est que la couche d'albumine restée sur la glace est trop mince; il faudra alors, lorsqu'on préparera des glaces nouvelles, ralentir le mouvement de rotation et le maintenir moins longtemps.

La sensibilité de cette préparation se conserve très bien pendant cinq ou six jours, au delà elle s'altère. On la maintiendra pendant plus longtemps si, après un dernier lavage, on recouvre la glace avec une solution d'acide gallique à saturation.

L'exposition à la chambre noire est longue; elle est naturellement subordonnée à toutes les variations de sujets, de lumière, d'objectifs, de diaphragmes, mais il faut toujours la compter par minutes et non par secondes.

120. *Développement.* — Après l'impression, l'image est développée en la plongeant dans un bain d'acide gallique à saturation; on y ajoute quelque peu d'une solution d'acide pyrogallique dans l'alcool absolu à la dose de 10^{gr} d'acide pyrogallique bien pur et bien blanc pour 100^{cc} d'alcool.

Lorsque l'image commence à paraître, on met dans un verre quelques gouttes d'une solution de nitrate d'argent à 3 pour 100; on y ajoute partie ou totalité du liquide révélateur qui est dans la cuvette, de manière à faire un mélange bien homogène et, reversant le tout sur la glace dans la cuvette, on balance celle-ci à plusieurs reprises, en lavant en quelque sorte la surface du cliché avec le liquide, pour que l'action se régularise partout.

Il ne faut pas chercher à développer rapidement : souvent les meilleures épreuves pour la finesse et la dégradation des teintes sont celles qui ont demandé le plus de temps. C'est surtout dans ces conditions qu'il est commode d'avoir un appareil qui balance la cuvette automatiquement.

Si le liquide révélateur se trouble ou se teinte un peu fortement, on le rejettera, on rincera la cuvette et la glace à l'eau distillée et l'on recommencera avec un révélateur neuf.

Lorsque l'épreuve paraît bien venue dans toutes ses parties, avec les oppositions suffisamment accentuées et les demi-teintes bien fondues, on arrête l'action du révélateur par un lavage à l'eau ordinaire; l'expérience et l'habitude acquises peuvent seules faire connaître à l'opérateur si l'épreuve est bien au point voulu, et c'est de ce point délicat que dépend la beauté de l'image positive.

121. *Fixage*. — L'épreuve bien lavée est immergée dans un bain d'hyposulfite de soude à 10 ou à 15 pour 100 jusqu'à ce que, l'examinant de dos, on ne voie plus traces d'opalinité; les iodure et bromure d'argent sensibles à la lumière sont dissous et l'image doit apparaître claire, brillante, dans toute sa pureté.

Pour le fixage, on ne peut remplacer l'hyposulfite de soude par le cyanure de potassium, ce fixateur ayant une grande tendance à soulever et à détacher la couche d'albumine.

Généralement le cliché n'a pas besoin d'être verni; l'albumine, coagulée par les opérations précédentes, offre une résistance suffisante aux frottements. Toutefois, s'il est destiné à tirer de nombreuses épreuves positives sur papier, il sera préférable de le vernir, parce que la plus légère trace de nitrate d'argent et d'humidité produirait des taches irrémédiables, par suite de la combinaison du sel d'argent et de l'albumine qui se teinterait fortement à la lumière.

PROCÉDÉ FORTIER

122. Les blancs d'œufs débarrassés de leurs germes sont mesurés dans un vase gradué; on y ajoute pour chaque 100^{cc} un gramme d'iodure de potassium iodé, c'est-à-dire de cristaux d'iodure de potassium qui, étant restés au contact de parcelles d'iode mises dans le flacon, se sont saturés d'iode et ont pris une coloration rouge accentuée.

On met le tout dans un vase de porcelaine suffisamment profond, on bat en neige avec un petit balai d'osier et, après vingt-quatre heures de repos, on trouve l'albumine iodurée prête à être filtrée à plusieurs reprises, comme nous l'avons indiqué plus haut (118).

Les *glaces* peuvent être polies, ainsi que nous l'avons recommandé (112); toutefois l'auteur conseille l'emploi du blanc d'Espagne lévigé et délayé dans l'eau, de manière à former une crème assez épaisse pour ne pas couler; avec un tampon de linge ou de papier joseph on en étend une couche sur la glace et on la laisse sécher; avec un second tampon on enlève le tout, on essuie avec un linge doux ou un foulard de soie, et chaque glace parfaitement propre est mise successivement dans la boîte à rainures.

Pour couvrir la glace avec l'albumine, on la dispose sur une table en interposant une feuille de papier blanc; on la relève légèrement suivant un angle de 10° environ, de sorte qu'elle soit inclinée comme sur un pupitre à écrire : on pourrait, pour cette opération, se servir du pupitre à retoucher (*fig.* 72) en le relevant très peu.

D'autre part, l'albumine a été filtrée avec soin dans un verre très propre, et la filtration a été répétée pour que le liquide ne contienne aucune trace de poussière; on met près de soi deux pipettes, une plume d'oie taillée en pointe et un agitateur; on nomme ainsi un petit bâton de verre dont les deux extrémités ont été fondues à la lampe d'émailleur, de manière à ne pas présenter d'arêtes. Avec la première pipette, dont l'ouverture doit avoir à peine le diamètre d'une forte épingle (*fig.* 81), on aspire une quantité d'albumine plus que suffisante pour couvrir la glace : il en faut très peu.

Fig. 81.

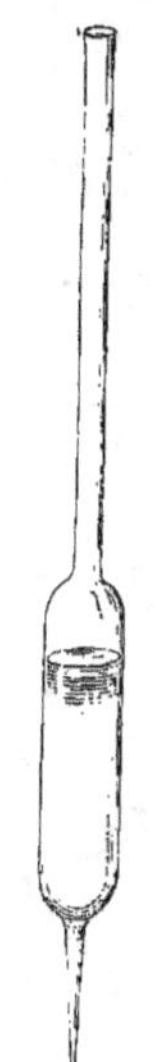

Pipette.

Avec un blaireau on enlève les grains de poussière qui auraient pu rester sur la surface; puis, commençant par le haut, on promène sur la glace le bec effilé de la pipette de droite à gauche et de gauche à droite, en faisant descendre ainsi le liquide d'une manière continue jusqu'aux deux tiers de la surface; avec l'agitateur on achève d'étendre l'albumine jusqu'au bas de la glace, où elle se rassemble en bourrelet; on prend alors la seconde pipette et l'on hume cet excédent que l'on remet avec l'instrument dans un vase à part.

Si l'on aperçoit sur la couche ainsi formée quelques bulles d'air ou quelque impureté, on l'enlève avec la pointe de la plume d'oie.

La glace recouverte d'albumine est mise à sécher et remplacée par une autre, pour laquelle on recommence la même opération.

Le séchage s'opère, comme nous l'avons dit plus haut, sur un plan parfaitement horizontal. A défaut d'autres installations, l'appareil représenté (*fig.* 82) conviendra très bien : sur une planchette de bois, on dispose verticalement trois tiges métalliques

Fig. 82.

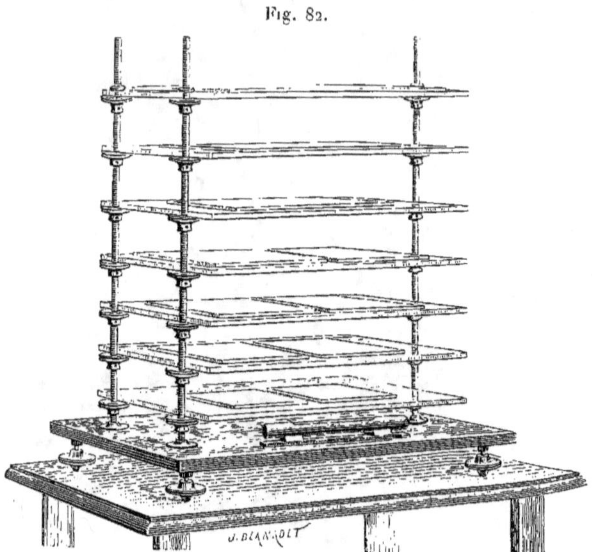

Appareil pour mettre les glaces de niveau.

filetées dont l'écart correspond à la plus grande dimension des glaces employées. De larges boutons moletés, en nombre plus que suffisant, peuvent se visser de haut en bas des tiges filetées ; on les dispose successivement, de telle sorte qu'ils forment les trois points d'appui nécessaires pour supporter chaque glace. On parvient facilement à obtenir l'horizontalité en vissant plus ou moins les boutons et en vérifiant la position avec un niveau d'eau. Si l'on opère sur des glaces plus petites, on se sert des grandes comme de tablettes, ou l'on diminue l'écart des tiges filetées en rapprochant des deux autres celle qui est la plus éloignée : une rainure dans la planchette et un écrou de serrage permettent ce mouvement. Cet appareil bien installé sera commode dans toutes les circonstances où l'on doit maintenir de niveau des préparations quelconques pendant un temps plus ou moins long. Si les dessiccations demandent à être faites rapidement, on place l'appareil dans le séchoir étuve.

Les glaces sèches sont sensibilisées, au fur et à mesure des besoins, dans le bain d'argent à 10 pour 100, acidifié par l'acide acétique cristallisable également à la dose de 10 pour 100; puis elles sont lavées et mises à sécher en les posant sur le chevalet.

Le bain d'argent servant aux préparations albuminées se colore avec le temps, mais il n'en est pas moins bon; quelques opérateurs le considèrent même comme supérieur à un bain neuf; on se contente de le filtrer chaque fois à deux ou trois reprises; on rejette ainsi dans le filtre vieux ou neuf toutes les impuretés, y compris celles qui auraient pu s'accumuler dans l'entonnoir; lorsque le volume n'est pas suffisant, on y ajoute la quantité nécessaire d'une solution nouvelle.

Nous avons dit que le procédé à l'albumine était relativement lent, surtout si on le compare aux préparations actuelles; M. Fortier a donné une formule qui peut renseigner à cet égard : en belle lumière extérieure, la pose doit être d'une minute par $0^m,03$ de longueur focale de l'objectif avec un diaphragme moyen; il faut doubler ce temps pour les poses à l'ombre.

Le développement de l'image, le fixage et le lavage du cliché sont faits exactement comme il est indiqué ci-dessus (120).

MODIFICATIONS DES PROCÉDÉS A L'ALBUMINE.

123. La lenteur de l'impression lumineuse avec les procédés à l'albumine a fait rechercher divers moyens accélérateurs qui consistent surtout à augmenter la dose des iodure et bromure d'argent, et à donner à la surface sensible plus de perméabilité; on obtient ce double résultat par l'addition de substances qui rendent le liquide plus sirupeux; on facilite ainsi la formation d'une couche plus épaisse sur la glace, et, lorsque les substances ajoutées se dissolvent dans le bain sensibilisateur, elles ouvrent les pores de cette couche et la modifient de manière à favoriser l'action des réactifs : c'est dans ce but qu'on a conseillé l'emploi du sirop de gomme, de la dextrine, du miel, etc.

Formules diverses :

G. Sella. (*Plico del fotografo.*)

Dans

Eau	5gr

ajoutez

Sirop de gomme du *Codex*	5cc
(ou sucre blanc 2gr)	
Iodure de potassium	1gr
Iode pur	0gr,2
Bromure de potassium	0gr,2

Versez ce mélange dans 100cc d'albumine, battez en neige et, après vingt-quatre heures de repos, décantez doucement le liquide déposé, n'en récoltez que les trois quarts environ et laissez perdre le reste.

Les glaces sont préparées avec cette albumine, sensibilisées, développées, fixées comme il est indiqué ci-dessus (**118**, **119**, **120**, **121** ou **122**).

Bacot (Brochure de Ch. Chevalier.)

Dissolvez à chaud dans une capsule de porcelaine :

	gr
Dextrine	9
Iodure de potassium	3
Bromure de potassium	0,5
Eau distillée	45

Dans ce liquide filtré on ajoute six blancs d'œufs, on bat en neige et, après quelques heures de repos, on récolte l'albumine prête à servir après filtration.

Les glaces albuminées et séchées sont exposées aux vapeurs d'iode jusqu'à ce qu'elles aient pris une teinte jaune d'or, puis sensibilisées dans un bain d'argent à 10 pour 100 additionné de l'énorme proportion de 25 pour 100 d'acide acétique cristallisable, ensuite lavées, séchées, exposées, et l'image est développée dans un bain d'acide gallique très chaud (de 50° à 60° C.) et composé de :

	gr
Eau distillée	400
Acide gallique	7
Acétate de chaux	3

Lavez, fixez, séchez comme il est dit ci-dessus.

COUPPIER (*Traité pratique de la Photographie sur verre*).

	gr
Albumine	100
Eau distillée	25
Iodure de potassium	1

Battez en neige et opérez comme il est dit dans les explications des procédés de M. Gobert ou de M. Fortier.

124. Il ne semble pas que le développement alcalin, dont nous aurons à nous occuper plus loin pour les procédés au collodion albuminé, au collodiobromure, au gélatinobromure, ait un avantage notable pour le procédé à l'albumine pure; la dose de bromure d'argent y est trop faible et, si l'on voulait en faire l'essai, il faudrait augmenter considérablement le bromure alcalin en diminuant proportionnellement l'iodure. Même alors la couche très mince donnera difficilement l'intensité désirable : on devra remonter l'épreuve en appliquant, après le développement alcalin, le développement acide additionné de nitrate d'argent, tel que nous l'indiquons pour le collodion albuminé. Enfin, comme la sensibilisation des bromures aura été faite par un excès de nitrate d'argent, il en résultera une tendance aux voiles qui sera encore très probablement augmentée par la présence de l'albuminate d'argent et qu'il faudra combattre en additionnant le révélateur alcalin d'une quantité notable de bromure soluble.

CHAPITRE III.

PROCÉDÉS AU COLLODION HUMIDE.

125. Le collodion est un liquide sirupeux, plus ou moins mucilagineux, formé par la dissolution du coton-poudre (pyroxyle, pyroxyline) dans un mélange d'alcool et d'éther. On a étendu le nom de *collodion* aux pellicules transparentes laissées par l'évaporation des dissolvants, bien que ces couches ne soient plus formées que par le pyroxyle pur : c'est ainsi que l'on dit une *couche de collodion*, le *collodion sec*, etc.

Le pyroxyle résulte de l'action de l'acide nitrique très concentré sur la cellulose, matière constituant les cellules allongées des fibres végétales; le coton, la moelle de sureau sont de la cellulose presque pure; les fibres de lin, de chanvre, etc., sont, pour la majeure partie, formées de cellulose; les produits travaillés résultant de l'emploi de ces matières, tels que le linge, surtout le vieux linge, la charpie, le papier pur, se composent presque uniquement de cellulose : l'hydrocellulose, produite, ainsi que l'a démontré M. A. Girard, par l'action lente ou rapide des acides affaiblis sur la cellulose, peut être employée comme celle-ci.

En faisant réagir l'acide azotique monohydraté ou un mélange d'acide azotique et d'acide sulfurique sur ces matières, on obtient des produits très inflammables, sensiblement identiques, dans lesquels partie des éléments de l'acide nitrique a remplacé partie de l'hydrogène qui entre dans leur composition; on a donné à ces produits des noms très divers, tels que *coton-poudre, fulmicoton, nitrocellulose, pyroxyle, pyroxyline, papyroxyle*, etc.

On peut donc employer, pour faire le collodion, des pyroxyles d'origines assez différentes; mais l'expérience photographique a prouvé qu'il n'y avait pas d'avantage notable à remplacer, par des pyroxyles faits avec d'autres matières, ceux que l'on obtient avec le coton auquel on est toujours revenu dans la pratique.

Le coton-poudre, comme les autres composés énumérés ci-dessus, présente des variations dans sa composition et dans ses propriétés, suivant le mode de préparation, dont nous renvoyons l'explication aux Notions élémentaires de Chimie qui terminent cet Ouvrage.

Généralement on demande ce produit à l'industrie, qui doit chercher à obtenir et à livrer à la Photographie deux variétés principales de coton-poudre : celle qui, préparée à la température ordinaire, garde sensiblement l'aspect du coton et dont les fibres résistent assez bien à l'étirement; celle, préparée à haute température, qui a pris une couleur jaunâtre et dont les fibres sont courtes et friables. Les pellicules obtenues avec la première variété ont plus de cohésion et sont moins pénétrables par les réactifs que celles qui sont données par la seconde; à dose égale, le collodion fait avec le coton-poudre du premier genre est plus épais que celui qu'on obtient avec le second.

Lorsqu'on prépare le coton avec un mélange direct des acides azotique et sulfurique que l'on n'a pas portés à une température supérieure à 60°, on a un produit qui rentre dans les conditions de la première variété; celui que l'on fait avec le mélange d'azotate de potasse et d'acide sulfurique rentre dans les conditions de la seconde. Le temps d'immersion et la température influent également sur le résultat.

On peut produire des cotons-poudre tellement solubles qu'il faut en dissoudre quatre à cinq fois plus que de pyroxyles ordinaires pour obtenir une solution suffisamment chargée; il en est même qui sont solubles dans l'alcool seul, ce dont on s'aperçoit quelquefois trop tard, quand, en vernissant le cliché, on le voit disparaître. Dans ces conditions, avant de vernir, on recouvre le cliché d'une légère couche de gomme arabique, d'albumine ou de gélatine.

On peut purifier le coton-poudre en le traitant d'abord par un des liquides qui ont la propriété de le dissoudre : cette solution, bien reposée pour que toutes les impuretés insolubles se séparent, est versée doucement, en un mince filet, dans l'eau froide ou chaude continuellement agitée. L'eau précipite une masse gélatineuse ou floconneuse suivant le dissolvant employé; on lave ce précipité à plusieurs reprises, puis on le fait sécher; ce produit, connu sous le nom de *coton précipité*, remplace avantageusement les pyroxyles ordinaires, mais il est forcément beaucoup plus coûteux.

Les dissolvants du coton-poudre sont assez nombreux; les principaux sont le mélange d'alcool et d'éther sulfurique, l'acide acétique cristallisable, l'éther acétique, l'acétone, l'alcool méthylique ou esprit de bois, l'éther méthylique; jusqu'ici, dans la pratique courante de la Photographie, on a toujours employé le premier mélange. Il est assez facile de se procurer de l'alcool et de l'éther sensiblement purs; on les renferme dans des flacons bien bouchés: il serait même préférable pour l'éther de diviser la provision en petits flacons parfaitement remplis, afin d'éviter l'action de l'air qui, sous l'influence de la lumière, ne tarde pas à le rendre légèrement acide lorsqu'on laisse la bouteille en vidange. Il est difficile d'obtenir des échantillons de coton-poudre identiques. En effet, l'action de l'acide azotique sur la cellulose ne donne pas un produit unique, mais une série de produits plus ou moins nitrés, constituant différentes variétés de coton-poudre, et presque toujours le résultat d'une même fabrication est un mélange de ces diverses variétés; il est même probable que, pour une même fibre, une même cellule, les parois externes ou internes ne sont pas de même composition.

Le coton-poudre sera conservé de préférence dans des boîtes de bois ou de carton : elles permettent aux gaz divers, qui se produisent assez souvent par l'altération du produit, de s'échapper; il arrive quelquefois, en effet, que le coton-poudre renfermé dans des flacons bien bouchés se décompose plus rapidement que celui qui est à l'air et qu'il se transforme en une masse visqueuse.

Le coton-poudre, qui forme la base du collodion, est donc d'une fabrication délicate, rarement régulière : isolé, il est déjà altérable par l'action du temps; il l'est davantage lorsqu'il a été dissous dans l'alcool et l'éther; mais l'altérabilité augmente considérablement si l'on y ajoute les iodures et bromures solubles nécessaires pour faire le collodion photographique, dont la composition se modifie alors presque jour par jour. Les produits complexes qui prennent naissance dans ce collodion apportent eux-mêmes des perturbations continuelles dans les bains d'argent qui servent à sensibiliser les surfaces collodionnées.

On comprend que, dans ces conditions, il est impossible de donner une formule absolue pour la préparation du collodion ; telle recette réussira parfaitement tant que l'on emploiera les mêmes produits, et encore ces produits sont-ils modifiés par le temps, tandis que cette recette excellente deviendra moins bonne, mauvaise même, lorsqu'on devra prendre d'autres échantillons. De là ces innombrables formules que l'on trouve dans les divers Traités de Photographie ; leur multiplicité suffit pour indiquer qu'il n'y en a pas une qui soit absolument sûre : chaque opérateur a son mode particulier de préparation auquel il attribue des qualités dues surtout à une grande habitude lui permettant de faire les légères corrections nécessaires. Nous devons donc nous borner à chercher parmi ces recettes celles qui réussissent le plus couramment.

126. **Collodion normal.** — On appelle collodion *normal* une simple solution de coton-poudre dans l'éther et l'alcool ; le collodion *ioduré* est celui qui contient les iodures et les bromures solubles nécessaires pour faire les préparations sensibles.

Comme le collodion s'altère beaucoup plus rapidement lorsqu'il contient des iodures et bromures solubles, on préfère généralement préparer à l'avance le collodion normal et ne l'iodurer qu'au fur et à mesure des besoins, surtout lorsqu'on n'en use que de petites quantités et qu'on n'a pas à exécuter chaque jour un travail régulier et suivi : aussi trouve-t-on un certain nombre de formules basées sur l'emploi d'un collodion normal et d'une liqueur bromo-iodurée ; d'autres donnent de toutes pièces la préparation du collodion ioduré.

Formule de collodion normal.

	En grammes.	En volumes.
Coton-poudre suivant la solubilité........	10 à 12	» cc
Éther sulfurique rectifié à 65° (dens. : 72,3).	434	600
Alcool rectifié à 40° (dens. : 0,82)........	246	300

Pour opérer facilement la solution, toutes les fois qu'on veut dissoudre le coton-poudre, on commence par introduire le coton dans un flacon; on verse dessus avec un entonnoir la totalité de l'éther d'après la proportion indiquée par la formule et l'on agite fortement, de manière à bien distendre les fibres du coton qui ne doivent ni se dissoudre ni se désagréger dans l'éther pur.

La désagrégation du coton dans l'éther serait un indice que ce liquide contient au moins 5 pour 100 d'alcool; si le coton s'y dissout complètement, c'est que la proportion d'alcool est de 12 à 15 pour 100. Cela n'aurait du reste aucun inconvénient sérieux; il y aurait seulement lieu, dans ce dernier cas, de forcer proportionnellement la dose d'éther en diminuant celle de l'alcool.

Quand les fibres du coton sont bien séparées et distendues, on ajoute l'alcool par petites fractions successives, en agitant chaque fois le flacon : on voit le coton se gonfler peu à peu, se désagréger, prendre de la transparence et finalement se dissoudre en totalité, beaucoup plus rapidement que si l'on avait fait le mélange d'un coup; sans cette précaution, quelques parties de coton restent trop serrées et s'enveloppent extérieurement d'une couche épaisse et mucilagineuse de collodion, qui s'oppose à la dissolution des couches intérieures. Après vingt-quatre heures de repos, les parties insolubles se sont déposées au fond du flacon, et l'on peut, sans filtrer, décanter doucement la quantité dont on a besoin.

Le collodion normal ainsi préparé, tenu au frais à l'abri de la lumière, se conserve bon pendant plusieurs mois : il s'améliore même pendant les premiers temps; il semble que l'action du dissolvant sur les fibres est plus complète, ce qui donne plus de fluidité au produit.

Le mot de *dissolution* du coton-poudre dont nous nous sommes servi jusqu'ici et que nous continuerons d'employer n'est peut-être pas rigoureusement juste; il se produit plutôt un gonflement, une désagrégation des fibres végétales; car, lorsque l'éther et l'alcool sont évaporés, la couche mince et transparente du coton-poudre présente sous le microscope un véritable réseau qui, souvent même, est visible à l'œil nu dans les préparations. Ce réseau n'existerait pas s'il y avait eu une véritable dissolution.

127. Liqueur iodo-bromurée. — Au lieu d'ajouter directement les iodures et les bromures solubles dans le collodion normal, où ils se dissoudraient avec lenteur et difficulté et où ils pourraient apporter quelques corps insolubles qu'il faudrait ensuite enlever par filtration, il vaut mieux préparer à l'avance une solution titrée d'iodures et de bromures; cette solution sert à iodurer le collodion normal par petites quantités à la fois, en évitant des pesées délicates, souvent répétées. La formule que nous avons adoptée a des rapports très simples entre ses éléments; elle est une moyenne calculée sur l'ensemble d'une foule d'autres formules données dans les Ouvrages français et étrangers; nous en avons éliminé toutes les complications de fractions qui n'ont aucune valeur.

Liqueur iodo-bromurée.

Alcool absolu (dens. : 0,795)	200 gr (en volume 250cc).
Iodure d'ammonium	10
Iodure de cadmium	10
Bromure de cadmium	10

Après solution parfaite, on filtre, ou on laisse reposer au moins vingt-quatre heures.

Les différentes formules de collodion indiquent presque toujours un mélange de divers iodures et bromures; l'expérience prouve en effet que l'on obtient ainsi de meilleurs résultats. Serait-ce, contre toute probabilité, que les iodures et bromures d'argent sensibles, résultant de la double décomposition dans le bain sensibilisateur, n'ont pas des propriétés identiques s'ils proviennent d'un iodure ou d'un bromure soluble différent, ou que les nitrates de potasse, d'ammoniaque, de cadmium, etc., qui se sont formés dans cette réaction, ont une influence différente sur la sensibilité de la couche photographique? On n'a jusqu'ici aucune preuve suffisante permettant d'affirmer cette théorie; mais ce qui est hors de doute, c'est que l'iodure de potassium, d'ammonium et de cadmium n'agissent pas de la même manière sur le collodion lui-même; tandis que l'iodure d'ammonium le rend très fluide et hâte la décomposition, que l'iodure de potassium agit sensiblement de même, l'iodure de cadmium, au contraire, lui donne de la stabilité, mais le rend plus visqueux.

Par le mélange de ces iodures, on neutralise ces divers défauts les uns par les autres et l'on obtient un produit moyen dont la consistance reste normale et qui conserve ses bonnes qualités pendant plusieurs mois.

L'alcool absolu employé dans notre formule a été recommandé, avec raison, par M. A. Martin; les sels de cadmium, en effet (iodure et bromure), retiennent presque toujours une petite quantité d'oxyde de cadmium qu'ils rendent soluble en présence de l'eau, mais qui est insoluble dans l'alcool absolu : on peut ainsi séparer cet oxyde par dépôt ou filtration, et il y a utilité à l'enlever, parce qu'il hâterait la décomposition du collodion. L'alcool absolu augmenterait notablement le prix de revient du collodion s'il fallait l'employer dans la formule générale; mais la dépense est à peu près insignifiante s'il sert seulement à préparer la liqueur bromo-iodurée, et le résultat est le même. Cette solution alcoolique d'iodure et de bromure reçoit souvent, à tort, le nom de *liqueur sensibilisatrice;* elle ne donne aucune sensibilité au collodion, elle le rend apte à devenir sensible dans le bain d'argent.

128. Pour l'usage, on mélange 90 parties de collodion normal et 10 parties de liqueur iodo-bromurée, ce qui constitue, pour 100 parties de collodion ioduré, les proportions que nous retrouverons généralement dans les formules, soit en volumes : éther 60 parties; alcool 40; coton-poudre en poids 1 à 1,20; iodures et bromures solubles 1,20, mélangés dans la proportion nominale de $\frac{2}{3}$ d'iodures pour $\frac{1}{3}$ de bromures; mais, si l'on se reporte aux équivalents, nous voyons que :

	gr
10gr d'iodure de cadmium contiennent....	6,93 d'iode
10gr d'iodure d'ammonium................	8,75 »
Ensemble....................	15,68 d'iode
10gr de bromure de cadmium contiennent...	5,88 de brome

La proportion réelle est donc de 73 d'iode pour 27 de brome, soit, en nombre rond, $\frac{3}{4}$ pour un $\frac{1}{4}$ des deux éléments actifs.

La dose de 60 parties d'éther pour 40 parties d'alcool doit être considérée comme un maximum; un mélange à parties égales de l'un et de l'autre peut très bien être employé. Si le collodion, préparé comme nous venons de l'indiquer, donne à l'essai des couches trop transparentes, on augmente la dose de liqueur iodo-bromurée.

Si la couche est trop mince, on y ajoute un peu d'un collodion normal préparé à l'avance avec le triple de coton-poudre; si elle est trop épaisse, on étend le collodion trop visqueux, avec un peu d'un mélange à parties égales d'alcool et d'éther.

Pour le travail de l'atelier, il est préférable d'avoir des préparations plus chargées, moins translucides que pour les travaux en plein air.

Si la température est élevée, l'évaporation de l'éther est trop rapide; il devient difficile d'étendre convenablement la couche de collodion sur la glace : on portera alors la dose d'alcool à 50 pour 100 et même plus.

129. **Diverses formules du collodion.** — Le collodion peut être préparé soit de toutes pièces, soit en employant le collodion normal :

	En volume.
I. Collodion normal ci-dessus	90 parties
Liqueur iodo-bromurée ci-dessus	10 parties

Une parcelle d'iode pour donner au liquide une teinte franchement ambrée, mais non rouge.

	En grammes.	En volume.
II (1). Alcool à 40° (dens. : 0,82)	41	50cc
Éther à 62° (dens. : 0,738)	37	50cc
Coton-poudre	1	
Iodure de cadmium	0,50	
Iodure d'ammonium	0,50	
Bromure de cadmium	0,25	

Si, quelques heures après la préparation, ce collodion ne prenait pas une teinte légèrement ambrée, il faudrait y ajouter quelques parcelles d'iode; on ferait de même s'il se décolorait après quelques jours.

	En grammes.	En volume.
III (2). Éther sulfurique à 62°	222	300cc
Alcool à 40°	164	200cc
Coton-poudre	5	

(1) Perrot de Chaumeux, *Premières Leçons de Photographie*, 4e édition, revue et augmentée, in-18 jésus, 1882 (Paris, Gauthier-Villars).

(2) Formule communiquée par M. le comte O. Aguado.

Faites la solution, ainsi que nous l'avons indiqué, en mettant le coton d'abord, puis l'éther et, en dernier lieu, l'alcool par petites portions.

Pesez d'autre part :

	gr
Iodure de potassium	1
Iodure d'ammonium	1,75
Iodure de cadmium	1,75
Bromure de potassium	0,25
Bromure d'ammonium	0,50
Bromure de cadmium	0,50

Ces produits pesés sont mis ensemble dans un petit mortier, pulvérisés finement; on facilite le broyage en ajoutant peu à peu une petite quantité de collodion, que l'on reverse dans le flacon pour en remettre d'autre; lorsque tout est réuni au liquide, on agite à plusieurs reprises et on laisse déposer, après avoir ajouté un peu d'iode en paillettes, de manière à donner une teinte vin de Madère; par suite de la réaction des bromures de cadmium et d'ammonium sur l'iodure de potassium, il se forme une quantité de bromure de potassium plus considérable que celle que le collodion peut dissoudre : aussi le liquide reste-t-il le plus souvent louche pendant plusieurs jours, mais il se clarifie par le dépôt. Si l'on veut utiliser ce collodion immédiatement après sa préparation, il faut le filtrer à plusieurs reprises sur un tampon de coton, que l'on renouvelle chaque fois.

		En grammes.	En volume.
IV (1).	Éther à 62°	37	50cc
	Alcool à 40°	41	50cc
	Coton à couche résistante (préparé à basse température)	1	
	Iodure d'ammonium	0,5	
	Bromure d'ammonium	0,5	
	Iodure de cadmium	0,5	

Ce collodion a besoin de mûrir pendant un ou deux mois avant d'être mis en usage.

(1) VAN MONCKHOVEN, *Traité général de Photographie*, édit. grand in-8°; 1884.

	En grammes.	En volume.
V (1). Éther	37	50cc
Alcool à 40°	41	50cc
Coton-poudre pulvérulent (préparé à haute température)	2	
Iodure d'ammonium	1	
Bromure d'ammonium	0,4	
Eau	5cc	

Ce collodion doit être employé peu de temps après la préparation, il est bon dès le lendemain.

VI. Collodion normal préparé avec (2) :

	En grammes.	En volume.
Éther sulfurique à 62°	222	300cc
Alcool rectifié à 40°	205	250cc
Coton azotique suivant la solubilité, environ	5	

Liqueur iodo-bromurée.

	En grammes.	En volume.
Alcool à 40°	82	100cc
Iodure d'ammonium	3,3	
Iodure de cadmium	3,3	
Iodure de sodium	3,5	
Bromure de cadmium	4,5	
Iode en paillettes	0,05	

Cette formule de liqueur iodo-bromurée, dit l'auteur, est celle dont nous avons toujours obtenu les résultats les plus satisfaisants comme constance et rapidité; elle est principalement indiquée pour le travail d'hiver. Mélangez pour l'usage 100 parties en volume de collodion normal et 10 parties de liqueur iodo-bromurée.

Les formules ci-dessus sont données pour des collodions destinés au travail courant, c'est-à-dire aux épreuves à demi-teintes, aussi adoucies que possible, comme celles que l'on doit rechercher pour les portraits, les reproductions d'après nature ou d'après des peintures. Dans ces épreuves il ne faut pas d'écarts heurtés du noir au blanc; mais, lorsqu'il s'agit de reproductions de gravures, de cartes, de plans, les conditions sont inverses : au lieu de rechercher

(1) Liébert, *La Photographie en Amérique*, 1878.
(2) *Ibid.*

la grande sensibilité qui permet d'obtenir le gras, la souplesse lumineuse de l'image, on veut la netteté, la dureté, la sécheresse du trait. On emploie alors les vieux collodions devenus peu sensibles, donnant le heurté du noir au blanc et de préférence ceux qui ne contiennent que peu de bromure.

Comme collodion spécialement fait dans ce but, la formule suivante donne de bons résultats lorsqu'elle est employée avec discernement ([1]).

Dans :

Collodion normal	1000^{cc}

ajoutez

	gr
Iodure d'ammonium	5
Iodure de cadmium	4
Bromure de cadmium	2
Bromure d'ammonium	1

On dissout préalablement les iodures et bromures ci-dessus dans 100^{cc} d'alcool avant de les ajouter au collodion normal : cette préparation n'est bonne qu'autant qu'elle est faite plusieurs semaines à l'avance; lorsqu'elle est trop récente, on lui donne les qualités de dureté d'un vieux collodion, en y ajoutant plus ou moins d'un collodion composé de :

Collodion normal	100^{cc}
Iodure d'ammonium	$1^{gr},20$

En très peu de temps, ce produit prend les mauvaises qualités d'un vieux collodion; en l'ajoutant au précédent en quantités plus ou moins grandes, on obtient le résultat cherché.

130. Lorsqu'on a préparé plusieurs fois des collodions iodurés et iodo-bromurés, on s'aperçoit vite qu'il y a de grandes différences dans la manière dont ils se comportent peu de temps après leur préparation.

Les uns gardent une coloration jaune faible ou légèrement ambrée, d'autres se décolorent complètement, d'autres deviennent

([1]) Cette formule nous a été communiquée par M. Roger, chef des travaux photographiques du Comité central de l'artillerie.

rapidement rouge accentué, quelquefois même presque bruns: ces derniers sont tout à fait mauvais.

Les premiers sont dans les meilleures conditions; ils résultent de l'emploi d'un ensemble de produits sensiblement purs et il est rare qu'ils ne donnent pas de bonnes épreuves, si les autres préparations, surtout le bain d'argent, sont en bon état.

La décoloration des collodions est due à la présence, dans la préparation, de produits ayant une réaction alcaline; cette alcalinité peut provenir soit des iodures et bromures, soit du coton-poudre; souvent ce dernier a été lavé avec une eau alcalinisée par le carbonate de soude, afin d'être sûr d'éliminer toutes traces d'acide; mais la faute doit être imputée principalement à l'iodure d'ammonium; pour le conserver blanc, les marchands de produits chimiques mettent presque toujours dans le flacon qui le contient un sachet de carbonate d'ammoniaque dont les vapeurs imprègnent les cristaux d'iodure d'ammonium et les empêchent de rougir; la réaction alcaline se produit alors sur le collodion et le rend incolore. On remédie à cet inconvénient en ajoutant, peu à peu et par très minimes quantités à la fois, de l'iode en paillettes jusqu'à ce que le collodion ne se décolore plus. Ce traitement ne lui rend pas les propriétés d'un collodion de première qualité, mais il en fait un produit utilisable.

Les collodions décolorés donnent généralement des épreuves voilées, enfumées; l'addition de l'iode ou l'emploi des bains d'argent plus fortement acidulés par l'acide nitrique font disparaître ce défaut.

Quelques auteurs conseillent d'ajouter une ou deux gouttes de brome au lieu d'iode: l'effet est le même, sauf cependant qu'il est toujours désagréable de déboucher un flacon de brome, car ce corps, éminemment volatil, répand aussitôt des vapeurs malsaines, d'une odeur tenace et nauséabonde; d'ailleurs chaque goutte de brome versée réagit immédiatement sur l'un des iodures du collodion, s'empare de sa base pour faire un bromure et met l'iode en liberté; nous avons expliqué cette réaction (p. 96): il n'y a donc aucun intérêt à substituer le brome à l'iode.

La coloration rouge provient de produits à réaction acide; presque toujours la faute en est au coton-poudre qui aura été lavé d'une manière insuffisante ou altéré par le temps ; l'éther ou l'alcool peuvent aussi être légèrement acides ; une ou deux gouttes d'ammoniaque, ajoutées dans 100^{cc} de ce collodion, font disparaître la coloration dans les vingt-quatre heures, mais on n'aura qu'un produit médiocre et susceptible d'altérer les bains d'argent.

Lorsqu'on a, ainsi qu'il arrive souvent, diverses variétés de collodion donnant des résultats peu satisfaisants, il est presque toujours bon de les mélanger les uns avec les autres et, après les essais, on ajoute soit du coton, soit le mélange d'alcool et d'éther si les couches sont trop minces ou trop épaisses, soit un peu de liqueur iodo-bromurée si elles ne sont pas suffisamment opalines, quelques traces d'iode pour les colorer, ou d'ammoniaque pour les décolorer. La décoloration s'obtient aussi très bien en y laissant séjourner pendant douze à vingt-quatre heures des baguettes de cadmium métallique : par ces mélanges et ces traitements bien conduits, on arrive le plus souvent à reconstituer non un produit de première qualité, mais un collodion courant dont on peut faire bon usage.

131. Extension du collodion. — Le collodion ayant été suffisamment reposé pour obtenir un liquide débarrassé de toutes poussières et de toutes impuretés, on le décante dans un flacon d'une rigoureuse propreté, que l'on met à portée de la main droite ; on prend, d'autre part, une glace bien nettoyée, talquée si l'on a l'intention de détacher plus tard l'épreuve sur pellicules, albuminée et séchée si, au contraire, on veut être assuré d'une adhérence parfaite de la couche, simplement polie pour les cas ordinaires. Cette glace doit être choisie d'une dimension supérieure à celle de l'image que l'on veut obtenir ; il faut compter, en effet, que les points d'appui dans les châssis, les bourrelets adhérents sur les bords, feront perdre une partie de la surface totale. Sur cette glace, que l'on tient de la main gauche, on passe un large blaireau très doux, pour rejeter toutes les poussières qui ont pu rester attachées à la surface si le nettoyage est ancien, ou qui y ont été attirées électriquement par le frottement du tampon quand le polissage est récent.

Si la dimension est petite, on se contente de prendre le coin gauche entre le pouce, l'index et le médium (*fig.* 83), mais on perd ainsi au moins 0m,01 des bords : le mieux est de poser la glace à plat sur la main, mais pas directement, car tout point touché

Fig. 83.

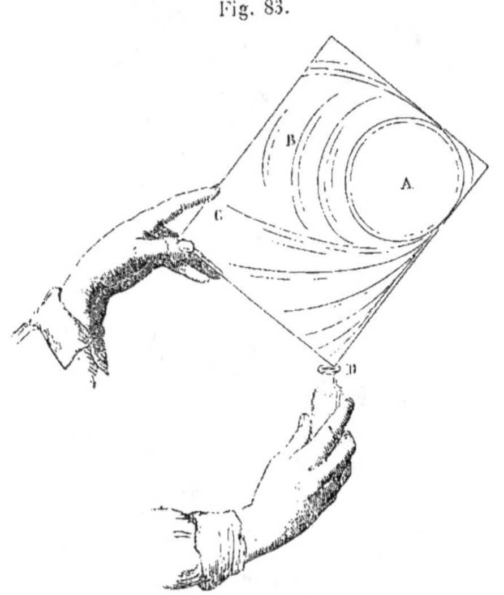

Extension du collodion.

par les doigts s'échauffe, l'éther du collodion s'évapore plus rapidement à la place correspondante sur la surface supérieure, la couche est inégale, ce qui produit des taches. On a proposé de maintenir la glace au moyen de divers systèmes de ventouses, mais l'inconvénient inverse se produit : le vide qui fait adhérer la ventouse est une cause de refroidissement et d'inégalité dans la couche obtenue. A tous les systèmes proposés nous préférons l'emploi du mouchoir de poche que l'on a toujours sur soi ; on le prend dans la main gauche, de manière à former une sorte de tampon mou sur lequel on pose la glace et on l'y maintient très bien après quelques essais (*fig.* 84).

Sur la glace ainsi posée bien horizontalement, on verse doucement le collodion, non au milieu, mais un peu vers le coin droit le plus éloigné du corps, en A, ainsi que le montre la *fig.* 83; on a soin de rapprocher le goulot du flacon assez près du verre pour éviter les bulles qui se formeraient si le liquide tombait de trop haut : si une bulle apparaît, on y porte aussitôt le doigt hardiment

Fig. 84.

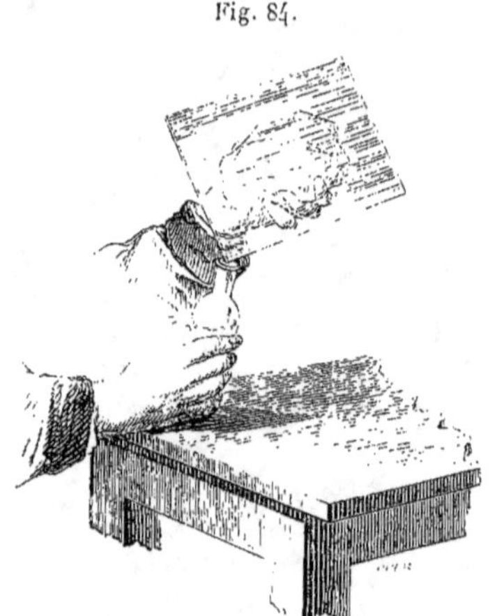

Extension du collodion.

et elle est enlevée. En maintenant la glace horizontale, on voit le collodion s'étendre régulièrement en rond; de très légères et lentes inclinaisons de la main corrigent, s'il y a lieu, les erreurs de niveau. Quand la moitié environ de la glace est couverte, on cesse de verser et, par une série de mouvements très doux, on fait arriver le liquide d'abord au coin droit le plus éloigné, puis en B, en C, au coin gauche du même bord, on l'amène en nappe vers le bas CD, et l'on fait écouler lentement l'excédent par le coin droit D, qui est plus près du corps : l'excès du collodion est reçu dans un autre flacon; si on a le soin de munir celui-ci d'un entonnoir dont la douille soit garnie d'un peu de coton, on retrouve dans ce flacon un liquide filtré, prêt pour l'emploi lorsque le premier est épuisé. Si l'on déversait dans le premier flacon le collodion qui, dans son parcours sur la glace, a perdu une partie de son éther et un peu de son alcool, on aurait un mélange mal fait, de densité inégale, chargé de toutes les poussières et poudres nuisibles ramassées sur la surface ou sur les côtés de la glace, et, dans ces conditions, les couches suivantes seraient le plus souvent défectueuses.

L'extension du collodion doit être faite de telle sorte que le liquide tourne pour ainsi dire sur la surface en évitant les retours qui produiraient une double épaisseur. Lorsque le collodion ne s'écoule plus de la glace que goutte à goutte, on maintient celle-ci, pendant un instant, avec la main droite, par l'angle A; on se débarrasse du mouchoir que tient la main gauche, puis avec le pouce de cette main on soutient l'angle opposé et on la fait osciller deux ou trois fois de droite à gauche *et vice versa,* en évitant cependant que le bourrelet qui s'est accumulé sur le bord droit ne revienne sur lui-même, c'est-à-dire ne dépasse la verticale, et que dans l'oscillation il ne s'incline à gauche : cela produirait une doublure. Ce mouvement a pour but d'éviter la formation d'un réseau trop prononcé dans le sens de l'écoulement.

Lorsque la température est très élevée et qu'elle dépasse 30°, la volatilisation de l'éther sur la glace est si rapide que c'est presque une ébullition : il se produit alors de nombreuses bulles sur toute la surface, et la préparation est perdue; il suffit de laisser le flacon de collodion débouché pendant quelques minutes : il se vaporise une petite quantité d'éther qui amène un refroidissement de la masse, suffisant pour que les bulles ne se forment plus.

Pour éviter la chute des poussières ambiantes sur la surface collodionnée, la glace est tenue inclinée avec face en dessous pendant quelques instants; le collodion fait prise par l'évaporation de l'éther et de l'alcool, et à ce moment on la plonge dans le bain d'argent, qui lui donne la sensibilité. Il est facile de se rendre compte de l'instant où l'immersion doit être faite; on touche du doigt la goutte qui reste à l'angle d'écoulement; tant que cette goutte mouille le doigt, on attend une évaporation plus complète; aussitôt qu'elle est suffisamment figée, on procède à l'immersion; jusqu'à ce moment la couche de collodion iodobromurée n'a aucune sensibilité; la préparation peut donc être faite en pleine lumière sans aucun inconvénient, mais le plus souvent on l'effectue dans le laboratoire obscur, pour être à portée de mettre immédiatement la glace dans le bain d'argent.

132. Sensibilisation. — La couche de collodion devient sensible à la lumière par l'immersion dans un bain de nitrate d'argent; au contact du liquide, l'alcool et l'éther, qui maintenaient encore le collodion à l'état spongieux, sont éliminés peu à peu et remplacés par la solution d'argent; les pores restent donc ouverts, et il se produit sur toute la surface et dans l'épaisseur de la couche ce que l'on appelle une *double décomposition :* les iodures et bromures solubles se transforment en iodure et bromure d'argent insolubles, sensibles à la lumière, tandis que l'acide nitrique qui dissolvait l'argent s'unit, dans les mêmes proportions, avec les bases potasse, ammoniaque, oxyde de cadmium, etc., devenus libres dans cette réaction ; les nitrates de potasse, d'ammoniaque, de cadmium restent en solution dans le bain.

133. *Bain d'argent.* — Le bain est formé de :

	Parties.
Eau distillée pure	100
Nitrate d'argent cristallisé pur et non acide.	8 en hiver 7 en été

On y ajoute le plus souvent un petit cristal d'iodure de potassium et une goutte ou deux d'acide nitrique pour 100^{cc} de liquide.

La meilleure manière de faire la préparation est la suivante : on met d'abord l'eau dans le flacon, on y fait tomber le nitrate d'argent qu'on laisse se dissoudre seul à la partie inférieure; il se produit ainsi une couche dense, concentrée, dans laquelle on ajoute sans remuer une très minime quantité d'iodure de potassium (un ou deux petits cristaux) se transformant immédiatement en iodure d'argent qui se dissout dans la couche concentrée inférieure; on facilite la solution en faisant tourner doucement le liquide ; lorsque l'iodure est dissous, on secoue le flacon, le liquide devient opalescent, parce que l'iodure d'argent, soluble dans le nitrate très concentré, l'est beaucoup moins dans le nitrate étendu : on filtre alors et le bain est prêt pour l'usage.

Sans cette précaution, la première glace collodionnée ou les premières fourniraient à leur détriment l'iodure d'argent nécessaire à cette saturation préalable et ne donneraient que de mauvais résultats ; on peut également verser dans le bain préparé quelques gouttes du collodion en usage : on obtient la même saturation.

Les eaux que l'on emploie pour faire les solutions sont ou l'eau ordinaire, ou l'eau de pluie, ou l'eau distillée; pour ces trois espèces d'eau, les qualités sont très variables.

Presque toujours l'eau ordinaire donne lieu à un précipité blanc, formé de chlorure et de carbonate d'argent, que l'on enlève par filtration; mais peut-être est-ce une perte notable que l'on évite en grande partie en ajoutant goutte à goutte de l'acide nitrique étendu de 10 parties d'eau et en agitant chaque fois. On s'arrête dès que la dernière goutte ne rend pas le bain moins opalescent, l'acide nitrique dissout le carbonate d'argent qu'il ramène à l'état de nitrate et ne laisse que les chlorures : on filtre alors, et le plus souvent le bain est excellent. Avec toutes les eaux carbonatées (chargées de carbonate de chaux ou autres) il est nécessaire d'ajouter l'acide nitrique; sans cela les épreuves sont voilées, parce qu'une petite quantité de carbonate d'argent est dissoute par le nitrate et lui donne une réaction alcaline.

Avec l'eau de pluie ou l'eau distillée, il ne se forme pas de précipité, mais on n'est pas à l'abri des taches et des voiles qui sont dus à la présence des matières organiques. Les eaux de pluie qui ont passé sur les toits ou dans les gouttières, celles qui ont été conservées dans les citernes, sont presque toujours contaminées par des détritus de toutes sortes dont une partie reste en dissolution et ne peut être enlevée par filtration. Si l'on fait usage d'eau de pluie, il faudra la récolter spécialement, après qu'une averse abondante aura bien nettoyé les toits et les gouttières et même balayé l'atmosphère en la débarrassant des corpuscules qui y flottent en grande quantité : il serait préférable de faire la récolte dans de larges terrines mises en plein air ou de suspendre par les quatre coins un rideau de calicot ou de toile, ou un drap, et de recueillir l'eau seulement lorsque l'étoffe aura été bien rincée par la pluie.

L'eau distillée sera obtenue à l'alambic, par vaporisation lente, à cette condition que l'alambic ne serve qu'à cet usage et ne soit pas employé pour des distillations d'essences. Les eaux distillées, récoltées par la condensation de la vapeur des machines, sont très mauvaises : elles ont entraîné le plus souvent des matières grasses qui sont des causes incessantes de taches et d'insuccès. L'eau peut être débarrassée des matières organiques, en y ajoutant doucement et goutte à goutte une solution de permanganate de potasse faite à la dose de 1 partie de permanganate pour 100 parties d'eau; l'eau à purifier prend aussitôt une légère teinte rose qui disparaît rapidement, parce que l'oxygène de l'acide permanganique brûle les matières organiques; dès qu'elles sont détruites, la coloration reste plus persistante et l'on cesse d'ajouter le réactif.

Nous préférons l'emploi du nitrate d'argent cristallisé pur au nitrate d'argent fondu livré par le commerce, parce que rarement ce dernier a toute la pureté désirable même sans qu'il y ait aucune fraude; le nitrate fondu résulte le plus souvent de l'évaporation des eaux mères de cristallisation dans lesquelles sont venus se réunir les produits accessoires de fabrication. On doit donc toujours acheter le nitrate d'argent cristallisé et, si on le désire fondu, on peut le faire fondre dans une petite capsule de porcelaine, au-dessus d'une lampe à alcool ou d'un bec de Bunsen. En maintenant la fusion à une température assez élevée pour qu'il y ait un commencement de décomposition, il se forme de l'azotite d'argent, même un peu d'argent métallique est mis en liberté sous forme de poudre grise: c'est ainsi qu'on obtient le nitrate d'argent fondu gris, auquel on attribue la propriété de donner des épreuves plus rapides. Lorsque la fusion est arrivée au point que l'on désire obtenir, on prend la capsule avec des pinces, on coule la matière en fusion sur une plaque de marbre ou même de fonte mise de niveau et l'on se sert du nitrate obtenu pour préparer le bain.

134. *Immersion de la glace dans le bain d'argent.* — La glace doit être immergée dans le bain immédiatement sans temps d'arrêt : chaque interruption dans la marche du liquide sur la surface est marquée par une raie fine, transparente, qu'on ne peut faire disparaître. Pour obtenir facilement la régularité de l'immersion, on a inventé différentes sortes de cuvettes, dites *à recouvrement, à bascules, cuvettes verticales*, etc.; nous croyons toujours préférable d'employer les moyens les plus simples : par conséquent nous nous servons de cuvettes ordinaires avec lesquelles, après deux ou trois essais, on réussit aussi bien qu'en employant les cuvettes spéciales, et l'on n'est pas désemparé si celles-ci viennent à manquer.

On choisit pour la sensibilisation une cuvette à fond plan, qui ne doit servir qu'à cet usage; après l'avoir bien nettoyée, on y filtre une première partie du bain d'argent destinée à la rincer; on remet ce liquide dans l'entonnoir, puis on filtre la quantité nécessaire pour que la glace puisse être abondamment couverte. On collodionne alors la glace, comme il est dit ci-dessus, et, quand le collodion a fait prise, on soulève un côté de la cuvette avec la main droite, de manière à réunir tout le liquide du côté opposé en laissant la moitié du fond à découvert; avec la main gauche on appuie le bord de la glace, face en dessus, contre le côté laissé à sec et, par un mouvement simultané, on laisse tomber la glace à plat sur le fond, en même temps qu'on replace la cuvette dans la position horizontale : le liquide reprenant son niveau parcourt ainsi la surface collodionnée sans temps d'arrêt. La *fig.* 85 représente l'ensemble de cette

Fig. 85.

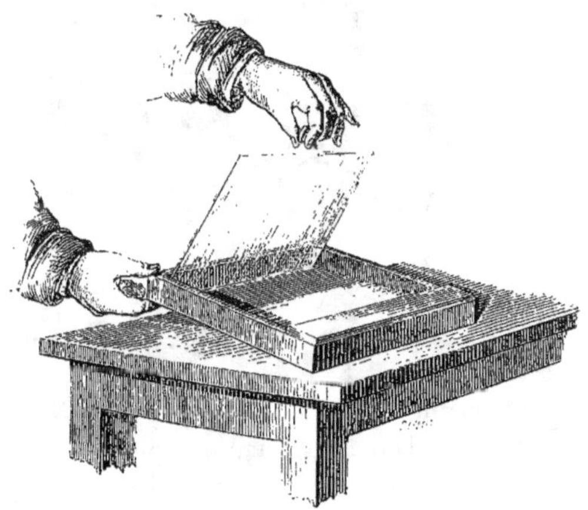

Sensibilisation.

opération faite avec la cuvette dite *à recouvrement;* celle-ci rend la manœuvre un peu plus facile, parce qu'elle est recouverte sur un quart environ de sa surface; lorsqu'on la relève, le liquide vient se réunir dans l'espace couvert, il ne peut s'épancher au dehors, ce qui permet à l'opérateur de donner plus d'ampleur au mouvement, tout en prenant moins de précautions. Cette disposition est commode, elle demande seulement une plus grande quantité de liquide, la dimension de la cuvette devant excéder de toute la partie couverte la dimension des plus grandes glaces à préparer.

Lorsqu'on sensibilise des glaces de très grande dimension, la cuvette à recouvrement est montée sur deux tourillons CC, qui facilitent la manœuvre de bascule (*fig.* 86).

Fig. 86.

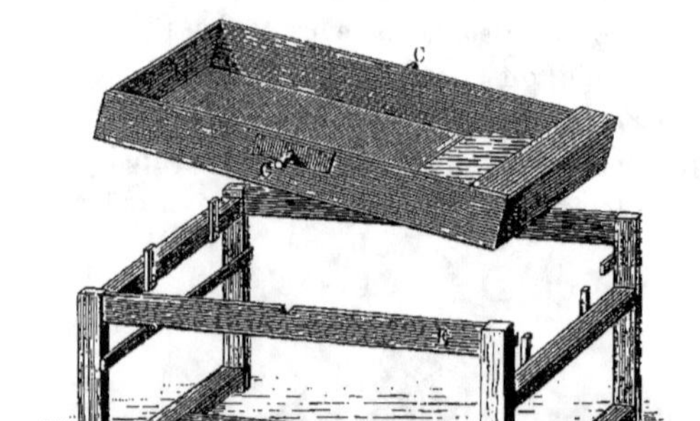

Cuvette à bascule.

Les photographes portraitistes préfèrent souvent la cuvette verticale en verre moulé (*fig.* 87) dont la dimension est forcément restreinte, elle est maintenue dans sa boîte ou disposée dans une entaille de la table sur laquelle on fait les opérations. Cette cuvette demande une assez grande quantité de bain, ce qui permet pour un travail courant de le renouveler moins souvent. Pour les amateurs ce serait un désavantage, étant donnés le prix élevé du nitrate d'argent et la facilité avec laquelle le bain s'altère.

La sensibilisation de la couche de collodion peut aussi se faire par affleurement : c'est le mode le plus économique, celui que l'on préfère lorsqu'il s'agit d'essais. Une cuvette ordinaire, à fond bien plan, est inclinée légèrement, comme l'indique la *fig.* 88 ; on y filtre la quantité de liquide nécessaire pour couvrir au plus la moitié du fond, et la glace collodionnée, soutenue par un crochet de corne

Fig. 87.

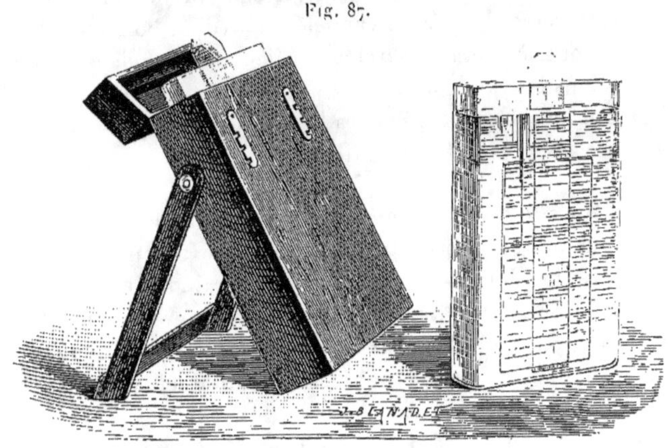

Cuvette verticale.

ou d'argent, est appuyée par le bas sur le côté de la cuvette contenant le liquide, puis abaissée, face en dessous, régulièrement

Fig. 88.

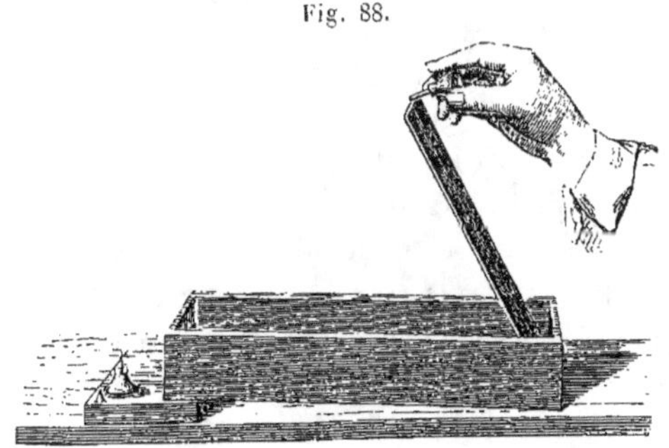

Sensibilisation par affleurement.

sur le bain qui, pris entre deux plans, file d'un bout à l'autre par capillarité; l'écart entre les deux plans est limité par l'épaisseur du crochet qu'on laisse comme support de la glace appliquée :

seulement le bain est rapidement mis hors d'usage, la quantité étant peu considérable.

Pour ces diverses opérations on prend de préférence les cuvettes à fond de verre; les verres cannelés sont d'un bon emploi, parce que les poussières ou impuretés, au lieu de nager dans le liquide, restent dans les cannelures. On se sert également de la porcelaine, du carton durci, mais on évitera la gutta-percha, presque toujours mélangée de substances qui altèrent le bain.

135. Aussitôt la glace immergée, on met sur la cuvette un couvercle qui puisse intercepter toute lumière : l'opérateur pourra ainsi sortir du laboratoire et y rentrer sans craindre d'impressionner la préparation : il profitera des quelques minutes que demande la sensibilisation pour examiner à nouveau si la pose est bonne, si le point est exact et donner un dernier coup d'œil au sujet dont il va faire l'épreuve.

La glace plongée dans le bain d'argent prend peu à peu un aspect opalin par le fait de la double décomposition qui s'opère et substitue aux iodures et bromures solubles l'iodure et le bromure d'argent insolubles; en deux ou trois minutes la réaction est terminée, l'opacité ne paraît plus augmenter, on relève alors la glace avec le crochet d'argent, et l'on examine la surface. Le liquide qui la baigne paraît se séparer en veines huileuses, ce qui indique que la substitution de l'eau à l'alcool n'est pas encore complète; on abaisse et l'on relève la glace plusieurs fois de suite, de manière à laver le collodion avec le liquide : on la laisse encore immergée pendant quelque temps et, lorsque les traînées d'apparence huileuse ne se produisent plus, on la relève définitivement et on la met à égoutter pendant quelques instants, soit qu'on la tienne debout, l'angle inférieur appuyé dans la cuvette, soit qu'on mette cet angle dans un verre bas ordinaire, le côté opposé appuyé contre la muraille garnie d'un papier propre; on évite ainsi de perdre la quantité très appréciable de bain qui s'écoule des deux surfaces mouillées.

La glace égouttée est portée au châssis.

136. La couche doit alors présenter une apparence crémeuse, franchement opaline, régulière sur toute la surface; ce résultat ne

s'obtient pas toujours; quelquefois la surface est moutonnée, cela tient à la mauvaise qualité du coton-poudre dont la solubilité, qui paraît complète, ne donne cependant pas un produit homogène. Le coton préparé à haute température présente rarement cet inconvénient; d'autrefois il se fait sur la glace une sorte de moiré mat irrégulier, comme des jaspures, visibles surtout par transparence après la sensibilisation et se manifestant principalement vers l'angle d'écoulement, là où la couche de collodion est à la fois plus épaisse et moins sèche. En prolongeant le temps pendant lequel le collodion fait prise avant de l'immerger dans le bain, on atténue beaucoup ce défaut; souvent il disparaît si l'on augmente de 1 à 2 pour 100 le titre de la solution d'argent; généralement lorsque les bromures solubles dominent dans la préparation de collodion, la double décomposition devient très longue et même, lorsqu'on emploie les bromures seuls, elle ne se fait qu'à la condition d'augmenter progressivement le titre du bain en le portant à 12, 15 et même 18 pour 100.

D'autrefois il se forme des raies droites, serrées comme des dents de peigne, dans le sens de la marche du liquide lorsqu'il vient recouvrir la glace; cet accident se produit surtout avec les collodions chargés d'iodure d'ammonium; l'augmentation de titre du bain ou mieux le mélange avec des collodions contenant d'autres iodures atténuent ou font disparaître ce défaut.

Quelquefois la couche sensible, regardée à jour frisant, soit au moment où on la sort du bain d'argent, soit après l'exposition, présente une surface granuleuse et sablée; l'épreuve obtenue dans ces conditions sera après le fixage comme criblée de petits points à jour : c'est l'indice que le bain est sursaturé d'iodure d'argent qu'il faut éliminer en l'allongeant d'eau et le filtrant ainsi qu'il est dit plus loin et en le ramenant ensuite au titre voulu.

137. Soins à donner aux bains d'argent. — Les couches sensibles préparées dans un bain récemment fait, en prenant les précautions que nous avons indiquées, donnent généralement des épreuves rapides, claires et brillantes, mais par l'usage ce bain s'altère : en effet, par le contact de la glace collodionnée, il se charge d'alcool et d'éther, de nitrates de potasse, d'ammoniaque, de cadmium, etc., résultant de la double décomposition, de matières diverses provenant de l'altération du coton-poudre, de poussières et débris qui, malgré tous les soins, salissent les cuvettes, les côtés des glaces, les filtres et entonnoirs : alors aux épreuves brillantes, légères, bien dégradées, succèdent les noirs intenses, les images heurtées, les négatifs voilés.

La filtration enlève les parties insolubles : ce sont les moins nuisibles; celles de ces impuretés qui ont la plus fâcheuse influence sont les matières organiques solubles, mais on peut s'en débarrasser facilement par le procédé très simple de la solarisation, c'est-à-dire de l'exposition prolongée en pleine lumière et même en plein soleil. Tout photographe doit avoir deux bains d'argent dont il se sert alternativement, utilisant l'un pendant que l'autre se purifie au soleil. Sous l'influence des rayons lumineux, la majeure partie des matières organiques est brûlée par le nitrate d'argent qui est réduit en même temps; une très faible quantité d'acide nitrique est mise en liberté et contribue pour sa part à rendre les épreuves plus brillantes et plus pures.

Cette solarisation a un effet plus prompt si, avant d'exposer le bain à la lumière, on a eu le soin de le rendre légèrement alcalin par un peu de carbonate de soude ou d'oxyde d'argent, mais alors le bain ne peut revenir de lui-même à l'état acide qui est nécessaire pour avoir les épreuves sans voiles et, après l'avoir filtré, il faudra l'acidifier par tâtonnements avant de s'en servir. Il nous paraît préférable de l'exposer au soleil sans le rendre alcalin : la réaction se fait plus lentement, mais en restant dans de bonnes conditions.

Si le bain a servi à un grand nombre de préparations, il devient tellement chargé d'éther et d'alcool que, malgré un séjour prolongé de la glace, on a peine à faire disparaître les traînées d'apparence huileuse, et même, lorsqu'on y est parvenu, celles-ci se reforment pendant la durée de la pose : on laisse alors le bain dans la cuvette découverte pendant une nuit ou une journée entière, et la majeure partie de l'éther et de l'alcool s'évapore à l'air. On peut également avoir recours à l'évaporation par la chaleur : après avoir constaté le volume du bain, en marquant avec un papier gommé ou un trait quelconque à quelle hauteur il s'arrête dans le flacon, on le verse dans une capsule de porcelaine et on l'évapore sur le gaz ou par un mode de chauffage quelconque, jusqu'à ce qu'il soit réduit de moitié; le plus souvent il noircit, la capsule se recouvre d'un enduit foncé d'argent réduit par l'action simultanée de la chaleur et des matières organiques. Après refroidissement, on remet le bain dans son flacon et on le ramène au volume primitif avec de l'eau distillée; si le bain devient louche par l'addition de l'eau, on le filtre et, avec beaucoup de soin, on ajoute goutte à goutte de l'acide azotique à $\frac{1}{10}$ jusqu'à ce que les glaces essayées donnent des clichés très limpides.

Lorsque la quantité du bain en usage est très diminuée et ne recouvre plus les glaces convenablement, on l'augmente en faisant un bain neuf, mais avec la précaution suivante : dans ce qui reste du bain ancien on ajoute de l'eau distillée jusqu'à ce qu'on l'ait ramené au volume voulu; cette addition d'eau provoque immédiatement un trouble jaune clair assez considérable : c'est l'iodure d'argent en excès qui est précipité; on l'élimine par filtration et seulement alors on ajoute la quantité d'azotate d'argent exigible pour mettre le tout au titre indiqué de 7 à 8 pour 100.

Quelques opérateurs se préoccupent beaucoup de l'affaiblissement du bain d'argent par la sensibilisation d'un grand nombre de glaces; nous croyons qu'il n'est pas nécessaire de s'en inquiéter, car 170 parties d'azotate d'argent sont décomposées par 182 d'iodure de cadmium, ou 144 d'iodure d'ammonium, ou 136 de bromure de cadmium ou 98 de bromure d'ammonium, ces sels supposés anhydres. Si nous établissons une moyenne, nous voyons que, pour décomposer 1^gr d'azotate d'argent, il faut un peu moins de 1^gr des iodures et bromures dissous dans le collodion; or, dans 1^lit de collodion, il y a (formule courante) 12^gr d'iodure et de bromure; dans 1^lit de bain d'argent, il y a 70^gr à 80^gr d'azotate; il faudrait donc que le litre de collodion en entier passât dans le litre de bain d'argent pour que le titre de celui-ci baissât de 1 à $1\frac{1}{4}$ pour 100. Dans ces conditions, c'est le volume du bain d'argent qui diminue plus vite que son titre, et l'on sera sûr de rester dans les conditions normales si, pour le ramener à son volume primitif, on fait la quantité de bain neuf nécessaire à 8 ou 9 pour 100 au lieu de 7 pour 100.

Ajoutons qu'un même filtre sert plusieurs fois pour filtrer le bain : chaque fois il se dessèche et se charge par conséquent de nitrate d'argent concentré se dissolvant à la filtration suivante; d'autre part, il se fait sur la large surface de la cuvette une évaporation constante pendant tout le temps du travail; ces causes tendent à rétablir l'équilibre dans le titre du bain.

Néanmoins, dans le cas où l'on voudrait titrer le bain négatif, il ne faut pas avoir recours au pèse-sel, dont les indications seraient faussées par la présence de l'alcool, de l'éther et autres substances étrangères; on emploiera les moyens que nous donnerons plus loin au Chapitre de l'*analyse des solutions d'argent*.

Lorsque le travail est terminé, on remet le bain d'argent dans son flacon en le filtrant, et on l'expose au jour jusqu'à ce que son tour de service soit revenu, on rince la cuvette à deux ou trois eaux, on l'égoutte et on la replace verticalement dans sa case où on la retrouvera propre pour le prochain emploi.

138. **Mise au châssis.** — Le châssis est mis dans le sens de la pose, soit en hauteur, soit en largeur; on le maintient franchement relevé par une cale qui exhausse la partie supérieure, il est ouvert prêt à recevoir la glace égouttée; avec un tampon de papier joseph, on essuie les quatre coins qui doivent porter et toucher la préparation; pour le collodion humide ces coins doivent avoir été vernis préalablement à la gomme-laque, quelquefois ils sont garnis de verre ou d'argent; ces soins ont pour but d'éviter les réductions du nitrate d'argent par les bois, réductions qui, se propageant, peuvent occasionner de larges taches noires.

On pose la glace sur ses quatre angles, en ayant la précaution dans la manœuvre de ne pas renverser le sens d'écoulement. Avec un tampon de papier sans colle, on essuie le dos de la glace inutilement mouillé par le bain d'argent, on applique au bas une boule de papier buvard destinée à absorber le liquide qui s'écoulera encore pendant l'exposition et l'on ferme le châssis.

Les châssis construits avec soin ont à la partie inférieure une sorte de feuillure un peu large et profonde, formant gouttière, dans laquelle on met un tampon de papier joseph absorbant le liquide écoulé; avec ces précautions on évite les gouttes qui tombent au dehors et salissent les planchers sur tout le parcours de l'opérateur.

Tous ces papiers imprégnés de nitrate d'argent sont réunis aux résidus qu'ils enrichissent; les précautions que nous recommandons assurent en même temps la propreté et l'économie.

Le châssis fermé est porté à la chambre noire en prenant la précaution, pour aller, pour poser et pour revenir, de le maintenir toujours dans le même sens d'écoulement, sans quoi le bourrelet que l'excès de nitrate d'argent forme au bas de la glace reviendrait sur lui-même et serait une cause de taches.

On tire doucement le volet ou le rideau en évitant de remuer par des secousses inutiles les poussières qui, en voltigeant, viendraient sur la surface sensible; on démasque alors l'objectif, on fait poser le temps nécessaire; on remet l'obturateur ou bouchon de l'objectif et seulement alors on ferme le châssis. Si on laissait l'objectif découvert au moment de l'ouverture et de la fermeture du châssis, la trépidation causée à tout l'appareil par ce mouvement pourrait nuire à la netteté de l'épreuve.

139. **Exposition.** — Nous avons donné (82 et suivants) les règles générales pour l'exposition qui, avec le collodion humide ordinaire, ne peut se prolonger au delà du temps pendant lequel la totalité de la glace reste complètement humide; car, aussitôt qu'il se fait un commencement de dessiccation, la couche s'altère; il se produit, au développement des taches, des réductions, et l'épreuve est perdue; s'il est nécessaire de dépasser ce temps, on emploiera un des moyens que nous expliquons plus loin.

140. **Développement de l'image.** — Après la pose, le châssis est rapporté dans le cabinet obscur en le maintenant toujours dans le même sens, et la couche sensible, sur laquelle aucune trace d'image n'est visible, est soumise au liquide révélateur ou bain de développement.

Actuellement, pour le collodion humide, le bain révélateur est toujours une solution de sulfate de fer plus ou moins diluée et additionnée d'une assez forte proportion d'acide acétique cristallisable; rarement on emploie les solutions d'acide pyrogallique.

La formule suivante est très simple :

	gr
Eau ordinaire	1000
Acide acétique cristallisable	25
(ou pyroligneux 50gr).	
Alcool à 36°	50
Sulfate double de fer et d'ammoniaque	50

On filtre la solution et l'on bouche le flacon qui la renferme. Le dosage de ces produits offre une grande latitude ; mieux vaut employer des solutions étendues que des solutions concentrées. Il a été donné à ce sujet de nombreuses formules ; dans la plupart, les doses d'acide acétique cristallisable, d'alcool et d'eau restent dans les mêmes proportions : la quantité de sulfate de fer pur ou de sulfate double de fer et d'ammoniaque offre seule des variations considérables qui vont de 20 à 100 parties pour 1000 d'eau. L'image se révèle d'autant plus vite, mais d'autant plus uniformément que la dose du sel de fer est plus grande ; les modelés s'accentuent mieux avec les dosages légers ce qui nous semble préférable.

Quelques auteurs de formules ajoutent au sulfate de fer du sulfate de cuivre qui, d'après eux, donnerait plus de brillant aux épreuves ; nous croyons que le brillant et la pureté des images doivent tenir à beaucoup d'autres causes et surtout à la pureté des préparations ; voici toutefois une de ces formules :

	gr
Eau ordinaire	1000
Acide acétique cristallisable	40
Sulfate de fer	45
Sulfate de cuivre	22

On a souvent proposé d'ajouter au bain révélateur diverses substances qui, en changeant la coloration du dépôt, donnent plus d'intensité à l'image ; la gélatine, l'albumine, le sucre ordinaire, le sucre de lait ont été préconisés tour à tour ; les avantages de ces diverses additions sont restés douteux pour les travaux courants ; elles ne pourraient être préférées que pour des reproductions de dessins, gravures ou plans, lorsqu'il y a lieu de rechercher les oppositions heurtées.

Pour faire la solution indiquée, on ajoute d'abord l'acide acétique dans l'eau commune, on transforme ainsi en acétates les carbonates ou bicarbonates calcaires qu'elle contient et l'on évite un précipité de fer à l'état de carbonate qui serait presque aussitôt peroxydé.

Une assez grande quantité d'acide acétique est nécessaire dans le bain pour ralentir la réduction du nitrate d'argent qui baigne la couche de collodion; sans cette addition, la réduction aurait lieu presque instantanément, l'épreuve apparaîtrait aussitôt, mais plate et sans vigueur; on n'aurait pas le temps de suivre le développement et de le modifier plus ou moins en prolongeant l'action. La proportion d'acide acétique n'est donc pas fixe : on peut l'augmenter ou la diminuer, suivant que l'on désire un développement plus ou moins rapide et suivant la pureté de l'image, ; s'il se produit des rayons partant du point où le liquide est versé pour s'étendre sur la totalité de l'épreuve on augmentera la dose d'acide. On peut substituer l'acide acétique ordinaire du commerce (dit *acide pyroligneux*) à l'acide acétique cristallisable : on en augmente alors la quantité d'après le titre plus ou moins élevé de l'acide pyroligneux.

L'addition de l'alcool dans la préparation est absolument nécessaire pour que le liquide coule et s'étende uniformément sur la surface sensible : cette surface est en effet imprégnée par le bain d'argent qui est plus ou moins alcoolisé; or deux liquides, dont l'un est alcoolisé et l'autre simplement aqueux, ne se mélangent qu'avec peine : la surface alcoolisée repousse l'eau comme le ferait une surface grasse; on rétablit l'équilibre en ajoutant de l'alcool dans le bain révélateur, qui s'étend alors très bien sans aucune apparence huileuse; seulement la proportion que nous indiquons est une moyenne : il faut l'augmenter aussitôt que l'on voit le révélateur tendre à se retirer de la surface collodionnée.

Nous préférons le sulfate double de fer et d'ammoniaque, indiqué autrefois par M. Meynier et généralement adopté aujourd'hui, au sulfate de fer simple, même à l'état de pureté. Le sulfate double se peroxyde moins rapidement et développe l'épreuve avec beaucoup de régularité.

La solution révélatrice, qui, au début, a une coloration très légèrement verdâtre, rougit avec le temps, parce que le sel de protoxyde de fer, absorbant l'oxygène de l'air, passe à l'état de peroxyde; la préparation perd alors proportionnellement de son action; on ne doit donc pas en faire à l'avance une quantité trop considérable, il suffit d'en préparer pour quinze jours au plus. En y ajoutant quelques gouttes d'acide sulfurique on retarde la coloration; on arrêterait l'oxydation d'une manière complète par l'action simultanée de la lumière et de l'acide tartrique; mais cette dernière substance modifie et ralentit trop l'action du révélateur.

141. Pour soumettre la glace au liquide qui doit faire apparaître l'image, on la sort du châssis en la soulevant du haut, pour que le bourrelet d'écoulement ne puisse revenir sur la couche; on pose le bord inférieur sur une feuille de buvard qui absorbe l'excès de

Fig. 89.

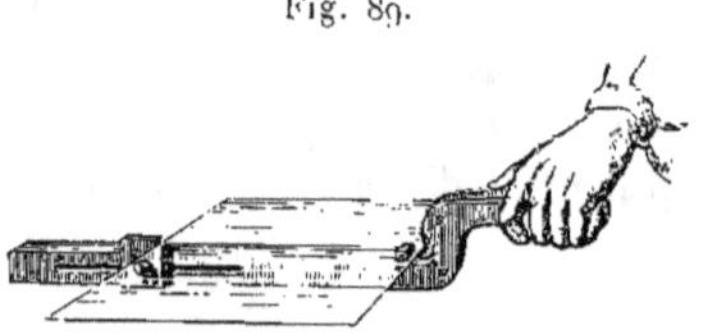

Pistolet pour développer les épreuves.

liquide accumulé; si la glace est petite, on la saisit, face en dessus, par l'angle supérieur entre le pouce et l'index; si elle est trop grande, on la pose sur un pistolet à développer (*fig.* 89) ou sur un cadre (*fig.* 90), en prenant la précaution que toujours il y ait inclinaison dans le sens premier de l'écoulement, puis, tenant de la main droite le verre ou vase à précipité rempli à l'avance du révélateur, on verse d'un coup (*fig.* 90) une large nappe de la solution de sulfate de fer

Fig. 90.

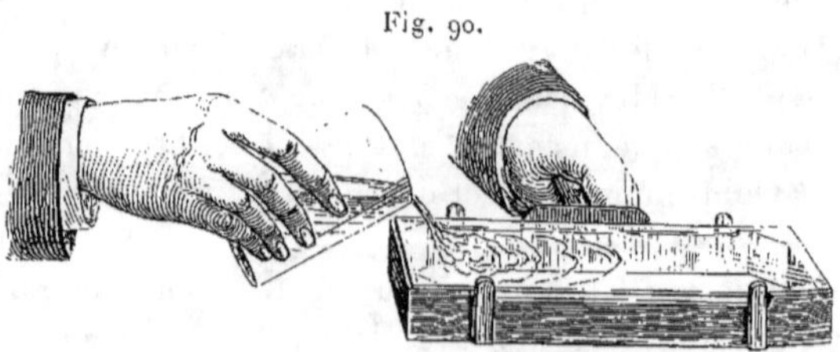

en faisant filer le liquide sans interruption d'un bord à l'autre de la glace, jusqu'au moment où, arrivé à l'extrémité, il se déverse au dehors entraînant l'excès de nitrate d'argent; aussitôt, par un mouvement que l'habitude rend facile, on relève légèrement la main, on maintient la surface horizontale et l'on fait tourner la solution sur toute la superficie de l'épreuve. Le développement doit être fait loin du bain d'argent recouvert avec soin; celui-ci serait immédiatement hors de service s'il recevait quelques gouttes du bain de fer.

L'opération du développement est délicate, elle demande beaucoup d'attention et une grande habitude; le bain doit couvrir le cliché régulièrement, sans interruption, parce que chaque temps d'arrêt produirait une tache; si, au lieu de faire filer le flot d'un bout à l'autre, en suivant en quelque sorte le bord de la glace avec le vase, on laissait le révélateur tomber sur un même point d'où il s'étendrait sur toute la surface, on aurait un manque, un appauvrissement dans cette partie de l'image, parce que le liquide en tombant éliminerait le nitrate d'argent. L'opération se fait mieux à la main que dans une cuvette, qui exige une quantité trop grande de réactif et change ainsi les proportions relatives qui doivent exister entre le nitrate d'argent de l'épreuve et le liquide révélateur.

L'épreuve, invisible jusqu'à ce moment, apparaît sous la solution de sulfate de fer; d'abord les grandes lumières s'indiquent en noir, puis les demi-teintes et les ombres; si les détails ombrés ne viennent pas suffisamment, c'est que la pose a été trop courte; si au contraire l'image s'empâte d'une manière générale, c'est que la pose a été trop longue : l'expérience seule peut renseigner à cet égard.

On renouvelle la solution de fer sur la glace à deux ou trois reprises différentes, s'il est nécessaire, et on la maintient, tant que l'on voit l'épreuve s'améliorer dans ses diverses parties et de nouveaux détails s'accentuer dans les ombres.

Dans cette opération du développement on apprécie les intensités relatives des noirs et des blancs; si l'opposition se marque trop vivement, on lave la surface avec la solution de fer, qu'on laisse perdre chaque fois, de manière à éliminer le plus possible le nitrate d'argent dont l'excès augmente l'opacité des noirs; si au contraire les oppositions ne sont pas assez tranchées, on maintient le mieux possible la première nappe pour conserver une plus grande quantité de nitrate d'argent.

Lorsqu'on juge l'épreuve venue dans tous ses détails, on rejette le révélateur en inclinant la glace que l'on interpose ensuite entre l'œil et la lumière, on apprécie par transparence les valeurs respectives des noirs, des blancs et des demi-teintes. Souvent l'intensité n'est pas encore suffisante et cependant l'action s'arrête, parce que tout le nitrate d'argent a été éliminé ou réduit; on procède alors à un léger renforcement sans sortir du cabinet noir.

On commence par laver la glace à l'eau courante avec beaucoup de soin, on l'égoutte, on verse à la surface une solution faible de nitrate d'argent acidulé dont on a toujours un flacon préparé.

Cette solution est composée de :

	gr
Eau distillée	100
Nitrate d'argent	3
Alcool	5
Acide acétique cristallisable	5

On répartit cette solution sur l'image d'une manière égale, on l'y maintient pendant quelque temps pour qu'elle pénètre dans la couche de collodion et l'on renouvelle l'action du bain de fer exactement comme la première fois; il se produit un nouveau dépôt d'argent qui augmente l'intensité de l'épreuve.

Souvent un opérateur novice confond le renforcement avec le développement et, lorsqu'une épreuve exposée d'une manière insuffisante ne donne que des détails incomplets dans les ombres par la première opération, il s'efforce de les faire apparaître par des renforcements successifs qui accentuent de plus en plus les écarts déjà trop grands entre les noirs et les blancs. On arrive ainsi, il est vrai, à voir dans les négatifs quelques détails nouveaux, mais ils disparaissent noyés dans les oppositions violentes que donne un semblable cliché lorsqu'on en tire les épreuves positives.

Dans les diverses opérations de lavage, on aura la précaution de ne pas laisser l'eau ou les divers liquides employés frapper d'aplomb et fortement sur la couche de collodion qui pourrait se soulever et se détacher de la glace; cet inconvénient est surtout à redouter lorsqu'on emploie des révélateurs autres que le sulfate de fer; ce dernier donne, au contraire, plus de ténacité à la couche, et par son emploi on a moins à craindre les soulèvements.

Le développement au sulfate de protoxyde de fer est presque le seul employé maintenant pour le collodion humide, il rentre dans la catégorie des développements acides ou développements dits *physiques*, par opposition aux développements dits *chimiques* (souvent alcalins) qui sont usités pour d'autres procédés. Nous aimerions mieux dire que les premiers opèrent sur l'iodure d'argent par superposition de l'argent réduit, les seconds par réduction directe.

Dans le développement par superposition, on suppose que l'iodure d'argent influencé par la lumière reste inaltéré ou qu'il a été transformé partiellement en sous-iodure; pour une cause ou pour une autre qui nous échappe, ces parties insolées ont un pouvoir attractif et, à mesure que le sulfate de fer réduit le nitrate d'argent qui baigne l'épreuve, les molécules métalliques mises en liberté sont attirées et se portent sur les parties qui ont reçu l'action lumineuse. Ce premier dépôt d'argent formé devient un centre d'attraction pour les autres molécules, et l'on comprend que l'image augmente ainsi rapidement en intensité, et qu'elle puisse être remontée même quand le fixage a fait disparaître les iodure et bromure, causes du premier dépôt (¹).

142. **Fixage.** — Lorsque le développement est terminé, on porte l'épreuve au fixage; toutes les fois que ce sera possible on fera le fixage dans une pièce autre que celle où l'on sensibilise et où l'on développe, car la moindre trace d'hyposulfite de soude venant au contact soit des bains, soit des épreuves, avant que celles-ci soient plongées entièrement dans la solution de fixage, donne lieu, par la décomposition du nitrate d'argent, à une sulfuration, et les épreuves sont perdues. Nous verrons plus loin, en parlant des procédés au collodiobromure et au gélatinobromure, que le danger n'est plus aussi grand pour ces préparations, parce qu'elles ne renferment pas de nitrate d'argent libre.

(¹) Nous laissons dans le doute la théorie qui s'appuie sur la formation par la lumière d'un sous-iodure et d'un sous-bromure d'argent, ces deux sous-sels n'existant qu'à l'état hypothétique et n'ayant pas été isolés; d'ailleurs, quand même ils existeraient, comme ils ne sont pas réduits directement par le révélateur, la question de savoir pourquoi ils attirent les molécules d'argent réduit resterait tout entière. Une explication a été proposée qui attribue cette attraction à un développement local d'électricité, mais sans qu'on ait apporté de preuves suffisantes.

Le bain de fixage est composé de :

	Parties.
Hyposulfite de soude........................	20
Eau ordinaire............	100

Dans une cuvette de matière quelconque non métallique (verre, porcelaine, carton durci, gutta-percha), mais qui doit ne servir qu'à cet usage, on met la solution en quantité suffisante pour que la glace que l'on y plonge y baigne largement ; on relève le cliché et on l'abaisse à plusieurs reprises, afin que l'eau qui le couvre soit remplacée par l'hyposulfite de soude, puis on l'abandonne pendant quelques minutes : on voit peu à peu disparaître la couche jaune opalescente d'iodure d'argent ; pour connaître si l'action est réellement terminée, on retourne la glace et l'on examine au dos si elle est complètement désiodurée ; quand le fixage paraît complet, on laisse encore l'épreuve dans le bain pendant quelques minutes, puis on la retire, on l'égoutte et on la rince à grande eau ; on la met ensuite pendant cinq à dix minutes dans une grande bassine d'eau fraîche, et l'on rince de nouveau sous le robinet. Un lavage abondant est nécessaire pour éliminer complètement tout l'hyposulfite de soude et empêcher qu'après la dessiccation il ne revienne cristalliser à la surface et ne perde ainsi l'épreuve, ou qu'il ne nuise aux diverses réactions subséquentes, lorsqu'il faut renforcer le cliché.

Pendant toute l'opération du fixage à l'hyposulfite de soude, les doigts ont été en contact permanent avec ce réactif : aussi, dès que la glace sera lavée et posée sur son chevalet pour égoutter et sécher, on se rincera les mains avec beaucoup de soin, non que l'hyposulfite de soude offre le moindre danger pour la santé, mais parce que la plus légère trace qui resterait aux mains amènerait des taches irrémédiables sur les clichés suivants. C'est en partie pour cela que, dans un grand nombre d'ateliers, on remplace l'hyposulfite de soude par le cyanure de potassium, à la dose de

	Parties.
Eau..............................	100
Cyanure de potassium................	2 à 3

On n'a plus à craindre les taches ; mais le danger que présente l'emploi de ce poison énergique doit engager les opérateurs à le rejeter; d'ailleurs, s'il est plus commode, s'il donne des clichés qui semblent plus éclatants, il faut reconnaître qu'en réalité il ronge les demi-teintes, et, si le négatif est plus séduisant, quand on le regarde par réflexion, il n'est pas meilleur : nous ne saurions trop prémunir nos lecteurs contre l'emploi de ce réactif.

143. **Renforcement de l'épreuve.** — Nous avons indiqué comment l'épreuve peut être légèrement renforcée et conduite à bien pendant son développement dans le cabinet noir; nous supposons maintenant qu'après l'avoir fixée on reconnaît qu'elle est trop faible et qu'il serait utile de lui donner plus d'intensité. On emploiera, suivant la vigueur cherchée, une des méthodes suivantes.

1. *Eau iodée.* — L'emploi de l'eau iodée peut, à la volonté de l'opérateur, donner un renforcement léger ou énergique; on opère de la manière suivante.

On met dans une cuvette de dimension convenable une quantité d'eau iodée, additionnée d'un même volume d'eau. L'eau iodée est préparée d'après la formule déjà donnée (112) :

	Parties.
Eau	250
Iodure de potassium	5
Iode en paillettes	1,25

Le cliché, bien fixé, bien lavé, est mis dans ce bain que l'on balance de manière à avoir une action très régulière sur toute la surface; la teinte de l'image est rapidement modifiée, parce qu'il se forme une certaine quantité d'iodure d'argent qui va toujours en croissant; on fait l'opération en plein jour.

On doit arrêter l'effet bien avant que l'épreuve passe au jaune, ce qui serait le résultat final; on se contente généralement d'un ton brun, moins perméable aux rayons lumineux que le ton primitif. On lave alors le cliché avec beaucoup de soin, on le passe rapidement dans une solution très faible d'hyposulfite de soude, au plus à 5 pour 100, ou dans une solution ammoniacale, également très étendue; sans cette précaution le cliché se modifie peu à peu sous l'influence de la lumière et devient tellement opaque qu'on ne peut plus l'utiliser; cette propriété pourrait être employée, à la rigueur, comme moyen de renforcement, mais il serait peut-être difficile d'arrêter l'action au moment voulu.

II. Si l'on veut arriver à une intensité plus considérable, après avoir passé l'eau iodée et avoir bien lavé, on couvre l'épreuve en plein jour avec la solution faible de nitrate d'argent acidulé préparée pour le renforcement. L'iodure d'argent devient immédiatement sensible et l'épreuve remonte en la couvrant avec la solution pyrogallique acide formée de :

	Parties.
Eau	250
Acide pyrogallique	1
Acide acétique cristallisable	10

Au lieu d'acide pyrogallique seul, on emploie avec avantage le mélange de :

	Parties.
Eau	1000
Acide gallique	3
Acide pyrogallique	3
Acide acétique cristallisable	15 à 30

Ce révélateur, qui ne pourrait convenir pour développer l'image lorsqu'elle sort du châssis, parce qu'il serait beaucoup trop lent, convient, au contraire, parfaitement lorsqu'on veut remonter une épreuve; il se maintient limpide plus longtemps que celui à l'acide pyrogallique seul et il est facile de surveiller son action. Les solutions gallique et pyrogallique ont toutefois une tendance à jaunir les clairs des clichés, si leur action est un peu prolongée : on combat cette coloration par une forte proportion d'acide acétique.

Les couches de collodion qui ont reçu l'action de ces acides ont une grande facilité à se détacher de la glace et demandent de grandes précautions au lavage.

III. *Bichlorure de mercure.* — Il convient parfois d'avoir des négatifs très vigoureux et en même temps très purs : tel est le cas pour les reproductions de gravures, de cartes, de plans, etc., surtout lorsque ces négatifs doivent servir ensuite pour les tirages aux encres grasses.

Nous avons dit qu'il est préférable d'employer alors des collodions vieillis renfermant peu ou point de bromure et donnant au développement des images franchement heurtées ; on doit poser juste le temps nécessaire pour obtenir tous les détails en réservant la grande pureté des traits qui seraient empâtés par un excès de pose ou de développement.

Mais, le plus souvent, dans ces circonstances, les parties noires du cliché sont beaucoup trop transparentes ; il faut avoir recours à un renforcement énergique que l'on demande presque toujours au bichlorure de mercure, soit seul, soit suivi de l'action d'autres réactifs.

On plonge la glace en plein bain dans une cuvette contenant une solution saturée de bichlorure de mercure (cette substance, nommée aussi *sublimé corrosif*, est un poison violent); l'eau en dissout à froid 7 parties pour 100 d'eau. On peut faciliter la solution par quelques gouttes d'acide chlorhydrique ou par une petite quantité de chlorhydrate d'ammoniaque.

Le premier effet est de rendre le cliché plus noir : on peut s'arrêter à ce moment. Si on laisse l'action continuer, on voit peu à peu l'image tourner au blanc bleuté ; arrivée à ce point, on la lave bien et, si l'on substitue à la solution de bichlorure de mercure une solution de bromure de potassium à 5 pour 100, l'image revient complètement noire. On emploie le plus souvent une solution très étendue de sulfhydrate d'ammoniaque, mais à la condition d'opérer à l'air libre, à cause de l'odeur repoussante de ce réactif que l'on peut remplacer avantageusement par le monosulfure de sodium, dont l'odeur est à peine sensible.

Après lavage et séchage, on vernit le cliché ; mais il faut se rappeler que les vernis résineux alcooliques font baisser beaucoup l'intensité des clichés remontés au bichlorure de mercure ; on les gommera d'abord et, s'il est nécessaire, on les vernira par-dessus la gomme.

Autres formules de renforcement :

		Parties.
IV.	Eau	100
	Permanganate de potasse	3,50

On plonge la plaque dans cette solution jusqu'à ce qu'elle ait pris une teinte jaune uniforme.

	Parties.
V. Eau	100
Sulfate d'urane	0,6
Ferricyanure de potassium	0,6
Chlorure d'or	0,1

Cette solution donne à l'épreuve une chaude teinte brune.

On préfère généralement les trois premières méthodes dont nous avons donné le détail; on emploie surtout le renforcement au bichlorure de mercure.

144. Gomme et vernis. — Les clichés, renforcés ou non, après avoir été bien lavés, sont recouverts à deux reprises différentes avec une solution de gomme arabique à 10 pour 100 d'eau ordinaire et mis à sécher. Cette couche de gomme les protège suffisamment pour qu'on puisse en faire un tirage à quelques exemplaires; elle permet également la retouche. Si, au contraire, le cliché doit fournir un grand nombre d'épreuves, on le protège au moyen d'un vernis, ainsi que nous l'avons expliqué (103). Si l'épreuve doit être transportée sur pellicule, on la laisse sécher sans la gommer ni la vernir. Il arrive quelquefois, quand on a opéré avec des collodions vieillis et altérés, lorsque les glaces n'ont pas été suffisamment nettoyées, qu'il se produit des réductions d'argent dans les parties claires du cliché; en séchant, ces parties deviennent irisées, et le plus souvent le collodion se soulève et se déchire en se détachant de la glace. Dans ces conditions, il est rare qu'on ait une bonne épreuve; il se peut néanmoins qu'on ait intérêt ou plaisir à la conserver telle quelle. La solution de gomme arabique à 10 pour 100, passée à deux reprises différentes sur le cliché, empêche cet accident; on laisse sécher et l'on vernit ensuite sans crainte de voir le collodion se déchirer. Il est bon d'avoir toujours sous la main cette solution de gomme prête pour tous services. On peut en faire à l'avance une certaine quantité qui se conserve, si l'on a la précaution d'y ajouter quelques gouttes d'acide phénique ou d'essence de girofle.

145. Conservation du collodion humide. — Lorsque les poses sont prolongées, ce qui arrive si l'on est obligé d'employer des objectifs à long foyer munis de petits diaphragmes pour obtenir des épreuves de grande surface, la couche sensible humide se dessèche peu à peu, surtout si l'on opère dans un milieu dont la température est élevée, et les parties desséchées ou en voie de dessiccation se couvrent de taches au développement; il faut donc s'opposer le mieux possible à ces fâcheux effets.

Voici quelques moyens proposés : on rafraîchit cette surface et l'on ralentit une évaporation trop rapide en mettant sur l'envers de la glace une feuille de gros papier buvard imprégné d'eau fraîche; ce palliatif permet de prolonger un peu l'exposition.

On place dans la chambre noire, soit une cuvette contenant un mélange d'eau et d'alcool, soit des papiers buvards imprégnés de ce mélange : les vapeurs qui en proviennent saturent l'atmosphère de la chambre et retardent ainsi l'évaporation de la surface humide qui recouvre la glace.

On peut agir sur la couche elle-même, en la modifiant de telle sorte que les dessiccations partielles, si elles se produisent, n'amènent pas de grandes réductions locales. L'usage de bains très acidifiés par l'acide nitrique, d'après M. Durandelle, remédie à ce grave inconvénient.

L'observation, que ces taches se produisent surtout lorsqu'on emploie des bains d'argent sursaturés d'iodure d'argent, d'alcool, d'éther par les opérations précédentes, a fait employer un second bain plus pur. La glace sensibilisée dans le premier bain d'azotate d'argent est bien égouttée, passée dans un bain neuf d'azotate d'argent au même titre et exposée; dans cette condition l'exposition peut durer beaucoup plus longtemps.

Enfin on peut encore, d'après les conseils donnés autrefois, couvrir la glace sensible avec une couche de lait bien écrémé, ou avec un mélange d'eau et de glycérine parfaitement pure.

Toutefois ces divers moyens, qui peuvent remédier aux inconvénients présentés par les poses trop prolongées dans le service de l'atelier, ne seraient qu'une faible atténuation de tous les ennuis que présente le collodion humide pour les travaux extérieurs.

CHAPITRE IV.

PROCÉDÉS AU COLLODION SEC.

146. Lorsqu'il s'agit d'aller au loin faire des opérations photographiques, on comprend toutes les difficultés que présente l'installation d'un cabinet obscur ou d'un système de tente ou de boîtes plus ou moins ingénieuses, destinées à le remplacer ; il faut une très grande habileté pour faire, dans de semblables conditions, les manipulations délicates que demande l'obtention d'une épreuve.

Bien que quelques opérateurs photographes aient préféré et préfèrent encore s'en tenir au procédé du collodion humide dont ils ont l'habitude et qui, pour cette raison, leur donne des résultats qu'ils n'obtiennent pas dans les quelques essais qu'ils ont pu faire avec les procédés secs, on a cherché avec succès les moyens de n'emporter au dehors que la chambre noire avec des surfaces sensibles préparées à l'avance, prêtes à recevoir l'impression lumineuse, et pouvant attendre le développement jusqu'au moment opportun. En opérant ainsi, on ne sait pas immédiatement, il est vrai, si l'épreuve est ou non réussie ; mais il est facile d'impressionner plusieurs glaces coup sur coup pour parer à un insuccès possible et cela en moins de temps et avec moins de dépense que n'en eussent demandé le transport et l'installation des appareils pour le collodion humide.

A côté de quelques inconvénients le collodion sec présentait de grands avantages : aussi les recherches sur ce sujet ont été nombreuses jusqu'au moment où le procédé au gélatinobromure est venu remplacer tous les autres.

Nous ne devons pas cependant nous abstenir de décrire les principales méthodes de collodion sec, parce qu'elles peuvent être employées utilement pour faire les épreuves positives par transparence, parce qu'elles appartiennent à l'ensemble des procédés photographiques et que quelques-unes, surtout le collodion albuminé, dit procédé Taupenot, donnent des résultats qu'on obtiendrait difficilement par les procédés nouveaux.

PRINCIPES GÉNÉRAUX.

147. Tous les procédés de collodion sec reposent sur des principes généraux qui sont les suivants :

Adhérence des préparations sensibles sur les glaces ;

Perméabilité de la couche de collodion ;

Emploi d'une proportion de bromure considérable ;

Élimination complète du nitrate d'argent libre par les lavages ;

Emploi fréquent d'un préservateur dont la composition constitue la variante nominale du procédé ;

Remplacement des révélateurs acides mélangés de nitrate d'argent par des révélateurs alcalins ou autres, agissant par réduction directe du bromure d'argent.

148. **Adhérence des préparations sensibles.** — Les soulèvements, les ampoules, les déchirements de la couche sensible constituaient un des plus grands inconvénients des procédés secs ; nous avons expliqué ci-dessus, en traitant du nettoyage et de la préparation première des glaces, comment on peut remédier à ces défauts, soit par l'emploi de l'albuminage préalable (114) si, comme il arrive le plus souvent, on a l'intention de conserver les clichés tels quels, sans chercher plus tard à les transporter sur pellicules ; soit par le passage de la surface au talc (113), ce qui ne met aucun obstacle au transport sur pellicule et rend même cette opération plus certaine.

Il faut ajouter à ces deux moyens le vernissage des bords de la glace qui est indiqué dans les Traités de collodion sec, entre autres pour le procédé au tannin ; la couche a une tendance d'autant plus grande à quitter la surface de la glace que les bains successifs ont été plus acides : pour l'empêcher de se détacher, on la maintient au moyen d'une légère bande de vernis appliquée sur les bords. Ce moyen ne vaut pas les précédents, parce qu'il arrive souvent qu'il se fait dans le collodion une légère déchirure, même une simple piqûre inaperçue ; le liquide révélateur pénètre par ce point ; tantôt il soulève la couche partiellement et il se produit une tache résultant d'un développement par les deux faces ; tantôt il la soulève tout entière, et celle-ci, retenue seulement par les quatre bords, fait une poche très difficile à laver, qui se déforme et, le plus souvent, crève tout à coup au plus grand détriment de l'épreuve.

Si, malgré ces inconvénients, on croit devoir se contenter de vernir les bords de l'épreuve, on peut employer soit un peu de vernis, vendu dans le commerce sous le nom de *vernis au pinceau*, soit une faible solution de caoutchouc dans la benzine, ou du vernis à la gomme laque ; on l'applique tout autour sur les bords du collodion avec un pinceau, de manière à former une bande de 2^{mm} ou 3^{mm}. Un procédé plus simple, conseillé et employé par M. de Villecholles, consiste à graisser les bords de l'épreuve : il suffit de toucher une matière grasse, suif, saindoux, huile, pommade, etc., avec le bout du doigt que l'on passe ensuite sur le bord de la glace pour empêcher le révélateur de pénétrer sous la partie graissée et obtenir le même effet que par la bande de vernis.

149. **Perméabilité de la couche de collodion.** — Nous savons que la couche sensible, quel que soit son mode de préparation, peut être comparée à une sorte de tissu, de filet excessivement fin, dans les mailles duquel se trouvent retenues les molécules sensibles d'iodure et de bromure d'argent; pour que les réactions se produisent dans ce filet, il est nécessaire que les mailles ne se ferment pas.

On ne peut obtenir de bons résultats avec les procédés secs, si l'on emploie un collodion donnant des couches cohérentes de nature gélatineuse ; ce produit réussit à l'état humide parce que, les pores restant ouverts, la pellicule se maintient à l'état spongieux ; mais, aussitôt qu'elle se dessèche, les pores se referment, englobent les molécules sensibles et les soustraient aux réactifs dont l'action se porte uniquement sur celles qui ont échappé à cet emprisonnement; aussi les épreuves obtenues sont pauvres, maigres, et se développent avec difficulté. Il est donc nécessaire, pour le collodion sec, d'avoir des couches sans ténacité, et en quelque sorte poudreuses, et de maintenir leur perméabilité, même après dessiccation, par un artifice quelconque, de telle sorte que les révélateurs puissent agir sur la majeure partie des molécules, dont il est bon d'augmenter la proportion.

Le temps, aidé par les divers iodures et bromures dissous, altère les collodions; et, lors des premiers essais, on disait volontiers que le collodion ne marchait bien à sec qu'à la condition d'être vieilli et de donner des couches pourries, c'est-à-dire poudreuses, désagrégées et laissant passer les réactifs : de là ces formules mal commodes dans l'usage, demandant, comme première condition de succès, de laisser vieillir le collodion pendant plusieurs semaines et même pendant plusieurs mois après sa préparation.

Actuellement, les principes étant mieux connus, on peut recommander les vieux collodions, mais on emploiera surtout pour les procédés secs des cotons-poudre faits à haute température, donnant des collodions limpides et sans ténacité, et des couches aussi régulières que possible; car les divers défauts, tels que les moutonnages, les jaspures, les rides, les réseaux, qui parfois sont peu sensibles dans le procédé humide, parce que les réactions révélatrices s'y produisent rapidement dans une masse spongieuse, s'accentuent d'une manière certaine dans les procédés secs, avec lesquels le développement agit d'une manière plus lente et plus difficile.

150. Emploi d'une proportion de bromure considérable. — Si l'on considère que l'iodure d'argent est surtout sensible en présence du nitrate d'argent, que celui-ci doit être complètement éliminé des préparations sèches, que moins la sensibilité est grande, plus les contrastes, les écarts entre les effets lumineux sont accentués, on comprend la nécessité de combattre ces difficultés, en augmentant la dose de bromure d'argent. Celui-ci, en effet, lorsqu'il est débarrassé du nitrate d'argent, est facilement impressionnable par de faibles lumières, et plus sensible aux divers rayons du spectre; en outre, les impressions sur les surfaces bromurées se développent très bien sous les révélateurs alcalins, qui n'ont aucune action appréciable sur l'iodure d'argent. On a donc intérêt, dans les procédés secs, à augmenter la quantité de bromure et même à l'employer seul; il faut se rappeler, toutefois, qu'un bromure sensible dissous dans le collodion se transforme difficilement en bromure d'argent: le bain sensibilisateur doit s'élever au titre exceptionnel de 18 à 20 parties pour 100 d'eau, et même, dans ce bain concentré, la double décomposition ne s'opère que très lentement : la glace collodionnée peut y séjourner un quart d'heure sans inconvénient.

Lorsque, dans un procédé quelconque au collodion, on voudra employer les bromures seuls, on se rappellera encore que la dose des bromures solubles doit dépasser la moyenne donnée dans les formules ordinaires : elle peut aller jusqu'à 3 pour 100. Il faut donc faire usage de bromures facilement solubles dans l'alcool et l'éther : tels sont ceux d'ammonium, de cadmium, le mélange des deux, ceux de zinc, etc. Le bromure de potassium, au contraire, sera rejeté, parce qu'il est très peu soluble dans l'alcool et l'éther. Quelques opérateurs emploient des collodions tellement chargés de bromure, que la couche sensible vue par transparence est presque opaque et comme porcelainée. Les précautions contre l'action de la lumière seront aussi plus grandes, et, au lieu de l'éclairage jaune ordinaire pour les préparations à l'iodure d'argent, on emploiera la lumière jaune fortement orangé, ou additionnée de la lumière rouge-rubis.

151. Sensibilisation. — Élimination du nitrate d'argent. — La sensibilisation se fait dans un bain d'argent qui, d'après l'ensemble général de formules données, est toujours franchement acide. Cette acidité a probablement pour but de mettre obstacle à une combinaison trop facile de l'azotate d'argent avec les matières organiques; elle facilite en outre la formation du bromure et retarde celle de précipités pulvérulents qui donnent à la couche sensible un aspect poudreux et criblent l'image de points à jour. Le bain doit être filtré dès que le liquide commence à se troubler; il peut servir pour douze ou quinze glaces sans qu'il soit nécessaire de le passer sur le filtre.

Après la sensibilisation, que l'on prolonge plus que pour le collodion humide, il est absolument nécessaire d'éliminer tout le nitrate d'argent libre. Nous rappelons les explications précédemment données :

L'iodure d'argent n'a de sensibilité qu'autant qu'il a été en contact avec un excès d'argent (ou d'une substance de nature à absorber l'iode); s'il y a une trace d'iodure soluble en excès, sa sensibilité est anéantie ou renversée. Lorsqu'un mélange d'iodure et de nitrate d'argent vient à sécher, il se fait un composé défini auquel on a donné le nom d'*iodonitrate d'argent*, qui cristallise dans la couche sensible et se présente en fines aiguilles groupées sous forme d'étoiles autour d'un point central; cette couche sensible est donc perdue par ce seul fait; en outre, au développement, l'iodonitrate, qui se décompose par la présence de l'eau, donne d'abondantes réductions métalliques; enfin le nitrate d'argent se combine rapidement avec les matières organiques de nature diverse, qui sont en contact avec lui, et cette combinaison est le plus souvent attaquée par les révélateurs. D'autre part, le bromure d'argent demande des bains concentrés pour sa formation; mais, s'il reste en présence d'un excès de nitrate d'argent, il est réductible par les révélateurs sans l'intervention de la lumière et, par conséquent, il donne des épreuves voilées.

Le nitrate d'argent, fût-il resté isolé et parfaitement inaltéré, est aussitôt réduit avec une coloration noir intense par les révélateurs alcalins (et autres), que l'on emploie pour les préparations sèches.

De cet ensemble de raisons il est facile de conclure que, après avoir sensibilisé la couche de collodion dans un bain qui fournit toujours le nitrate d'argent en excès, la première condition est d'enlever tout ce nitrate pour que cette couche se conserve à sec, apte à fournir une épreuve, ce que l'on obtient par des lavages répétés et soignés.

La glace étant restée dans le bain pendant le temps nécessaire pour la sensibilisation, on la retire pour la laver; mais il faut éviter, autant que possible, de la toucher directement avec les doigts, moins pour ne pas les noircir que pour empêcher le contact de la couche sensible avec les matières étrangères qui ont pu rester sur les mains. On relève la glace avec la main droite au moyen du crochet et on en saisit l'angle avec la main gauche, mais en interposant entre le pouce et l'index un petit fragment de papier qui seul a le contact du liquide et que l'on jette ensuite. La glace étant soutenue par le crochet et les deux doigts est mise à égoutter; on la reprend ensuite de la même manière pour la plonger dans la cuvette de lavage.

La qualité de l'eau a une influence sur le résultat final. Lorsque les eaux sont trop chlorurées ou carbonatées, si elles ont passé sur des surfaces cimentées, elles empâtent les épreuves et donnent de mauvais résultats; si elles contiennent de l'acide carbonique libre en proportion notable, ce que l'on reconnaît facilement, quand l'eau, abandonnée dans un verre pendant la nuit, tapisse les parois de bulles gazeuses, elles ralentissent considérablement la sensibilité (du moins d'après notre expérience); si elles sortent d'un réservoir contenant des détritus organiques, elles produisent le plus souvent des voiles : il est donc prudent, même après une analyse sommaire faite avec les réactifs ordinaires, de vérifier par l'expérience sur quelques glaces la qualité des eaux du pays où l'on opère; des eaux d'apparence pure sont quelquefois détestables; d'autres peuvent être, comme l'eau de Seine, chargées de quelques sels et pourtant bien réussir pour certains procédés, comme le collodion albuminé, et ne pas réussir pour d'autres, comme le tannin; l'expérience directe sera le meilleur guide.

Dans le doute, il est préférable d'employer l'eau distillée ou l'eau de pluie récoltée avec soin quand une grande averse a suffisamment lavé les toits et les conduits et quand le réservoir en zinc, non en ciment, a été nettoyé avec soin.

Le mode de lavage varie suivant la manière dont on peut distribuer l'eau; nous supposons les conditions les plus défavorables, celles où, n'ayant ni réservoir, ni conduit, ni provision, on prend l'eau distillée dans une tourie et on cherche à l'employer avec économie.

On place alors trois cuvettes à la suite l'une de l'autre, on filtre dans chacune la quantité d'eau nécessaire pour baigner largement chaque glace; à la sortie du bain d'argent la glace est placée diagonalement face en dessus, sur un gros verre commun présentant une base solide, et l'angle supérieur appuyé contre le mur garni d'un papier : un journal déployé assujetti avec deux épingles fait parfaitement l'affaire. On a ainsi un égouttage plus complet, procurant un lavage meilleur, plus économique et plus rapide.

Après quelques minutes, le temps de mettre une seconde glace dans le bain sensibilisateur, on reprend la précédente que l'on immerge dans la première cuvette et on l'y abandonne pendant le temps nécessaire à la nouvelle sensibilisation, tout en donnant de temps à autre aux cuvettes un petit mouvement de bascule pour agiter les liquides; après ce premier lavage, on égoutte de nouveau la glace dans un verre, puis on la place dans la seconde cuvette, et la deuxième glace sensibilisée est mise à égoutter : on passe ainsi successivement de la deuxième cuvette à la troisième, on égoutte encore et l'on rince à la pissette. Ce rinçage, fait au-dessus de la dernière cuvette, laisse une eau suffisamment pure pour être employée aux lavages.

Lorsque l'eau de la première cuvette devient trouble et blanchâtre par suite de la précipitation d'un peu d'iodure d'argent, on la met aux résidus, on avance les autres cuvettes d'un rang; la première, qui ne contient plus rien, est mise la dernière; elle reçoit les eaux de la pissette qui sont bientôt en volume suffisant pour baigner complètement la glace. Ce lavage méthodique est à la fois sûr et économique.

152. **Préservateurs.** — Après la sensibilisation et le lavage, on recouvre presque toujours la glace d'une solution à laquelle on donne le nom de *préservateur*, parce qu'elle est destinée à empêcher ou à ralentir les altérations de la couche sensible, à maintenir la porosité nécessaire à l'action des réactifs et, suivant quelques expérimentateurs, à augmenter la sensibilité.

Les substances qui ont été essayées et mises en usage, comme susceptibles de remplir plus ou moins bien ces conditions, sont très nombreuses; mais, quelle que soit celle que l'on adopte, le mode d'emploi est le même : la solution est d'abord filtrée à plusieurs reprises et de préférence dans un vase à bec et à large ouverture, afin d'éliminer toutes les poussières et pour faire couler facilement le liquide sans qu'il se forme de bulles; on en verse la quantité nécessaire pour couvrir rapidement et régulièrement la couche sensible préalablement lavée et rincée, on maintient ce liquide pendant quelques instants en le promenant en tous sens et, inclinant la glace, on en fait tomber une portion par un angle; on renverse l'inclinaison en sens contraire : la solution qui s'était accumulée se porte vers l'angle opposé, en parcourant de nouveau toute la surface; on égoutte alors, en perdant le liquide que l'on remplace par une solution nouvelle, avec laquelle on recommence la même manœuvre. La seconde partie du préservateur peut être recueillie dans un verre pour faire le premier recouvrement de la glace suivante.

Il y a dans la sensibilisation, le lavage des glaces et l'extension du préservateur, un double écueil : si les doigts ont conservé quelque peu du nitrate d'argent et s'ils sont en contact avec le préservateur, chose presque impossible à éviter, les deux substances réagissent souvent l'une sur l'autre, et la glace sera tachée; si les doigts, contaminés par le liquide préservateur, viennent en contact avec le bain d'argent ou avec les préparations qui en sortent, toutes les glaces seront perdues. Il est donc nécessaire de faire successivement l'une et l'autre préparation avec des mains absolument nettes. Le plus simple est de demander l'aide d'une seconde personne; l'une fera la sensibilisation et le lavage, l'autre mettra le préservateur et portera au séchoir. Si l'on est forcément seul, on scinde les opérations; au lieu de les faire se succéder sans interruption, on commence par sensibiliser et laver les glaces jusqu'à ce que l'on en ait trois sur l'égouttoir, trois autres sont dans les bains de lavage; on se rince les mains pour enlever toutes traces d'argent, et l'on étend la solution préservatrice successivement sur les trois glaces égouttées; on se lave de nouveau les mains, et, en même temps qu'on termine le lavage et l'égouttage des trois suivantes en cours de préparation, on en sensibilise trois autres qui succèdent aux précédentes, et l'on continue ainsi jusqu'à la fin de l'opération, en alternant la sensibilisation et le lavage avec l'extension du préservateur et en rinçant chaque fois ses mains.

Le séchage sera fait régulièrement dans l'armoire, comme nous l'avons indiqué (68) en prenant la précaution d'empêcher la surface sensible de toucher par aucun point à un support quelconque : ce serait une cause de taches, même si le contact se faisait contre du verre rigoureusement propre, parce qu'en ce point le liquide serait retenu en quantité un peu plus considérable et occasionnerait des traînées visibles au développement.

Les substances les plus diverses ont été tour à tour préconisées comme pouvant servir depréservateurs.

La première idée, lorsqu'on voulut faire usage de surfaces sensibles longtemps après leur préparation, fut d'empêcher la couche de collodion de se dessécher : on proposa l'emploi de sels déliquescents, de matières sucrées telles que les divers sirops, le miel, l'hydromel, le glucose, la glycérine, etc. Ces substances, pour la plupart, présentaient cependant un inconvénient sérieux; la couche sensible, restant hygrométrique, retenait facilement les poussières ambiantes et il devenait difficile d'obtenir des surfaces parfaitement pures. On chercha donc d'autres produits pouvant se dessécher complètement, mais reprenant dans les bains la porosité nécessaire à l'action des réactifs; la gélatine, la métagélatine, l'albumine furent essayées tour à tour, puis les composés tanniques. Le nombre des essais et des formules qui en découlèrent fut considérable; toutes les matières gommeuses, gélatineuses, albumineuses, déliquescentes, sucrées et tanniques furent successivement proposées et l'expérience a démontré que les meilleurs résultats ont été obtenus avec les substances tanniques ou albumineuses.

Laissant de côté les formules de préservateurs hygrométriques, déliquescents ou sucrés dont les avantages ne compensent pas les inconvénients, nous dégagerons de cet ensemble quatre types de procédés comprenant :

Le collodion albuminé (procédé Taupenot),

Les préservateurs tanniques,

Les collodions secs sans préservateurs,

Le procédé au collodiobromure d'argent.

153. **Révélateurs alcalins et autres.** — Nous avons expliqué comment, dans le procédé du collodion humide, l'image apparaît, non parce que le révélateur complète l'action commencée par la lumière et réduit l'iodure et le bromure d'argent, mais parce que cette action réductrice se produit sur le nitrate d'argent qui baigne la couche sensible et met en liberté les molécules d'argent qui viennent se superposer aux endroits touchés par la lumière.

Dans les procédés secs, il n'y a plus de nitrate d'argent et avec les méthodes anciennes, pour obtenir le développement de l'image, il faut ajouter un peu de nitrate à la solution révélatrice. Mais alors, au lieu de se faire largement comme dans la couche spongieuse de collodion humide, l'action se produit avec moins d'ampleur dans la couche mince de collodion sec, même lorsqu'elle a été couverte d'un préservateur; il en résulte plus de lenteur dans le développement, plus d'écart, plus d'opposition entre les clairs et les ombres, défauts qu'il faut compenser par des poses beaucoup plus longues.

On a cherché et réussi à atténuer ces difficultés en se servant de révélateurs plus puissants et, au lieu de diminuer le pouvoir réducteur des acides gallique et pyrogallique, en les additionnant d'acide acétique, on l'a, au contraire, augmenté en donnant à leur solution une réaction franchement alcaline par l'addition d'ammoniaque, de soude, de potasse, ou de carbonates de ces alcalis, ou l'on a substitué au sulfate de protoxyde de fer l'oxalate de fer qui est beaucoup plus énergique, et, par ces réducteurs puissants, le mode de développement a été complètement transformé.

Ces révélateurs, en effet, agissent sur le bromure d'argent et réduisent à l'état métallique les parties qui ont reçu l'impression lumineuse; ils le réduisent même sans cette impression si sa sensibilité a été trop exaltée et alors la surface noircit entièrement sans donner d'épreuve.

Ces révélateurs agissent encore plus énergiquement sur le nitrate d'argent qu'ils ramènent immédiatement à l'état métallique, mais ils n'ont pas d'action appréciable sur l'iodure d'argent. Aussi répéterons-nous ce que nous avons dit plus haut : pour les procédés secs et avec les révélateurs alcalins ou spéciaux, il est nécessaire que tout le nitrate d'argent soit éliminé, que le bromure soit en quantité relativement considérable, souvent même qu'il remplace complètement l'iodure. Dans ces conditions de préparation et de développement, la pose est plus rapide et l'apparition facile de l'image se fait avec plus de modelé. Si la proportion de bromure n'est pas assez considérable, il arrive que l'épreuve, bien que complète dans toutes ses parties, est trop légère pour donner un bon positif: elle n'a pas l'intensité nécessaire, l'écart entre les noirs et les blancs n'est pas suffisamment accentué. Avec les procédés de collodion sec, il est facile de la remonter en faisant succéder convenablement au révélateur alcalin le révélateur acide additionné d'un peu de nitrate d'argent dont les molécules, au fur et à mesure qu'elles sont réduites, obéissent à la loi d'attraction et vont se superposer à la première image dans des proportions qui augmentent très rapidement les intensités lumineuses et donnent au cliché le brillant qui lui manquait.

Les formules de solutions alcalines révélatrices sont nombreuses et trop souvent compliquées d'une manière inutile. La première que nous donnons ci-dessous est simple et convient parfaitement aux préparations de glaces sèches que l'on doit remonter après développement au moyen de révélateurs acides. En décrivant plus loin les divers procédés de collodion sec, nous laisserons à chacun la formule de révélateur alcalin donnée par son auteur, tout en faisant remarquer que presque tous ces procédés pourraient réussir avec une même formule alcaline, comme presque toutes les formules alcalines pourraient être appliquées au même procédé.

Formule n° I.

A.	Sesquicarbonate d'ammoniaque.......	10^{gr}
	Eau..............................	1000^{cc}
	Bromure de potassium..............	$0^{gr},10$
B.	Acide pyrogallique................	10^{gr}
	Eau..............................	1000^{gr}

La solution A se conserve très longtemps sans altération, la solution B s'altère beaucoup plus vite; il serait bon de n'en préparer que la quantité nécessaire pour trois ou quatre jours.

Il n'est pas indifférent d'employer tel ou tel carbonate d'ammoniaque. Le sesquicarbonate d'ammoniaque se trouve dans le commerce sous forme de gros morceaux blancs, durs, translucides, à cassure fibreuse et sentant fortement l'ammoniaque; à cet état il est excellent pour les préparations, mais avec le temps il perd de l'ammoniaque qui se volatilise; les morceaux, de translucides et porcelanés qu'ils étaient, passent au blanc opaque et perdent leur consistance : la solution révélatrice faite avec un semblable produit n'a qu'une action excessivement lente et le plus souvent nulle.

Pour le développement on met la glace dans une cuvette à fond plat et on lui fait suivre toutes les opérations sans qu'il soit nécessaire de la retirer.

On commence par mouiller l'épreuve avec la quantité d'eau distillée nécessaire; cette eau, reversée dans un verre, peut servir pour toute une série de glaces.

Sur la glace mouillée et égouttée, on verse ce qu'il faut pour la couvrir d'un mélange fait au moment et à parties égales de A et de B, puis on balance la cuvette et l'on regarde venir l'image. Aussitôt qu'elle paraît suffisamment accusée dans toutes ses parties et avant qu'elle s'égalise d'une teinte générale, on rejette le liquide alcalin, on égoutte et, sans qu'il soit nécessaire de laver, on verse une même quantité de la solution acide :

Eau	1000^{cc}
Acide gallique	3^{gr}
Acide pyrogallique	3^{gr}
Acide acétique cristallisable	15^{cc}

L'acide acétique de cette solution sature immédiatement toute l'alcalinité de l'opération précédente, et l'épreuve peut subir sans danger le contact du nitrate d'argent. On met alors dans un verre quelques gouttes d'une solution d'argent à 3^{gr} ou 4^{gr} pour 100^{cc} d'eau distillée, on y déverse la solution qui est dans la cuvette et l'on reverse le tout sur la glace; si l'on est dans des conditions convenables de pose et de préparation, l'image monte rapidement : on l'arrête au moment voulu.

Nous croyons le carbonate d'ammoniaque préférable à la solution d'ammoniaque indiquée par un grand nombre d'opérateurs, parce qu'il a moins de tendance à voiler l'épreuve.

Formule n° II. — Dans cette formule on a cherché à conserver sans altération la solution d'acide pyrogallique faite à l'avance et, au lieu de dissoudre celui-ci dans l'eau, on en fait une solution alcoolique qui sert jusqu'à épuisement.

A. Sesquicarbonate d'ammoniaque	10^{gr}
Eau	500
Bromure de potassium	0,50

Dissolvez et filtrez.

B. Acide pyrogallique	10^{gr}
Alcool à 40°	100^{cc}

On mélange, pour 100^{cc} de la solution A, 2^{cc} ou 3^{cc} de la solution B; les épreuves se développent rapidement sous ce révélateur, plus énergique que le précédent, et, si la dose du bromure d'argent contenu dans la couche sensible est suffisante, on n'aura pas besoin de renforcer l'image avec le nitrate d'argent et la solution pyrogallique acide.

Formule n° III. — Nous avons essayé de remplacer le carbonate d'ammoniaque par un autre produit plus ordinaire, plus stable, qu'il est possible de se procurer facilement en toutes circonstances : ce produit est le sucrate de chaux, qui nous a donné de bons résultats; on le prépare et on l'emploie de la manière suivante.

On prend un morceau de chaux vive que l'on éteint en le plongeant dans l'eau et le maintenant plongé jusqu'à ce qu'il ne se dégage plus de bulles d'air.

D'autre part, dans une solution d'eau sucrée contenant 10^{gr} de sucre pour 100^{cc} d'eau, on ajoute de cette chaux éteinte une quantité suffisante pour qu'il en reste un notable excès insoluble après agitation. L'excès de chaux tombe au fond du flacon et le liquide limpide qui surnage constitue le sucrate de chaux. Cette solution mise dans un flacon bien bouché se conserve indéfiniment pour l'usage; il suffit de l'agiter à de longs intervalles pour que sa composition reste constante. Son prix est presque nul; pour le développement on y ajoute un peu de bromure de potassium; soit la formule :

Eau	100^{cc}
Sucre blanc	10^{gr}
Chaux éteinte	(un excès)
Bromure de potassium	1^{gr}

D'autre part, on fait une solution de :

Acide pyrogallique	1^{gr}
Eau distillée	100^{cc}

On commence par laver la glace à l'eau distillée; on verse cette eau de lavage dans un verre gradué, pour 100^{cc} on ajoute 5^{cc} de sucrate de chaux et l'on reverse le mélange sur l'épreuve.

Le plus souvent le préservateur contenait de l'acide gallique ou pyrogallique ou du tannin : alors l'image commence à apparaître; on ajoute au liquide 4 à 5^{cc} de la solution pyrogallique : l'épreuve s'accentue avec rapidité, le liquide noircit presque immédiatement, mais l'image lavée reste très pure. On la renforce comme il est dit ci-dessus. Ce procédé donne des épreuves très fouillées dans tous les détails.

Le sucrate de chaux nous a parfaitement réussi dans le développement des épreuves albuminées (procédé Taupenot), et souvent, lorsque l'image n'apparaissait qu'à peine sous le révélateur au carbonate d'ammoniaque, il a suffi d'y ajouter quelques centimètres cubes de sucrate de chaux pour la faire complètement sortir en quelques secondes.

Dans l'emploi le sucrate de chaux sera considéré plutôt comme un agent capable d'apporter un surcroît d'énergie au développement que comme un réactif destiné à servir de révélateur courant; son action, trop vive, pourrait être une cause de voile sur des préparations très sensibles.

COLLODION ALBUMINÉ.

PROCÉDÉ TAUPENOT.

154. Le collodion albuminé fut un des premiers procédés de collodion sec, il est resté un des meilleurs; délicat dans l'application, il demande un opérateur soigneux, mais il donne de remarquables résultats, surtout pour le paysage. Taupenot, son auteur, en donna la description complète en 1855, dans le *Bulletin de la Société française de Photographie*.

Les manipulations, qui au début semblaient assez extraordinaires, reçoivent actuellement une explication facile, parce que les théories générales sont mieux comprises.

La glace, préalablement talquée ou recouverte d'une couche mince d'albumine, pour éviter les ampoules ou les soulèvements qui furent pendant longtemps un des écueils du procédé, est collodionnée avec un collodion de bonne qualité, marchant bien au procédé humide. C'est à tort que l'on a prétendu qu'on pouvait utiliser ainsi les vieux collodions hors de service; les résultats sont dans ce cas inférieurs à ce que l'on peut obtenir avec de bons produits.

La sensibilisation de la couche se fait, dans le bain d'argent ordinaire, à 7 pour 100; on la lave avec soin et on la recouvre avec de l'albumine iodurée ou iodobromurée, dont l'effet est d'anéantir complètement la sensibilité première que le bain d'argent avait donnée à la préparation. Après dessiccation, celle-ci reste brillante, opaline, de teinte plutôt d'un blanc jaunâtre que réellement jaune, comme le serait l'iodure d'argent sensible; elle est alors inerte, elle peut voir le jour sans inconvénient, et se conserve à cet état pendant un temps indéfini. Si ces manipulations premières sont un peu longues, elles ont cette compensation, qu'on peut les faire à tous moments perdus pour les utiliser ensuite au moment opportun.

Lorsqu'on veut se servir des glaces préparées, on leur fait subir une seconde sensibilisation dans un bain d'argent acidifié par l'acide acétique cristallisable suivi d'un lavage soigné, et si l'on veut prolonger la conservation, on termine la préparation en couvrant la surface d'une solution d'acide gallique.

155. **Théorie.** — Suivons maintenant la théorie de ces opérations successives qui semblent quelquefois contradictoires.

Nous avons sur une glace une couche collodionnée sensible, contenant de l'iodure et du bromure d'argent bien lavés; si on la laissait sécher dans cet état, les pores se refermeraient, annulant en grande partie la sensibilité; mais l'albumine dont on la recouvre pénètre complètement la couche de collodion, jusqu'à la face du verre, interposant dans le tissu relativement grossier du pyroxyle son tissu infiniment plus fin.

Si la solution albumineuse n'avait été additionnée d'aucun réactif, la sensibilité de la couche ne serait pas annulée : elle serait seulement amoindrie par l'albumine et par les chlorures solubles qu'elle contient naturellement; mais, lorsque l'albumine a été additionnée d'iodure soluble (de potassium ou d'ammonium), celui-ci opère immédiatement diverses réactions.

1° Son action se porte sur le bromure d'argent sensible pour le transformer en iodure, car nous savons que le bromure d'argent ne peut exister en présence d'un iodure soluble sans qu'il se fasse aussitôt une double décomposition. Dans ces conditions, pourquoi faire sage d'un collodion iodobromuré, au lieu d'un collodion simplement ioduré? L'expérience montre que les résultats sont meilleurs; peut-être l'état moléculaire de l'iodure d'argent, se substituant au bromure d'argent, est-il dans des conditions photographiques plus favorables que celles de l'iodure d'argent formé directement.

2° Cette action se porte aussi sur l'iodure d'argent qui devient insensible à la lumière par ce seul fait qu'il est en présence d'un iodure soluble; non seulement, dans ce cas, l'iodure d'argent est insensible, mais, même s'il a reçu une impression lumineuse antérieure, cette impression est annulée. D'où cette conséquence que la première sensibilisation de la glace collodionnée peut être faite sans prendre aucune précaution contre la lumière, puisque l'impression reçue sera annulée par l'iodure soluble ajouté dans l'albumine, à cette condition toutefois que la lumière interviendra de nouveau pour défaire ce qu'elle avait primitivement produit sur la couche sensible.

Ce phénomène, qui semble contradictoire, est cependant simple : il peut se présenter assez fréquemment dans les manipulations photographiques et, à ce titre, il doit être expliqué.

Prenons un papier positif sensible contenant du chlorure d'argent, exposons-le à la lumière, il noircira : le chlorure d'argent est réduit; lavons ce papier, couvrons-le dans l'obscurité d'une solution d'iodure de potassium, il ne se produira rien : l'attraction que l'argent offre à l'iode n'est pas suffisante pour rompre l'affinité qui retient celui-ci uni au potassium. Mais portons ce papier au jour, la lumière agit alors comme une seconde force qui se joint à l'attraction de l'argent; les deux réunies produisent la décomposition de l'iodure de potassium, que ni l'une ni l'autre ne pouvaient opérer séparément, et le papier noir devient blanc (ou plutôt blanc jaunâtre). Cette réaction était employée par M. Bayard, dès 1839, pour obtenir des positifs directs.

Ce qui se passe dans cet exemple d'une manière si visible pour nos yeux se passe exactement de même d'une manière invisible sur les modifications latentes que la lumière fait éprouver aux couches sensibles, ce qui nous a toujours engagé à soutenir que l'image latente, comme l'image visible, est due à un phénomène de réduction.

Nous comprendrons mieux maintenant l'ensemble des manipulations du procédé Taupenot : nous supposons qu'on a sensibilisé la glace sans prendre aucune précaution contre la lumière ambiante, même celle du jour, ainsi qu'on peut le faire sans inconvénient; si l'on soumettait cette glace au révélateur, elle noircirait sur toute sa surface, car elle est impressionnée. Mais, au lieu de révélateur, on la recouvre avec une solution iodurée et on la laisse sécher; alors, comme pour le papier au chlorure d'argent noirci, il se présente deux phases : ou, en mettant l'iodure soluble, on conserve la préparation dans l'obscurité; dans ce cas celle-ci garde tout ou partie de l'impression reçue et elle se voilera plus tard sous l'action des réactifs; ou on l'expose en pleine lumière qui permet à l'iodure soluble de céder partie de son iode pour annuler l'impression première, et la couche sensible devient inerte et peut être conservée indéfiniment; ce mode d'opérer annule même les causes de voiles, qui pourraient exister en plus de l'insolation, et assure ainsi une grande pureté.

Mais les bromures viennent apporter ici quelques complications dont il faut tenir compte : si, dans la couche première, la dose du bromure d'argent est considérable, il se peut que sa transformation en iodure absorbe tout l'iodure soluble de l'albumine, et même qu'une partie de ce bromure reste non décomposée. On se trouve alors en présence de couches d'une sensibilité inégale; il y a donc lieu de ne pas employer des doses de bromure excédant le quart, au plus le tiers de la dose des iodures. Si l'on préfère des proportions de bromure considérables, on fera toutes les préparations dans le cabinet obscur et, du début au fixage, les glaces ne devront pas voir le jour; si, au contraire, ce sont les iodures qui dominent, les glaces qui auront vu le jour entre la première et la deuxième sensibilisation auront peut-être un peu moins de rapidité à l'impression, mais elles seront plus pures.

Sous l'influence du second bain d'argent, l'albumine, qui s'est interposée dans le collodion et qui forme comme un vernis à la surface, passe à l'état insoluble; les lavages ne peuvent plus l'enlever, mais elle reste perméable aux réactifs. Il s'est fait une combinaison d'albumine et d'argent qui s'altère assez vite par l'action seule du temps; si le bain d'argent est trop fort, l'albumine devient en quelque sorte cornée, les révélateurs la pénètrent moins facilement, le développement est long et difficile, la sensibilité paraît moindre. Aussi le titre du bain d'argent employé pour la seconde sensibilisation ne doit pas dépasser 10 pour 100 : il est très bon à 7 pour 100. La combinaison d'albumine et d'argent s'altérant en quelques jours, les glaces sensibles ne se conservent pas facilement, à moins qu'on ne fasse intervenir un nouvel agent qui puisse réagir sur cette combinaison : tel est l'acide gallique, qui assure la conservation pendant une quinzaine de jours.

156. **Opérations pratiques.** — Sur la glace talquée ou couverte d'une couche mince d'albumine, on étend un bon collodion. Les formules données (129) sous les n^{os} I, II, III peuvent être employées; en général, les couches qui ne sont pas trop opalines conviennent mieux pour rendre les paysages lointains que celles trop fortement chargées en iodure et en bromure d'argent; le collodion doit être suffisamment fluide pour bien s'étendre sans former ni stries ni nuages moutonneux. Si ces défauts se présentent malgré l'emploi d'un collodion de densité convenable, on doit presque toujours les attribuer au coton; on fera alors une préparation nouvelle en recherchant un coton plus attaqué par les acides. Il faut aussi tenir compte de la dextérité avec laquelle on étend la couche de collodion; on doit éviter les retours, les moutonnages que causerait une inclinaison trop rapide : le mieux est de verser le liquide lentement et régulièrement sur la glace et d'incliner celle-ci pour déverser l'excédent par l'angle inférieur et ne pas l'agiter pendant quelques instants.

157. La glace collodionnée est posée par l'angle sur quelques doubles de papier joseph et appuyée contre le mur la face en dessous; après une minute et même moins, suivant la température, on la relève et on l'immerge dans un bain formé de :

Eau	100^{cc}
Nitrate d'argent	7 à 8^{gr}
Acide nitrique	3 à 4 gouttes.

Le même bain peut servir pour un grand nombre de glaces, à la condition de le filtrer assez fréquemment, pour éliminer les poussières, les pellicules de collodion et les autres substances insolubles que chaque immersion peut y apporter; on doit vérifier de temps en temps l'acidité par un papier bleu de tournesol (cette acidité doit être franchement accusée); il est bon d'exposer le bain au soleil dans l'intervalle des préparations.

158. Après le temps nécessaire pour la sensibilisation du collodion, quand la couche ne gagne plus en opacité, on relève la glace, on l'égoutte, on la lave à trois eaux, en la faisant passer successivement dans trois cuvettes où elle est agitée chaque fois; on doit employer, soit de l'eau de pluie, soit de l'eau distillée : une mauvaise qualité d'eau est une cause d'insuccès; on rince ensuite en versant un filet d'eau avec la pissette, et l'on fait égoutter en posant le coin inférieur de la glace dans un verre ou tout autre vase, et en appuyant l'angle supérieur *face en dessus* sur un papier appliqué le long du mur.

Un égouttage convenablement fait assure la régularité des opérations. Si, après le dernier rinçage, on versait la préparation albuminée sur une glace mal égouttée, cette préparation glisserait sur la surface, il n'en resterait que quelques traces, et son action serait très incomplète. Si, d'autre part, on attendait trop longtemps, la couche commencerait à se dessécher, et l'albumine s'étendrait mal. On doit choisir le moment où la glace tenue verticalement ne laisse plus écouler de gouttes; on y verse alors l'albumine que l'on a préparée d'avance, d'après les indications suivantes.

159. Dans la préparation de l'albumine, nous remplaçons toujours le battage en neige des blancs d'œufs par la méthode, beaucoup plus simple et plus rapide, indiquée par M. Ackland : on met l'albumine dans un vase un peu haut, comme une large éprouvette ou un verre à pied, et, pour 100^{cc} de blancs d'œufs, on ajoute 10^{cc} d'eau acidulée par 1^{cc} d'acide acétique cristallisable; on agite doucement avec un agitateur en verre jusqu'à ce que le mélange soit devenu bien homogène et bien fluide, ce que la main apprécie parfaitement, et l'on abandonne au repos pendant deux heures : il se fait alors une séparation, un précipité peu abondant tombe au

fond du vase, un magma plus léger se réunit à la partie supérieure et, entre les deux, on a une haute couche d'albumine limpide. On recueille cette albumine en la filtrant d'abord sur un petit morceau d'éponge fine ou sur un tampon de coton mouillé; elle passe comme de l'eau si l'on a la précaution de décanter la partie limpide, soit en retenant le magma supérieur, soit mieux avec un siphon de verre; lorsque la partie claire est filtrée, on verse le reste dans l'entonnoir, et en peu de temps tout est égoutté.

L'albumine limpide ainsi préparée garde une réaction nettement acide, provenant de l'acide acétique; on peut, soit l'employer telle, soit la rendre neutre ou alcaline par quelques gouttes d'ammoniaque : les différences dans le résultat final ne sont pas très sensibles, l'albumine acide paraît donner des clichés un peu brillants.

A cette albumine filtrée on ajoute, pour 100^{cc},

	gr
Iodure d'ammonium.	1
Bromure d'ammonium.	0,25
Quelquefois dextrine.....	3 à 4

Nous avons souvent employé le sucre au lieu de la dextrine à cause de la facilité de sa dissolution; mais nous y avons renoncé, ainsi qu'à toutes autres matières sucrées, parce que les préparations sucrées absorbent l'humidité et se ternissent par les plus légères variations atmosphériques, tandis qu'avec la dextrine les glaces, une fois sèches, conservent toujours leur surface nette et brillante. On peut très bien réussir avec l'albumine iodobromurée sans addition d'aucune autre substance.

L'emploi de la dextrine n'est donc pas indispensable; elle donne un peu plus de rapidité, mais elle est une complication dans la préparation. On doit la mettre dans un mortier, ajouter de l'eau peu à peu et la broyer avec le pilon jusqu'à ce que l'on ait une solution sirupeuse, que l'on chauffe au bain-marie et que l'on ajoute à l'albumine après refroidissement. On filtre alors une première fois sur le papier; la filtration, empêchée par certaines parties gommeuses de la dextrine, est très longue.

Au moment de la préparation des glaces on fait une dernière filtration; pour cela, on prend un vase à bec, bien propre, et l'on place l'entonnoir de manière à faire descendre la douille presque au fond du vase, afin d'éviter la formation des bulles d'air; le premier liquide qui passe rince l'entonnoir, la surface extérieure du filtre, la surface intérieure du vase, et entraîne toutes les poussières qui auraient pu rester; on rejette ces premiers liquides sur le filtre et l'on continue la filtration. Lorsque le vase est suffisamment plein, on attend quelques minutes pour que les bulles entraînées remontent à la surface; on les enlève avec un peu de papier, et l'albumine est alors prête à être versée.

La glace égouttée est tenue à plat de la main gauche; avec la main droite on verse régulièrement à la partie supérieure une bande allant d'un angle à l'autre et couvrant environ le quart ou le cinquième de la surface; on fait descendre doucement cette bande jusqu'à la partie inférieure, on en laisse écouler quelques gouttes et l'on fait revenir la nappe à son point de départ; on la laisse redescendre une dernière fois, on rejette l'excédent de liquide, et la glace est mise verticalement à égoutter sur l'angle posé dans un verre commun, le dos appuyé contre le mur garni de papier buvard, de sorte qu'aucun point de la surface préparée ne touche sur un corps étranger. Lorsqu'elle est suffisamment égouttée, elle fait place à une autre, et elle est portée sur le séchoir.

Il arrive souvent que l'on emploie les jours de mauvais temps pour préparer un assez grand nombre de glaces; si ce nombre est plus considérable que le séchoir n'en peut porter, on reprend les premières glaces et on les met à sécher en les dressant sur la tranche et en les appuyant presque verticalement contre le mur garni de buvard. La dessiccation est très longue : elle demande de cinq à dix heures.

Si la couche d'iodure et de bromure d'argent est très épaisse dans le collodion, il est nécessaire d'employer une plus grande quantité d'albumine iodurée et d'en maintenir le contact, en mettant la glace pendant quelques secondes à plat sur une surface de niveau : sans cela la réaction serait incomplète et donnerait des glaces ne pouvant pas se conserver et se couvrant au développement d'un voile partiel ou total. L'albumine écoulée de la glace ne peut servir de nouveau, car elle est très appauvrie en iodure et, au contraire, elle s'est enrichie en bromure : son action serait donc différente.

Nous savons que ces premières préparations de sensibilisation, lavage, albuminage, peuvent être faites, sans aucun inconvénient, à une faible lumière du jour, telle que serait, par exemple, celle d'un appartement à persiennes fermées, mais à la condition que les glaces sèches soient de nouveau exposées au jour, sans quoi elles ne donneraient que des épreuves voilées ou même pas d'épreuves.

A cet état, les glaces n'ont aucune sensibilité, et elles peuvent être conservées indéfiniment, même au grand jour; il est bon de les nettoyer au dos en les mettant retournées sur la presse à nettoyer, les frottant d'abord avec une éponge ou un linge humide, puis avec un tampon de papier joseph.

160. Lorsqu'on veut leur donner la sensibilité, on les plonge d'un coup dans un bain d'acétonitrate d'argent formé de :

Eau	100^{cc}
Nitrate d'argent	7
Acide acétique cristallisable	7

On les laisse dans ce bain, sans les agiter, pendant une demi-minute : si on les remuait aussitôt après les avoir plongées, l'albumine, qui n'est pas coagulée instantanément, éprouverait, ainsi que les substances qu'elle tient en dissolution, comme un léger mouvement de déplacement général, et la surface serait altérée. Après trente secondes, l'action est terminée, on relève la glace, on lave à plusieurs eaux de pluie ou eaux distillées et filtrées, on rince à la pissette et la glace bien séchée se conserve ensuite pendant deux ou trois jours; mais, si l'on veut une conservation de plusieurs semaines (et cela est toujours plus prudent), il suffit, après le dernier lavage, d'égoutter et de verser à deux reprises un flot d'une solution gallique filtrée, à raison de 5^{gr} d'acide gallique pour 1^{lit} d'eau distillée. Cette dernière préparation sera particulièrement favorable pour le développement alcalin.

Le bain d'argent dans lequel on fait la seconde sensibilisation ne tarde pas à brunir et même à devenir complètement noir; il n'y a pas lieu de s'en inquiéter, il peut servir indéfiniment : il suffit de compléter le volume nécessaire, en ajoutant une solution neuve faite dans les mêmes conditions, sauf la dose de nitrate d'argent qu'on doit porter à 9^{gr} ou 10^{gr} pour 100^{cc} d'eau.

161. La sensibilité de cette préparation est moyenne : on peut évaluer qu'il faut environ quatre minutes pour prendre une vue avec un objectif simple de 0,40 de foyer, ayant un diaphragme de $0^m,012$ à $0^m,015$ d'ouverture, étant donné un bon éclairage. Si l'on développe par le procédé alcalin, il faut diminuer la pose de moitié. Nous ferons observer que, pour les vues, l'excessive rapidité avec des éclairages trop vifs donne une réussite moins heureuse qu'une pose prolongée avec une lumière moyenne dont l'effet général est beaucoup plus doux, et, sauf de rares exceptions, la question principale est d'avoir une belle épreuve et non de faire vite.

Lorsque les épreuves ont été préparées de manière à se conserver, c'est-à-dire lorsqu'elles ont été passées à l'acide gallique, on peut retarder le développement autant qu'on le désire; le plus souvent même, sous l'acide gallique, ce développement commence seul, et l'image est légèrement visible quand on la sort du châssis.

162. On peut développer l'épreuve de deux manières, soit avec le révélateur acide, soit avec le révélateur alcalin; les formules de révélateur de l'un et de l'autre genre peuvent varier à l'infini. Pour le révélateur acide, si l'on fait dominer l'acide pyrogallique, les clichés ont une plus grande tendance à devenir bruns ou rougeâtres; si, au contraire, c'est l'acide gallique qui domine, le cliché prend une teinte verdâtre très peu perméable à la lumière : il faut en tenir compte, car l'image doit alors rester beaucoup plus légère. Voici la formule que nous employons :

Eau	1000^{cc}
Acide gallique	3^{gr}
Acide pyrogallique	3^{gr}
Acide acétique cristallisable	15^{cc}

Le plus commode est de faire le développement dans une cuvette; on verse sur la glace la quantité nécessaire de cette solution pour la mouiller largement, et l'on met dans un verre 4^{cc} à 5^{cc} d'une solution de nitrate d'argent à 4 pour 100 (nous supposons qu'il s'agit d'une glace $0^m,21 \times 0^m,27$). On déverse dans le verre le liquide qui a mouillé la glace, on reverse le tout sur l'épreuve et on suit le développement qui, dans des conditions non appréciées encore, se fait avec plus ou moins de rapidité.

Si l'on fait le développement, en posant l'épreuve à plat dans la cuvette, l'image en dessus, il faut agiter continuellement le liquide, sans quoi il se produit une série d'ondulations moirées sur toute la surface, ondulations qui proviennent probablement d'une inégalité de densité, résultant dans le liquide révélateur de la réduction du nitrate d'argent. On évite toujours cet inconvénient en mettant l'épreuve face en dessous, dans la cuvette; seulement il se présente encore assez souvent une autre difficulté dont il faut tenir compte. et qui résulte du défaut de *planité* des verres employés ou du fond même de la cuvette; il faut, quand on développe l'épreuve face en dessous, que la nappe de révélateur comprise entre le fond de la cuvette et la couche sensible soit à peu près régulière ou, s'il y a une irrégularité dépendant de ce défaut de planité entre les deux surfaces, elle doit être compensée par une plus grande épaisseur de liquide, sans quoi le développement serait inégal : il se ferait de larges parties plus claires qui ôteraient toute valeur au cliché. Il suffit, pour obtenir un développement très régulier, d'établir une séparation franche entre la cuvette et le cliché, soit par quatre boulettes de cire, soit par toute autre méthode.

Dans tous les procédés secs, le développement alcalin présente de tels avantages sur le précédent, par la rapidité et la finesse, par les détails faciles dans les ombres, qu'on doit presque toujours le substituer au développement acide.

On prépare les deux solutions :

A.	Eau	1000cc
	Sesquicarbonate d'ammoniaque	10gr
	Bromure de potassium	0,10
B.	Eau	1000cc
	Acide pyrogallique	10gr

Au moment du développement mettez la glace, face en dessus, dans une cuvette, et couvrez-la d'eau distillée; aussitôt qu'elle est mouillée et pénétrée, reversez l'eau distillée dans un verre, et, après égouttage, remplacez l'eau par un mélange à volume égal de la solution A et de la solution B : l'image apparaît presque immédiatement; on en suit le développement dans tous ses détails.

Si, par suite d'une dose trop faible de bromure dans les préparations, l'image n'apparaissait que très légèrement ou même pas du tout, il suffirait d'ajouter quelques centimètres cubes de sucrate de chaux (153, formule III) pour la faire sortir immédiatement.

L'épreuve doit rester très pure pendant le développement; si elle se couvre d'un voile général, c'est qu'il y a eu trop de pose ou une mauvaise préparation : on remédiera aux excès de pose, surtout pour les glaces suivantes, en mettant dans la solution alcaline quelques gouttes d'une solution de bromure de potassium à 10 pour 100 d'eau. On peut arrêter l'action du révélateur avant de voir tous les détails apparaître dans les parties correspondant aux grands noirs de l'épreuve, parce que ces détails, encore invisibles, s'accentuent suffisamment dans l'opération du remontage, qui est le plus souvent nécessaire.

Pour cela, aussitôt que l'épreuve s'est montrée suffisamment venue sous le liquide alcalin, on rejette celui-ci; on égoutte et, sans qu'il soit nécessaire de laver, on le remplace par la quantité voulue du mélange gallique et pyrogallique donné ci-dessus (162). L'acide acétique, qui domine dans cette solution, sature immédiatement toute trace d'alcalinité sur l'épreuve; on peut alors retirer la glace, mettre quelques gouttes de la solution d'argent à 4 pour 100 et continuer le développement, qui marche rapidement. La glace est ensuite lavée, séchée et resserrée pour faire le fixage au retour, ou elle est fixée de suite, si on le préfère. On pourrait, si on a l'expérience suffisante, se contenter du développement par la solution alcaline, laver la glace et remettre au retour le remontage et le fixage, ce qui est précieux en voyage où quelquefois le temps et la fatigue ne permettent pas de donner tous les soins nécessaires à un développement complet.

163. Les épreuves sont fixées dans un bain d'hyposulfite de soude à 20 pour 100; si on les a laissées sécher, il est bon de les mouiller, de les détremper un peu avant de les fixer : cela facilite l'action du fixateur et la rend plus rapide. Après le fixage, on les lave à grande eau, on les met à sécher sur l'égouttoir, puis l'épreuve est vernie avec une dissolution alcoolique de gomme laque à 10 pour 100, comme les autres clichés; l'épreuve non vernie serait assez dure pour supporter les tirages, mais elle serait rapidement tachée au contact du nitrate d'argent.

164. En général, c'est une bonne précaution de faire un essai du cliché avant de vernir, pour savoir s'il est au point voulu. Si le cliché paraît trop faible, on le remonte facilement par un nouveau développement à l'acide gallique et pyrogallique (162), dans lequel on doit avoir le soin de doubler la dose d'acide acétique cristallisable; cet excès d'acide assure la conservation des clairs de l'épreuve qui, sans cela, auraient une grande tendance à se teinter en jaune rougeâtre. Si, au contraire, le cliché est trop dur, on peut l'affaiblir en passant à la surface une solution très faible de cyanure de potassium *dans l'alcool*, environ 2 pour 100, mais c'est une opération délicate. Si l'on se servait d'une solution aqueuse, l'albumine se détacherait en se plissant, et le plus souvent le cliché serait perdu.

Si le cliché est empâté et voilé, on peut le ramener à un meilleur état, en versant à la surface la solution d'iode dans l'iodure de potassium, dont nous avons donné la formule plus haut (102): on promène bien également cette solution sur l'épreuve de manière à en régulariser l'action; aussitôt que cette action a commencé, on l'arrête : il s'est formé une couche générale d'iodure d'argent qu'on dissout dans l'hyposulfite de soude; on lave et, si l'attaque n'a pas été suffisante, on recommence avec les mêmes précautions. Si, au contraire, l'action a été trop vive, l'épreuve est trop affaiblie; il faut alors la laver avec beaucoup de soin et recommencer un nouveau développement qui, le plus souvent, donnera un cliché heurté.

Ce sont, toutefois, des opérations délicates, souvent dangereuses pour le cliché, et les dernières surtout ne doivent être essayées qu'en cas de nécessité absolue.

COLLODIONS SECS AVEC PRÉSERVATEURS TANNIQUES.

Le type de ces procédés est celui qui fut publié par le major Russel (¹): depuis sa première apparition, en 1861, il a subi un

(¹) RUSSEL, *Le procédé au tannin;* traduction de M. A. Girard, 2ᵉ édition. In-18 jésus, avec figures. Paris, Gauthier-Villars.

grand nombre de variantes dont nous donnons seulement les principales, en rattachant à ce type les formules qui conseillent l'emploi de substances contenant des matières tanniques ou des dérivés du tannin.

165. **Procédé au tannin du major Russel** (formules) :

Collodion normal.

Coton-poudre (variété très soluble)..........	4gr
Éther....................................	155cc
Alcool	75

Solution bromo-iodurée.

	gr
Iodure de cadmium.........................	8,75
Iodure d'ammonium.........................	2,50
Bromure de cadmium........................	7,25
Alcool à 40°..............................	360cc

Mélangez 3 parties du collodion normal avec 1 partie de la solution bromo-iodurée et ajoutez une trace d'iode pour teinter légèrement le mélange.

Les autres collodions bromo-iodurés, donnant de bons résultats au collodion humide, surtout s'ils ont été faits avec des pyroxyles non résistants, peuvent être employés pour les procédés au tannin; il sera toujours bon d'y ajouter une nouvelle dose de bromure de cadmium, suivant ce qu'ils en pourront supporter, en moyenne 1 pour 100.

On fait la sensibilisation dans un bain d'azotate d'argent au titre de 10 parties d'azotate pour 100 parties d'eau, rendu légèrement acide par l'acide nitrique; le titre sera élevé à mesure que la dose des bromures deviendra plus considérable.

On peut également employer un collodion ne contenant que du bromure, soit :

Coton-poudre..............................	2gr,50
Bromure de cadmium........................	5gr
Bromure d'ammonium........................	1gr,30
Alcool à 40°..............................	150cc
Éther.....................................	150cc

Alors le bain d'argent pour la sensibilisation sera au moins à 12 pour 100, il peut être porté jusqu'à 18 pour 100; la double décomposition et la transformation du bromure soluble en bromure d'argent étant assez lente, l'immersion de la glace dans le bain devra durer au moins dix minutes.

Solution de tannin.

Eau distillée	100^{cc}
Tannin du commerce	2^{gr} à 3^{gr}

Presque toujours la solution de tannin est trouble, même après filtration; il suffit d'y ajouter quelques gouttes d'une dissolution chaude de gélatine à 10 pour 100 et d'agiter vivement, pour provoquer immédiatement un précipité abondant; une minime partie du tannin se combine avec ce peu de gélatine, le précipité formé enserre toutes les impuretés et la solution filtrée de nouveau sort parfaitement claire.

Sur la glace collodionnée sensibilisée, bien lavée, ainsi qu'il est expliqué plus haut (151 et 152), on verse la solution de tannin, à deux reprises différentes, et on laisse sécher.

Le tannin modifie la nature même du collodion, car l'expérience a démontré qu'on peut l'enlever par des lavages répétés après l'avoir laissé quelques instants, et que la préparation est aussi bonne, même meilleure; il est possible qu'il se produise une combinaison chimique insoluble qui retienne dans la couche une partie du tannin.

Cette préparation demande un temps de pose assez prolongé, surtout lorsque le sujet comporte de la verdure.

On développe de préférence par le révélateur alcalin qu'on peut employer à un plus grand état de concentration que dans les formules données ci-dessous :

Révélateur alcalin.

Sesquicarbonate d'ammoniaque	4^{gr}
Eau distillée	750^{cc}
Alcool à 40°	300^{cc}

Mouillez l'épreuve à développer avec la quantité nécessaire de cette première solution et, quand elle coule bien uniformément sur la glace, reversez et égouttez le liquide dans un verre; ajoutez quelques gouttes d'une solution d'acide pyrogallique à 10^{gr} dans 100^{cc} d'alcool à 40°, mélangez et reversez sur la glace. L'image se développe rapidement dans ce mélange; quand elle est au point voulu, on lave, on fixe dans l'hyposulfite de soude en solution de 10 à 20 pour 100; la concentration est peu importante, on lave, on rince bien de nouveau et l'on met à sécher.

On a cherché à obtenir plus de rapidité par l'addition de matières solubles qui augmentent la porosité de la couche, telles que la dextrine, le sucre, le glucose, la gomme. Parmi les nombreuses formules publiées, nous donnerons celle à la dextrine de M. Gaillard, modifiée ensuite par M. Plücker et par M. Duchesne-Fournet.

166. Procédé au tannin et à la dextrine (M. P. Gaillard).

Collodion.

Éther	70^{cc}
Alcool à 40°	20^{cc}
Solution bromo-iodurée	10^{cc}
Coton-poudre	1^{gr}
Iode : quantité nécessaire pour donner la couleur vin de Madère.	

La solution bromo-iodurée est composée de :

Alcool à 40°	100^{cc}
Iodure d'ammonium	2^{gr}
Iodure de cadmium	6^{gr}
Bromure de cadmium	6^{gr}

Bain d'argent.

Eau distillée	100^{cc}
Azotate d'argent cristallisé	10^{gr}
Acide acétique cristallisable	10^{cc}

Après une immersion de cinq minutes dans ce bain, la glace est bien lavée à l'eau distillée d'abord, puis à l'eau ordinaire et rincée à l'eau distillée, puis plongée dans une cuvette contenant la solution préservatrice qui est composée de :

1° Eau distillée	60^{cc}
Tannin	4^{gr}

Filtrez.

2° Eau	70^{cc}
Dextrine (1)	5^{gr}

Versez peu à peu la solution de tannin dans la dextrine et filtrez. Cette préparation se conserve plusieurs mois sans altération.

La glace retirée du bain est mise à sécher; elle doit ensuite présenter un aspect aussi brillant que les glaces albuminées.

La pose pour le paysage (grandeur : $0,21 \times 0,27$), objectif simple, est d'environ une minute.

Le développement se fait en mouillant la glace à l'eau distillée et la couvrant avec la quantité nécessaire du mélange suivant :

Eau	500^{cc}
Acide pyrogallique	$2^{gr},5$
Acide acétique cristallisable	5^{cc}
Alcool	75^{cc}

On additionne ce mélange d'une petite quantité d'azotate d'argent à 3 ou 4 pour 100 d'eau acidulée par 8^{cc} d'acide acétique pour 100^{cc} de la solution : le fixage se fait à l'hyposulfite de soude.

A ce révélateur acide donné par M. Gaillard, alors qu'on ne connaissait pas encore les révélateurs alcalins, on peut substituer un de ceux dont nous avons donné les formules (153).

167. M. Plücker, pour la préparation des glaces sèches rapides destinées à son stéréographe de poche (ou à tout autre système d'appareils), a légèrement modifié ce procédé en ajoutant au préservateur 5^{gr} d'acide gallique par litre, ce qui favorise la longue conservation de la sensibilité.

Avec les formules de préservateurs contenant des agents réduc-

(1) Pour faire facilement la solution de dextrine, on pèse la poudre que l'on met dans un petit mortier de porcelaine et l'on malaxe avec le pilon en ajoutant l'eau peu à peu.

teurs comme le tannin, l'acide gallique ou pyrogallique, il nous paraît plus prudent de ne pas employer la solution en plein bain; nous avons expliqué que, s'il restait quelques traces de nitrate d'argent libre sur une glace, toutes les suivantes seraient perdues : mieux vaut étendre ce préservateur à la main et répéter deux fois la couche.

Le développement alcalin est employé de préférence par M. Plücker, qui l'applique de la manière suivante :

Exposer l'épreuve pendant deux minutes aux vapeurs ammoniacales en la mettant sur une boîte ou cuvette dans le fond de laquelle on a versé quelque peu d'ammoniaque liquide ou un mélange dégageant ces vapeurs, comme un sel ammoniacal quelconque (chlorhydrate, sulfate, azotate d'ammoniaque) additionné de chaux en poudre, ou de potasse, ou de soude caustique; l'image apparaît alors dans tous ses détails; un peu d'humidité, celle qui résulte de la projection de l'haleine, favorise la réaction. Après cette première fumigation, on couvre le cliché avec une solution de :

Sesquicarbonate d'ammoniaque............	2^{g}
Bromure de potassium.....................	$0^{gr},2$
Eau.......................................	250^{cc}

qu'on mélange ensuite avec quelques gouttes d'une solution alcoolique d'acide pyrogallique.

Par ces moyens on obtient plus de détails dans la verdure et dans les ombres; ensuite, après un bon lavage, on fait monter le cliché à l'intensité nécessaire au moyen de l'acide pyrogallique acidulé que l'on additionne de quelques gouttes d'une solution de nitrate d'argent, mais seulement après son passage sur l'épreuve. Rappelons, une fois de plus, qu'après tout développement alcalin, lorsqu'on veut remonter une épreuve, il ne faut pas que le nitrate d'argent en touche la surface avant qu'une solution franchement acide, comme la solution d'acide pyrogallique additionnée d'acide acétique, ait préalablement assuré la neutralisation de toutes traces d'alcalinité.

168. M. Duchesne-Fournet a modifié ces deux derniers procédés en augmentant la dose de tannin et celle de l'acide gallique, afin

d'obtenir une intensité plus grande par l'action des vapeurs ammoniacales. Son but était d'arriver au développement presque complet des épreuves sans qu'il fût nécessaire d'employer aucun bain, méthode précieuse dans les pays où l'eau est rare, à peine potable et détestable pour les opérations photographiques.

Les glaces sont préparées, avant le départ, avec un préservateur formé de :

1°	Eau distillée	60gr
	Tannin	4
	Acide gallique	1

Dissolvez et filtrez.

2°	Eau	140
	Dextrine	10

Mélangez les deux solutions, ajoutez une goutte d'acide phénique, filtrez, recouvrez les glaces sensibles avec le liquide et faites sécher.

Pour développer une glace exposée, on commence par verser et étendre quelques gouttes d'ammoniaque liquide sur une feuille de verre ou de bois de la grandeur de l'épreuve; on expose celle-ci, face en dessous, aux vapeurs qui se dégagent en interposant un petit cadre ayant environ 0m,04 de hauteur; les vapeurs ammoniacales renfermées dans cette sorte de caisse agissent régulièrement sur toute la surface rendue au préalable légèrement humide par la projection de l'haleine. L'image apparaît avec une grande rapidité : aussitôt qu'elle est complète, on enlève la glace et on la met dans la boîte aux épreuves faites, pour la terminer au retour par le révélateur à l'acide gallique et pyrogallique additionné de nitrate d'argent.

169. Emploi du café ou du thé. — Au lieu de tannin on peut utiliser les produits qui en renferment naturellement : tels sont, en première ligne, le café et le thé que l'on peut se procurer partout; leur emploi est si commode qu'il constitue le plus simple des procédés au collodion sec.

Avec un bon collodion, de préférence fortement bromuré, on peut se servir des préservateurs suivants :

Infusion de café noir. — On le prépare comme pour l'usage de la table; il est préférable d'employer la meilleure qualité achetée en grains et moulue chez soi pour éviter, autant que possible, les nombreuses falsifications de ce produit; la proportion est :

Eau bouillante.........................	200^{cc}
Café moka, grillé......................	12 à 18^{gr}

Après quelques instants de macération, filtrez au papier.

Infusion de thé. — On peut remplacer le café, en opérant exactement dans les mêmes conditions, par une infusion de thé noir à la dose de 5^{gr} à 10^{gr} pour 200^{cc} d'eau bouillante; on laisse macérer pendant une heure ou deux, on filtre au papier.

Dans l'un et l'autre procédé on ajoute souvent un peu de sucre pour obtenir plus de rapidité; mais, si l'on conserve pendant longtemps les glaces sensibles qui ont reçu cette préparation, il se fait quelquefois une légère cristallisation qui altère la couche : aussi, dans quelques formules analogues, on remplace le sucre par un peu de gomme arabique qui ne cristallise pas, ou l'on ajoute la gomme au sucre.

Des glaces préparées par ces procédés ont été conservées pendant un an et ont donné de bons résultats pour prendre des négatifs à la chambre noire.

170. **Procédé au café et à la gomme de A. de Constant-Delessert.** — Les glaces sont nettoyées et couvertes d'une couche préalable d'albumine étendue, comme nous l'avons indiqué d'une manière générale. Le collodion employé doit être de nature poreuse, c'est-à-dire que, versé sur la glace, il ne doit pas y former une pellicule tenace, mais bien une couche se séparant facilement sous le doigt; il doit être en outre de bonne qualité et donner des épreuves vigoureuses au collodion humide.

On fait la sensibilisation dans un bain d'argent à 8 pour 100 d'eau, franchement acidifié par l'acide nitrique : on laisse la glace dans le bain cinq à six minutes et on fait suivre par des lavages abondants à l'eau de pluie ou distillée.

Solution préservatrice.

1.	Café moka en poudre	15^{gr}
	Eau bouillante	150^{cc}
	Sucre	6^{gr}
2.	Eau distillée	150^{cc}
	Gomme arabique	6^{gr}
	Sucre blanc	0,5

Mélangez les deux après refroidissement, filtrez, couvrez bien uniformément la glace de ce mélange et faites sécher.

La pose est trois à quatre fois plus longue que pour le collodion humide.

171. Au café et au thé on peut substituer le *quassia amara*; et, théoriquement, il est probable que les infusions de toutes matières contenant du tannin produiront un effet analogue (feuilles et écorces de chêne, de noyer, de bouleau, de sumac, etc., etc.)

On développe en trempant l'épreuve dans une cuvette pleine d'eau pendant trois ou quatre minutes; on égoutte et l'on remplace par la quantité d'eau nécessaire, dans laquelle on ajoute six à dix gouttes d'une solution saturée de carbonate d'ammoniaque : l'image apparaît, on reverse la solution alcaline dans un verre, on y mélange deux ou trois gouttes d'une solution alcoolique d'acide pyrogallique à 10 pour 100. Tous les détails s'accentuent et l'on fait monter l'épreuve à la manière ordinaire par la solution gallique et pyrogallique acide additionnée de nitrate d'argent.

Voici un procédé plus simple encore, dont nous avons vu d'excellents résultats entre les mains de M. Aléo :

Sur une glace bien nettoyée, couverte de la couche mince d'albumine préalable, versez un bon collodion contenant de l'iodure et du bromure de cadmium et d'ammonium en quantités égales, à raison de $1^{gr},50$ du mélange pour 100^{cc} de collodion; sensibilisez au bain de nitrate d'argent acide, lavez et recouvrez d'une solution d'acide gallique à 3^{gr} pour 1000^{cc} d'eau, laissez sécher.

Les glaces se conservent pendant un temps indéterminé, avant comme après l'insolation; leur sensibilité est moyenne : il faut de trois à quatre minutes à l'objectif simple pour avoir la verdure en bonne lumière; développez avec les solutions alcalines et renforcez ainsi qu'il est dit ci-dessus (153 et suiv.)

172. **Procédé à l'acide gallique et à la gomme.** — Ce procédé a été surtout pratiqué en Angleterre, où il a été présenté par M. Manners Russel Gordon; il donne, paraît-il, des résultats d'une grande douceur. Son écueil est la facilité avec laquelle la couche se détache de la glace, ainsi qu'il arrive toutes les fois que la gomme entre en proportion notable dans la composition du révélateur; mais il doit suffire de se servir de glaces préalablement recouvertes d'une couche mince d'albumine ou de gélatine pour ne plus avoir à redouter ces accidents.

Le collodion proposé est composé de :

Éther	50cc
Alcool à 40°	50cc
Coton-poudre, environ	1gr,20
Iodure de cadmium	0gr,60
Iodure d'ammonium	0gr,20
Bromure de cadmium	0gr,60

La sensibilisation se fait dans un bain de nitrate d'argent pur et neutre, à la dose de 8 pour 100 d'eau; la glace doit y séjourner de dix à quinze minutes. En sortant du bain, elle est lavée d'abord par immersions successives et prolongées, dans deux cuvettes d'eau distillée, puis dans une troisième cuvette contenant également de l'eau distillée en grande abondance, rincée à la pissette et couverte du préservateur formé de :

1.	Gomme arabique	24gr
	Sucre candi	6gr
	Eau	150cc
2.	Acide gallique	1gr,4
	Eau	150cc

On mélange les deux solutions par parties égales au moment de s'en servir et l'on filtre.

Sur la glace préalablement rincée on verse un peu de la solution que l'on y fait courir et que l'on rejette, puis on y étend une seconde quantité plus abondante que l'on maintient quelque temps en la promenant sur la glace; on relève celle-ci, on laisse égoutter et l'on met à sécher.

Pour éviter les auréoles lors de la pose, on couvre l'envers des glaces sèches avec un mélange de :

Terre de Sienne broyée à l'eau	60gr
Dextrine	20gr
Glycérine	1cc,5

On ajoute à ce mélange pâteux une ou deux gouttes d'acide phénique, et on le conserve en tubes ou en flacons pour s'en servir au besoin.

Le temps de pose pour cette préparation est double ou triple de celui du collodion humide.

Après nettoyage du verso avec une éponge humide pour enlever la couche de terre de Sienne, on plonge la glace dans un bain abondant d'eau ordinaire et on la rince complètement, de manière à enlever tout le préservateur; car un reste d'acide gallique donnerait une coloration noire avec le sulfate de fer.

Le révélateur est composé de :

1.	Eau	500cc
	Gélatine	5gr
	Acide acétique cristallisable	75gr
2.	Sulfate de fer	20gr
	Eau	500cc

On mélange 1 partie du n° 1 avec 3 parties du n° 2, on verse dans ce mélange quelques gouttes d'une solution de nitrate d'argent à 3 pour 100 d'eau; on l'étend sur la glace égouttée et, après apparition complète de l'image, on lave de nouveau avec beaucoup de soin et l'on fait remonter par la solution pyrogallique acidulée. Ce mode de développement est surtout remarquable, parce qu'il revient, pour les glaces sèches, à l'emploi du bain de sulfate de fer, qui ne sert ordinairement que pour le collodion humide.

173. Au lieu de la gomme, on peut employer l'albumine mélangée à l'acide gallique : l'auteur de ce procédé l'a décrit avec beau-

coup de soin dans une brochure spéciale ([1]); nous nous bornerons à une analyse rapide du mode d'opérer.

La glace est d'abord couverte d'une couche préalable d'albumine pour éviter les soulèvements, collodionnée avec un collodion qu'on doit choisir de nature poreuse, ainsi qu'il est prescrit pour tous les procédés secs, sensibilisée, lavée, rincée avec grand soin et couverte du préservateur composé comme suit :

« On enlève avec soin le germe d'un blanc d'œuf et, après y avoir ajouté 10^{cc} d'eau pure, on bat en neige avec une fourchette de bois ou de corne : il faut éviter dans le battage tous les instruments de métal. Après deux ou trois heures de repos, on trouve assez d'albumine pour en prendre 4^{cc}, que l'on étend de 140^{cc} d'eau distillée; on secoue vigoureusement, on ajoute 0,50 d'acide gallique et 2^{gr} de caramel concassé et, lorsque la dissolution est complète, on filtre deux fois sur du papier blanc. »

Nous pensons que la dextrine serait préférable au caramel, qui attire davantage l'humidité atmosphérique.

Ce liquide, de couleur brune, renferme 1 partie d'albumine d'œuf pour 35 parties d'eau. Cette proportion, d'après l'auteur, forme un excellent préservateur, ayant assez de densité pour s'interposer utilement dans les pores du collodion et pas assez de ténacité pour résister au lavage ou au ramollissement qui précède le développement.

« Cette préparation étant facile et peu coûteuse, on ne doit pas chercher à la conserver au delà de trois à quatre jours. Pour s'en servir, on prend successivement chaque glace qui a séjourné dans le dernier bain d'eau de lavage et, après l'avoir fixée sur la ventouse, on verse dessus une petite quantité de la solution qui entraîne l'eau de lavage et qu'on laisse tomber; puis un second versement couvre la glace et y est maintenu environ une minute, après quoi on relève doucement la glace et on la place debout sur du papier buvard pour égoutter. »

Les glaces terminées sont mises à sécher à l'abri de la poussière.

Le développement peut être fait, soit par le procédé acide, soit

([1]) A. DE CONSTANT-DELESSERT, *Le collodion sec mis à la portée de tous*. Paris. Gauthier-Villars. (Cette brochure est aujourd'hui épuisée.)

par le procédé alcalin. Pour ce dernier, M. A. de Constant-Delessert donne la formule suivante.

Préparez trois solutions :

1.	Alcool	30^{cc}
	Acide pyrogallique	4^{gr}
2.	Eau distillée	30^{cc}
	Sesquicarbonate d'ammoniaque	1^{cc}
3.	Eau distillée	40^{cc}
	Bromure de potassium	1^{gr}

La glace est d'abord immergée dans l'eau pendant une ou deux minutes, rincée, puis couverte d'une solution formée de :

Eau	30^{cc}
Solution n° 1 (acide pyrogallique)	20 à 30 gouttes

On promène ce liquide sur l'épreuve, il ne fait apparaître aucune image; on le déverse dans un verre dans lequel on a mis :

Solution n° 2 (carbonate d'ammoniaque)	10 gouttes
Solution n° 3 (bromure de potassium)	2 à 3 gouttes

On reverse le tout sur la glace et immédiatement l'image apparaît et se renforce de plus en plus. On renouvelle la solution s'il est nécessaire, et le plus souvent l'épreuve arrive à l'intensité voulue, sinon on lave la glace, et l'on renforce l'image avec le mélange d'acide pyrogallique acidulé et de nitrate d'argent ajouté en très faible proportion.

174. On peut encore employer comme préservateur une solution de salicine (M. Chardon) ou une solution de morphine (M. Bartholomew) à la dose de 1^{gr} pour 700 à 800 d'eau.

Nous rappellerons seulement que la morphine et les sels de morphine sont des poisons très énergiques, que leur présence dans le laboratoire offre toujours quelque danger, et à ce titre nous ne voulons pas insister sur leur emploi; il est probable qu'un grand nombre d'autres substances organiques solubles dans l'eau, légèrement basiques ou neutres, présenteraient les mêmes avantages sans les mêmes dangers.

Les formules de préservateurs que nous venons de donner ont été multipliées à l'infini; mais toutes ces variations rentrent dans les modes d'opérer que nous avons expliqués.

COLLODIONS SECS SANS PRÉSERVATEURS.

175. Dans cette catégorie on peut ranger les vieux collodions dont le pyroxyle est désagrégé par le temps et qui donnent des résultats passables sans préservateur; nous y classerons également les collodions à la résine et les collodions au bromure seul; leur emploi est très supérieur à celui des vieux collodions.

176. **Collodion sec à la résine.** — L'abbé Desprats conseilla, le premier, d'introduire dans le collodion même une petite quantité de résine, soit $0^{gr},50$ de colophane pour 100^{cc} de collodion. La glace recouverte avec ce produit est sensibilisée dans le bain d'argent ordinaire, bien lavée et mise à sécher. La sensibilité se conserve très longtemps.

Quelques auteurs ont expliqué l'action de la résine en disant qu'elle forme une combinaison argentico-organique sensible à la lumière et pouvant donner une image sous l'action du révélateur; dans notre opinion cette action est toute mécanique [1]; en mélangeant à l'eau une solution alcoolique ou éthérée de résine, celle-ci, devenue insoluble, se précipite sous forme d'émulsion et ce précipité abondant, d'une substance devenue farineuse, facilite la pénétration des réactifs. C'est ce qui a lieu quand on passe dans le bain d'argent des collodions additionnés d'une certaine quantité de matière résineuse.

177. MM. Robiquet et Duboscq (formule n° 1), M. Jeanrenaud (formule n° 2) ont proposé de remplacer la résine commune, la colophane indiquée par l'abbé Desprats, par une solution d'ambre

[1] BARRESWIL et DAVANNE, *Chimie photographique*, 4e édition, p. 207.

jaune dans l'éther et le chloroforme ou dans l'éther seul; on peut encore y substituer le benjoin et probablement un grand nombre d'autres solutions résineuses.

Formule n° 1.

Ambre jaune pulvérisé	40^{gr}
Chloroforme	150
Éther sulfurique	150

On épuise l'ambre au moyen de l'appareil à déplacement et dans 100^{cc} de bon collodion ordinaire on ajoute 8^{cc} du liquide obtenu.

Formule n° 2.

Mettez un excès d'ambre jaune pulvérisé dans l'éther; après macération, ajoutez 4 parties de la solution filtrée à 100 parties de collodion et employez ces collodions comme dans les autres procédés secs, sans ajouter aucune solution préservatrice.

178. Collodion au bromure d'argent seul. — Le major Russel, dans son procédé au tannin, avait déjà proposé de remplacer complètement dans les formules de collodion le mélange d'iodure et de bromure par le bromure seul, et des essais variés furent faits dans cette voie par MM. Chardon, Jeanrenaud, Carey-Lea, Stuart Wortley, etc.; mais on croyait toujours à la nécessité d'employer un préservateur. Dans ses derniers essais, M. Jeanrenaud reconnut que le préservateur n'est plus nécessaire lorsque la dose de bromure est considérable, parce qu'alors la masse du précipité formé est telle, qu'elle n'est plus englobée complètement dans les mailles du collodion, et que la couche devient perméable aux réactifs, surtout si l'on a employé un pyroxyle poudreux : on rentre alors dans la théorie ci-dessus donnée pour les collodions à la résine et pour les vieux collodions. De son côté, dès 1872, M. Chardon faisait des essais qui le conduisaient aux mêmes résultats.

179. Formules de M. Jeanrenaud. — On couvre la glace

avec un collodion très fortement bromuré de la composition suivante :

Éther sulfurique rectifié..................	650^{cc}
Alcool à 40°..........................	350^{cc}
Coton-poudre..........................	9^{gr} à 12^{gr}
Bromure de cadmium....................	35^{gr}
Bromure pur..........................	quelques gouttes.
Solution alcoolique de chlorure de cuivre à 4 pour 100..........................	10^{cc}

Lorsque le collodion a fait prise, on met la glace avec précaution et sans temps d'arrêt dans un bain d'argent composé de :

Nitrate d'argent cristallisé	20^{gr}
Eau distillée..........................	100^{cc}
Acide nitrique..........................	3 gouttes.

Le bain doit rougir très franchement le papier de tournesol.

La glace restera immergée dans ce bain pendant dix minutes au moins; elle doit devenir presque entièrement opaque si l'on veut obtenir une grande sensibilité; elle est ensuite égouttée, lavée avec beaucoup de soin à l'eau distillée et à l'eau de pluie, rincée et mise à sécher.

Le bromure d'argent étant d'une grande sensibilité aux plus faibles rayons actiniques, on opérera dans une pièce où il ne doit parvenir aucune trace de lumière diffuse et éclairée uniquement par les rayons jaune orange ou rouge-rubis. Les glaces ainsi préparées se conservent pendant un temps illimité. La pose est assez rapide; on développe par les solutions d'acide pyrogallique avec addition d'une faible quantité de nitrate d'argent ou par les procédés alcalins comme il est dit ci-après (180 ou 186).

180. Formules de M. Chardon.

Coton-poudre..........................	$1^{gr},25$ à $1^{gr},50$
Éther..................................	60^{cc}
Alcool.................................	40^{cc}
Bromures de cadmium et d'urane (mélangés en proportions égales).................	5^{gr}

ce qui donne un collodion excessivement chargé en bromure. On peut l'employer tel; mais, pour faciliter la double décomposition, toujours difficile dans le bain d'argent lorsque le bromure est seul, on commence par faire une émulsion en ajoutant pour 100^{gr} de collodion 0,30 d'azotate d'argent préalablement dissous dans le moins d'alcool possible : cette addition est faite une heure environ avant d'employer le collodion. Cette quantité d'azotate d'argent est loin d'être suffisante pour rendre la préparation sensible; on obtient la sensibilité par une immersion dans un bain d'azotate d'argent à 15 pour 100 d'eau acidifié avec 6 gouttes d'acide nitrique pour 100^{cc} de bain.

Après un lavage soigné, la glace est mise à sécher. Le temps de pose varie de dix à soixante secondes.

L'image est développée par le révélateur alcalin pour lequel on prépare à l'avance les diverses solutions suivantes :

I.	Eau	600^{cc}
	Carbonate d'ammoniaque	50^{gr}
II.	Eau	100^{cc}
	Bromure de potassium	10^{gr}
III.	Alcool à 36°	100^{cc}
	Acide pyrogallique	10^{gr}

Pour développer un cliché (0,21 × 0,27), on met dans une cuvette les proportions de :

Eau	400^{cc}
Solution n° I	100^{cc}
Solution n° II	5 à 20^{cc}

Sans lavage préalable, on plonge la glace dans ce bain; après quelques instants, on la retire, on ajoute au liquide 3^{cc} ou 4^{cc} de la solution pyrogallique n° III.

Le développement dure de cinq à quinze minutes; si l'épreuve venue dans tous ses détails ne paraît pas assez intense pour le tirage des positives, on ajoute au bain quelques centimètres cubes de la solution n° III (acide pyrogallique); l'épreuve prend une grande vigueur en séchant, on doit en tenir compte.

PROCÉDÉ AU COLLODIOBROMURE D'ARGENT.

181. Dès 1853, M. A. Gaudin [1] cherchait à simplifier les opérations photographiques par la préparation d'un collodion contenant en lui-même les produits sensibles qu'il eût suffi de verser sur la glace pour obtenir, immédiatement et sans aucune autre manipulation, la couche toute prête à être exposée à la chambre noire. Dans ses essais, M. Gaudin reconnut que la meilleure préparation était obtenue avec les bromures; mais, malgré tout l'intérêt qui aurait dû s'attacher à ce mode d'opérer, il ne se répandit pas dans la pratique : il venait trop tôt, son étude resta incomplète, et ce fut seulement onze ans plus tard, en 1864, que MM. Sayce et Bolton [2] publièrent de nouvelles recherches sur les préparations de collodion sensible, sans bain de nitrate, dites *collodiobromure* et aussi *collodion avec émulsion de bromure d'argent* parce que le bromure d'argent y restait en suspension à l'état d'extrême division.

Le procédé de MM. Sayce et Bolton n'atteignait pas encore entièrement le but que M. Gaudin avait fait entrevoir; dans la préparation de l'émulsion au bromure d'argent, faite de toutes pièces dans le collodion, la double décomposition produit des nitrates solubles qui cristallisent et donnent des taches lors de la dessiccation de la couche sur la glace; il était nécessaire, pour conserver les glaces sèches, de laver abondamment la préparation et de la recouvrir ensuite d'un préservateur, d'après les idées acceptées à cette époque. On supprimait, il est vrai, la mise au bain d'argent, ce qui était une simplification; celle-ci toutefois était très atténuée, puisqu'il fallait encore, après avoir étendu le collodiobromure sur la glace, faire des lavages abondants et étendre un préservateur.

Pendant dix années, de 1865 à 1875, le procédé de MM. Sayce et Bolton fut étudié et modifié; il donna lieu à la publication d'un

---

(1) Journal *la Lumière*, 20 août 1853.

(2) *Bulletin de la Société française de Photographie*, pages 16 et 260, année 1865. (Extrait du *British Journal*, 7 septembre 1864.)

grand nombre de formules différentes, lorsqu'en 1875 M. Mawdsley, en Angleterre, mit à la disposition des photographes un produit sec dont il ne fit pas connaître la préparation. Il suffisait de faire dissoudre ce produit dans un mélange d'alcool et d'éther, puis de le verser sur les glaces pour avoir, sans autres préparations, des couches sensibles, qu'on laissait sécher pour les employer ensuite au moment opportun.

Vers cette même époque, en novembre 1875, un prix fut proposé par M. le Ministre de l'Instruction publique en France, conjointement avec la Société française de Photographie, pour la publication de formules pouvant donner les mêmes résultats.

Sur le Rapport de la Commission nommée à cet effet, le prix fut décerné à M. Chardon qui, depuis 1872, s'occupait de cette question; ce fut seulement à partir de cette époque que le procédé au collodiobromure d'argent prit réellement place parmi les préparations destinées aux voyageurs.

182. Procédé de M. Chardon ([1]). — L'auteur insiste sur la qualité du coton-poudre employé pour faire la préparation. Ce pyroxyle doit être très poreux, par conséquent pulvérulent et en même temps assez résistant pour maintenir la préparation sur la glace. Comme ces deux qualités sont opposées l'une à l'autre, M. Chardon emploie deux variétés de pyroxyle : celle préparée dans un mélange de nitrate de potasse et d'acide sulfurique maintenu à une température élevée, environ 70° à 80°, ce qui donne un produit très désagrégé, et celle préparée dans un mélange convenable d'acide sulfurique et d'acide nitrique. Ces deux variétés étant obtenues, on les dissout séparément dans le mélange d'alcool et d'éther; on les purifie par le repos de toutes les impuretés, et les liquides clairs précipités par l'eau donnent le coton pulvérulent et le coton résistant qui sont demandés dans les formules de M. Chardon.

Les bromures solubles employés sont un mélange à parties égales de bromure de zinc pur et sec et de bromure double de cadmium et d'ammonium. Ce dernier est formé de 13,50 parties de

([1]) CHARDON, *Photographie par émulsion sèche au bromure d'argent;* grand in-8° avec fig.; 1877 (Paris, Gauthier-Villars). — *Bulletin de la Société française de Photographie.* Rapport de MM. Ferrier et Davanne, p. 90; 1877.

bromure de cadmium préalablement desséché sur le feu et amené à l'état anhydre et de 9,70 parties de bromure de cadmium également desséché; on dissout ces deux produits dans l'eau distillée pour en faire le mélange intime, on filtre et l'on évapore à sec.

Ces produits, pyroxyles et bromures, étant obtenus, on fait les deux collodions suivants :

N° I.	Alcool à 40°	200^{cc}
	Bromure double de cadmium et d'ammonium	6^{gr}
	Bromure de zinc	6^{gr}
	Coton-poudre résistant	6^{gr}
	Éther sulfurique à 62°	400^{cc}
N° II.	Alcool à 40°	200^{cc}
	Bromure double de cadmium et d'ammonium	6^{gr}
	Bromure de zinc	6^{gr}
	Coton-poudre pulvérulent	24^{gr}
	Éther sulfurique à 62°	400^{cc}

Ces collodions se conservent pendant très longtemps; ils sont même meilleurs après plusieurs semaines de préparation.

Pour la sensibilisation, on commence par mélanger 50^{cc} de chacun de ces collodions et pour ces 100^{cc} on pèse exactement 3^{gr},15 de nitrate d'argent, préalablement fondu et pulvérisé; on fait tomber ce nitrate dans un petit ballon de verre, on y ajoute quelques gouttes d'eau distillée, on chauffe légèrement; sur la dissolution on ajoute 25^{cc} d'alcool à 40° : immédiatement le nitrate d'argent se précipite, mais il se dissout de nouveau par l'action de la chaleur.

Dans le laboratoire, éclairé seulement par une faible lumière rouge orangé ou rouge foncé, on mélange goutte à goutte cette solution de nitrate d'argent avec les 100^{cc} de collodion bromuré, en ayant soin d'agiter constamment. Le petit appareil représenté (*fig.* 91) est très commode pour faire le mélange : dans le petit ballon A on fait la solution alcoolique d'argent et on le ferme avec le bouchon B muni de son tube effilé; dans le flacon C on met la quantité indiquée de collodion ioduré, puis on applique le ballon sur le flacon par l'intermédiaire du bouchon qui les réunit et les ferme tous les deux; en secouant vivement, on fait passer, pour ainsi dire, goutte à goutte la solution d'argent dans le collodion et l'on obtient une émulsion très divisée; on rince le ballon avec 10^{cc}

d'alcool qu'on fait passer de même dans le collodion, et l'on a l'émulsion sensible.

Fig. 91.

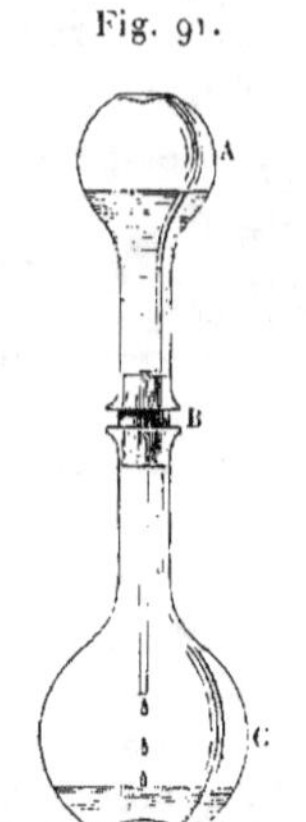

Appareil à émulsionner.

On verse quelques gouttes de ce produit sur une glace et on l'examine à la lumière blanche; si l'opération est bien réussie, la coloration doit être très légèrement bleutée par réflexion, orangée par transparence.

Le collodion empêche le nitrate d'argent d'agir sur les bromures aussi facilement que si l'on opérait avec des solutions aqueuses; il faut attendre environ trente-six heures pour que la réaction soit complète. Après ce temps on fait l'essai du collodion pour connaître s'il renferme un léger excès, soit de nitrate d'argent, soit de bromure soluble. D'après les formules données ci-dessus, c'est le nitrate d'argent qui doit dominer; on le constate en précipitant par l'eau distillée 2^{cc} ou 3^{cc} du collodiobromure préparé et en ajoutant, après filtration, dans une partie de cette eau, une goutte d'eau salée; la production d'un léger trouble indique qu'il y a l'excès d'argent demandé; si le liquide reste clair on essaye l'autre partie de l'eau qui a servi à précipiter le collodion en y versant un peu d'azotate d'argent; s'il se forme un dépôt, c'est l'indice d'un excès de bromure soluble qui, en proportion notable, prouverai une mauvaise préparation.

Le léger excès de nitrate d'argent, que l'on considère comme indispensable pour la réussite de l'opération, ne peut cependant rester dans le collodion ; nous savons qu'il est l'ennemi de toutes les préparations sèches, il faut s'en débarrasser en le transformant ; pour cela on ajoute à la proportion d'émulsion indiquée ci-dessus 3^{cc} à 5^{cc} d'un collodion normal à 1 pour 100 de coton-poudre, auquel pour 100^{cc} on ajoute 5^{gr} de chlorure de cobalt.

Après quelques heures de contact, tout le nitrate d'argent en excès se trouve transformé en chlorure d'argent et n'a plus d'action nuisible.

183. Il faut maintenant débarrasser cette émulsion de tous les produits accessoires, en la précipitant par l'eau, soit qu'on la fasse couler en un mince filet dans une grande quantité d'eau maintenue en agitation, ainsi que le représente la *fig.* 92, soit que, versant

Fig. 92.

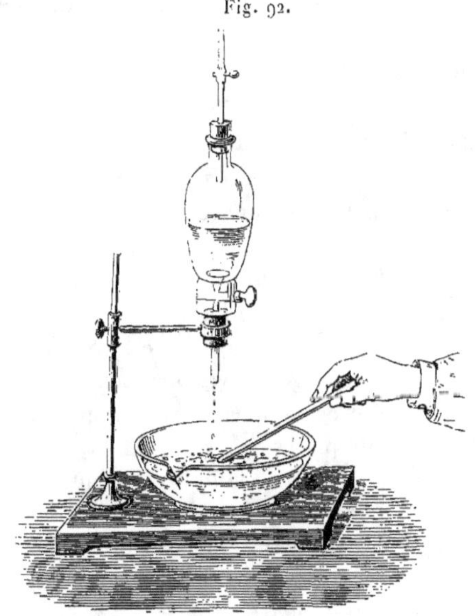

Appareil à précipiter le collodiobromure (M. Chardon).

l'émulsion dans une grande capsule de porcelaine ou une terrine vernissée, on la laisse faire légèrement prise et qu'on répande dessus une abondante quantité d'eau chaude.

Dans l'un et l'autre cas, l'opération doit être faite loin de tout foyer incandescent quelconque, surtout si ce foyer est placé plus bas que la table où l'on opère, car le feu se communiquerait ainsi facilement aux abondantes vapeurs d'éther qui se dégagent et il y aurait grand danger d'explosion et d'incendie.

Les diverses manipulations, à partir du moment où l'on introduit le nitrate d'argent dans le collodion bromuré jusqu'au fixage, seront faites à l'abri de toute lumière autre que la lumière rubis ou rouge-orange foncé.

Le précipité obtenu présente une masse spongieuse, légère, qu'on lave avec soin, à plusieurs reprises, avec de l'eau filtrée, et en dernier lieu avec de l'eau distillée; on le met ensuite à sécher sur des doubles de papier buvard et, lorsqu'il est parfaitement sec, on le renferme dans des flacons que l'on entoure complètement de plusieurs tours de papier noir, orangé ou jaune, dans lesquels il se conserve indéfiniment.

184. **Méthode indiquée par Van Monckhoven** ([1]). — Dans 500^{cc} d'un collodion fait avec parties égales d'alcool et d'éther, contenant 12^{gr} de pyroxyle poudreux, c'est-à-dire préparé à haute température et pouvant donner par conséquent des couches poreuses, ajoutez 12^{gr} de bromure de zinc cristallisé que vous transformez en bromure d'argent par l'addition de 21^{gr} d'azotate d'argent préalablement dissous dans 30^{gr} d'eau et 70^{gr} d'alcool. Le mélange est fait peu à peu, en agitant vigoureusement à chaque addition de nitrate; le mieux est d'opérer avec l'appareil que nous avons indiqué et représenté par la *fig.* 91.

Après quelques jours ce collodion devient meilleur et plus sensible; on y ajoute alors pour la quantité indiquée 1^{cc} d'eau régale (mélange de 1 partie d'acide nitrique avec 4 parties d'acide chlorhydrique); on a ainsi l'assurance d'avoir un produit acide ne contenant pas de nitrate d'argent en excès; l'action de l'eau régale

([1]) *Traité général de Photographie*. Grand in-8°, 1880 (Paris, Masson).

peut en outre détruire les combinaisons argentico-organiques qui seraient une cause de voile.

Après avoir bien agité, on précipite ce collodion par l'eau chaude ou froide, en prenant les précautions recommandées ci-dessus (183).

185. **Réémulsion.** — Lorsque, par une méthode quelconque, on a obtenu ou acheté la provision d'émulsion sèche dont on peut avoir besoin, on l'utilise au fur et à mesure pour préparer les glaces qui, mises à l'abri de la lumière, se conservent pendant fort longtemps.

On mélange (formule Chardon) :

Alcool absolu	250^{cc}
Éther sulfurique	250^{cc}
Quinine précipitée	1^{gr}

Pour 100^{cc} de ce mélange on ajoute de $3^{gr},50$ à 4^{gr} d'émulsion, on secoue vigoureusement et on laisse digérer pendant deux ou trois heures, ou plus, en secouant de temps à autre, de manière à obtenir une dissolution bien homogène. On filtre alors le produit sur un petit tampon de coton pour éliminer les particules grossières qui auraient pu échapper à la dissolution. Si l'on cherche à obtenir des glaces brillantes, on laisse le liquide au repos pendant quatre ou cinq heures et on le décante sur le filtre de manière à ne pas verser ce qui reste au fond du flacon.

Les glaces, préalablement nettoyées et talquées, sont couvertes avec ce liquide filtré comme dans le procédé humide, et on les met au séchoir sans aucune autre préparation. Une fois sèches, elles sont prêtes pour l'emploi.

Si la couche présente une tendance à se décoller, on passe un peu de corps gras sur les bords de la glace (148).

Le temps de pose est environ le double ou le triple de celui qui est nécessaire pour les préparations au collodion humide.

186. On développe l'image au moyen du révélateur alcalin employé de la manière suivante :

On fait deux solutions :

I. Eau	1000gr
Sesquicarbonate d'ammoniaque (en masses dures et translucides.)	20
Bromure de potassium	0,50

Filtrez.

II. Alcool absolu (sinon à 40°)	100cc
Acide pyrogallique	10gr

Filtrez.

On met dans une cuvette, qui peut être indifféremment en verre, en porcelaine, en zinc ou en un métal quelconque, la quantité du n° I nécessaire pour immerger la glace à développer. Avant de l'y plonger, on la mouille avec de l'alcool que l'on reverse dans son flacon jusqu'à épuisement; on lave la surface de la glace avec de l'eau pour faire disparaître complètement toute apparence huileuse; on continue même le lavage au delà de ce qui semble nécessaire, puis on plonge la glace dans la cuvette où on la balance, pour que toute la couche soit également imprégnée de la solution de carbonate d'ammoniaque qu'elle contient.

A côté on met dans un verre de 3cc à 6cc de la solution d'acide pyrogallique (n° II), on déverse dans ce verre la solution de la cuvette pour faire un mélange intime, et le liquide est répandu sur la surface à développer. L'image apparaît rapidement : elle est complète en quelques minutes. Si elle tarde à venir, si les détails dans les ombres ne s'accentuent pas, on ajoute dans le verre quelques gouttes de sucrate de chaux (153, formule n° III), que l'on mélange au révélateur, et l'on en surveille avec soin l'action pour l'arrêter avant que l'image soit voilée sur toute la surface.

187. L'épreuve bien lavée est fixée dans la même cuvette par une solution d'hyposulfite de soude à 15 ou 20 pour 100, lavée de nouveau et mise à sécher.

On peut faire et recommencer toutes les opérations successivement dans la même cuvette, une petite quantité d'hyposulfite de soude n'ayant dans ce cas aucune action fâcheuse ([1]), ainsi que je l'ai démontré à la Société française de Photographie dans la séance de mars 1880. Les épreuves au collodiobromure trop faibles peuvent être remontées exactement comme celles obtenues par un procédé quelconque (143).

Il arrive souvent que l'épreuve terminée et séchée apparaît comme sur un verre dépoli ([2]); cet effet disparaît par l'emploi d'un vernis résineux alcoolique (vernis à la gomme laque ou autre).

Cet excellent procédé au collodiobromure a été abandonné depuis la découverte de celui au gélatinobromure, dont il n'a pas la rapidité; il est apte cependant à rendre les plus grands services en voyage, toutes les fois que l'on ne cherche pas à prendre des vues instantanées. Il se prête facilement au transport temporaire des négatifs sur feuille de papier, soit au moyen de la gélatine, soit plus simplement au moyen de la colle d'amidon; les glaces devenues ainsi libres peuvent être recouvertes d'une nouvelle couche sensible et fournir de nouvelles épreuves. Dans ces conditions le collodiobromure ne pourrait être remplacé que par de très bonnes préparations pelliculaires au gélatinobromure d'argent.

([1]) *Bulletin de la Société française de Photographie*, p. 72, année 1880.
([2]) *Bulletin de la Société française de Photographie*, p. 288, année 1877.

CHAPITRE V.

PROCÉDÉ AU GÉLATINOBROMURE D'ARGENT.

188. Le procédé au gélatinobromure d'argent, ainsi que son nom même l'indique, a pour base l'association de deux substances : la *gélatine* et le *bromure d'argent*.

La gélatine fut proposée dès 1850 par Poitevin comme milieu susceptible d'être employé dans les préparations photographiques ; mais elle ne fut pas adoptée dans la pratique : le collodion parut préférable pour la facilité et la rapidité des manipulations.

Le bromure d'argent mélangé à l'iodure d'argent entre depuis longtemps déjà dans la préparation des couches sensibles ; toutefois il ne fut employé seul qu'après la publication du procédé au tannin du major Russell (Paris, Gauthier-Villars) ; à partir de ce moment il fut la base des procédés secs et complètement adopté pour la préparation du collodiobromure.

Depuis 1871 jusqu'à 1878 on publia de nombreuses formules pour préparer les glaces au moyen d'une émulsion de bromure d'argent dans la gélatine (Maddox, 1871 ; King, 1873 ; Burgess, 1873 ; Kennett, 1874 ; Wratten et Wainwright, 1877) (¹), mais ces méthodes ne présentaient aucun avantage sur celle du collodiobromure dont la sensibilité n'était pas dépassée : ce fut seulement lorsque Bennett découvrit en 1878 l'extrême sensibilité donnée à l'émulsion de gélatinobromure par la maturation que cette préparation se perfectionna et devint générale.

189. Ce nouveau procédé a complètement transformé les habi-

(¹) EDER, *Théorie et pratique du procédé au gélatinobromure d'argent*. Traduction française de la 2ᵉ édition allemande par H. COLARD et CAMPO. Grand in-8°, avec portrait de l'auteur et 58 fig. ; 1883 (Paris Gauthier-Villars).

ÉPREUVE INSTANTANÉE.

Cliché au gélatinobromure d'argent de M. Sautter de Beauregard.
Obturateur de MM. Thury et Amey.

Impression à l'encre grasse de MM. Berthaud frères.

Page 317.

ÉPREUVE INSTANTANÉE.

Cliché au gélatinobromure d'argent de M. Sautter de Beauregard.
Obturateur de MM. Thury et Amey.

Impression à l'encre grasse de MM. Berthaud frères.

Page 317

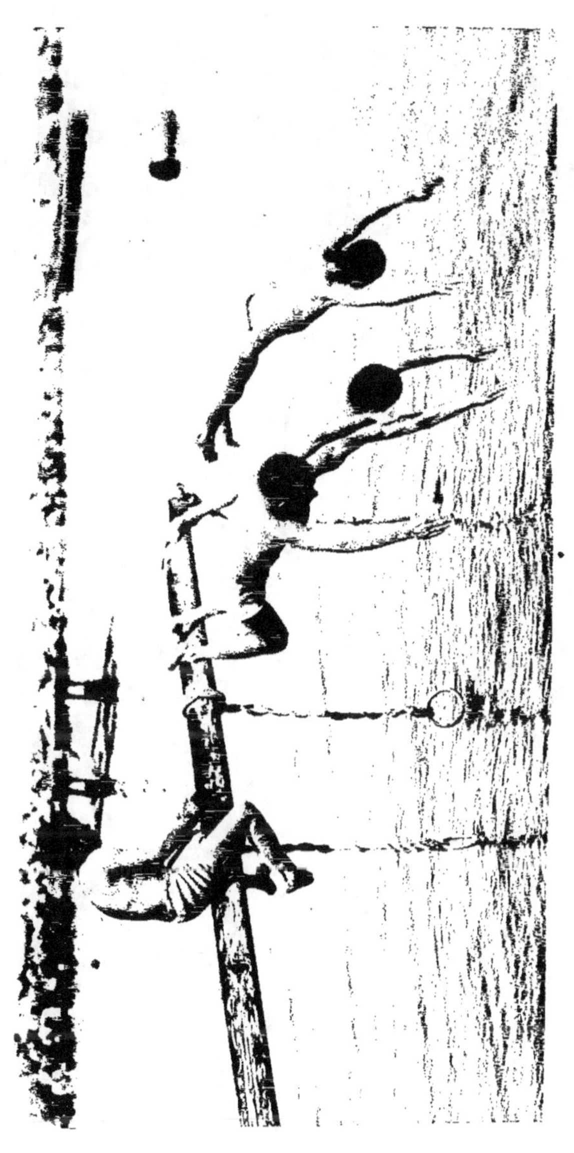

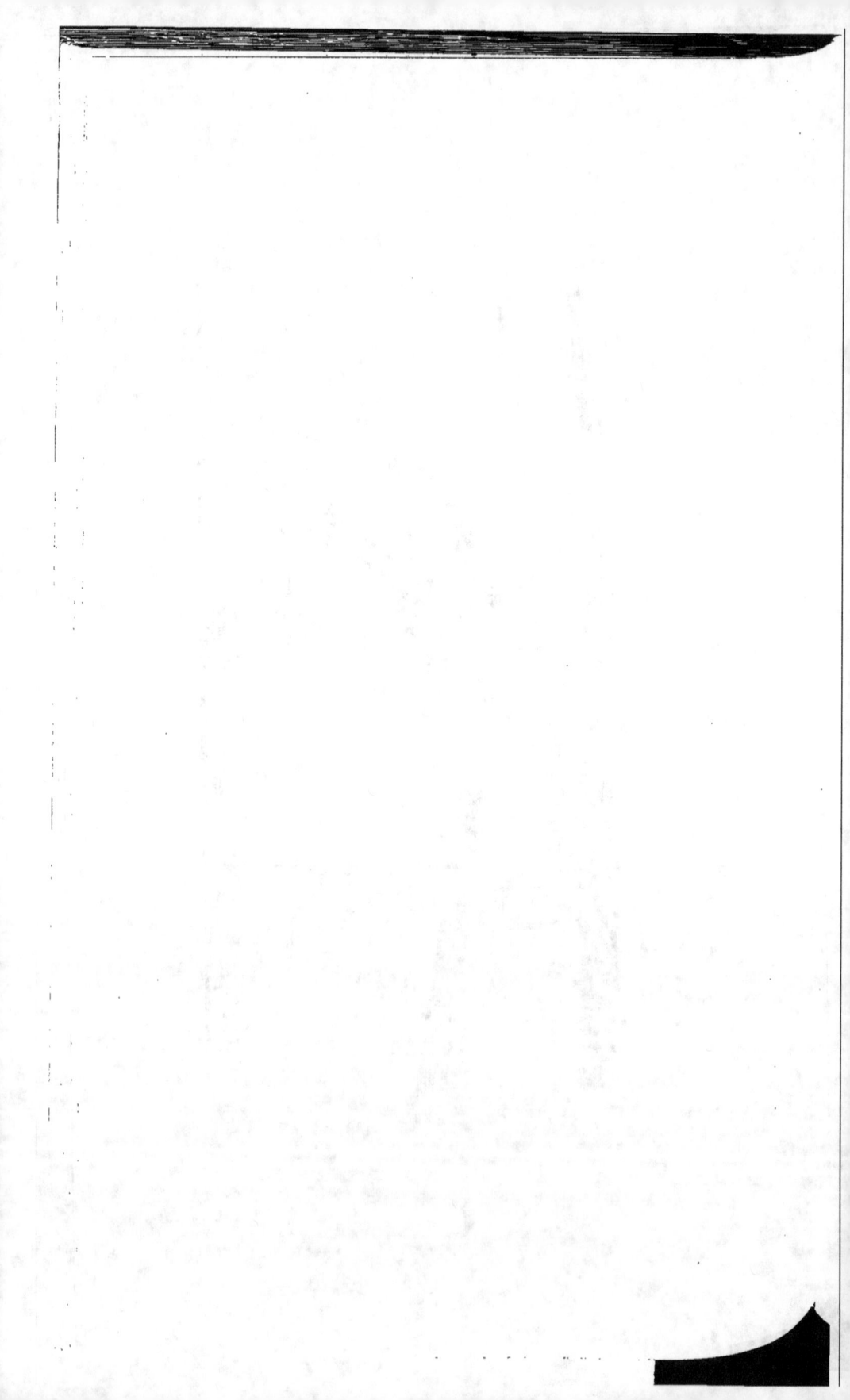

tudes des photographes, il a remplacé les précédents dans presque toutes leurs applications. Nous avons expliqué plus haut que c'était peut-être un tort de vouloir ramener toute la photographie négative à l'emploi du gélatinobromure d'argent, que les procédés à l'albumine, au collodion, au collodion albuminé pouvaient être préférables dans les diverses circonstances qui demandent l'extrême finesse, l'extrême netteté que l'on obtient avec des couches presque sans épaisseur et surtout sans grain appréciable; mais pour les portraits, pour les paysages animés, pour les instantanéités, le gélatinobromure offre aux photographes de profession et aux amateurs des ressources et des qualités qu'ils demanderaient vainement à toute autre méthode actuellement connue.

Les surfaces préparées au gélatinobromure ont une conservation de sensibilité dont la durée n'est pas encore déterminée, mais qui, d'après les expériences faites, peut dépasser quatre années sans altération aucune, du moment que les plaques sont convenablement empaquetées et mises complètement à l'abri de l'air et de l'humidité. Cette stabilité permet de les préparer longtemps à l'avance : aussi leur fabrication peut être détachée de l'atelier et faite au dehors d'une manière tout à fait industrielle; déjà une concurrence considérable s'est établie, des marques diverses, dont les qualités sont garanties par l'intérêt même du fabricant, sont offertes à l'opérateur qui fait ses provisions en ayant presque la certitude d'avoir devant lui toute une série de produits identiques. Dès lors, affranchi de toutes les manipulations chimiques qui précèdent la pose, assuré par les essais précédents de la valeur des plaques qu'il emploie, il peut donner tous ses soins au côté artistique.

La rapidité de l'impression lumineuse, plus grande qu'on n'eût jamais osé l'espérer, saisit le modèle avant que le temps de pose ait altéré sa physionomie. Cette sensibilité, même pour de faibles rayons lumineux, rend presque simultanée l'action des clairs et des ombres et, malgré des poses rapides, on obtient ainsi des douceurs et des modelés que les anciens procédés à l'iodure d'argent ne donnaient que difficilement.

On ne sait pas encore quelle est la persistance de l'impression lumineuse sur une plaque exposée et non soumise au révélateur; des expériences contradictoires prouvent : les unes, que le développement peut être fait après plusieurs mois; les autres, que l'image tend à s'effacer dans un espace de temps assez court. Cette divergence dans les essais doit évidemment tenir à quelques différences dans les préparations et ne tardera sans doute pas à être élucidée. Il est toutefois certain que le développement d'une plaque peut être fait quelques semaines après l'exposition. Il y a dans cette tolérance un avantage considérable pour les voyageurs; nous les engageons cependant à ne pas en abuser et nous répétons qu'un développement suivant de près la pose est toujours préférable; l'opérateur se rappellera mieux les conditions dans lesquelles se trouvait son sujet, il développera en conséquence et il profitera de ce renseignement pour les opérations suivantes.

Un autre avantage du procédé au gélatinobromure d'argent est la simplicité et la propreté des manipulations, surtout lorsqu'on se sert des solutions d'oxalate ferreux pour faire apparaître les images; on n'a plus à craindre les taches que donne le nitrate d'argent ou les solutions alcalines d'acide pyrogallique; aussi maintenant nombre de personnes que la crainte de se salir les mains éloignait de la photographie s'y adonnent avec enthousiasme; les dames même s'en occupent avec beaucoup de succès.

Le procédé au gélatinobromure d'argent présente donc deux phases bien distinctes complètement indépendantes l'une de l'autre : la préparation des surfaces sensibles et leur emploi.

PRÉPARATION DES SURFACES SENSIBLES AU GÉLATINOBROMURE D'ARGENT.

OBSERVATIONS GÉNÉRALES.

190. Théorie du procédé. — La préparation du gélatinobromure d'argent, réduite à sa plus simple explication théorique, consiste à former un précipité de bromure d'argent dans une solution chaude de gélatine; ce précipité doit être d'un grain suffisamment fin pour rester en suspension dans le liquide au milieu duquel on le produit; on dit alors qu'il est à l'état d'émulsion.

Comme dans les autres méthodes, le bromure d'argent est obtenu par double décomposition, c'est-à-dire par le mélange d'un bromure soluble avec l'azotate d'argent donnant pour résultat le bromure d'argent insoluble et un nitrate alcalin correspondant au bromure employé. Le n° 62 devra être relu avec soin : il explique pourquoi il est nécessaire de toujours employer un excès de bromure soluble dans le mélange, afin qu'après la double décomposition, lorsque tout l'argent du nitrate a été transformé, il reste encore en solution une quantité notable de bromure alcalin non décomposé.

Après cette première opération, on a bien obtenu une fine émulsion de gélatinobromure d'argent, mais la présence de l'excès de bromure soluble, en plus ou moins grande quantité, lui enlèverait tout ou partie de ses propriétés sensibles si on ne l'éliminait, et, d'autre part, le nitrate alcalin qui résulte de la double décomposition cristalliserait sur les plaques lors de leur dessiccation et serait une cause de taches et aussi de ralentissement dans l'action de la lumière.

Il est donc nécessaire d'enlever ces deux substances, ce que l'on obtient par le lavage; on laisse la masse gélatineuse faire prise par le refroidissement, on la divise en petits fragments aussi fins que possible, car plus cette division est grande, plus l'élimination est rapide; puis on lave le produit soit par un courant d'eau, soit par des décantations et des renouvellements d'eau fréquemment répétés. L'eau employée doit être filtrée ou parfaitement déposée, de manière à n'apporter aucune substance insoluble qui pourrait être une cause de taches; les sels qu'elle contient en dissolution et qui ne peuvent être séparés par filtration doivent certainement avoir une influence sur la sensibilité; plusieurs opérateurs pensent que les eaux ordinaires sont plus favorables que l'eau distillée, sans doute à cause du bicarbonate de chaux qu'elles contiennent; mais cette étude est encore incomplète.

A mesure que les opérations de lavage s'avancent et que la sensibilité du produit s'accroît, il faut prendre des précautions de plus en plus grandes contre la lumière; le lavage et toutes les opérations qui le suivent devront donc être faits dans une obscurité absolue, sauf les moments indispensables pour les manipulations, pendant lesquelles on s'éclairera avec une lumière aussi faible et aussi peu actinique qu'il sera possible.

Après le lavage, l'émulsion de gélatine est privée de son excès d'eau, puis fondue à une douce chaleur et coulée sur les plaques où elle ne tarde pas à faire prise; ces plaques sont relevées, mises à sécher et conservées pour l'usage.

191. Il semble que l'ensemble de ces opérations devrait donner des produits toujours identiques; mais il n'en est rien, la sensibilité est éminemment variable et dépend de causes dont les unes nous échappent encore, tandis que d'autres nous sont connues et peuvent être appliquées avec discernement, principalement celles qui portent sur les modifications du bromure d'argent.

M. Stas [1], l'éminent chimiste belge, dans ses études toutes scientifiques sur le bromure d'argent, a reconnu que, sans varier dans sa composition, ce corps présentait des états physiques différents suivant le mode de préparation; on peut l'obtenir à l'état floconneux blanc ou jaune, à l'état pulvérulent jaune intense ou blanc perlé, à l'état grenu blanc jaunâtre, à l'état cristallisé ou fondu jaune intense. Ajoutons que, dans les publications photographiques, on parle constamment du bromure d'argent vert signalé par Van Monckhoven; ce bromure vert, qui est d'une couleur mal définie, est probablement la variété grenue signalée par M. Stas, avec une différence dans l'appréciation ou dans l'intensité des teintes.

Lorsqu'on produit du bromure d'argent par double décomposition, le premier effet est la formation du bromure floconneux, qui est relativement peu sensible à la lumière; par l'agitation dans l'eau ce bromure se transforme et prend l'état pulvérulent; par l'ébullition il change encore et passe à l'état de bromure grenu mat ou brillant ou blanc perlé. « Ces corps (dit M. Stas dans son Mémoire) sont les plus altérables à la lumière que je connaisse. »

Ces modifications s'opèrent plus lentement dans un liquide acide que dans un liquide neutre, et les préparations photographiques, faites en présence de l'ammoniaque libre ou de carbonates solu-

---

[1] *Annales de Chimie et de Physique*, 4e série, tome XXV, p. 22, et 5e série, tome III, p. 145.

bles, montrent que les transformations sont plus rapides dans un liquide alcalin.

Les changements d'état du bromure d'argent s'apprécient surtout par l'examen de sa coloration vue en couches minces par réflexion et par transparence; le bromure récemment formé est peu sensible, légèrement jaunâtre par réflexion et orangé par transparence, la division des molécules est alors extrême; puis, par l'action de la chaleur, du temps ou de l'alcalinité, la coloration devient verdâtre par réflexion, bleutée par transparence, et le grain, d'abord peu appréciable, augmente de grosseur à mesure que la coloration se modifie; la sensibilité suit ces modifications. Dans une observation faite au microscope, M. Eder a constaté que le bromure d'argent formé par des grains ayant d'abord $0^{mm},0008$ de diamètre (moins d'un millième de millimètre) s'agglomérait en quelques jours de manière à présenter des grains de $0^{mm},003$, c'est-à-dire d'un diamètre triple; après une quinzaine de jours de digestion dans un liquide gélatineux, le grain peut acquérir de 2 à 4 centièmes de millimètre de diamètre et devient visible à l'œil nu. A cet état, le bromure d'argent est tellement sensible que, le plus souvent, il noircit sous l'action seule des liquides révélateurs sans qu'il y ait eu impression lumineuse; on ne saurait affirmer quant à présent que la sensibilité soit une conséquence forcée de la grosseur des grains; ce fait serait regrettable, mais il est certain que ces transformations de la couleur, de la sensibilité, de l'état granulaire marchent parallèlement.

On a reconnu trois modes d'action pour augmenter la sensibilité du bromure d'argent : le temps, la température, l'alcalinité, sans compter certaines variantes dans les modes d'opérer. L'action du temps est lente, si le produit reste à la température ordinaire; mais elle est plus rapide si on maintient la chaleur entre 30° à 40° C., et la maturation, c'est ainsi qu'on appelle l'accroissement de sensibilité, se manifeste en cinq ou six jours; si le mélange est porté à 60° C., il suffit de quelques heures, et même d'une demi-heure au plus si l'on atteint la température de l'ébullition; cette dernière méthode est excellente comme simplicité, car elle repose sur une base fixe pendant un temps court : l'immersion dans l'eau bouillante pendant moins de trente minutes.

L'emploi d'une solution alcaline est également facile; après avoir fait l'émulsion de bromure d'argent dans la gélatine, on y ajoute soit un peu d'ammoniaque liquide, soit une solution de carbonate d'ammoniaque ou de soude et on abandonne le tout jusqu'au lendemain; la transformation s'opère à froid dans l'espace de douze à vingt-quatre heures; il serait mauvais (d'après M. Balagny) de chercher à augmenter la maturation en réunissant l'alcalinité et la chaleur, le but est dépassé.

Ces diverses méthodes augmentent donc considérablement la facilité de réduction du bromure d'argent. Au début, ce bromure est à peine plus sensible que les bonnes préparations du collodion humide; à mesure que marche la maturation, la sensibilité s'exalte: il suffit d'une action lumineuse de plus en plus rapide, de plus en plus faible pour que les réducteurs, agents de développement, puissent compléter ce que la lumière a commencé; si le but est dépassé, soit que l'on ait réuni la chaleur et l'alcalinité, soit que la chaleur seule ait été appliquée pendant trop longtemps, on arrive au moment où l'action de la lumière n'est plus nécessaire, l'agent révélateur seul suffit pour réduire le bromure d'argent, la surface sensible est voilée d'une manière générale et ne donne plus que des traces d'image.

La présence d'un excès de bromure soluble ralentit, sans l'empêcher, la maturation du bromure d'argent et elle modère la formation de grains relativement trop gros (Eder). Cet excès a été reconnu nécessaire dans la préparation, ensuite on l'élimine par des lavages soignés, l'absence du bromure soluble étant une des premières conditions d'une grande sensibilité.

192. Choix des bromures solubles. — Les bromures généralement employés pour produire l'émulsion de bromure d'argent sont: le bromure de potassium et le bromure d'ammonium; ce dernier est le plus souvent indiqué dans les formules, sans toutefois qu'il en soit donné aucune raison plausible; quelques opérateurs préfèrent le bromure de potassium, qui est moins altérable par l'action de l'air et de la chaleur; en outre, comme il n'absorbe pas autant l'humidité ambiante, il donne plus d'exactitude dans les pesées. Les essais que nous avons faits, en nous mettant dans des conditions rigoureusement identiques et en employant des poids équivalents de l'un et de l'autre corps, nous ont donné des résultats très sensiblement les mêmes; peut-être les préparations faites à l'iodure d'ammonium ont-elles un peu plus de vigueur, mais cette différence est si peu appréciable qu'on ne peut en tenir compte.

On peut donc employer indifféremment l'un ou l'autre de ces corps, à la condition qu'ils soient également purs et qu'on les substitue non pas en quantités semblables, mais en quantités équivalentes qui, par leur décomposition, donnent une même quantité de bromure d'argent.

L'équivalent du bromure de potassium est.....	119
Celui du bromure d'ammonium...............	98
L'un ou l'autre donne avec l'azotate d'argent un équivalent de bromure d'argent............	188

Donc 1 partie de bromure de potassium peut être remplacée par 0,823 de bromure d'ammonium et, réciproquement, 1 partie de bromure d'ammonium sera remplacée par 1,214 de bromure de potassium.

Le bromure de potassium est moins cher, mais il en faut une quantité un peu plus considérable; on peut donc employer indifféremment l'un ou l'autre de ces produits; si le bromure d'ammonium se ressent toujours de l'ammoniaque qui entre dans sa composition et qui, malgré les épurations successives, emporte dans les produits qu'elle sert à former des traces de sa source première, le bromure de potassium peut, suivant son origine, renfermer des chlorures ou des carbonates alcalins.

193. **Nitrate d'argent.** — Le nitrate d'argent est une substance d'une composition si nettement définie, d'une préparation si facile, qu'on peut toujours se le procurer pur en s'adressant à de bonnes maisons de produits chimiques. Nous répétons, et nous ne saurions trop le faire, qu'on ne doit chercher aucune économie dans l'acquisition du nitrate d'argent; on le prendra en beaux cristaux, n'ayant aucune odeur lorsqu'on débouche le flacon; on s'abstiendra des nitrates fondus que l'on vend au rabais, pour ne pas risquer, par une apparente économie mal comprise, de perdre toute une

série de préparations pour lesquelles on aurait employé des nitrates de mauvaise qualité.

194. **Choix et traitement de la gélatine.** — La gélatine n'est pas, comme le nitrate d'argent, un produit fixe, net et pouvant être amené à un état toujours identique; elle présente au contraire, dans sa préparation comme dans ses qualités, des variétés infinies, et pourtant son choix a une grande importance dans la réussite du gélatinobromure. Il ne faut pas penser à la préparer soi-même, on la trouve dans le commerce, et les diverses sortes comprennent depuis les colles fortes, vendues en plaques épaisses d'un jaune brun plus ou moins accentué, jusqu'aux qualités fines, de prix élevé, utilisées le plus souvent pour confectionner les gelées alimentaires, en passant par les produits moyens également en feuilles minces et servant à faire les gélatinages industriels. Depuis quelques années, le grand développement de la Photographie a engagé quelques fabricants à faire des qualités spéciales.

Parmi les diverses gélatines il faut éliminer les produits inférieurs, ceux qui, mis en macération dans l'eau froide, non seulement prennent un gonflement considérable, mais s'y dissolvent partiellement. Les colles fortes sont le plus souvent dans ces conditions; il en est qui perdent dans l'eau jusqu'à 25 pour 100 de leur poids; d'autres, sans se dissoudre, absorbent une quantité d'eau froide qui peut aller jusqu'à huit fois leur poids ([1]); elles s'élargissent en conséquence et, quand on les emploie en Photographie, elles ont une grande facilité à se soulever de la glace, quelquefois en totalité, d'autrefois partiellement en plissant sur les bords. Ces sortes ne doivent jamais être employées seules, mais seulement mélangées en plus ou moins grande quantité avec d'autres gélatines ayant trop de ténacité et trop peu de perméabilité.

Les gélatines françaises dont on fait usage sont celles de Cogniet et celles dites *grenétines* : les premières sont dures et résistantes, les secondes sont molles et bonnes pour les mélanges. En Angleterre on préfère les diverses qualités de gélatine Nelson. D'autres ont été fabriquées spécialement pour la Photographie : ce sont les

([1]) Chardon (A.), *Photographie par émulsion sensible au bromure d'argent et à la gélatine*. Grand in-8 avec figures; 1880 (Paris, Gauthier-Villars).

gélatines d'Heinrich à Mayence et de Simeons à Winterthur, etc.; on trouve ces diverses espèces chez les marchands de produits chimiques pour photographie. Avec les unes et les autres il serait facile, après quelques essais et quelques mélanges, d'arriver à une bonne préparation, si presque toutes les gélatines, même celles préparées avec le plus grand soin en vue des applications photographiques, n'avaient trop souvent un défaut grave, celui de donner sur les plaques les taches dites *de graisse*. Ce défaut se manifeste sur les préparations humides ou sèches; ce sont des taches rondes, plus ou moins grandes, quelques-unes arrivent à $0^m,01$ de diamètre, elles sont disséminées à la surface de la couche. Lorsque celle-ci a fait prise, on voit le plus souvent une légère dépression, comme si la gélatine se retirait partiellement; après séchage, la dépression, n'est plus appréciable, mais elle est remplacée par un aspect plus mat de cette partie de la surface; au développement, ces taches s'accusent par une coloration plus intense que celle des parties environnantes et le cliché est perdu: nous avons observé des taches prenant le même aspect sur les épreuves au collodion sec après avoir employé, pour le développement, de l'eau soi-disant distillée, mais provenant en réalité de la condensation de vapeur d'une machine, ce qui corroborerait l'opinion que ces accidents sont dus à de minimes quantités de matière grasse.

195. *Dissolution.* — La dissolution de la gélatine dans l'eau doit se faire avec quelques précautions. Lorsqu'on a pesé la quantité demandée dans la formule, on l'introduit dans un vase contenant le volume d'eau froide indiqué et on la laisse ainsi totalement immergée jusqu'à ce qu'elle soit ramollie et parfaitement souple; pour les sortes en feuilles il suffit le plus souvent d'un quart d'heure, les plaques de colle forte et la colle de poisson demandent environ vingt-quatre heures. C'est alors seulement que l'on met dans un bain-marie le vase contenant le tout, et on chauffe à l'ébullition; dans ces conditions, la dissolution s'opère beaucoup plus rapidement que si l'on avait appliqué la chaleur avant le gonflement.

196. *Bain-marie.* — On ne peut chauffer directement au feu les dissolutions de gélatine. Celle-ci s'attacherait aux parois du vase,

elle empêcherait une répartition égale de la chaleur dans la masse, elle brûlerait et bientôt toute la préparation serait perdue; il est absolument nécessaire d'élever la température soit par la vapeur, soit par l'intermédiaire de l'eau bouillante contenue dans un vase plus grand, ce que l'on appelle chauffer au bain-marie. Tous les vases allant au feu peuvent servir de bain-marie, mais il est commode d'employer soit l'ustensile spécial de cuisine qui porte ce nom et que l'on trouve dans les magasins d'articles de ménage (*fig.* 93),

Fig. 93.

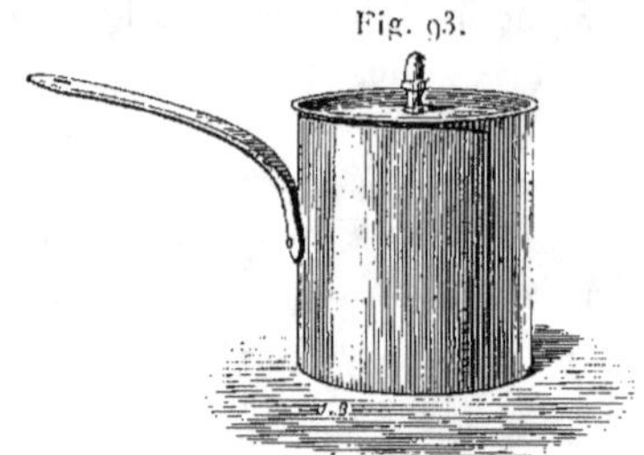

Bain-marie ordinaire.

soit, comme le conseille M. Audra (¹), une grande bouillotte à large

Fig. 94.

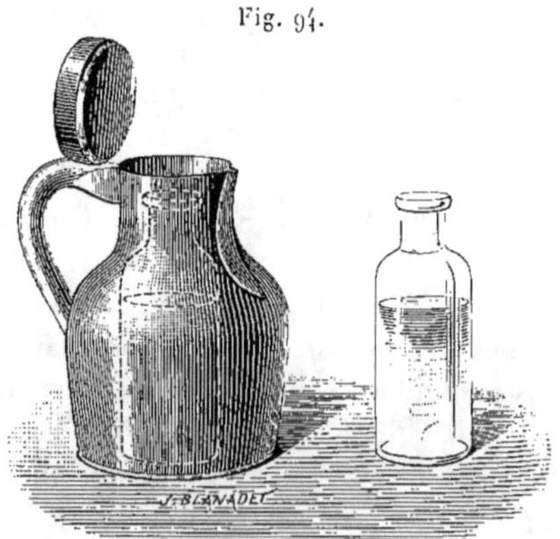

Bouillotte et son flacon.

ouverture (*fig.* 94), soit enfin les appareils spéciaux très bien

(¹) AUDRA, *Le gélatinobromure d'argent*. 2ᵉ édition. In-18 jésus; 1884 (Paris, Gauthier-Villars).

disposés qui servent dans les laboratoires et que l'on peut se procurer chez les marchands d'ustensiles et verreries pour la Chimie (*fig.* 95). Le bain-marie doit toujours être haut et étroit, afin de

Fig. 95.

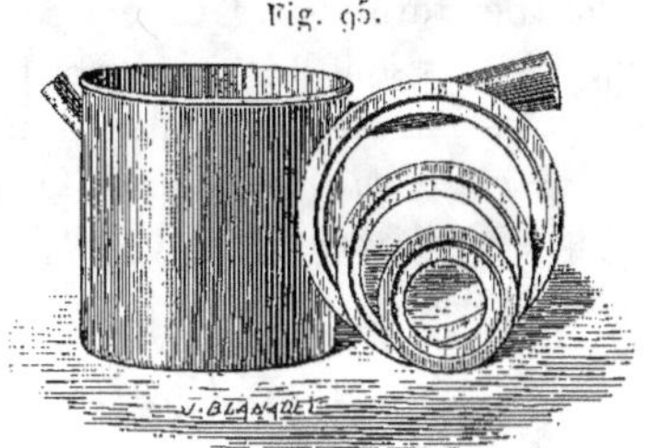

Bain-marie de laboratoire.

pouvoir y immerger complètement les flacons et bouteilles contenant les préparations.

Si, pour faire les dissolutions de gélatine, on emploie les vases à précipité, les flacons ou les bouteilles en verre ordinaire, qui sont

Fig. 96.

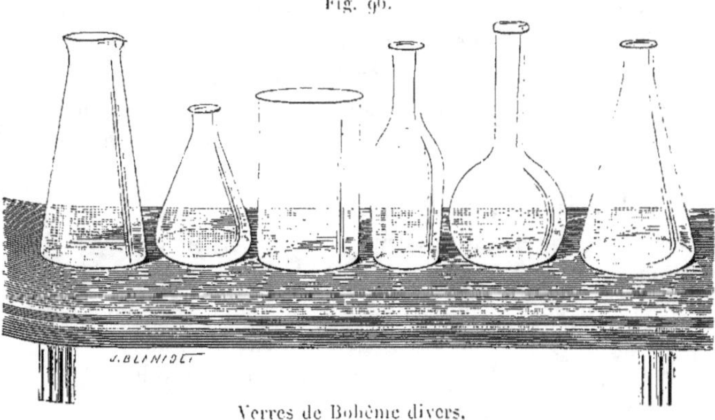

Verres de Bohème divers.

des articles de gobeleterie commune, on aura toujours le soin de les mettre dans l'eau à peine tiède et d'augmenter progressivement la chaleur, afin d'éviter la rupture du vase par une trop brusque transition; il faudra également mettre dans le fond du bain-marie quelques fils de fer ou de cuivre, pour empêcher que le verre ne soit en contact immédiat avec le fond métallique, ce qui le plus souvent occasionnerait la rupture du vase.

Au lieu des verreries communes nous conseillons les verres dits de Bohême, dont les formes très variées se prêtent bien aux manipulations (*fig.* 96); ils sont très minces et peuvent supporter sans se briser les brusques changements de température; leur prix est un peu plus élevé que celui des vases ordinaires, mais ils permettent de gagner beaucoup de temps, parce qu'on peut les plonger directement dans l'eau bouillante.

197. *Filtration.* — Il est préférable de chercher et d'employer des gélatines tout à fait convenables pour les préparations photographiques; mais, même avec celles-ci, il est rare que la dissolution donne un liquide parfaitement clair, eussent-elles été fabriquées avec les plus grands soins; le séchage et l'emmagasinage viennent apporter des poussières et des matières étrangères qui, plus tard, passent avec l'émulsion même filtrée sur un tampon de coton, et donnent sur les glaces des points noirs et des points à jour que l'on évite en grande partie par la filtration. L'expérience nous a montré qu'il y avait une différence très notable dans la pureté du résultat entre des glaces de préparation identique dont les unes avaient été faites avec une gélatine filtrée au papier, tandis que pour les autres on s'était borné à une simple dissolution. On pourrait laver abondamment, dans plusieurs eaux renouvelées, les feuilles de gélatine que l'on veut faire dissoudre, mais alors il faut tenir compte de la quantité d'eau qu'elles absorbent pour rester dans les données de la formule, et l'on n'enlève pas ainsi les impuretés incorporées dans les feuilles. Par la filtration on obtient une dissolution beaucoup plus pure, dont on connaît la teneur en gélatine sèche, ce qui permet l'application exacte des formules.

Les solutions de gélatine à un titre un peu élevé, comme celui de 15 et de 18 pour 100 d'eau, sont visqueuses et se prennent rapidement en gelée par le refroidissement; néanmoins elles sont assez facilement filtrées au papier, surtout si l'on emploie l'entonnoir à circulation d'eau chaude représenté par la *fig.* 55 (p. 131). A défaut de cet entonnoir spécial, on peut utiliser un simple entonnoir en fer-blanc de grande dimension (*fig.* 97); on ferme la partie supérieure de la douille par un bon bouchon, dans lequel on a fait, avec la lime dite *queue de rat*, un trou de la dimension

Fig. 97.

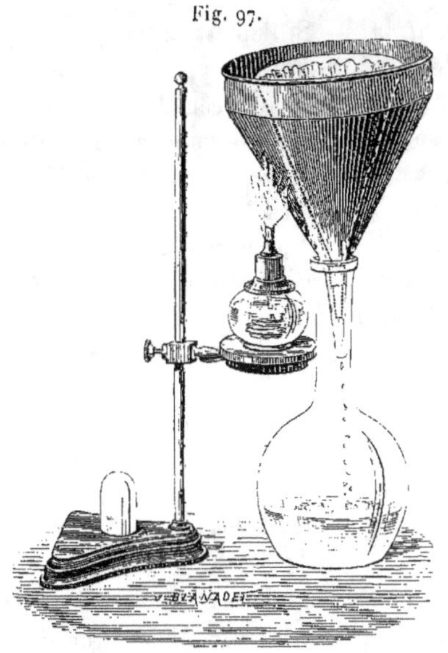

Appareil pour filtrer à chaud.

nécessaire pour y faire passer la douille d'un entonnoir de verre plus petit, on verse de l'eau tiède dans l'espace compris entre les deux entonnoirs et on la maintient chaude en faisant arriver, loin de toute soudure, la flamme d'une lampe à alcool ou d'un bec de gaz sur la paroi extérieure de l'entonnoir de fer-blanc; la solution de gélatine, maintenue ainsi à l'état liquide, passe assez rapidement à travers le filtre en papier et donne un liquide parfaitement clair, qui se prend en gelée ferme par le refroidissement. On pourra également employer pour filtrer la gélatine l'appareil dont nous donnons plus loin la description (209). On ne préparera et on ne filtrera que les quantités nécessaires pour l'ensemble de la préparation que l'on veut faire immédiatement; cette gélatine se conservera néanmoins pendant plusieurs jours, surtout si l'on a le soin de renverser le vase qui la contient de manière à empêcher le dépôt à la surface des ferments qui flottent toujours dans l'air ambiant.

198. *Purification.* — Si l'on est dans l'obligation de tirer parti quand même de gélatines qui, sans être absolument défectueuses, donnent cependant de trop nombreuses taches de graisse, il faut les purifier. La seule méthode que nous ayons employée est l'ébullition en présence de l'albumine. Pour un litre de solution de gélatine à 15 pour 100 d'eau, on ajoute un blanc d'œuf préalablement battu ou traité par quelques gouttes d'acide acétique, ainsi qu'il est expliqué (159), mais sans qu'il soit nécessaire de filtrer l'albumine trouble qui résulte de ce traitement. Après avoir bien mélangé, on porte le tout à l'ébullition dans le bain-marie pendant dix minutes ou un quart d'heure. L'albumine de l'œuf se coagule par la chaleur, elle enserre les impuretés de la gélatine comme dans un réseau bien plus fin que les pores du filtre; après avoir laissé refroidir vers 30° à 40° C., on filtre à chaud sur du papier. On remet dans le filtre les premières parties filtrées et le liquide obtenu est parfaitement clair.

Les glaces que nous avons faites avec cette préparation étaient exemptes des taches que donnait le même produit non filtré; seulement une des parties constituantes de l'albumine ne se coagule pas complètement par la chaleur et forme avec une partie du nitrate d'argent ajouté ensuite un dépôt grossier qui est enlevé par décantation.

199. *Neutralisation.* — Il est bon d'examiner la solution de gélatine avec les papiers de tournesol bleu et rouge. Si la solution de gélatine a une réaction acide (rougissant le papier bleu) ou alcaline (bleuissant le papier rouge), le mieux est de la ramener à l'état neutre, dans le premier cas avec quelques gouttes d'ammoniaque faible; dans le second, avec quelques gouttes d'acide nitrique à 10 pour 100 d'eau, quitte ensuite à ajouter les quantités d'acide ou d'alcali qui pourraient être indiquées par les formules.

200. **Proportion des éléments.** — L'opérateur ou l'amateur

qui consulte les divers traités avant d'entreprendre par lui-même la préparation du gélatinobromure d'argent, s'arrête quelque peu troublé par la multiplicité des formules qu'il rencontre; lorsqu'il cherche à se rendre compte de la proportion des éléments qui entrent dans la composition du gélatinobromure, il ne tarde pas à voir que, s'il y a quelques variations extrêmes comme celles données par les formules ci-dessous, le plus souvent au contraire, ces formules, ramenées à la composition centésimale, sont presque semblables bien qu'elles semblent au premier abord très différentes entre elles.

Voici celles qui nous ont présenté les plus grands écarts :

1° Van Monckhoven :

Eau	100cc
Bromure d'ammonium	2gr,8
Nitrate d'argent	4gr,4
Gélatine	4gr

2° Eder :

Eau	100cc
Bromure de potassium	3gr,83
Nitrate d'argent	4gr,80
Gélatine	8gr

3° Audra :

Eau	100cc		
Bromure d'ammonium	3gr,25	ou	4gr,80
Nitrate d'argent	4gr,90		7gr,20
Gélatine	8gr,10		10gr

Dans ces diverses formules, les différences vont du simple au double, pourtant leurs auteurs les ont recommandées comme donnant les unes et les autres de très bons résultats, ce qui nous prouve qu'il peut y avoir une marge excessivement large dans la composition du gélatinobromure.

Reprenant un grand nombre de formules courantes, nous avons fait le même travail que pour le collodion, certain qu'en établissant une moyenne nous ne pouvions commettre d'erreur; le résultat donne une composition centésimale d'une extrême simplicité.

Eau	100^{cc}
Bromure d'ammonium	3^{gr} à 4^{gr}
(ou bromure de potassium $4^{gr},50$).	
Azotate d'argent proportionné à la quantité de bromure d'ammonium.	$4^{gr},50$ à 6^{gr}
Gélatine	7^{gr} à 8^{gr}

La quantité de gélatine est variable suivant sa nature, plus ou moins tendre, et suivant la température; en été, pour faciliter les manipulations, on l'augmente un peu, en hiver on la diminue, mais on peut toujours rester entre 7 et 9 pour 100 d'eau. La somme du bromure d'ammonium est en moyenne de 4 pour 100 d'eau, celle du nitrate d'argent est : relativement au bromure d'ammonium, moitié en plus du poids de ce corps, relativement au bromure de potassium, seulement le tiers en plus.

La quantité de préparation à couler sur les glaces est également très variable et dépend de l'épaisseur de couche que l'on désire; personnellement, nous préférons les couches suffisamment translucides pour permettre de suivre le développement par transparence; il ne faut pas cependant tomber dans l'excès : des couches trop minces ne donneraient pas assez de vigueur et présenteraient facilement l'inconvénient des halos; les couches trop épaisses et presque opaques ne laissent pas juger la venue de l'épreuve. M. Audra estime qu'il faut compter 5^{cc} de préparation par décimètre carré (100^{cq}). Mais ici encore la tolérance est très grande.

MANIPULATIONS.

Les manipulations sont à peu près les mêmes, quelles que soient les formules appliquées; elles comprennent : la préparation de l'émulsion sensible qui se divise en plusieurs phases successives (A, B, C, D, E, F), son extension sur les glaces, la conservation des glaces sèches.

201. Préparation de l'émulsion sensible. — Nous prenons comme première formule de préparation celle qui présente le rapport le plus simple dans sa composition centésimale, en appropriant toutefois les proportions aux nécessités des manipulations. Les détails que nous donnons sont surtout à l'adresse des photographes ou des amateurs qui désirent préparer leurs glaces eux-mêmes. Ils ne devront pas entreprendre à la fois un nombre considérable de plaques : il vaut mieux faire une quantité moyenne suffisante pour préparer vingt-cinq à cinquante glaces ; on évitera ainsi un encombrement général et, s'il survient une non-réussite, la perte sera également moins sensible ; les grands fabricants organiseront leurs ateliers et l'ensemble de leurs manipulations suivant les besoins de leur industrie. Pour préparer cinquante glaces de $0^{m},13 \times 0^{m},18$, il faut environ 600^{cc} d'émulsion. Ce sera le résultat final des opérations suivantes :

A. *Émulsion.* — On prend une gélatine de belle qualité et, s'il est possible, ne donnant pas de taches dites *de graisse* et n'ayant pas besoin d'être purifiée par l'albumine (198) ; on en pèse 50^{gr}, que l'on fait gonfler dans 350^{cc} d'eau distillée et, lorsqu'elle est devenue parfaitement souple, on la fait dissoudre au bain-marie, en prenant les précautions nécessaires pour empêcher la rupture des vases de verre dans lesquels se fait l'opération, c'est-à-dire en évitant qu'ils ne subissent de trop brusques changements de température ; lorsque la solution est complète, on filtre dans un vase bien propre, au papier et à chaud comme nous l'avons indiqué (197), on conserve cette gélatine filtrée comme une provision dont l'emploi se fera successivement dans le cours des opérations qui suivent.

B. Dans 150^{cc} d'eau distillée on fait dissoudre 18^{gr} de bromure d'ammonium, on y ajoute 100^{cc} de la gélatine filtrée ci-dessus et on maintient le mélange à la température de 30° à 40° C. ; ce que l'on peut parfaitement apprécier à la main, qui éprouve une sensation de chaleur très appréciable, mais nullement brûlante.

C. D'autre part on dissout à chaud dans un petit ballon de verre 27^{gr} de nitrate d'argent cristallisé pur dans 150^{cc} d'eau distillée (soit toujours moitié en plus du bromure d'ammonium).

N. B. Généralement, le bromure d'ammonium et le nitrate d'argent sont livrés suffisamment purs pour n'avoir pas besoin d'être filtrés; néanmoins, si la filtration était nécessaire, ou si on la jugeait utile par surcroît de précautions, il faudrait tenir compte de la perte entraînée par le mouillage du filtre et des parois de l'entonnoir; on préparerait alors les solutions en quantité un peu plus grande, soit 175^{cc} d'eau distillée et 21^{gr} de bromure d'ammonium et 175^{cc} d'eau distillée pour $31^{gr},50$ de nitrate d'argent, et on filtrerait de chacune de ces solutions une quantité de 150^{cc}. Lorsqu'on se propose de faire plusieurs préparations successives de gélatino-bromure d'argent, il est plus simple encore de préparer les deux solutions au titre indiqué (12 pour 100 pour le bromure d'ammonium; 18 pour 100 pour le nitrate d'argent) et on en filtre chaque fois les quantités nécessaires, quantités qui représentent toujours des volumes égaux.

Portant les deux solutions dans le laboratoire obscur, on les mélange pendant qu'elles sont encore chaudes, à 30° C. environ, en versant le nitrate d'argent dans le bromure d'ammonium par petites quantités à la fois et en agitant vivement après chaque addition, de manière à bien diviser l'émulsion de bromure d'argent qui se forme immédiatement.

Pour mieux faire le mélange, nous nous servons de l'appareil déjà indiqué (182) *fig.* 91 : le nitrate d'argent est introduit dans le petit ballon A avec la quantité d'eau indiquée pour le dissoudre; au goulot du petit ballon est adapté un bouchon long, à travers lequel passe un tube effilé à l'une de ses extrémités; ce côté du tube effilé a environ de $0^m,05$ à $0^m,06$ de long; l'autre côté du tube, coupé droit, arase le bouchon.

La solution gélatineuse de bromure soluble est mise dans le flacon C, sur le goulot duquel peut s'adapter la partie du bouchon restée en dehors du ballon. Sur cette partie du bouchon on fait une étroite entaille en long pour permettre à l'air du flacon inférieur de s'échapper; les deux vases se trouvent ainsi réunis l'un sur l'autre par le même bouchon et les liquides sont séparés; mais on secoue vivement, ce qui rompt l'équilibre de pression, et l'on continue de secouer jusqu'à ce que tout le nitrate d'argent contenu dans le ballon soit passé dans la solution de gélatine bromurée; le mélange ne se fait ainsi que peu à peu à la suite de vives agitations. On rince le ballon avec quelques centimètres cubes d'eau distillée pour enlever le nitrate d'argent adhérant aux parois; on ajoute ce liquide au reste de la préparation et on agite de nouveau.

Les manipulations A et B qui précèdent peuvent être faites à la lumière du jour; le mélange C doit être opéré à la lumière de la bougie ou du gaz. L'émulsion de gélatinobromure d'argent qui en résulte présente un aspect crémeux; si on en verse une couche mince sur une glace et si on l'examine par transparence à la lueur d'une bougie, on voit qu'elle a une coloration franchement orangée; à cet état elle est très fine, mais une fois terminée elle serait peu sensible : il est nécessaire de transformer l'état moléculaire du bromure d'argent par la maturation.

202. D. *Maturation.* — On met le flacon qui contient l'émulsion dans un bain-marie, où il plonge complètement, et on fait bouillir pendant vingt à trente minutes. Pour éviter que, pendant l'ébullition, l'eau du bain-marie ne puisse rentrer dans le flacon, ce qui perdrait toute la préparation, nous laissons sur celui-ci un bouchon percé auquel on adapte un tube de verre recourbé. Lorsque, par l'ébullition dans le bain-marie, la température de l'émulsion a atteint également 100°, ce qui est plus ou moins long suivant le volume de la préparation, on maintient la chaleur pendant vingt minutes, puis on étend de nouveau sur un fragment de verre une couche mince de l'émulsion et on l'examine par transparence à la lueur de la bougie; la couleur rouge orangé a dû disparaître entièrement pour être remplacée par une couleur gris bleuté nettement accusée; arrivée à ce point, la transformation s'est effectuée et, lorsque l'émulsion sera terminée, elle aura une grande sensibilité, on peut néanmoins continuer l'ébullition pendant les trente minutes indiquées.

La préparation étant encore chaude, on y ajoute 100^{cc} de la gélatine filtrée, afin que par le refroidissement elle puisse faire prise plus facilement et plus promptement. Cette précaution de n'ajouter la gélatine que successivement, à mesure que sa présence est nécessaire, est parfaitement rationnelle; sous l'influence de fusions successives à une température soutenue, les propriétés de la gélatine sont altérées, la prise en gelée s'opère de plus en plus difficilement et l'adhérence sur les glaces diminue.

Souvent on ajoute à ce moment 10^{cc} à 15^{cc} d'une solution de bichromate de potasse faite à la dose de 2 pour 100 d'eau. Le rôle de ce réactif est d'anéantir toute action antérieure que la lumière aurait pu produire sur l'émulsion; il servira aussi plus tard à constater si le lavage est suffisant.

203. E. *Division et lavage.* — Lorsque le tout maintenu liquide est bien mélangé, on le verse dans une cuvette ou autre vase creux, de préférence en porcelaine, et on laisse refroidir complètement à l'abri de la lumière. Dans les temps ordinaires la masse fait prise en une heure ou deux, car déjà la proportion de gélatine est d'environ 6 pour 100, ce qui est très suffisant pour obtenir une gelée consistante. Si la température est élevée, on refroidit le vase en le mettant dans un autre plus grand, rafraîchi par un courant d'eau froide ou contenant un peu de glace.

Quand l'émulsion a fait prise et résiste au doigt qui la presse, il faut la diviser en petits fragments, afin d'opérer un lavage qui puisse éliminer tous les sels solubles qu'elle contient, c'est-à-dire l'excès de bromure d'ammonium, le nitrate d'ammoniaque résultant de la double décomposition et le bichromate de potasse. Ces sels, par leur présence, ne détruisent pas la sensibilité du gélatino-bromure d'argent : il serait plus juste de dire qu'ils la masquent, puisqu'il suffit de les enlever par un lavage parfait pour que celui-ci acquière toutes ses propriétés.

Il faut alors prendre des précautions de plus en plus grandes contre la lumière et, à partir de cette phase des opérations, on ne s'éclaire plus qu'en se garantissant contre l'action des rayons actiniques par un verre rouge rubis foncé, doublé d'un verre jaune orangé, ou par un double verre rouge rubis; cependant, si l'on se sert d'une lumière artificielle, on pourra se borner à l'entourer avec une lanterne garnie d'une seule épaisseur de verre rouge.

Pour que le lavage puisse être fait rapidement, le premier point est la division de la masse en petits fragments; cette division s'obtient avec une grande facilité en procédant comme l'indique M. Audra.

On se procure, dans un magasin d'articles pour les travaux de dames, du filet à petites mailles carrées ayant à peu près 3^{mm} de côté; ce tissu se vend au mètre : il suffit d'un morceau ayant environ $0^{m},40$ de côté.

On a d'autre part deux petites terrines en grès ou en terre vernissée, d'une contenance de 2^{lit} à 3^{lit}; plaçant le filet sur une feuille de papier propre, on détache la gelée du vase qui la contient avec une cuiller de porcelaine ou d'argent, et on l'entasse sur le filet dont on relève ensuite les bords de manière à former un nouet; tenant toujours le nouet, on le met dans une des terrines à moitié remplie d'eau ou tout autre vase à très large ouverture (*fig.* 98); sans le sortir on le comprime, on le tord de manière à

Fig. 98.

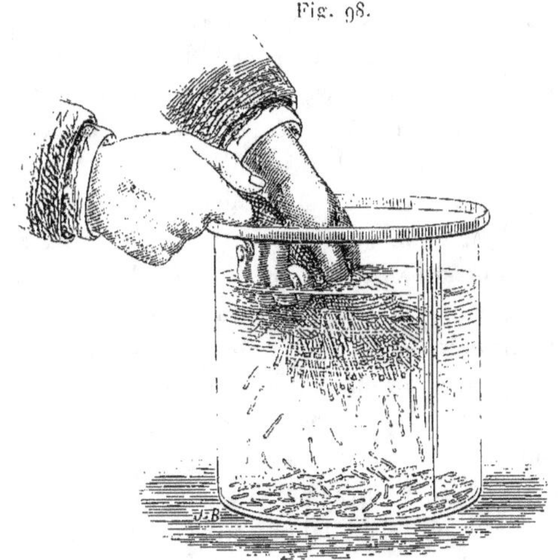

Division du gélatinobromure d'argent.

expulser par les mailles la gélatine, qui passe à l'état de gros vermicelle : sa pesanteur la fait immédiatement tomber au fond; on décante le liquide surnageant, on place le filet sur la seconde cuvette, on verse au milieu le produit déjà divisé et l'on recommence l'opération, qu'on renouvelle même une troisième fois; on obtient ainsi une division suffisante : tout le gélatinobromure d'argent prend l'aspect de grains de riz que le lavage purifiera rapidement.

On a indiqué un grand nombre de procédés de lavage; selon

nous, le plus simple et le plus rapide est la *décantation,* que l'on peut pratiquer de différentes manières : d'abord rien qu'en employant les deux terrines susdites; après le dernier passage au filet, on attend quelques instants pour que le gélatinobromure tombe au fond du récipient, puis le liquide qui surnage est décanté dans la seconde terrine afin d'y réunir les parties qui s'échapperaient par le mouvement du liquide; on renouvelle l'eau et l'on continue ainsi de dix en dix minutes: après la septième ou la huitième décantation, le lavage doit être complet; on en fait l'essai en recevant dans un verre les dernières eaux qui s'écoulent de la masse gélatineuse; on porte ce verre en plein jour et l'on y verse quelques gouttes d'une solution de nitrate d'argent non acide à 3 ou 4 pour 100. Si le lavage a éliminé le bichromate de potasse et avec lui tous les autres sels, il ne se produit pas de coloration, mais un simple trouble blanchâtre dû à ce que l'eau de lavage n'est pas de l'eau distillée; mais s'il reste des traces de bichromate de potasse, le liquide se teinte aussitôt plus ou moins fortement en jaune orangé : il faut donc continuer le lavage jusqu'à ce qu'un nouvel essai ne donne aucun changement de couleur. Cette opération se faisant en plein jour, il se produira toujours une coloration après quelques minutes, mais ce second effet est dû à l'action de la lumière sur les traces de chlorure d'argent précipité et sur la combinaison du nitrate d'argent avec les minimes quantités de gélatine en solution.

Pendant toute la durée du lavage et des manipulations suivantes, on ne devra ouvrir la porte du laboratoire obscur où se font les manipulations qu'après avoir mis toutes les préparations à l'abri de la lumière, soit en les enfermant dans une armoire convenablement disposée, soit en mettant sur les vases des couvercles qui ne puissent laisser passer aucun rayon lumineux.

Souvent nous avons employé un mode de décantation plus facile que celui des terrines. On se procure chez le marchand de verreries pour Chimie un flacon de deux à trois litres ayant deux tubulures à la partie supérieure (*fig.* 99); l'une des tubulures est coiffée d'un double de grosse mousseline commune que l'on retient par une ficelle ou un anneau de caoutchouc; l'autre tubulure reste libre; on verse l'émulsion dans le flacon par cette dernière, on remplit d'eau; après dix minutes et sans prendre aucun soin, on déverse l'eau par la tubulure garnie de mousseline qui ne laisse

Fig. 99.

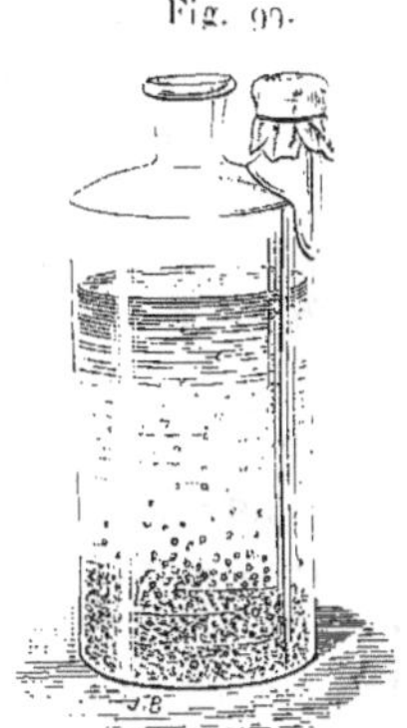

Flacon à deux tubulures pour décantation.

passer aucun fragment de gélatine, on remplit d'eau à nouveau par la tubulure ouverte et l'on continue ainsi jusqu'à lavage parfait.

Si l'on peut disposer d'un grand réservoir d'eau, on joindra le robinet du réservoir au flacon laveur à tubulures au moyen d'un tube de caoutchouc *désulfuré* et bien lavé; avec un bouchon percé, on ajustera sur l'une des tubulures un tube de verre plongeant jusqu'au fond du flacon, on le réunira au caoutchouc et l'on obtiendra ainsi un courant d'eau continu : l'eau se déversera au dehors à travers la mousseline de la seconde tubulure; si les conditions locales l'exigent, cette eau sera conduite du flacon à l'évier en remplaçant la mousseline par un second bouchon percé, dans lequel passe un tube coupé au ras de la partie inférieure du bouchon, et dépassant assez la partie supérieure pour qu'on y adapte un second tube de caoutchouc se rendant à l'évier.

Le réservoir pourra toujours être remplacé par un seau de zinc muni au bas d'une tubulure permettant d'y adapter un robinet.

Nous ne sommes pas très partisan des eaux forcées qui, à Paris surtout, procèdent par secousses violentes suivant les intermittences d'emploi dans les autres parties de la maison : ces eaux subissent des poussées et des retraits qui troublent la marche régulière des appareils.

D'ailleurs ce n'est pas la masse d'eau employée qui fait le bon lavage, mais l'eau fréquemment ou incessamment renouvelée; chaque petite masse gélatineuse, en effet, se débarrasse peu à peu, par diffusion, des impuretés solubles qu'elle contient; cette action se produit par une marche lente de l'intérieur à l'extérieur et, pourvu que ces impuretés, qui sont pour ainsi dire excrétées, soient enlevées à mesure, le lavage sera bien fait; la très grande quantité d'eau ne hâtera pas sensiblement le travail de diffusion, mais elle présentera l'inconvénient d'augmenter dans une proportion considérable les particules insolubles que toutes les eaux, et surtout les eaux forcées, entraînent avec elles.

Une autre méthode de lavage consiste à employer la différence de densité. Sur un vase muni d'un robinet à sa partie inférieure et largement ouvert à sa partie supérieure (*fig.* 100), on dispose

Fig. 100.

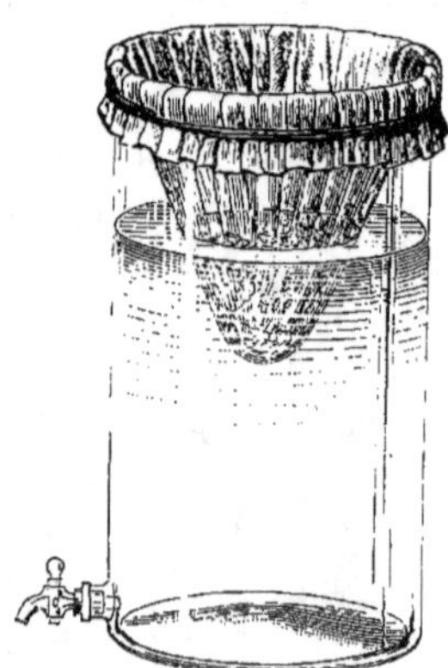

Appareil de lavage.

une chausse faite de deux ou trois doubles de grosse mousseline, on met le gélatinobromure dans la chausse, on remplit le tout d'eau qu'on renouvelle fréquemment, après avoir laissé écouler la précédente par le robinet inférieur; on pourrait même régler l'arrivée de l'eau et l'écoulement de manière à avoir une circulation continue. Les systèmes à circulation continue, très séduisants en principe, ne remuent pas la masse dans toutes ses parties comme le fait le système de décantation; celle-ci agite et sépare chaque fois toutes les petites masses gélatineuses et paraît assurer un lavage plus complet.

Nous avons dit déjà que la qualité de l'eau n'était pas indifférente; néanmoins de bonnes eaux potables, telles que les eaux de source distribuées par la ville de Paris, sont très suffisantes pour la préparation des émulsions. Cependant ces eaux laissent peu à peu des dépôts dans les vases, les robinets sont souvent mis hors de service par les graviers qu'elles entraînent : aussi nous semble-t-il préférable de recevoir les eaux dans un réservoir supérieur où elles déposent les matières insolubles.

Lorsqu'on marche rapidement par décantations successives, il serait difficile de n'employer que de l'eau filtrée; mais, si l'on procède par courant continu, il suffit d'interposer entre le réservoir et le flacon laveur un gros tube rempli de coton cardé, à travers lequel l'eau est obligée de passer en abandonnant la majeure partie des impuretés qu'elle transporte.

204. F. *Essorage et fusion.* — Lorsque le lavage est terminé, on rassemble l'émulsion solide sur une mousseline pliée en double; l'appareil représenté ci-dessus (*fig.* 100) sera d'un emploi commode; on peut aussi mettre la mousseline largement étendue sur l'une des deux terrines, y verser le produit, relever la mousseline par les quatre coins. On égoutte la masse, on l'essore en la pressant légèrement à la main et sans la diviser, on la pose sur quelques doubles de gros papier buvard où on l'abandonne pendant quelques heures pour éponger l'eau interposée; on fait ensuite tomber tout le gélatinobromure dans un vase à précipité ou dans un flacon à large ouverture; suivant la température, on y ajoute de 100^{cc} à 150^{cc} de gélatine filtrée, on fond le tout à une douce chaleur au bain-marie, on mélange bien et la préparation est prête à être coulée sur les glaces. Toutefois, en l'abandonnant à cet état pendant huit ou dix jours, elle gagnera considérablement en sensibilité, et il suffira, pour empêcher la fermentation, de verser à la surface une

légère couche d'alcool lorsque la gélatine aura fait prise, ou même de retourner le vase en mettant l'ouverture en bas, de telle sorte qu'il ne puisse recevoir les ferments atmosphériques qui tombent de toutes parts de l'air ambiant.

205. *Formules.* — Si nous reprenons la composition de la formule générale dont nous venons de développer les phases successives, nous retrouvons les proportions que nous avons données qui résument une excellente formule courante (Audra); en effet, le total des produits employés se compose de

Eau	600cc
Bromure d'ammonium	18gr
Nitrate d'argent	27gr
Gélatine sèche	42gr

ou formule centésimale :

Eau	100cc
Bromure d'ammonium	3gr
Nitrate d'argent	4gr,50
Gélatine	7gr

Il sera toujours facile de modifier ces proportions pour les ramener à une autre formule donnée.

Les phases de la préparation se résument de la manière suivante, en supposant qu'au lieu de gélatine filtrée on emploie la gélatine sèche :

A. Dans :

Eau distillée	300cc

faites dissoudre

Bromure d'ammonium	18gr

et faites tremper

Gélatine	12gr

Lorsque la gélatine est devenue complètement souple, faites dissoudre au bain-marie :

B. Dans :

Eau distillée............................ 150^{cc}

faites dissoudre à chaud

Nitrate d'argent.......................... 27^{gr}

Pendant que les solutions sont encore tièdes, versez lentement, en agitant toujours, la seconde solution (B) dans la première (A).

C. Chauffez le tout au bain-marie à l'ébullition pendant vingt à trente minutes, laissez refroidir vers 40° à 50° C.; ajoutez 15^{gr} de bonne gélatine sèche que vous faites gonfler et assouplir préalablement dans l'eau; après dissolution de la gélatine, ajoutez 15^{cc} d'une solution de bichromate de potasse à 2 pour 100; mélangez bien, versez le tout dans une cuvette de porcelaine et laissez prendre en gelée résistante (l'addition du bichromate de potasse n'est pas indispensable).

D. Avec une cuiller de porcelaine ou d'argent ou avec un fragment de verre, enlevez la préparation de la cuvette, divisez-la finement en la passant trois fois au filet et lavez à l'eau fréquemment renouvelée.

E. Égouttez le gélatinobromure d'argent, ajoutez 15^{gr} de gélatine sèche préalablement gonflée dans l'eau, mélangez le tout à une douce chaleur; lorsque la préparation a fait prise, laissez-la mûrir pendant huit à dix jours, s'il est possible.

Ensuite étendez sur les glaces.

Ces explications sont applicables à toutes les autres formules, sauf quelques variantes qui portent principalement sur les phases A, B, C.

206. *Variantes. — Procédé à l'ammoniaque.* (Henderson, modifications par M. le capitaine Joly et M. Audra.)

A. 1° Dans

Eau distillée............................ 200^{cc}

faites dissoudre au bain marie

Bromure d'ammonium...................... 20^{gr}
Gélatine................................ 3 à 4^{gr}

2° Après refroidissement ajoutez à la solution ci-dessus

Eau	50cc
Alcool	50cc
Ammoniaque concentrée	15 »

B. Dans

Eau distillée	100cc

faites dissoudre à chaud

Nitrate d'argent	30gr

Versez la dissolution B dans la dissolution A.

C. L'émulsion ainsi obtenue manque de sensibilité, mais, au lieu de chercher la maturation par l'action de la chaleur, ce qui serait une cause de voile, on abandonne le tout à froid pendant douze à vingt-quatre heures ; sous la seule influence de l'alcalinité, la maturation se fait et l'on obtient un produit très sensible et d'un grain assez fin. A partir de ce moment, les autres opérations se font suivant les explications données en D, en E et en F.

207. *Procédé au nitrate d'argent ammoniacal.*

A. Dans

Eau distillée	100cc

faites dissoudre

Bromure de potassium	21gr

ajoutez

Gélatine	40gr

que l'on fait préalablement gonfler dans l'eau.
Chauffez au bain-marie jusqu'à dissolution.

B. Dans

Eau distillée	100cc

faites dissoudre

Nitrate d'argent	30gr

Dans cette solution froide ajoutez goutte à goutte de l'ammoniaque pure jusqu'à dissolution complète du précipité brun qui se forme dès l'addition des premières gouttes ([1]).

C. Portez les deux dissolutions dans le laboratoire et, en vous éclairant avec la lumière rouge aussi faible que possible, versez la solution B dans la solution A en remuant constamment; mettez le tout dans un bain-marie dont la température soit à 40°, éteignez le feu et abandonnez au refroidissement spontané. Lorsque la température atteint environ 25° C., versez le gélatinobromure dans une cuvette, laissez faire prise et, pour tout le reste des opérations, conformez-vous aux explications D, E, F.

208. *Additions d'iodure d'argent.* — On a souvent conseillé d'ajouter au bromure d'argent une petite quantité d'iodure; les avis sont très partagés sur le bénéfice de cette addition, tandis que quelques auteurs prétendent qu'elle donne plus de sensibilité, le plus grand nombre sont d'un avis contraire, et il y a presque unanimité pour reconnaître que les glaces préparées avec une émulsion contenant un peu d'iodure d'argent sont plus pures, mais un peu plus lentes : elles sont en outre moins sujettes à se solariser, et, conséquence de la coloration jaune plus intense qui résulte de ce mélange, on a moins à redouter les halos provenant de la réflexion sur la face postérieure de la glace.

La quantité d'iodure à ajouter est toujours minime, elle peut varier de $\frac{1}{25}$ à $\frac{1}{50}$ de la dose de bromure; si l'on fait le mélange di-

([1]) On ne doit pas oublier que l'oxyde brun d'argent, laissé en digestion avec l'ammoniaque, se transforme en une poudre noire éminemment explosible à laquelle on a donné le nom d'*argent fulminant*. On obtiendrait encore ce même composé en dissolvant le nitrate d'argent dans l'ammoniaque et en le précipitant par la potasse (Pelouze et Fremy).

D'autre part, un mélange d'alcool, de nitrate d'argent et d'acide nitrique donne naissance à un composé blanc cristallisable, qui est du fulminate d'argent et qui détone avec une grande énergie (*id.*).

Dans la formule donnée ci-dessus, en cas d'inadvertance dans l'emploi, il peut y avoir les éléments nécessaires pour produire l'argent fulminant et même le fulminate, si le nitrate d'argent est fortement acide et alcoolique.

Cette remarque s'applique aussi à la formule précédente (206).

Nous ne saurions trop recommander une grande prudence dans les mélanges de l'ammoniaque avec les sels d'argent et plus encore avec les sels d'or.

rectement dans le bromure soluble avant qu'il soit décomposé par le nitrate d'argent, le résultat est le plus souvent mauvais; en effet, l'iodure d'argent se forme le premier, il s'émulsionne mal, il reste à l'état grumeleux; mais on tourne cette difficulté en faisant d'abord le bromure d'argent bien émulsionné et en ajoutant ensuite la petite quantité d'iodure soluble nécessaire; ce sont alors les molécules de bromure d'argent qui se transforment en iodure et l'état de division reste sensiblement le même.

La présence de l'iodure d'argent rend la maturation par ébullition plus lente, il faudra la prolonger de quinze à vingt minutes.

L'addition du chlorure d'argent peut aussi avoir un bon résultat. Les quelques essais qui ont été faits montrent que le chlorure agit en sens inverse de l'iodure; par l'ébullition il donnera une préparation ayant tendance au voile.

Les chlorures solubles ne décomposent ni l'iodure ni le bromure d'argent : on ne peut donc les ajouter dans l'émulsion comme on le fait pour l'iodure; si l'on veut faire usage d'une préparation chlorobromurée, le mieux sera de faire séparément une émulsion au chlorure d'argent et d'en ajouter une petite quantité dans l'émulsion au bromure.

209. *Gélatinobromure d'argent à l'état sec.* — Il est assez rare maintenant que l'on veuille conserver le gélatinobromure à l'état sec pour l'utiliser plus tard à la préparation des glaces. Si l'on voulait pourtant opérer ainsi, on procéderait de la manière suivante :

Lorsque le lavage est terminé, on met l'émulsion divisée dans un flacon à large ouverture, on égoutte l'eau aussi bien que possible et on la remplace par la quantité d'alcool nécessaire pour baigner tout le produit; après une demi-heure de contact on déverse cet alcool qu'on remplace par une nouvelle quantité et l'on répète l'opération une troisième fois; l'alcool s'empare de la majeure partie de l'eau, les petites masses de gélatinobromure prennent plus de cohésion, elles deviennent dures, on les étend sur du buvard blanc ou mieux sur une glace talquée que l'on porte à plat au séchoir.

Le gélatinobromure d'argent sec est conservé en flacons ou en paquets dans une obscurité complète et parfaitement à l'abri de l'humidité. Lorsqu'on veut en faire usage, la dose à employer est de 8gr à 10gr pour 100cc d'eau distillée. On laisse en contact pendant 12 heures au moins et mieux pendant 24 heures, on porte ensuite le tout au bain-marie chauffé à une température de 30° de manière à liquéfier la préparation, on agite, on filtre sur un tampon de coton et l'on étend sur les glaces.

210. Appareil pour la préparation du gélatinobromure d'argent. — Dans les explications qui précèdent, nous avons montré qu'il n'était pas nécessaire d'avoir des appareils spéciaux pour la préparation du gélatinobromure d'argent, et que l'on pouvait se servir utilement d'ustensiles que l'on trouve couramment dans le commerce; parmi ceux-ci, nous avons adopté comme très commode l'appareil représenté *fig.* 101. C'est un ustensile de cuisine que

Fig. 101.

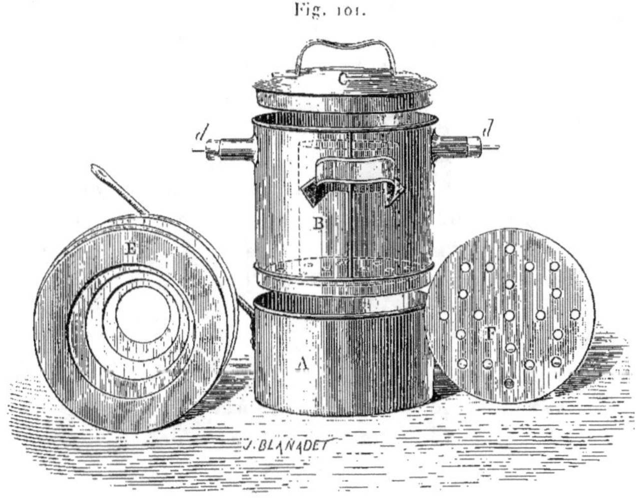

Appareil général pour la préparation du gélatinobromure d'argent.

l'on peut se procurer dans tous les magasins d'articles de ménage, il sert pour cuire les légumes à l'étouffée (pommes de terre ou autres); avec quelques légères modifications que peut faire le premier ferblantier venu, cet appareil devient un laboratoire complet, utilisable dans toute la série des préparations du gélatinobromure.

Il se compose de deux corps en fer-blanc ou en fer battu; la partie inférieure A est une simple casserole sur laquelle s'emboîte un cylindre un peu haut B, terminé à sa partie inférieure par un fond percé de trous et à la partie supérieure par un couvercle C entrant de $0^m,02$ à $0^m,03$ et interceptant parfaitement la lumière.

On fait couper le fond percé de manière à laisser tout autour du cylindre un rebord intérieur d'environ $0^m,01$ pour supporter les plaques mobiles qu'on voudra y placer; la plaque enlevée est utilisée en la mettant à plat comme faux fond de la casserole A; on empêche ainsi les vases que l'on met à chauffer de venir en contact direct avec la partie qui reçoit le feu et on diminue les chances de rupture.

A la place du fond enlevé, on met une plaque mobile F, qui est percée de trous comme la précédente et sert à supporter toutes les préparations que l'on veut chauffer à la vapeur sans le contact de l'eau.

On fait disposer trois ou quatre autres plaques métalliques E en cuivre, en fer battu, en fer-blanc ou en zinc, qui peuvent prendre la place du couvercle C sur le dessus de l'appareil et dont les ouvertures, de grandeurs différentes, reçoivent des entonnoirs ou des vases quelconques dont on ne veut élever ou maintenir la température qu'avec ménagement. Un peu plus bas que l'affleurement des bords du couvercle on fait souder deux douilles, *d*, *d*, du diamètre d'un bouchon ordinaire, pour pouvoir faire les lavages par circulation d'eau continue.

L'appareil et les accessoires étant disposés tels que les représente la *fig.* 101, on peut l'utiliser pour la série des opérations suivantes :

1° *Filtrage de la gélatine.* — L'entonnoir et son filtre sont placés sur une des plaques métalliques E, en prenant celle dont l'ouverture correspond le mieux au diamètre des bords de l'entonnoir, de telle sorte que celui-ci plonge presque entièrement dans l'intérieur de l'appareil; un vase est disposé dessous pour recevoir la gélatine filtrée; si la profondeur est nécessaire, on enlève la plaque percée F. L'ensemble étant disposé, on chauffe l'eau contenue dans la partie A, on verse la solution de gélatine dans le filtre; la vapeur produite maintient la température de l'entonnoir et le filtrage s'opère à chaud comme avec l'un des appareils spéciaux (*fig.* 55 ou *fig.* 97).

2° *Coction de l'émulsion.* — Lorsqu'on veut porter l'émulsion à 100° pour lui donner sa sensibilité, on place le vase qui la contient sur la plaque F, mise comme faux fond, on ferme le couvercle, on bouche les deux douilles *d, d* avec des bouchons ordinaires et, ainsi mis à l'abri de toute lumière, on peut transporter l'appareil où l'on veut pour chauffer l'eau et maintenir la préparation dans la vapeur à 100° pendant trente ou quarante minutes; lorsqu'on chauffe ainsi à la vapeur, la coction doit être un peu prolongée.

3° *Lavage.* — Si l'on fait le lavage par décantation, l'ensemble de l'appareil devient une grande boîte métallique dans laquelle on renferme le flacon à décantation, ce qui rend faciles les sorties et les rentrées dans le laboratoire; si l'on veut faire le lavage par circulation d'eau continue, on place dans les douilles *d, d* des bouchons percés garnis de tubes qu'on relie à l'intérieur avec un flacon laveur à tubulures comme celui que présente la *fig.* 99; l'un des tubes reçoit l'eau à son arrivée, l'autre à sa sortie, de sorte que ce lavage peut être fait en vase clos dans n'importe quelle pièce éclairée.

4° Tous les chauffages du gélatinobromure se font dans cet appareil, soit directement dans l'eau de la partie A, soit dans la vapeur qui circule dans la partie B. Il suffit encore de poser un instant chaque glace à la place du couvercle, pour lui donner la température nécessaire à une extension régulière de la préparation.

Cet appareil, que l'on trouve tout fait en fer-blanc, sauf les modifications indiquées, sera dans de meilleures conditions de durée si on le fait exécuter tout en cuivre pour la partie A, et en fer battu pour la partie B.

211. Extension de l'émulsion sur les glaces. — Les glaces ou verres sur lesquels on étend le gélatinobromure d'argent sont d'abord bien nettoyés (110 et suiv.); on pourrait les employer tels que les donne le nettoyage, mais le liquide s'y étend avec quelque difficulté et l'on évite cet ennui en les passant au sucre ou mieux au silicate de potasse.

On mélange à 100^{cc} d'eau 2^{cc} de la solution de silicate de potasse que l'on trouve toute faite dans le commerce des produits chimiques, au moyen d'un linge on mouille la glace avec cette solution ainsi diluée, et immédiatement avec un autre linge on essuie à sec. L'eau sucrée à la dose de 2^{g} à 8^{gr} de sucre pour 100^{cc} d'eau peut remplacer le silicate de potasse; on l'emploie exactement de même (Audra). En prenant cette précaution, le gélatinobromure s'étendra comme le ferait le collodion. Si la dose de silicate de potasse était exagérée, on verrait sur les glaces préparées et sèches des traces nuageuses et des réductions de bromure d'argent.

Les glaces étant prêtes, on dispose le laboratoire pour l'extension de la gélatine.

Dans la partie la moins éclairée on place d'une manière parfaitement horizontale soit une grande glace, soit un marbre, soit une surface quelconque bien plane; on s'assure de l'horizontalité des surfaces au moyen d'un niveau d'eau; au défaut de cet instrument, on verse sur la plaque quelques gouttes d'eau dont on observe le cours. L'emploi de gros blocs à vis calantes (*fig.* 102) convient

Fig. 102.

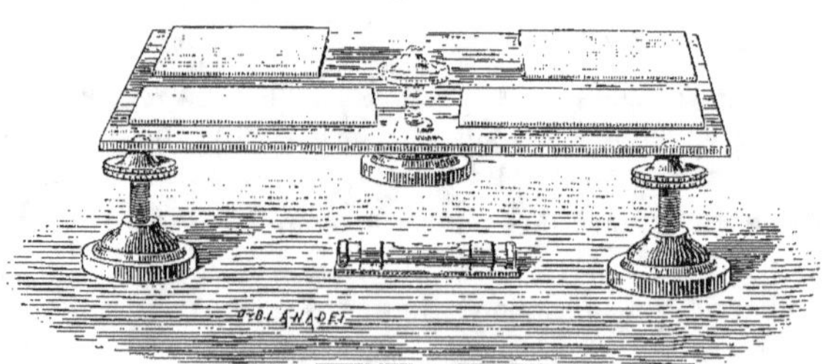

Blocs à caler et mise de niveau.

très bien pour la mise de niveau; on les trouve chez les marchands d'appareils : ils peuvent à la rigueur être remplacés par trois petits coins en bois que l'on entre plus ou moins jusqu'à ce que le niveau soit obtenu.

L'appareil (*fig.* 103) que nous avons indiqué déjà pour la prépa-

Fig. 103.

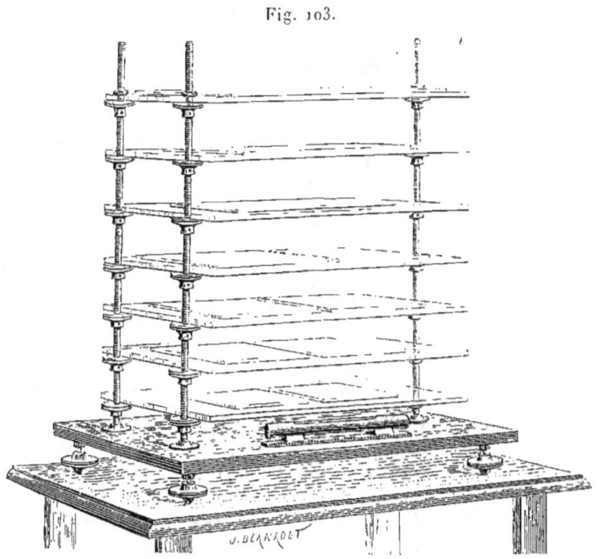

Appareil pour mettre les glaces de niveau.

ration des glaces à l'albumine est des plus commodes parce qu'il peut recevoir un grand nombre de plaques.

Dans une autre partie du laboratoire on met le bain-marie chauffé à faible température, on y place le flacon ou le vase contenant le gélatinobromure d'argent, après avoir rejeté l'alcool, si l'on en avait ajouté, puis on chauffe jusqu'à ce que le produit soit en parfaite liquéfaction; on le filtre alors dans une cafetière de porcelaine (*fig.* 104) sur un petit tampon de coton, préalablement mouillé et faiblement tassé dans la douille d'un entonnoir. On choisit cet entonnoir de la taille nécessaire pour qu'il se place facilement sur l'ouverture de la cafetière et on en coupe l'extrémité avec un tiers-point, de manière à le faire arriver presque jusqu'au fond sans le toucher; en prenant cette précaution, il se produira peu de bulles à la filtration; les bulles produites monteront à la surface, tandis que le liquide versé par la cafetière au moyen de son col de cygne partira du fond. L'excédent de liquide mis sur la glace, s'il y en a,

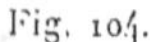

Fig. 104.

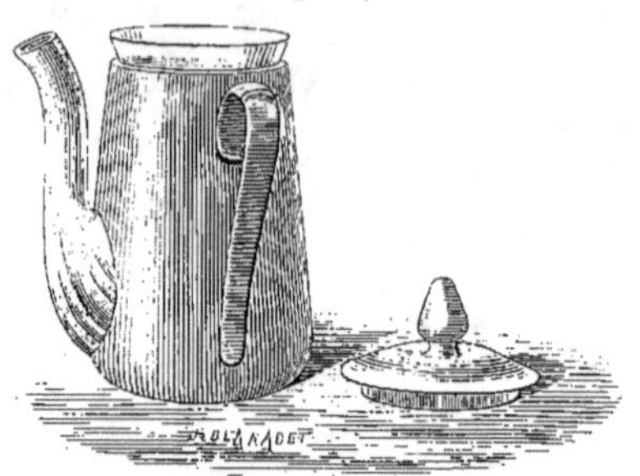

Vase pour verser le gélatinobromure d'argent.

sera reversé dans l'entonnoir et filtrera de nouveau pour servir aux glaces suivantes. La cafetière, replacée de temps à autre dans le bain-marie, conservera la température nécessaire pour la facile préparation des glaces.

L'éclairage rouge du laboratoire sera réduit au minimum nécessaire pour voir ce que l'on fait, et le séchoir sera ouvert prêt à recevoir les glaces.

On prend une glace, on la passe pendant quelques secondes au-dessus du bain-marie seulement pour la dégourdir, si la température n'est pas très élevée, et, la tenant horizontalement de la main gauche, on y verse le gélatinobromure exactement comme on le ferait pour le collodion, en ayant soin de rapprocher le bec de la cafetière de la surface de la glace pour ne pas produire de bulles en versant; ces bulles d'air, emprisonnées dans la masse gélatineuse, causeraient autant de trous sur la future épreuve.

Avec un peu d'habitude, on se rend compte de la quantité de liquide qui doit rester à la surface, on déverse l'excédent, on ramène aussitôt la glace dans la position horizontale et on la pose sur le marbre ou sur l'appareil à étagère (*fig.* 102 ou 103); on continue ainsi jusqu'à ce que toutes les places horizontales disponibles soient occupées, et pour éviter que la lumière rouge, même très faible, puisse avoir une action, on interpose un écran, planche, carton ou autre, entre la source lumineuse et les glaces mises à faire prise.

Afin d'assurer une grande régularité dans la préparation, quelques opérateurs préfèrent mesurer la quantité de gélatino-bromure pour chaque glace; on prend un petit flacon à large ouverture d'une contenance de 30^{cc} à 40^{cc}, on y verse une quantité d'eau pure représentant le nombre voulu de centimètres cubes pour la grandeur de glace à préparer; avec une petite bande de papier gommé on marque la hauteur du liquide que l'on rejette et l'on se sert de ce flacon ainsi jaugé pour y verser le volume d'émulsion nécessaire pour chaque glace; nous savons que cette quantité est à peu près de 5^{cc} pour 100^{cq} de surface, ce qui nous donne les mesures suivantes :

			cc
Pour les glaces de	$0,13 \times 0,18$	la quantité est de...	12
»	$0,15 \times 0,21$	» ...	16
»	$0,18 \times 0,24$	» ...	22
»	$0,21 \times 0,27$	» ...	28

Si la préparation est suffisamment chargée en gélatine, elle fait rapidement prise; lorsqu'on peut relever la première glace sans qu'il y ait ni écoulement ni déplacement, on regarde rapidement si la surface est bien nette, s'il ne se produit pas de légères dépressions qui seraient l'indice d'une gélatine défectueuse donnant les taches dites de graisse, et l'on porte successivement chaque glace au séchoir, puis on recommence une nouvelle série jusqu'à épuisement de la préparation.

On laisse sécher les glaces dans une obscurité absolue et le plus souvent sans faire intervenir la chaleur; mais, en facilitant le mieux possible un renouvellement régulier de l'air dans le séchoir, les glaces sont généralement sèches dans les vingt-quatre heures.

211. **Conservation des glaces sèches.** — Pour conserver les glaces préparées, il faut les mettre à l'abri complet de la lumière, quelque faible qu'elle puisse être, de l'humidité, de l'air et des émanations gazeuses. Il ne faut donc pas les resserrer pour un long temps, pour quelques mois par exemple, ni dans les boîtes à rainures ni dans les châssis : l'air y a trop facilement accès, il

apporte avec lui les divers gaz qui lui sont toujours mélangés, tels que le gaz sulfhydrique, et c'est à cette cause, croyons-nous, qu'on doit attribuer le voile noir qui, au développement, se marque rapidement sur les bords.

Le mieux est de mettre deux glaces l'une sur l'autre, face à face, en les séparant haut et bas par une petite bande de papier épais que l'on place à cheval sur l'une d'elles; on superpose trois de ces couples pour en faire un paquet de six glaces que l'on enveloppe complètement dans de fort papier noir ou brun dit *papier à aiguilles;* deux de ces paquets forment une douzaine que l'on enferme dans une boîte de bois ou de carton, fermée elle-même par une bande de papier noir collée tout autour.

Les glaces bien préparées, enveloppées ainsi de papier de bonne qualité et parfaitement sec, se conservent pendant un temps illimité dans une armoire à l'abri de l'humidité.

EMPLOI DES SURFACES SENSIBLES AU GÉLATINOBROMURE D'ARGENT.

212. Précautions. — L'extrême sensibilité du gélatinobromure d'argent nécessite des précautions toutes particulières contre l'action lumineuse, même la plus faible; la chambre noire sera examinée avec le plus grand soin, car souvent le volet du châssis est tiré à l'avance et la glace découverte attend le moment favorable pour faire jouer l'obturateur; la moindre infiltration de lumière suffit alors pour donner un voile général ou des taches locales, quelquefois même un trou imperceptible comme celui d'une aiguille sur la face de la chambre produit sur la glace une image secondaire qui double l'épreuve principale.

Une autre cause de voile est l'illumination des parois de la chambre noire; un objectif couvrant une étendue plus grande que la dimension de la chambre envoie des rayons latéraux sur les parois, et ceux-ci par réflexion donnent une lumière diffuse qui agit sur la couche sensible. Pour se mettre à l'abri de cette fréquente cause de voile, il faudrait interposer entre l'objectif et la couche sensible un écran noir, ayant une ouverture rectangulaire proportionnelle à la glace et placé de telle sorte qu'il arrête les rayons latéraux sans masquer aucune des parties de la glace; c'est une amélioration désirable dans la construction des chambres noires.

Le plus souvent ce sont les châssis qui laissent pénétrer la lumière par les feuillures; on les essayera préalablement comme nous l'avons indiqué (p. 50 et 51); on aura en outre la précaution de les garder dans un sac noir, de ne les mettre au jour que pendant le temps nécessaire à leur installation sur la chambre et de les recouvrir avec le voile noir pendant ce temps et pendant l'attente de la pose.

La monture de l'objectif, l'ajustement de la rondelle, l'entaille des diaphragmes, l'obturateur, laissent souvent filtrer un peu de lumière : on ne peut s'en rendre compte qu'en fermant exactement toutes les parties de l'objectif, en regardant dans la chambre noire après s'être enveloppé complètement la tête avec le voile noir et en restant assez longtemps dans cette obscurité, qui au premier abord paraît complète; après une ou deux minutes, les yeux habitués aperçoivent les moindres infiltrations; on corrigera ou on fera corriger les défauts reconnus et on atténuera ceux que l'on ne pourra corriger, en maintenant le voile noir sur ces parties de l'objectif et de la chambre. La mise des glaces dans les châssis se fera à la plus faible lumière rouge possible; il en sera de même pour les retirer, car il suffit d'une seconde pour que la lumière d'une bougie à 1^m de distance impressionne très fortement les préparations même d'une sensibilité moyenne : l'éclairage de la pièce où se font les déplacements de glaces sera donc réglé en conséquence.

213. Examen de la sensibilité. — Un opérateur connaissant déjà l'emploi du gélatinobromure d'argent se rendra facilement compte de la sensibilité de ses préparations par le développement de la première épreuve, et dans l'atelier il corrigera la pose en conséquence; si les glaces sont d'une même provenance et de la même série de fabrication, elles seront presque toutes identiques : il pourra donc faire son travail avec une grande régularité; mais, lorsqu'il s'agit d'aller en excursion ou en voyage, l'opérateur ne devra pas partir sans quelques essais préalables, portant non seulement sur la sensibilité, mais aussi sur un ensemble d'autres propriétés qu'il est bon de connaître, telles que la coloration que prend le cliché, l'intensité qu'il doit atteindre, la résistance plus ou moins grande de cette intensité au fixage, etc.

Nous avons expliqué à l'article *Sensitomètre* (91 et 92) que, malgré les efforts faits, on n'avait pas encore pu obtenir d'une manière sûre et pratique une méthode générale et unique permettant d'évaluer et de chiffrer la sensibilité des préparations. Le procédé le plus souvent employé est celui de M. Warnerke; il est un peu compliqué et demande un appareil spécial qu'il est quelquefois difficile de se procurer; à son défaut, on pourra utiliser seulement l'échelle graduée (*fig.* 105) qui est la partie principale de cet

Fig. 105.

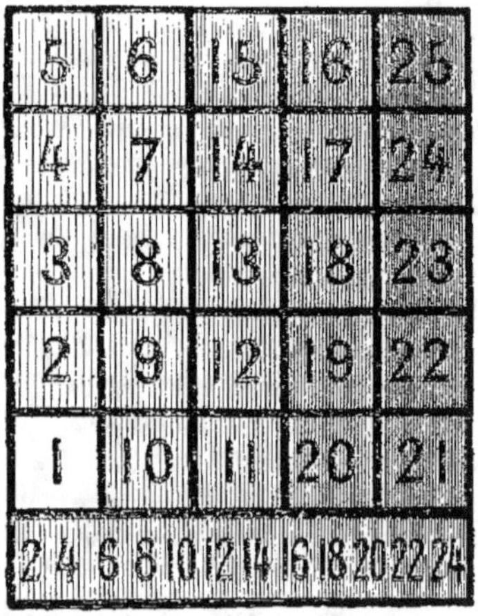

5	6	15	16	25
4	7	14	17	24
3	8	13	18	23
2	9	12	19	22
1	10	11	20	21

2 4 6 8 10 12 14 16 18 20 22 24

Échelle graduée du sensitomètre de M. Warnerke.

appareil, ou construire soi-même une échelle analogue comme nous l'avons déjà indiqué (91) : sur une glace $0,13 \times 0,18$ on superpose deux à deux des bandes de papier dioptrique très transparent, disposées de manière à faire une échelle numérotée comprenant 10°, soit pour le dernier degré vingt épaisseurs de papier; ces feuilles sont maintenues entre deux glaces, celles-ci sont réunies par des bandes de papier noir qui limitent l'étendue de l'échelle et forment tout autour une partie complètement opaque. Tel sera notre sensitomètre, qui n'occasionne qu'une dépense de quelques centimes.

Lorsqu'on désirera évaluer la sensibilité comparative des glaces dont on veut faire usage, on en met une dans le châssis positif sous notre échelle sensitométrique et, plaçant ce châssis, que l'on a recouvert d'un écran opaque, verticalement sur une table, à la hauteur de la flamme d'une bougie éloignée d'un mètre (seul éclairage de la pièce), on expose pendant une minute et on développe ensuite l'épreuve pendant cinq minutes dans un bain formé de trois parties d'oxalate neutre de potasse à saturation et d'une partie de sulfate de fer à 30 pour 100 d'eau; après le développement, on lave l'épreuve et on voit quel est le dernier numéro lisible. Avec les glaces d'une bonne sensibilité moyenne on lira facilement les n°s 6 et 7, il faudra une très grande sensibilité pour arriver au n° 10. En répétant cette opération sur les différentes qualités de glaces que l'on veut essayer, on aura d'utiles renseignements sur leur sensibilité, mais on ne devra donner aux chiffres obtenus qu'une valeur relative et non proportionnelle; ainsi les chiffres 3, 6, 9 ou autres n'indiquent pas que les préparations avec lesquelles ils sont obtenus soient 3, 6 ou 9 fois plus sensibles que celles qui n'auraient donné que le n° 1. Seulement, après quelques essais, on connaîtra la rapidité relative des glaces classées sous tel ou tel numéro.

Les bougies, même celles d'une même marque, ne donnent pas une lumière toujours égale, aussi a-t-on proposé de les remplacer soit par la lampe Carcel étalon, brûlant 42^{gr} d'huile à l'heure, qui sert pour les essais du pouvoir éclairant du gaz, soit par la lampe Siemens à l'acétate d'amyle dont la lumière est très constante; mais c'est une complication que nous n'osons proposer quant à présent.

D'autre part, le papier dioptrique jaunit par l'action du temps; il serait donc utile, comme nous l'avons conseillé, de faire par superpositions une épreuve négative donnant tous les degrés de l'échelle et de se servir soit de ce négatif, soit du positif qu'on en tirera par le même moyen pour remplacer l'échelle de papier dioptrique.

214. Exposition. — Nous renvoyons le lecteur au Chapitre III pour l'étude des temps de pose et des obturateurs, en mentionnant seulement ici quelques observations relatives à l'emploi du gélatino-bromure d'argent. Malgré la tendance actuelle, l'opérateur ne doit pas se laisser entraîner par la grande rapidité d'impression que l'on peut obtenir avec ce procédé. Il est préférable de distinguer deux classes d'épreuves : celles où l'on sacrifie tout à la rapidité pour représenter des objets en mouvement, et celles qui, n'étant pas dans les mêmes conditions, permettent de rechercher la beauté de l'exécution et, par conséquent, de mettre les diaphragmes nécessaires, de choisir le meilleur éclairage et de poser le temps voulu pour avoir la finesse des détails et le modelé désirable dans toutes les parties de l'épreuve. Ces dernières seront toujours supérieures aux autres. L'épreuve instantanée surprend avant de charmer, mais, devant une épreuve parfaite, rappelons ce que disait un vieux photographe : nul ne songera à critiquer ni même à demander le temps de pose.

Si la durée d'exposition a été convenable, l'image s'accentuera facilement au développement : l'action lumineuse, en effet, ne s'est pas arrêtée à la surface, elle a pénétré profondément dans la couche, quelquefois même elle l'a complètement traversée. Le résultat d'une pose suffisante présente une gamme très étendue entre les blancs et les noirs extrêmes; avec une pose insuffisante, l'image reste superficielle; elle peut être complète grâce à l'extrême sensibilité du bromure d'argent même pour de faibles rayons lumineux, mais elle manque de densité, de profondeur, et le plus souvent, au tirage de l'épreuve positive, les clairs seront déjà assombris, les détails dans les ombres déjà noyés avant que l'épreuve ait atteint la vigueur voulue. En outre, comme il faut la plus grande lumière possible afin de réduire la pose, on emploie de larges diaphragmes, par conséquent on sacrifie la finesse, qui est un des attraits de l'épreuve photographique, et, par la trop grande rapidité, on empêche le plus souvent la juste pondération des clairs et des ombres, qui en fait le charme artistique.

215. Développement. — Nous savons qu'on peut mettre un intervalle assez long, plusieurs mois même s'il est nécessaire, entre l'exposition et le développement, mais nous avons insisté (98) pour que ces deux opérations ne soient pas séparées inutilement par un délai qui excéderait quelques jours, et même, le mieux est de faire apparaître le soir les épreuves exposées dans la journée.

Le premier soin est de se prémunir contre les rayons de lumière actinique; aussi, lorsqu'on n'opère pas dans un laboratoire préalablement bien disposé, ainsi qu'il arrive si souvent en campagne, on se servira d'une lanterne à verres rouges, à son défaut d'une bougie que l'on entourera d'un papier teinté à la chrysoïdine (66) ou avec l'acide rosolique (Ad. Martin). Si l'on est forcé d'opérer avec une bougie sans autre garantie, on la placera le plus loin possible, car nous répétons qu'à une distance d'un mètre il suffit d'une seconde pour impressionner une glace découverte; on interposera un écran pour empêcher la lumière directe; la cuvette où se développe l'épreuve restera couverte pendant tout le temps de l'opération, sauf pendant les instants, le plus courts possible, où l'on examinera la venue de l'image.

Beaucoup d'opérateurs se plaignent de la lumière rouge, qui est une cause de fatigue pour les yeux lorsque le travail est continu; on peut la remplacer par celle que l'on obtient en superposant un verre vert et un verre jaune, tous deux de coloration assez intense; dans l'essai que nous avons fait, l'éclairage résultant de l'une et l'autre méthode était identique comme intensité et comme action sur les surfaces sensibles; une glace découverte, mise à $0^{m},30$ de distance, est fortement impressionnée en moins de deux minutes; mais, en prenant la précaution de ne pas recevoir directement la lumière lors du développement et de recouvrir la cuvette lorsqu'il n'est pas nécessaire d'examiner la venue de l'image, on n'a pas trace de voile. Avec les verres jaune et vert superposés, la lumière est plus calme, mais elle ne peut être employée avec les glaces isochromatiques [1] qui sont immédiatement impressionnées: il faut alors revenir à la lumière rouge foncé.

---

[1] Les glaces isochromatiques, nom donné par MM. Attout-Tailfer et John Clayton à leurs produits, sont couvertes avec un gélatinobromure d'argent contenant de faibles quantités d'éosine ammoniacale. Nous avons expliqué (21) que l'actinisme des rayons colorés peut être déplacé par l'addition dans la préparation de diverses substances, telles que la chlorophylle, l'aurine, la coralline, l'éo-

Le développement des épreuves au gélatinobromure d'argent est basé, comme pour les méthodes précédentes, sur l'emploi d'agents réducteurs énergiques; ceux employés sont, soit l'oxalate de protoxyde de fer, soit l'acide pyrogallique additionné d'un alcali, soit de nouvelles substances qui, comme l'hydroquinone, le chlorhydrate d'hydroxylamine sont encore en expérimentation.

Les opinions sont très partagées pour savoir auquel des deux premiers procédés on doit donner la préférence; les deux sont bons. Le procédé à l'oxalate de fer est le plus simple, le plus propre, le plus commode; c'est celui que nous conseillons aux commençants, aux amateurs; il est très régulier dans son action, il peut être modifié dans des proportions assez larges pour permettre de conduire les développements; il n'a pas l'inconvénient de teinter plus ou moins fortement l'ensemble du cliché; cependant il n'offre pas à l'opérateur autant de ressources que l'acide pyrogallique; lorsqu'on aura fait un apprentissage complet avec le révélateur à l'oxalate de fer, il sera bon de travailler avec l'acide pyrogallique, surtout pour les épreuves instantanées.

216. Développement à l'oxalate de fer. — *Solutions.* — La composition de ce révélateur comporte l'emploi de trois solutions : l'une d'oxalate neutre de potasse A; l'autre de sulfate de protoxyde de fer B; la troisième de bromure de potassium ou d'ammonium C, dont l'usage n'est pas toujours nécessaire.

Solution A.

Eau ordinaire........................	100 parties
Oxalate neutre de potasse.............	30 »

Cette proportion représente sensiblement une solution saturée (la saturation est à 33 pour 100 d'eau à 15° C.). L'eau ordinaire serait avantageusement remplacée par l'eau distillée, parce que les

---

sine; c'est principalement cette dernière que l'on ajoute soit dans le collodion, soit dans le gélatinobromure d'argent, lorsqu'on veut faire les reproductions de tableaux ou d'autres sujets à couleurs tranchées.

sels de chaux que l'eau commune contient en dissolution forment, en présence de l'oxalate de potasse, un précipité blanc assez abondant d'oxalate de chaux, mais il suffit de filtrer ou de laisser reposer pendant quelques heures pour avoir un liquide clair et aussi bon que si l'on avait employé l'eau distillée. On peut faire à l'avance une provision abondante de cette solution qui se conserve indéfiniment sans altération; l'appareil automatique représenté *fig.* 53 est très commode pour faire cette dissolution saturée que l'on doit avoir prête sous la main.

On vérifiera si l'oxalate de potasse n'a pas de réaction alcaline en plongeant dans le liquide un papier rouge de tournesol que l'on y maintient pendant quelque temps; s'il devient bleu, on ajoute peu à peu de l'acide oxalique jusqu'à ce que le papier, devenu de nouveau franchement rouge, indique une réaction acide qui est préférable à l'alcalinité. L'oxalate de potasse n'a par lui-même aucune influence révélatrice, cependant son rôle est double dans la composition du bain de développement. 1° Mélangé au sulfate de fer, il forme immédiatement un oxalate de protoxyde de fer, corps très avide d'oxygène, éminemment réducteur, mais insoluble dans l'eau, ainsi qu'on peut le vérifier toutes les fois qu'il y a excès de sulfate de fer sur la quantité d'oxalate de potasse : le précipité jaune qui se forme alors n'aurait aucune action sur les couches sensibles. 2° Cet oxalate de protoxyde de fer jaune est dissous par l'excès d'oxalate de potasse qui joue le rôle de dissolvant; le liquide prend une coloration rouge orangé assez intense, qui devient de plus en plus foncée à mesure que le sel de fer se peroxyde.

C'est à cause de ces réactions qu'on ne peut excéder sensiblement les dosages donnés comportant 3 parties d'oxalate de potasse à saturation, soit de 30 à 33 pour 100 d'eau, pour 1 partie de sulfate de fer également à 30 pour 100. Lorsqu'on se sert d'une solution de sulfate de fer à saturation, il faut diminuer la dose de moitié au moins, le point de saturation du sel de fer étant de 76 pour 100 à 15°. Si l'on voulait forcer la dose de ce dernier, le précipité jaune se formerait immédiatement, il continuerait de se déposer sur les épreuves qu'il perdrait, à moins qu'on ne se hâtât d'ajouter, pour le dissoudre, une nouvelle quantité de la solution d'oxalate de potasse.

Solution B.

Eau ordinaire	100 parties
Sulfate de protoxyde de fer pur.......	30
Acide tartrique cristallisé............	0,50

L'eau ordinaire suffit pour dissoudre le sulfate de fer; lorsqu'on mélange ensuite les deux solutions A et B dans les proportions indiquées plus loin, le liquide se colore en rouge, mais il reste parfaitement limpide.

L'addition de l'acide tartrique, indiquée par M. Audra, remplace très avantageusement les quelques gouttes d'acide sulfurique conseillées par divers auteurs; sans cette addition, l'oxygène de l'air ferait passer le sulfate de protoxyde de fer à l'état de sulfate de peroxyde en laissant déposer un sous-sulfate ocreux, et la préparation ne se conserverait pas pure au delà de quelques jours; mais l'acide tartrique, sous l'influence de la lumière, ramène ce peroxyde à l'état de protoxyde; il est lentement brûlé en maintenant pendant des mois la solution d'une belle couleur vert émeraude.

Solution C.

Eau ordinaire	100 parties
Bromure de potassium (ou d'ammonium).	5 »

Il est commode de mettre les solutions de bromure de potassium dans un flacon dont le bouchon est muni d'un tube effilé ou pipette qui sert de compte-gouttes, ainsi que le représente la *fig.* 106.

Fig. 106.

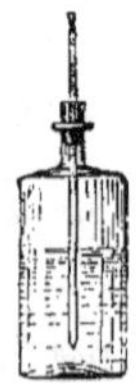

Flacon compte-gouttes.

Les bromures de potassium et d'ammonium peuvent se remplacer l'un par l'autre; toutefois quelques expérimentateurs ont cru reconnaître que le premier avait une action un peu plus énergique.

Le bromure soluble est un modérateur, il ralentit l'énergie du révélateur; on en fait usage lorsque les épreuves ont eu excès de pose ou si les glaces sensibles ont une tendance au voile. Le bromure, en permettant aux parties les plus impressionnées de se développer, alors qu'il retarde l'apparition de celles qui étaient dans l'ombre, donne plus de contraste à des clichés qui, sans cela, eussent été d'un ton trop égal ou même uniformément gris. Généralement la solution de bromure est ajoutée avec ménagement par dizaine de gouttes et même moins; cependant la quantité peut être considérable sans que l'épreuve soit perdue. Avec une dose de 5^{gr} de bromure de potassium cristallisé dans 100^{cc} de révélateur, l'image apparaît encore, très lentement et très légèrement, il est vrai, mais elle n'est pas annulée.

217. Formules et emploi. — Pour l'usage on mélange (formule courante) :

Solution A	3 parties
Solution B	1 partie.

On ne prépare que la quantité nécessaire pour immerger complètement la glace, environ 100^{cc} pour les épreuves de $0^m,13 \times 0^m,18$; on met d'abord le liquide dans la cuvette et l'on y plonge la glace : en opérant ainsi on a moins de bulles attachées à la surface qu'en faisant l'inverse, c'est-à-dire en mettant d'abord la glace dans la cuvette et en versant dessus le liquide révélateur; quel que soit le mode employé, aussitôt la surface mouillée, on penche la cuvette pour examiner s'il ne reste pas quelques petites bulles d'air attachées à la gélatine : on fait partir celles que l'on aperçoit en passant légèrement le doigt et on laisse revenir le liquide; si l'on ne prend pas cette précaution, chaque bulle, empêchant le contact du révélateur avec la surface sensible, produit un point blanc qui devient comme une piqûre à jour après le fixage. Plusieurs opérateurs conseillent de mouiller d'abord la glace dans l'eau avant de la plonger dans le bain d'oxalate de fer; nous ne sommes pas de cet avis et nous avons toujours opéré sans prendre cette précaution. Le gélatinobromure a été modifié plus ou moins profondément par la lumière; or, si l'on plonge la glace immédiatement dans le révélateur, c'est lui qui pénètre et fait gonfler la gélatine; il agit alors de suite, non seulement sur la surface, mais dans toute l'épaisseur et sur toutes les molécules influencées. Lorsque, au contraire, on mouille la glace préalablement à l'eau, il faut que le révélateur déplace cette eau à la surface et dans l'intérieur de la couche pour que son action puisse se faire sentir: ce déplacement ne se fait pas toujours avec régularité et l'on est dans de moins bonnes conditions de développement; ajoutons qu'avec l'oxalate ferreux, lorsque ce mouillage est fait avec une eau calcaire, ce qui arrive presque toujours, il se produit un léger dépôt d'oxalate de chaux dans la couche gélatineuse; il y a déjà tant de causes pour avoir ce dépôt dans les opérations suivantes qu'il est tout à fait inutile de les augmenter.

On agite fréquemment la cuvette, surtout au début, et l'on regarde apparaître l'épreuve, mais en évitant de recevoir directement la lumière sur la glace découverte, ce qui ne tarderait pas à la voiler; il y a moins de danger lorsqu'elle est recouverte par le révélateur dont la couleur rouge est anti-actinique.

L'image se dessine plus ou moins rapidement, suivant l'éclairage, le temps de pose, la nature de la gélatine; si elle apparaît presque immédiatement dans tout son ensemble, c'est que la pose a été trop longue; on se hâte alors de retirer la glace, et pour 100^{cc} du révélateur on ajoute 10, 15 ou 20 gouttes de la solution de bromure de potassium C; on continue le développement en augmentant encore la dose de bromure si l'image paraît trop uniforme et si les détails se montrent partout dans les parties ombrées au lieu de se dessiner progressivement. Si les glaces ont une tendance à se couvrir d'un léger voile général, on s'efforcera d'y remédier de même par l'addition du bromure.

Lorsque le développement d'une épreuve donne lieu de penser que les suivantes ont également trop posé, on diminue la force du révélateur en l'étendant d'un tiers ou de moitié d'eau ou de la solution A d'oxalate de potasse. C'est déjà un correctif, dont on augmente l'effet par l'addition des gouttes de bromure soluble. Avec l'oxalate de fer, on a moins de ressources pour une pose insuffisante que pour une pose exagérée, car on ne peut augmenter le pouvoir du révélateur dont nous avons donné la formule courante; il faut alors recourir à un développement prolongé qui trop souvent n'a plus d'action ou qui augmente l'opacité des parties lumineuses en ne donnant que de faibles détails dans les parties ombrées; mieux vaut recourir à l'addition d'une quantité infinitésimale d'hyposulfite de soude indiquée par M. Audra (¹). On fait une solution d'hyposulfite de soude au millième, soit 1^{gr} d'hyposulfite pour 1^{lit} d'eau, on met quelques gouttes de ce liquide dans un verre, on y déverse le révélateur pour avoir un mélange parfait, on reverse immédiatement cette solution dans la cuvette et l'on y plonge de nouveau l'épreuve à développer; l'effet est presque immédiat : un léger voile recouvre toute l'image, mais en même temps on voit apparaître des détails qui ne fussent pas venus sans cette addition. Si la dose d'hyposulfite de soude est trop forte, le voile devient trop épais et l'épreuve est irremédiablement perdue. Ce remède est toujours dangereux.

Lorsque la préparation des glaces est bonne et la pose juste, l'image se développe rapidement et régulièrement en quelques minutes, les teintes se succèdent, depuis les grandes lumières qui s'accentuent en noir jusqu'aux plus faibles détails dans les parties ombrées; souvent toute la surface noircit légèrement, ce qui empêche de suivre le développement par réflexion; on regarde alors par transparence, mais en ayant soin de le faire rapidement pour que le dos de la couche sensible ne soit exposé que quelques instants à la lumière un peu vive qui est nécessaire pour cet examen. L'opacité assez accentuée de la préparation ne laisse passer que peu de lumière, ce qui fait paraître l'image plus noire qu'elle n'est réellement; il faut donc la développer jusqu'à ce qu'elle soit très vigoureuse.

Beaucoup d'opérateurs ne font pas immédiatement le mélange complet des deux solutions A et B, ils n'ajoutent au début que la moitié de la quantité indiquée de sulfate de fer et, examinant la venue de l'épreuve, ils mélangent le reste à mesure qu'ils le jugent nécessaire.

Sous l'influence du révélateur, la réduction du bromure d'argent se propage de plus en plus profondément dans l'épaisseur de la

(¹) *Bulletin de la Société française de Photographie*, séance du 3 février 188

couche, elle la traverse même complètement et devient visible au dos de la glace; elle est alors à son maximum et, si l'on n'a pas arrêté le développement avant cette action profonde, il est temps de le faire dès que l'on voit les grandes lumières s'accentuer vigoureusement par derrière; il suffit pour cela de plonger la glace dans l'eau ou dans une solution d'alun à 5 pour 100.

218. La formule composée de 3 parties de la solution d'oxalate de potasse A pour 1 partie de la solution de sulfate de fer B est générale : c'est celle que l'on emploie d'une manière courante, mais il peut y avoir avantage à tâter en quelque sorte une épreuve avant de la soumettre à un développement définitif. M. Vogel (¹) a indiqué la marche suivante pour révéler les épreuves sur la pose desquelles on a des doutes.

Dans 100 parties de la solution A ajoutez seulement une très petite quantité, 4 parties de la solution de sulfate de fer B et plongez la glace dans ce bain très dilué.

Si après une minute et demie les grandes lumières apparaissent seules, la pose a été bonne et on passe le cliché dans un deuxième bain formé de : solution A 100 parties, solution B 12 parties, où il doit arriver à son entier développement.

Si l'image tarde à se montrer dans le premier bain d'essai, ce qui indique une pose insuffisante, on la passe dans le bain n° 2 et finalement dans le bain concentré de formule courante; solution A 75 parties, solution B 25 parties.

S'il est absolument nécessaire, on a recours à l'addition de la petite quantité d'hyposulfite de soude indiquée ci-dessus.

Si au contraire l'image apparaît très rapidement, ce qui est l'indice d'une pose trop longue, on la met dans un bain de même composition que le n° 1, additionné de cinq à dix gouttes de la solution de bromure C et successivement, s'il est nécessaire, dans des bains plus forts, mais toujours additionnés de bromure de potassium.

En employant ces précautions, qui demandent un temps assez long, on sauve des clichés qui eussent été perdus par le développement ordinaire; cette méthode est surtout à recommander lorsqu'on

(¹) *Bulletin de la Société française de Photographie*, numéro de novembre 1884.

a amassé un grand nombre d'épreuves sans les développer et qu'au retour on ne se rappelle ni les sujets ni les conditions de pose.

219. Alunage. — Lorsque l'épreuve est suffisamment développée par l'un quelconque des procédés à l'oxalate de fer qui précèdent, on la met à tremper pendant quelques minutes dans un bain d'alun ordinaire à 5 pour 100, où on l'agite de temps à autre. Ce passage à l'alun a plusieurs avantages : 1° il durcit la couche de gélatine et arrête la tendance qu'elle pourrait avoir à se détacher du verre; il est même indispensable lorsqu'on s'aperçoit que la gélatine se soulève en frisant le long des bords ; 2° l'alun donne plus de pureté et de transparence au cliché; 3° il permet de laver ensuite l'épreuve à l'eau commune, sans qu'il se forme d'autre précipité qu'une très légère opalescence d'oxalate de chaux ; on peut passer la glace directement du bain d'alun dans le bain de fixage sans qu'il soit nécessaire de la laver, mais un lavage rapide nous paraît préférable. Ce serait un tort de mettre le cliché sous un robinet et de l'y abandonner pendant quelque temps : l'eau qui frappe avec une certaine force sur la même partie de la couche spongieuse de gélatine y pénètre en y rencontrant de l'oxalate de potasse : il se produit à cette place une quantité appréciable d'oxalate de chaux insoluble qui forme une auréole blanche dans l'épaisseur du cliché. Lorsque la solution d'oxalate de fer est trop près de son point de saturation ou lorsqu'on prolonge le service de ce bain, il se dépose souvent à la surface des épreuves une légère couche ocreuse qui la ternit; le premier soin sera de changer le bain pour les développements suivants ; quant à l'épreuve ternie, on lui rend une meilleure apparence en essuyant légèrement la surface avec une touffe de coton mouillé. Puis après le fixage et le lavage, qui seront faits comme il est dit plus loin (229 et 230), on lui donnera toute sa transparence par un bain acidulé par l'acide chlorhydrique à 5 ou 6 pour 100. On peut aussi ajouter un peu d'acide chlorhydrique au bain d'alun.

220. Conservation du bain d'oxalate de fer. — La solution d'oxalate de fer est rapidement hors de service parce que le fer passe à un état supérieur d'oxydation, moins par suite de son action réductrice sur le bromure d'argent que par l'oxygène de l'air qui agit sur la large nappe de liquide répandu dans la cuvette. Généralement on jette le révélateur qui a servi à développer deux ou trois glaces et on le remplace par un mélange neuf; cela vaut peut-être mieux pour les épreuves instantanées et pour celles auxquelles on veut donner des soins exceptionnels, mais il est possible de ramener une solution qui a déjà servi, sinon à ses qualités premières, du moins à un état qui la rend parfaitement utilisable. On réunit ces liquides dans un même flacon et, suivant le conseil de M. Audra, on y ajoute $0^{gr},50$ à 1^{gr} d'acide tartrique par litre et même plus s'il est nécessaire pour obtenir une réaction franchement acide, puis on expose au grand jour. Ce bain, qui était devenu rouge foncé, reprend sa coloration première et peut servir à développer de nouveaux clichés; son action est moins rapide, mais il suffit d'y mêler quelques centimètres cubes de sulfate de fer ou de révélateur neuf pour obtenir de très bons résultats.

Au lieu de chercher à rendre au révélateur ses qualités premières, on a conseillé de les conserver par l'addition du sulfite de soude acidulé qui, dégageant de faibles quantités d'acide sulfureux, fournit ainsi un désoxydant permanent; on peut employer la formule suivante :

Solution A.

Oxalate neutre de potasse à saturation.....	100 parties
Sulfite de soude cristallisé et pur.........	6 »

Solution B.

Sulfate de protoxyde de fer à 30 pour 100 d'eau [1]...............................	50 parties
Acide sulfurique..........................	1^{cc} »

Mélangez les deux solutions.

Cette préparation est ensuite filtrée et conservée dans un flacon bouché au liège. Elle peut servir pendant plusieurs jours pour développer les épreuves.

Si le cliché mis à développer dans ce bain paraît surexposé, on

[1] L'auteur de cette formule, M. W. Lord, indique 50^{cc} d'une solution *saturée* de sulfate de fer, mais on a ainsi un précipité assez abondant d'oxalate de fer qui excède la proportion que peut dissoudre l'oxalate neutre de potasse.

le retire pour le plonger après lavage dans une solution de bromure de potassium à $0^{gr},50$ pour 100, où on le laisse pendant quelques secondes; après un nouveau lavage, on le remet dans le bain d'oxalate de fer. L'addition directe du bromure de potassium dans le révélateur diminuerait ses qualités pour les glaces suivantes.

Il se dépose dans les liqueurs ainsi conservées différents sels d'un beau vert émeraude qui sont des oxalates ou des tartrates doubles de peroxyde de fer et de potasse; le liquide est appauvri en fer, il peut alors recevoir une nouvelle quantité de sulfate de fer qu'on n'aurait pas pu mettre dans la solution neuve.

221. **Accélérateurs.** — Pour obtenir des images instantanées, on est arrivé à des temps de pose tellement courts que le plus souvent l'impression lumineuse est insuffisante; on a cherché diverses méthodes tantôt pour augmenter l'intensité du développement et pour obtenir ainsi une image complète avant l'apparition du voile général, tantôt pour empêcher le voile de se produire et pour faciliter au contraire un développement très long, enfin on s'est efforcé d'exalter la sensibilité des plaques; nous avons réuni ces divers moyens sous le nom d'*accélérateurs*.

On trouve dans le commerce, avec différentes dénominations, des liqueurs accélératrices dont nous n'avons pas à rechercher la composition; nous rappellerons seulement les essais de M. Audra sur l'emploi de doses infinitésimales d'hyposulfite de soude; en plongeant une glace impressionnée pendant quelques minutes dans une dissolution d'hyposulfite de soude au millième, additionnée d'un peu d'acide acétique ou de $1^{gr},50$ d'acide citrique, et en la passant ensuite sans lavage dans le révélateur à l'oxalate de fer, M. Audra a reconnu qu'on obtenait un développement rapide et énergique de toutes les parties de l'image.

On peut au contraire obtenir un développement lent, mais continu, par l'emploi préalable d'un bain contenant un peu de bromure de potassium; c'est le moyen dont se sert M. Sautter, Président de la Société genevoise de Photographie; c'est, d'après un principe analogue, le moyen employé par M. Lugardon pour les instantanéités. Ces deux habiles expérimentateurs ont obtenu ainsi leurs remarquables épreuves des baigneurs du Rhône. M. Lugardon allait même jusqu'à employer la teinture d'iode préparée d'après la formule suivante :

Iode	1^{gr}
Alcool	200^{cc}
Eau	200^{cc}

On ajoute l'eau seulement après solution complète de l'iode dans l'alcool.

On utilise cette très légère teinture d'iode comme la solution de bromure de potassium; on en ajoute quelques gouttes dans le révélateur à l'oxalate de fer.

On exalte la sensibilité des glaces au gélatinobromure d'argent, en mettant le bromure d'argent en présence d'une très petite quantité de nitrate d'argent libre. La formule donnée par MM. Eder et Toth est la suivante; elle peut être variée à l'infini et surtout très affaiblie :

	Parties.
Eau	100
Nitrate d'argent	10
Acide citrique	10

On ajoute

Alcool	200

On immerge les glaces dans ce bain et on les fait sécher très rapidement.

La sensibilité est plus que doublée, mais il se présente deux difficultés : le nitrate d'argent libre réagit en très peu de temps sur la matière organique et, en outre, le bromure d'argent se trouve en présence d'un excès de nitrate; aussi les glaces qui ont subi cette seconde préparation ne conservent leur pureté que pendant très peu de temps, à peine pendant vingt-quatre heures, malgré la présence d'une forte dose d'acide citrique. Il faut en outre, pour faire le développement, éliminer cette petite quantité de nitrate d'argent par le bromure de potassium ou d'ammonium, sans quoi le révélateur en produirait immédiatement la réduction et l'épreuve voilée serait perdue. Il ne paraît pas que jusqu'à présent ce procédé accélérateur soit entré dans la pratique.

222. Développement à l'acide pyrogallique. — L'acide pyrogallique est un réducteur dont l'énergie s'accroît par son mélange avec une substance alcaline. Il servait déjà pour développer les clichés au collodion humide ou sec et pour ceux au collodiobromure; il fut le premier révélateur conseillé pour les épreuves au gélatinobromure d'argent, mais on lui préféra souvent l'oxalate de fer, parce que, à côté de qualités réelles, son usage présentait quelques inconvénients; en effet, sous l'influence de l'oxygène de l'air, et aussi par le fait du développement, ce corps, qui à l'état de pureté est parfaitement blanc et dont les solutions fraîches sont incolores, prend une teinte de plus en plus foncée; s'il est en présence d'une substance alcaline, cette réaction est plus intense et plus rapide. La coloration générale qui en résulte pour le cliché est assez peu sensible dans les couches minces et peu perméables du collodion, mais elle devient un défaut grave pour la couche spongieuse et relativement épaisse de la gélatine; celle-ci absorbe et retient la matière colorante, il se fait une véritable teinture dont la couleur est peu perméable à la lumière et change la nature du cliché ([1]).

Cependant cette coloration se manifeste avec d'autant moins d'intensité que l'acide pyrogallique est plus pur.

On attribue également la coloration du cliché à une légère réduction du sel d'argent donnant un voile général rouge par transparence et vert par réflexion.

223. *Formules à l'ammoniaque.* — Une des premières formules et des plus faciles dans l'application est la suivante :

Solution P.

Acide pyrogallique	10^{gr}
Alcool à 40°	100^{cc}

On emploie l'alcool pour faire la solution, parce que l'acide pyro-

([1]) L'acide pyrogallique employé comme révélateur a l'inconvénient de colorer sensiblement la peau, ce qui pourrait empêcher un grand nombre d'amateurs d'en faire usage. On fait disparaître facilement cette coloration en se mouillant les doigts avec une solution d'acide sulfurique à 1 pour 100 d'eau; à cet état de dilution, on n'a absolument rien à craindre du contact de l'acide, il suffit de se rincer ensuite les mains à l'eau pure. On peut remplacer l'acide sulfurique par l'acide chlorhydrique, à la dose de 4^{cc} à 5^{cc} pour 100 d'eau.

gallique s'y conserve incolore beaucoup plus longtemps que dans l'eau; une goutte ou deux d'acide nitrique facilitent cette conservation.

Solution H.

Eau ordinaire	1000^{cc}
Bromure de potassium	6^{gr}
Ammoniaque concentrée	15^{cc}

Solution C.

Bromure de potassium ou d'ammonium à 5 pour 100 comme ci-dessus.

Pour l'usage, on prend de la solution H la quantité nécessaire pour bien couvrir la glace, et pour 100^{cc} on y ajoute 6^{cc} de la solution P; aussitôt le mélange fait, on y plonge la glace et on suit le développement qui doit marcher rapidement; lorsqu'on est forcé de le prolonger au delà de quelques minutes, dans l'espoir d'améliorer le cliché, de faire mieux sortir les détails ou de donner plus de vigueur à l'épreuve, on arrive à une coloration trop intense de la gélatine et souvent l'épreuve est perdue.

Cependant, si la coloration n'est pas trop forte, on peut l'enlever en totalité ou seulement en partie, en passant la glace pendant quinze à vingt secondes dans une solution de citrate d'ammoniaque.

On a donné plusieurs autres méthodes pour décolorer les clichés développés à l'acide pyrogallique; la plus simple consiste à laisser la glace pendant quelques instants dans une solution acide très faible, formée de 5 parties d'acide chlorhydrique (esprit de sel du commerce) dans 100 parties d'eau.

Quelquefois la couche de gélatine, se dilatant considérablement sous l'influence de ce bain acide, se soulève en partie ou même en totalité, mais cet inconvénient devient de plus en plus rare par suite d'un meilleur choix des gélatines pour la préparation des plaques.

Le rôle des deux solutions P et H est très différent et un opérateur habile saura en tirer parti pour obtenir les effets qu'il veut demander à son cliché.

Si on met la glace dans la solution ammoniacale H on n'aura aucune image, mais celle-ci apparaîtra dès qu'on y ajoutera quelques gouttes de la solution pyrogallique P : elle se développera dans toutes ses parties mais restera légère, tandis qu'au contraire elle deviendra de plus en plus intense et vigoureuse à mesure qu'on ajoutera plus d'acide pyrogallique; donc l'excès d'alcali avec peu d'acide pyrogallique fait apparaître tous les détails et même un voile général si son action est trop prolongée, tandis que l'excès d'acide pyrogallique donne la vigueur et l'intensité.

En conséquence, dès le commencement du développement, si l'on s'aperçoit que l'épreuve a trop posé, on forcera la dose d'acide pyrogallique, en ajoutant coup sur coup au bain révélateur 10, 20, 30 gouttes de la solution P et en l'additionnant de bromure de potassium ou d'ammonium dissous à la dose de 5 pour 100 (solution C). Si au contraire le développement marche avec peine, on augmente la solution ammoniacale, et l'on étend d'eau pure, s'il est nécessaire, pour diminuer la proportion d'acide pyrogallique. Il faut opérer ces mélanges avec habileté et rapidité, soit directement dans la cuvette en retirant la glace ou en l'écartant suffisamment pour que les gouttes ajoutées soient mélangées au liquide avant de venir sur la surface impressionnée; soit en comptant les gouttes dans un verre, ce qui est préférable, en y déversant une partie du liquide révélateur et en remettant le tout dans la cuvette à l'état de mélange homogène.

Lorsque le développement paraît arrivé au point voulu, on l'arrête, en passant la glace dans l'eau ou mieux dans un bain d'alun.

224. Au lieu de la solution ammoniacale très étendue (H) indiquée dans la formule qui précède, on peut employer une solution concentrée; on réunit ainsi sous un petit volume la provision nécessaire pour le développement d'un grand nombre de glaces. Ce mode d'opérer est un peu plus délicat que le précédent, mais il permet à l'opérateur de suivre en quelque sorte goutte par goutte la venue de son épreuve.

225. Dans trois flacons différents, pour lesquels on a autant de compte-gouttes (*fig.* 107), on a préparé les solutions suivantes, P, H, C :

Fig. 107.

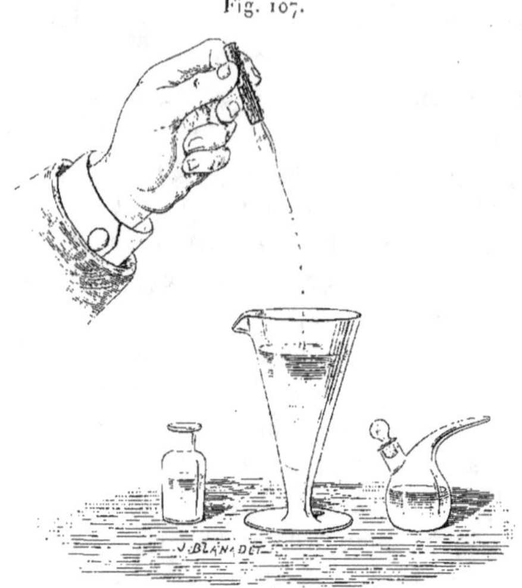

P.	Acide pyrogallique	10 parties
	Alcool	100

déjà indiquée ;

C.	Bromure de potassium	5 parties
	Eau	100

H. Ammoniaque concentrée pure.

On met dans une cuvette la quantité d'eau nécessaire pour couvrir largement la glace et, avant d'y plonger celle-ci, on ajoute pour

	Eau	100^{cc}
P.	Acide pyrogallique	30 gouttes
C.	Bromure de potassium	15
H.	Ammoniaque pure	3

Après mélange, on immerge la glace dans ce bain. Si l'image apparaît trop vite, on ajoute quelques gouttes de bromure (C); si au contraire elle est trop lente à paraître, on verse trois gouttes d'ammoniaque (H); lorsqu'on veut pousser au noir on ajoute dix, quinze ou vingt gouttes d'acide pyrogallique (P).

On comprend qu'un opérateur habile peut trouver de grandes ressources dans ce mode de développement; mais, avant de l'employer, il est nécessaire qu'il ait acquis déjà une expérience suffisante, en se servant des méthodes plus faciles que nous avons données ci-dessus.

226. *Emploi du sulfite de soude.* — On a reconnu qu'en mélangeant à la solution pyrogallique une assez forte dose de sulfite de soude additionnée d'un peu d'acide citrique, on pouvait la conserver pendant plusieurs mois sans altération ([1]), et que le sulfite de soude s'opposait également à la coloration trop prompte du liquide révélateur, même en présence des alcalis; on peut donc remplacer avec avantage la solution alcoolique P d'acide pyrogallique par la suivante, qui est employée de la même manière :

	Parties.
Eau ordinaire..........................	100
Sulfite de soude cristallisé et pur.........	25
Acide citrique..........................	1,50

(L'acide citrique peut être remplacé par quelques gouttes d'acide sulfurique.)

Après solution on ajoute

Acide pyrogallique........................	12

227. *Emploi d'autres alcalins* ([2]). — L'ammoniaque agit en

([1]) L'acide salicylique, employé à la dose de 1^{gr} pour 7^{gr} d'acide pyrogallique, produit sensiblement le même effet.

([2]) *Succédanés de l'acide pyrogallique.* — Nous mentionnons aussi, mais seulement pour mémoire, quelques substances indiquées, comme pouvant remplacer l'acide pyrogallique dans la composition du révélateur. Ces substances sont encore à l'état de produits rares, par conséquent leur prix est trop élevé pour entrer couramment dans la pratique photographique. D'après les essais faits par M. Hickel, elles ne semblent présenter aucun avantage sur celles que l'on emploie actuellement. En 1880, M. le capitaine Abney a reconnu que l'hydroquinone, en solution dans l'eau à la dose de 2 pour 100 et additionnée d'une petite quantité d'ammoniaque, pouvait servir à développer les épreuves au gélatinobromure d'argent, sans qu'il soit nécessaire d'ajouter de bromure au potassium. En portant successivement la dose d'hydroquinone à 4 et même 6 pour 100, on obtient une intensité considérable; ce révélateur pourrait avoir de précieuses qualités, mais son prix vertu de ses propriétés alcalines : aussi peut-on lui substituer avec avantage d'autres composés alcalins, tels que les carbonates de potasse, de soude ou d'ammoniaque, la potasse ou la soude caustique ; il est probable que l'eau de chaux, la baryte et la strontiane auraient un effet analogue.

Les carbonates de potasse ou de soude ont été indiqués dans un assez grand nombre de formules; il est certain qu'ils sont d'un excellent emploi, bien que les résultats aient été contestés; les divergences d'opinion qui se sont manifestées doivent surtout provenir de la pureté du réactif employé. Les carbonates de potasse ou de soude du commerce sont le plus souvent mélangés de produits provenant de leurs sources premières, de sulfates et de chlorures; si l'on veut avoir quelque certitude pour préparer le liquide révélateur, il semble préférable de se procurer chez le marchand de produits chimiques du carbonate de potasse ou de soude pur; cependant, les produits courants du commerce sont généralement bons pour les usages photographiques, mais il peut s'en trouver qui soient tout à fait impropres à cause des impuretés mélangées.

On peut employer ces carbonates en solution étendue ou concentrée : c'est principalement sous cette dernière forme que les opérateurs préfèrent en faire usage; M. Hickel, un de nos plus habiles expérimentateurs pour les épreuves instantanées, conseille d'opérer de la manière suivante; on a trois solutions concentrées :

1.	Sulfite de soude	25^{gr}
	Acide citrique	1,50
	Eau	100
2.	Carbonate de potasse pur	25 p. (1)
	Eau	100
3.	Solution de bromure de potassium à	5 pour 100

encore trop élevé (environ 300fr le kilogramme), en retardera certainement l'usage.

M. Eder dit qu'on pourrait substituer à l'acide pyrogallique ses isomères, la résorcine et la pyrocatéchine, qui, employées de la même manière, développent les épreuves au gélatinobromure d'argent. Récemment on a fait des essais avec le chlorhydrate d'hydroxylamine, mais sans y trouver aucun avantage.

(1) M. Hickel indique 40 pour 100 pour le carbonate de potasse, 10 pour 100 pour le bromure de potassium ; ces dosages n'ayant pas d'importance, puisqu'il s'agit de mettre quelques gouttes en plus ou en moins, nous avons préféré rentrer dans les formules déjà données.

On conserve l'acide pyrogallique à l'état de poudre dans son flacon, on le prend au fur et à mesure des besoins avec une petite cuiller de bois ou de corne ou une petite spatule, et on le jette dans le bain où il se dissout immédiatement.

Ces préparations étant faites, quand on veut développer une épreuve, on met dans une cuvette environ 60^{cc} d'eau pour une plaque $0^{m},13 \times 0,18$, on y ajoute 6^{cc} à 10^{cc} de la solution de sulfite de soude, et 10 à 15 gouttes de la solution de carbonate de potasse; on plonge la glace dans le mélange, où on la laisse à peu près une minute. On met ensuite dans un verre environ $0^{gr},50$ d'acide pyrogallique solide que l'on prend avec la petite cuiller : cela représente sensiblement le volume d'une noisette; on verse dessus une partie du liquide de la cuvette, la dissolution est immédiate et on reverse le tout sur le cliché. Si la pose a été suffisante, l'image ne tarde pas à paraître, et c'est à partir de ce moment que se montre l'habileté de l'opérateur : l'image se développe-t-elle trop rapidement, il ajoutera quelques gouttes de bromure de potassium et il doublera la dose d'acide pyrogallique pour pousser au noir et aux oppositions; est-elle au contraire lente au développement, il augmentera beaucoup la dose de carbonate de potasse, suivant toujours ce principe que la solution alcaline force l'apparition des détails de l'image jusqu'à ce que l'excès amène un voile général; l'acide pyrogallique force l'intensité des noirs, mais tend à colorer, à teindre la gélatine; la solution de sulfite de soude maintient un peu la pureté du bain, en empêchant le liquide de noircir d'une manière trop rapide et trop intense par suite de l'action de l'alcali sur l'acide pyrogallique; et le bromure de potassium modère un développement trop rapide et la formation d'une image sans vigueur. On pourra substituer le carbonate de soude au carbonate de potasse, en modifiant les doses suivant les effets produits.

En réalité, dans cette méthode il n'y a pas de dosages précis, on modifie les quantités d'après la marche du développement.

Cette manière de développer, très commode pour celui qui a la grande habitude des manipulations, manque de précision, elle inquiéterait des opérateurs novices; aussi croyons-nous devoir ajouter les formules suivantes, données par M. Audra et par M. Balagny.

228. Procédé de M. Audra ([1]). — Le principe du mode opératoire de M. Audra est la séparation du bain d'acide pyrogallique et du bain de carbonate de soude; le cliché à développer ne reçoit que la quantité d'acide pyrogallique nécessaire à son développement: le liquide révélateur prend par cela même une coloration moins intense, la gélatine est à peine teintée, le développement se fait plus proprement et l'on obtient une très notable économie du produit le plus coûteux.

On commence par faire trois solutions :

N° 1.	Eau	500^{cc}
	Sulfite de soude	125^{gr}
	Acide sulfurique	1^{cc}
N° 2.	Solution n° 1	100^{cc}
	Acide pyrogallique	10^{gr}
N° 3.	Carbonate de soude du commerce (*vulgo* cristaux de soude)	Solution saturée

Pour l'emploi, on place à côté l'une de l'autre deux cuvettes : dans la première, on met la quantité d'eau nécessaire pour que les glaces y puissent baigner largement, et pour chaque 100^{cc} d'eau on ajoute 10^{cc} à 15^{cc} de la solution pyrogallique n° 2. La glace à développer est immergée dans ce bain, pendant le temps nécessaire pour que le liquide pénètre complètement la couche; le plus souvent une ou deux minutes suffisent, mais il n'y a aucun inconvénient à prolonger cette immersion; quelquefois même l'image commence à apparaître, il n'y a pas à s'en occuper.

Dans la seconde cuvette, on compose le bain alcalin dans la proportion suivante :

Eau	100^{cc}
Solution n° 1	10^{cc}
Solution saturée de carbonate de soude	3^{cc}

Cette dose de 3^{cc} de la solution saturée de carbonate de soude est un minimum qu'on peut porter au double, même au triple si la

([1]) *Bulletin de la Société française de Photographie*, juillet 1885.

solidité de la couche de gélatine, et surtout si la température le permet, car en été la gélatine a une tendance à se soulever, d'autant plus grande que le bain est plus alcalin et la chaleur plus élevée; en outre, M. Audra a cru remarquer que les glaces préparées pendant l'hiver résistaient mieux aux soulèvements que celles préparées pendant l'été. Il y a aussi une tendance marquée au *frisement* de la gélatine sur les bords, lorsque les glaces ont été préparées par grandes surfaces et coupées ensuite au diamant; on remédie presqu'à coup sûr à cet accident, d'après M. Audra, en frottant sur ces bords un morceau de cire qui empêche les liquides de pénétrer sous la couche.

Après l'immersion dans le bain pyrogallique, l'épreuve est retirée, égouttée et plongée d'un coup dans le bain alcalin où elle se développe rapidement; le plus souvent, une ou deux minutes suffisent si le temps de pose a été convenable; l'intensité de l'image s'accroît en prolongeant l'action, il suffit de surveiller l'épreuve pour avoir un excellent cliché. Si la pose a été trop courte, on ajoute dans le bain, après en avoir sorti la glace afin d'opérer le mélange, un peu de la solution de carbonate de soude pour faire apparaître les détails, et ensuite, s'il est nécessaire, on y verse de la même manière quelques centimètres cubes de la solution pyrogallique concentrée, afin d'obtenir plus de vigueur. Si au contraire la pose a été dépassée, on met dans le bain de carbonate de soude une minime quantité d'une solution de bromure de potassium à 5 pour 100.

Ces proportions, dit M. Audra, n'ont rien d'absolu; l'opérateur peut les faire varier dans les plus larges limites, suivant les poses, suivant les glaces, suivant les effets qu'il veut obtenir.

Le bain de carbonate de soude dans lequel s'est opéré le développement se teinte d'une manière assez intense et, comme il n'a aucune valeur, on le renouvelle pour chaque épreuve, mais le bain pyrogallique reste parfaitement pur et peut servir pour un grand nombre de clichés.

229. Procédé de M. Balagny. — M. Balagny emploie également les cristaux de soude du commerce, mais son mode d'opérer diffère un peu du précédent.

On commence par faire quatre solutions :

1.	Eau	1000cc
	Carbonate de soude ordinaire	200
2.	Solution ci-dessus	100cc
	Bromure d'ammonium	0gr,80
3.	Eau	100cc
	Sulfite de soude (sans acide citrique ni sulfurique)	20
4.	Alcool à 40°	100cc
	Acide pyrogallique	7gr,50

L'emploi de ces solutions n'est pas le même, suivant que l'on se propose de développer des vues instantanées ou des épreuves ayant reçu le temps de pose normal.

Pour les instantanées, on met dans une cuvette (pour la dimension de 0m,13 × 0m,18) :

Eau	50cc
Sulfite de soude (solution n° 3)	5
Acide pyrogallique (solution n° 4)	5

On fait tremper le cliché pendant quelques instants dans ce mélange, puis on verse dans un verre 10cc de la solution alcaline n° 1 ne contenant pas de bromure et 2cc de la solution bromurée n° 2. On déverse dans ce verre le liquide de la cuvette et l'on reverse le mélange sur le cliché.

On suit alors l'apparition de l'image et l'on force peu à peu les détails à se montrer par des additions, successives et très ménagées, de la solution n° 1 de carbonate de soude sans bromure ; enfin on donne au cliché l'intensité et la vigueur nécessaires en mélangeant à nouveau dans le révélateur 5cc de la solution pyrogallique n° 4 et, s'il est nécessaire, on termine par une nouvelle quantité du n° 1.

On obtient ainsi des clichés d'un ton agréable et sans coloration trop sensible dans la masse.

M. Balagny fait remarquer que dans sa formule il ne mélange au sulfite de soude ni acide citrique, ni citrate de soude, ni acide sulfurique, ces réactifs ayant l'inconvénient de retarder le développement de l'image ; dans le cas où la pose a été au maximum de rapidité, on devra même s'abstenir d'ajouter le peu de carbonate de soude *bromuré* donné dans la formule ci-dessus, mais alors il faut des glaces d'excellente préparation, ayant une extrême sensibilité sans tendance au voile.

Lorsqu'on ne cherche plus les épreuves instantanées, mais des images complètes, bien modelées, pour lesquelles on pose tout le temps nécessaire, on procède au développement dans les mêmes conditions de manipulations, mais on emploie la solution bromurée de carbonate de soude n° 2 au lieu de la solution n° 1. Cette dernière n'est ajoutée que peu à peu et s'il est nécessaire de faire sortir quelques détails trop lents à se montrer.

La dose indiquée de bromure d'ammonium devra être modifiée suivant les sujets; on peut la diminuer de moitié pour les épreuves qui, sans être instantanées, sont à pose rapide comme les portraits; on l'augmentera au contraire du double et du triple, si le sujet demande des clairs très purs comme les images pour projections, ou des contrastes heurtés comme les reproductions de gravures.

En peu de temps, l'opérateur saura conformer la composition du révélateur au résultat cherché et, pour ajouter rapidement les petites quantités de bromure qu'il jugera nécessaires, il mettra à portée de sa main un petit flacon compte-gouttes renfermant une solution de bromure à 5 pour 100.

Ainsi que nous l'avons dit, on peut employer indifféremment le bromure d'ammonium ou de potassium; théoriquement, ils se remplacent l'un l'autre, mais dans les proportions suivantes :

1^{gr} de bromure d'ammonium équicaut à $1^{gr},214$ de bromure de potassium.

1^{gr} de bromure de potassium équivaut à $0^{gr},823$ de bromure d'ammonium (192).

230. Alunage. — Lorsque le développement est à point, on met la glace sans la laver dans un bain d'alun à 5 pour 100, où on la laisse pendant quelques minutes sans la sortir du cabinet noir. Ce bain peut servir pour un grand nombre d'épreuves développées par un même procédé; il ne faudrait pas cependant mettre indifféremment dans un même bain des clichés développés à l'oxalate de fer, puis des clichés à l'acide pyrogallique, ces deux réactifs mélangés produisant une coloration noire, très accentuée, qui toutefois serait détruite par l'acide chlorhydrique; lorsqu'on change le mode de développement, il est préférable de changer le bain d'alun, ce qui n'occasionne aucuns frais appréciables.

En sortant de l'alun, l'épreuve peut passer immédiatement dans le bain de fixage sans lavage préalable, cependant il vaut mieux la passer rapidement à l'eau.

231. Fixage. — Lorsque l'épreuve a été complètement développée par l'un quelconque des procédés indiqués soit à l'oxalate de fer, soit à l'acide pyrogallique, on la fixe au moyen d'un bain d'hyposulfite de soude, qui dissout le bromure d'argent non impressionné par la lumière et respecte, au contraire, les parties que le révélateur a réduites et qui forment l'image.

Nous employons la formule très pratique, donnée par M. le marquis de la Ferronnays (¹), et composée comme suit :

Eau	1000cc
Hyposulfite de soude	150gr
Alun ordinaire en poudre	50gr

La dissolution se fait rapidement et facilement en employant l'appareil à déplacement indiqué (*fig.* 53); il est inutile de filtrer au début, parce que l'alun décompose une partie de l'hyposulfite de soude en dégageant une légère odeur sulfhydrique et en donnant lentement un précipité de soufre; on filtre après quelques heures, ou on décante après un ou deux jours : le liquide est prêt à servir.

Théoriquement, il est préférable de fixer les glaces dans l'obscurité, dans le même laboratoire où l'on fait le développement; le bromure d'argent est en effet si sensible, qu'il se teinterait même dans la solution d'hyposulfite de soude, si on l'exposait en pleine lumière; mais, pratiquement, nous n'avons vu aucun inconvénient à faire le fixage dans la partie la plus sombre d'une pièce éclairée par le jour ordinaire : on évite ainsi l'encombrement dans le laboratoire obscur, si, comme il arrive souvent, cette pièce est de

(¹) *Bulletin de la Société française de Photographie*, p. 94, avril 1883.

dimension restreinte; en outre, on suit beaucoup mieux les progrès et la fin de l'opération. Si la lumière paraît trop intense, il suffit de recouvrir la cuvette, ou même d'interposer un écran.

Le fixage est plus ou moins long suivant l'épaisseur de la couche de gélatine que l'hyposulfite de soude doit pénétrer de part en part; on l'accélère un peu en agitant la cuvette de temps à autre; cette agitation régularise aussi l'action qui, sans cela, tend à devenir inégale, à se localiser en formant des stries ou des réseaux, ce qui peut occasionner des marbrures dans le cliché.

On suit le fixage par la seule inspection de la glace, surtout en l'examinant à revers; dès que la couche opalescente de bromure d'argent a disparu d'une manière complète, l'épreuve est fixée; néanmoins, on laisse encore l'épreuve dans le bain pendant quelques minutes pour être absolument sûr que le fixage est tout à fait terminé, puis on la retire, on l'égoutte et on la met au lavage.

Un même bain, ainsi que l'a démontré M. de la Ferronnays, peut être utilisé pour fixer un nombre considérable de plaques; lorsque son action paraît se ralentir, on peut y ajouter quelques cristaux d'hyposulfite de soude et, contrairement à ce qui a lieu pour le fixage des épreuves positives qui exige chaque jour un bain neuf, il ne semble pas que l'emploi prolongé d'une même solution d'hyposulfite de soude ait aucune action fâcheuse pour fixer les négatifs, bien que l'avis contraire ait été soutenu par divers auteurs; dans nos expériences personnelles, un même bain de 4^{lit} a dépassé trois mois d'usage; il est bien entendu que cela est subordonné à la quantité des plaques fixées et au volume du bain employé et que ce bain ne fonctionnera plus dès qu'il sera saturé de sel d'argent. Après quelques jours, les parois du flacon dans lequel on reverse le liquide fixateur se recouvrent d'une couche noire de sulfure d'argent dont l'épaisseur va augmentant, et il se dépose dans le fond une boue noire de même composition, mélangée d'une certaine quantité de soufre libre; on ne doit s'inquiéter de ce précipité que pour le recueillir comme résidu lorsqu'il est en assez grande quantité; car on retrouve ainsi la majeure partie de l'argent employé pour la préparation des glaces (le sulfure d'argent *pur* contient 87 pour 100 de son poids d'argent métallique). Lorsque le bain de fixage est hors de service, on le met aux résidus et ce qu'il peut contenir d'argent en solution est précipité par le foie de soufre.

On pourrait employer comme fixateur une solution de cyanure de potassium ne dépassant pas la dose de 3 pour 100 d'eau, mais nous ne saurions recommander ce moyen ; ce fixage avec le cyanure n'est pas sensiblement plus rapide qu'avec l'hyposulfite de soude ; le seul avantage serait un lavage plus facile, en ce sens surtout que, s'il n'était pas complet, les inconvénients seraient moins grands qu'avec l'hyposulfite de soude, surtout en vue des opérations ultérieures, s'il y avait lieu de renforcer le cliché ; mais l'alcalinité du cyanure de potassium facilite les soulèvements de la couche, accentue la coloration des épreuves développées à l'acide pyrogallique ; son action énergique sur l'argent peut détruire les légères demi-teintes si elle est un peu prolongée, enfin son action toxique présente toujours un danger sérieux pour les opérateurs. Nous devons donc conseiller de s'en abstenir.

Les sulfocyanures de potassium ou d'ammonium ne peuvent être utilisés pour le fixage des épreuves à la gélatine, ils la dissolvent très rapidement quand leur solution est au dosage élevé nécessaire pour éliminer le bromure d'argent.

232. Lavage. — Le cliché fixé est d'abord passé sous le robinet ou dans une cuvette pleine d'eau, il abandonne ainsi la majeure partie du liquide qui baigne ses deux faces, ensuite il faut éliminer d'une manière complète tout l'hyposulfite de soude qui a pénétré dans l'épaisseur de la couche de gélatine, ce qui demande un lavage de plusieurs heures dans une eau courante ou souvent renouvelée.

A défaut d'eau courante et d'appareils spéciaux, on lave les glaces dans de grandes cuvettes dont on change l'eau fréquemment ; on les y laisse passer la nuit et, le lendemain matin, on peut les considérer comme lavées.

Ce système est encombrant et mal commode dès que le travail de la journée dépasse un petit nombre d'épreuves ; si, pour abréger, on fait un lavage trop rapide, il reste de l'hyposulfite de soude dans la gélatine ; quelques jours plus tard l'épreuve se couvre de givre ou de fines aiguilles et elle est perdue.

Pour faciliter ces lavages, on a construit des cuves profondes en zinc ou en gutta-percha avec des rainures dans le genre de celles des boîtes à glaces. Les clichés y sont placés verticalement ; on fait arriver un faible courant d'eau en A (*fig.* 108) à la partie supérieure de la cuve et on règle le débit du robinet inférieur A′ de manière

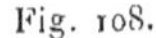

Fig. 108.

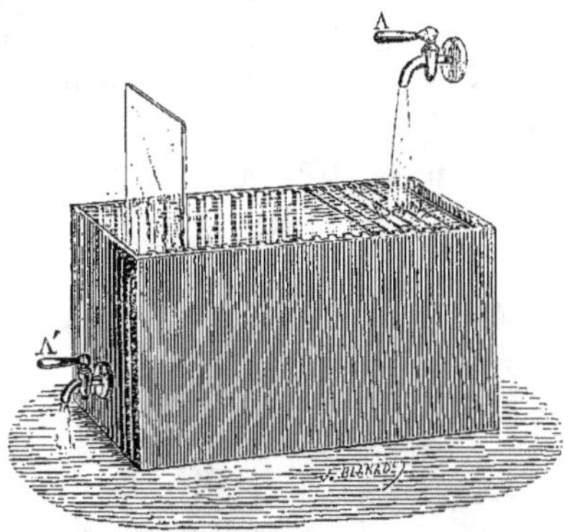

à maintenir les glaces constamment immergées. Ces cuves devraient avoir, à cet effet, à la partie supérieure un trop-plein qui fixe le

Fig. 109.

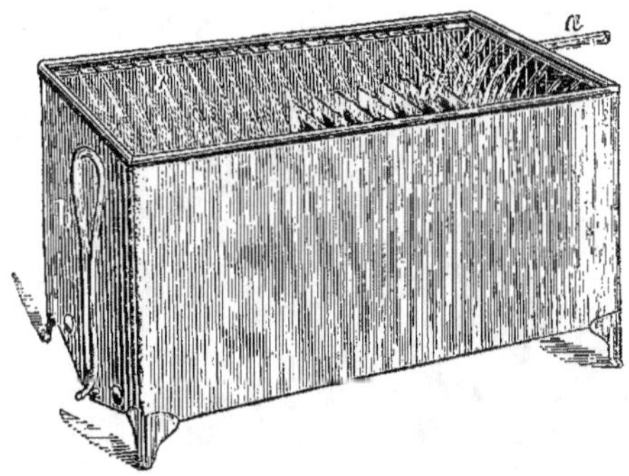

niveau, ou bien on pourrait adapter à l'ouverture du fond un tube de caoutchouc, de plomb ou autre faisant office de siphon, comme le montre la *fig.* 109, de telle sorte qu'on puisse déterminer à volonté la hauteur de l'eau sans avoir à craindre les débordements qui peuvent arriver avec le modèle *fig.* 108, lorsque le débit d'arrivée est plus fort que le débit de sortie; si le contraire a lieu, les épreuves resteront à sec; la cuve (*fig.* 108) ne peut être utilisée que pour les lavages intermittents, lorsqu'elle est alternativement remplie et vidée à la main.

Ces cuves à laver sont ordinairement combinées de manière à recevoir au moins deux grandeurs de glaces : ainsi la dimension pour épreuves $0^m,13 \times 0^m,18$ peut servir, par l'écartement de $0^m,18$, à laver des clichés de $0^m,18 \times 0^m,24$: il faut seulement régler la profondeur en prévision; d'autres cuves sont formées par deux

Fig. 110.

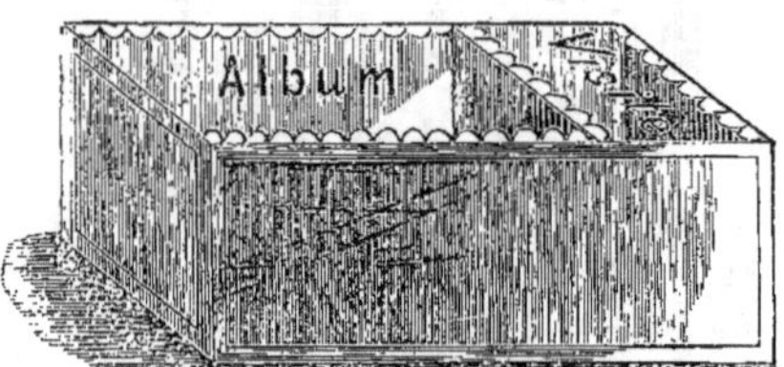

compartiments séparés (*fig.* 110), pour mettre les dimensions les plus courantes de l'atelier.

M. Vieuille a présenté à la Société française de Photographie [1]

Fig. 111.

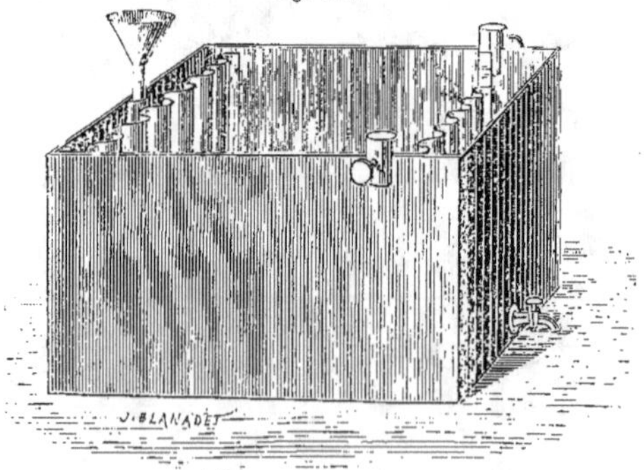

une disposition simple pour adapter une même cuve aux diverses grandeurs de glace (*fig.* 111); une des parois à rainures est mobile et

(1) *Bulletin de la Société française de Photographie*, mars 1885.

peut être fixée à la distance nécessaire pour les glaces en usage, au moyen de deux vis de pression semblables à celles dont on se sert pour les piles (*fig.* 112); une bande de zinc, repliée sur elle-

Fig. 112.

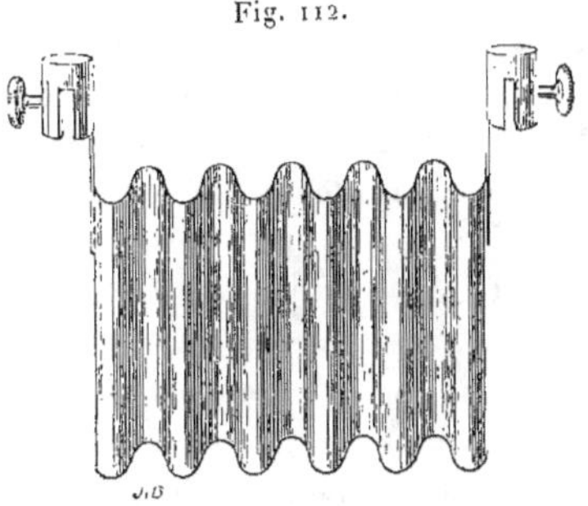

même et posée sur les bords de la cuve, détermine la profondeur (*fig.* 113).

On évitera de placer les glaces dans les cuves en zinc immédiatement après leur sortie du bain de fixage, on les rincera préalablement pendant quelques instants. En effet, le zinc est attaqué

Fig. 113.

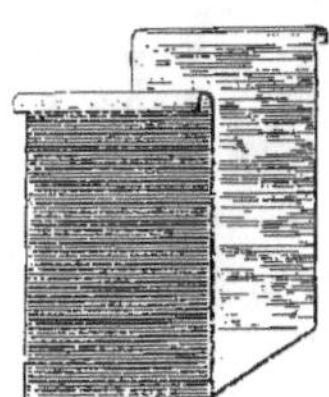

par l'hyposulfite de soude chargé d'argent, le métal est précipité, et il y a intérêt, pour la conservation de la cuve, à ce que le liquide fixateur n'y arrive que très étendu d'eau.

233. Si, dans le courant des opérations qui suivent le développement de l'image, l'épreuve n'a pas été passée dans une solution acide, elle présente le plus souvent, après le fixage et les lavages, un voile léger dans le cas où l'on a employé l'oxalate de fer comme révélateur; ce voile a un faible aspect bleuté dans les par-

ties claires du cliché : il est dû très probablement à de minimes quantités d'oxalate de chaux; si l'on a employé l'acide pyrogallique alcalinisé comme bain de développement, l'épreuve aura pris une coloration jaunâtre plus ou moins accentuée. On peut faire disparaître ces voiles ou les atténuer très sensiblement, en mettant la glace pendant quelques minutes dans une eau acidulée par 5^{cc} d'acide chlorhydrique pour 100^{cc} d'eau; un bon rinçage enlèvera ensuite toute trace d'acidité et le cliché sera bon à sécher.

234. **Séchage.** — L'épreuve, bien lavée et rincée, est mise à sécher sur les chevalets à l'air libre sans l'intervention de la chaleur; on doit même la garantir contre les rayons directs du soleil, car si, par une cause accidentelle, on arrivait au point de fusion de la gélatine encore humide, le cliché serait perdu.

Dans les conditions usuelles de préparation et de développement, la température ambiante ne doit pas dépasser 30° C.; au-dessus, et même au-dessous si la gélatine était de nature molle, on peut craindre de voir la couche se liquéfier en entraînant toute l'épreuve.

Dans les circonstances exceptionnelles où il est urgent de hâter la dessiccation, les glaces bien égouttées sont mises dans une cuvette et recouvertes d'une couche d'alcool; après un contact de quelques minutes, on déverse cet alcool qui déjà s'est emparé d'une notable partie de l'eau, on le remplace par une nouvelle couche; après un nouveau délai d'immersion, on retire la glace pour en mettre une autre sur laquelle on opère de même, on les place sur le chevalet où elles sèchent en une demi-heure.

235. **Élimination de l'hyposulfite de soude.** — Après les soins que nous venons de recommander pour le lavage, l'hyposulfite de soude doit être éliminé d'une manière complète; cette élimination est surtout nécessaire si le cliché, trop faible pour donner de bonnes épreuves positives, doit être soumis, pour le renforcer, à des opérations ultérieures, toutes basées sur des réactions chimiques, dans lesquelles les plus minimes quantités d'hyposulfite de soude interviendraient d'une manière fâcheuse. Un moyen très simple de vérification est le suivant : le cliché, que l'on suppose lavé, est égoutté dans une soucoupe blanche, et l'on fait tomber dans le

liquide un très petit cristal ou un peu de poudre de nitrate d'argent sans agiter; s'il reste de l'hyposulfite de soude, chaque grain de nitrate d'argent s'entoure en quelques secondes d'une auréole jaune brunâtre, d'autant plus foncée que la quantité d'hyposulfite de soude est plus considérable.

On a proposé divers moyens d'enlever les dernières traces d'hyposulfite de soude. Les meilleurs sont ceux qui transformeront l'acide sulfureux de l'hyposulfite en acide sulfurique, formant ainsi du sulfate de soude qui est un composé absolument stable, inaltérable, ne pouvant plus réagir dans les opérations suivantes; cette transformation s'obtient par des réactifs oxydants.

Nous devons mettre en première ligne l'eau oxygénée qui, jusqu'ici, n'est pas un produit suffisamment industriel en France et dont l'emploi reste forcément à l'état théorique, puis les hypochlorites de potasse (eau de Javel), de soude, de chaux (chlorure de chaux). M. Stolze [1] emploie une solution d'eau de Javel très diluée, 1,50 pour 100 d'eau : il fait passer successivement ses négatifs dans ce bain en constatant si l'odeur caractéristique des hypochlorites se maintient; aussitôt qu'elle tend à disparaître, il ajoute de petites quantités du réactif. L'hypochlorite de soude et même l'hypochlorite de chaux peuvent remplacer l'eau de Javel. Les solutions seront maintenues aux faibles doses indiquées de 1,50 à 2 pour 100, car déjà à 5 pour 100 l'hypochlorite de soude dissout la couche de gélatine et transforme l'argent réduit du cliché en chlorure d'argent blanc.

M. Eder préfère à ces réactifs oxydants l'alun dissous à la dose de 5 pour 100 d'eau et suivi d'un nouveau lavage; cette méthode rentre dans les opérations tout à fait courantes des photographes et elle sera volontiers employée; nous devons toutefois rappeler que la première action de l'alun sur l'hyposulfite de soude est la mise en liberté d'une petite quantité de soufre qui donne une légère opalescence dans les solutions très diluées. A cet état d'extrême division, le soufre est probablement entraîné par les lavages, sans quoi il nous semble qu'il n'y aurait aucun bénéfice à

---

(1) EDER, *Théorie et pratique du procédé au gélatinobromure d'argent*, p. 177, grand in-8° (Paris, Gauthier-Villars; 1883).

décomposer l'hyposulfite pour laisser le soufre, c'est-à-dire l'élément nuisible, au sein de la couche de gélatine.

236. Renforcement des négatifs. — Si l'épreuve a été convenablement posée et suffisamment développée, le négatif aura l'intensité voulue pour fournir de bonnes images positives et le renforcement ne sera pas nécessaire; mais, dans les poses instantanées, il arrive souvent que l'impression lumineuse a été trop rapide; l'image, bien que complète, reste superficielle et sans vigueur; d'autres fois, on a mal jugé le développement, on l'a arrêté trop tôt et il faut donner au cliché une intensité plus grande.

Les méthodes de renforcement pour les épreuves au gélatino-bromure d'argent sont nombreuses; pourtant une seule, jusqu'à présent, est généralement employée, parce qu'elle est à la fois la plus simple et la plus efficace : c'est le renforcement au bichlorure de mercure.

On prépare deux solutions de bichlorure de mercure [1]; l'une à saturation dans l'eau froide, soit à 7 pour 100, ou même plus concentrée, en ajoutant au liquide un peu de chlorhydrate d'ammoniaque ou d'alcool qui facilite la dissolution; l'autre plus étendue, à 3 ou 3,50 pour 100.

Lorsqu'on veut le renforcement le plus énergique que puisse donner cette méthode, on plonge le cliché dans le bain de bichlorure de mercure à saturation, et on l'y abandonne en agitant de temps à autre, jusqu'à ce que l'image apparaisse blanche aussi bien au revers que sur la face; on la lave à plusieurs eaux et on la met dans un bain d'ammoniaque étendue à 10 pour 100 d'eau environ. Sous l'influence de l'ammoniaque, l'image revient rapidement à une coloration noire intense et l'on peut constater qu'elle a gagné considérablement en opacité.

Si l'on veut seulement un renforcement léger, on emploiera la solution plus faible de bichlorure de mercure et l'on suivra le changement de coloration, en agitant continuellement la cuvette.

---

(1) Cette substance, connue aussi sous le nom de *sublimé corrosif*, est éminemment délétère; on prendra donc les précautions nécessaires. L'antidote du bichlorure de mercure est l'albumine ou blanc d'œuf battu dans l'eau.

L'image passe, du noir au blanc, par une série de teintes dont le blanc est l'extrême limite; on l'arrête au point que l'on juge suffisant, ce que l'on observe avec plus de facilité en employant la solution faible; puis, comme précédemment, on rince bien la glace et on ramène l'image au noir dans l'ammoniaque très diluée. L'intensité plus ou moins grande de l'épreuve dépend du plus ou moins d'action de la solution mercurielle.

Au lieu d'employer l'ammoniaque pour terminer l'action du bichlorure de mercure, M. Eder propose un bain composé de :

	gr
Eau	1000
Cyanure de potassium	5
Iodure de potassium	2,50
Bichlorure de mercure	2,50

Lorsque l'épreuve a été amenée au degré voulu dans le bain de bichlorure de mercure faible, lequel peut ne pas dépasser 2 pour 100, on la lave bien et on la plonge dans cette solution; le premier effet est une coloration générale jaune verdâtre qui, peu à peu, tourne au brun, et le négatif arrive successivement alors à son maximum de vigueur; on arrête par un lavage, quand on trouve l'effet suffisant. Si l'on prolonge l'immersion, l'intensité décroît peu à peu, la couleur devient d'un brun plus clair et le cliché reprend sa transparence, ce qui permet de revenir à plus de douceur, dans le cas où le but aurait été dépassé dans la première action.

Un cliché, non passé au bichlorure de mercure et abandonné dans le bain ci-dessus pendant une demi-heure à une heure, s'affaiblit peu à peu d'une manière générale; c'est un procédé lent, mais très régulier pour diminuer la vigueur d'épreuves trop intenses.

Il a été donné un grand nombre d'autres formules basées sur l'emploi du bichlorure de mercure, mais toutes ou presque toutes laissent dans la couche de gélatine des précipités mercuriels altérables par la lumière, ce qui change l'état du négatif après quelques jours de tirage d'épreuves positives.

On a donné également diverses méthodes pour renforcer les négatifs au moyen des solutions gallique ou pyrogallique largement acidifiées et auxquelles on ajoute un peu de nitrate d'argent; mais presque toujours ces solutions ont l'inconvénient de colorer fortement les clichés, et ce renforcement à l'argent expose bien plus l'épreuve à une perte complète que celui au mercure.

237. Affaiblissement des clichés trop intenses. — Les clichés peuvent être trop intenses pour trois causes : ou ils ont été trop développés, ou ils ont été colorés trop fortement par l'acide pyrogallique, ou les contrastes entre les lumières et les ombres sont trop accentués. Dans les deux premiers cas les épreuves pourraient être bonnes, mais leur opacité générale les rend presque impossibles au tirage : il faut les éclaircir ; dans le troisième cas on doit tâcher de ramener l'épreuve à une harmonie qui n'existe pas, diminuer l'intensité des grandes lumières en conservant les demi-teintes délicates, ce qui est beaucoup plus difficile ; dans l'un et l'autre cas, les opérations ayant pour but d'affaiblir un cliché demandent encore plus de soins et d'expérience que celles employées pour le renforcement, et il y a toujours lieu de craindre qu'il ne soit perdu ; on ne les risquera donc que si le cliché n'est pas utilisable et si l'on a une habitude suffisante des manipulations, acquise par des essais antérieurs sur des épreuves sans valeur.

1° *Les épreuves ont été trop développées.* — Il y a dans l'ensemble une trop grande épaisseur d'argent réduit : il faut diminuer cette épaisseur régulièrement couche par couche, jusqu'à ce que l'on arrive à une bonne transparence ; ce principe théorique étant admis, on a plusieurs moyens d'arriver par la pratique.

Le cliché parfaitement lavé est mis en plein jour dans un bain d'eau iodée assez étendu. On prend l'eau iodée dont nous avons donné la formule (112), on l'étend de son volume d'eau, et on plonge la glace dans la quantité nécessaire de ce mélange pour la bien couvrir, on agite régulièrement le liquide jusqu'à ce que l'on voie la surface prendre une apparence verdâtre par suite de la formation d'une légère couche d'iodure d'argent ; on prolonge plus ou moins cette action suivant l'effet que l'on veut obtenir et, lorsqu'on la juge suffisante, on lave à plusieurs eaux ; jusqu'à ce moment il n'y a pas de changement dans l'opacité du cliché, qui semblera plutôt se renforcer que s'affaiblir par la formation de l'iodure d'argent ; mais, en mettant la glace dans la solution d'hyposulfite de soude, on dissout l'iodure d'argent et l'image prend une plus grande transparence; on renouvelle l'opération autant de fois qu'il est nécessaire pour arriver à l'affaiblissement voulu, en ayant le soin de laver complètement l'épreuve après chaque bain d'hyposulfite de soude. On peut remplacer l'eau iodée par une solution aqueuse de perchlorure de fer ou de bichlorure de cuivre à 1 ou 2 pour 100 : il se fait alors du chlorure d'argent au lieu d'iodure, on enlève le chlorure formé par un bain d'ammoniaque ou d'hyposulfite de soude suivi de lavages prolongés; les trois méthodes sont semblables et donnent les mêmes résultats.

On peut aussi employer le procédé indiqué par M. Farmer [1]; le cliché terminé et bien lavé est plongé soit humide, soit sec, dans une cuvette contenant une abondante solution de :

Eau	100gr
Hyposulfite de soude	5
Ferricyanure de potassium	0,50

L'action est rapide, on ne doit pas perdre de vue son cliché pour le retirer et le plonger rapidement dans l'eau aussitôt qu'on a obtenu le résultat désiré; ce liquide perd ses propriétés en très peu de temps, il ne peut servir que pour une ou deux épreuves. Pour l'usage, il est commode de faire une solution de ferricyanure à 1 pour 100, une solution d'hyposulfite de soude à 10 pour 100, et au moment de s'en servir on mélange par moitié la quantité de liquide nécessaire.

2° *Le cliché manque de transparence par suite de la coloration donnée par l'acide pyrogallique.* — Nous avons déjà indiqué plus haut le moyen de remédier à ce défaut par un bain plus ou moins prolongé dans l'acide chlorhydrique très étendu : 5 parties d'acide pour 100 d'eau, ou dans un bain d'alun à saturation, acidulé par cette même quantité d'acide chlorhydrique. Lorsqu'on juge la décoloration suffisante, on retire l'épreuve et on la rince à grande eau; une action trop prolongée pourrait soulever la gélatine et la détacher de la glace; l'acide chlorhydrique finirait aussi par transformer en chlorure l'argent qui forme l'image.

L'eau iodée en solution faible a la même action décolorante. Si

(1) *Bulletin de la Société française de Photographie*, juillet 1884, p. 177. Communication et expériences de M. Audra.

l'on s'aperçoit que, dans ces opérations, on a dépassé le but et attaqué sensiblement l'argent réduit, on lave l'épreuve avec soin, on la transporte dans un bain d'oxalate de fer où elle se développe à nouveau et reprend à peu près sa vigueur première, à la condition que l'action décolorante ou affaiblissante n'ait pas encore été suivie du passage à l'hyposulfite de soude; car, si l'iodure ou le chlorure d'argent qui se forme dans cette opération a été dissous, le bain d'oxalate de fer ne peut plus avoir aucune action.

3° *Les négatifs n'ont pas assez posé, ils ont été trop développés et les oppositions entre les grandes lumières et les ombres sont trop accentuées.* — Si l'on cherche à appliquer les procédés précédents tels qu'ils sont donnés, on ne fera qu'accentuer encore ce défaut au détriment des légères demi-teintes qui s'effaceront les premières. Il faut alors ramener franchement tout le négatif à l'état de chlorure d'argent blanc, et développer de nouveau l'épreuve sous le révélateur en suivant l'action avec soin pour qu'elle ne soit pas dépassée. M. Eder conseille pour cette opération un bain formé de :

	gr
Eau	100
Bichromate de potasse	1
Acide chlorhydrique	1

On pourrait employer également le bain de perchlorure de fer ou de cuivre, ou un peu d'eau régale très faible, etc., toute méthode enfin qui transformera l'argent réduit en chlorure.

On laisse l'épreuve dans le bain chlorurant jusqu'à ce qu'elle devienne entièrement blanche, ce qui indique que tout l'argent est passé à l'état de chlorure, on lave avec soin et *sans la fixer,* on traite cette image, comme nous l'avons indiqué à la page précédente, par le révélateur ordinaire à l'oxalate de fer, qui réduit peu à peu le chlorure d'argent; on arrête le nouveau développement au point convenable et l'on peut avoir une image très douce au lieu d'une épreuve heurtée. Lorsqu'on a obtenu l'intensité que l'on désire, on lave, on fixe, on lave encore, absolument comme pour une épreuve ordinaire que l'on viendrait de développer.

238. **Vernissage.** — Les clichés étant parfaitement fixés, lavés,

séchés, ayant subi toutes les opérations nécessaires pour être amenés au meilleur résultat, seront finalement recouverts d'une couche de vernis. Malgré les affirmations contraires, nous croyons qu'il est très utile, sinon indispensable, que les épreuves à la gélatine soient recouvertes de vernis, ainsi qu'il est indiqué pour les autres clichés (103). La surface de gélatine est suffisamment dure, il est vrai, pour résister à des frottements énergiques, mais le vernis protège la couche contre l'humidité; en outre, lorsqu'on tire les clichés en épreuves positives au moyen de papier préparé aux sels d'argent, ceux-ci, même quand ils sont parfaitement secs, peuvent laisser sur la gélatine un peu de nitrate d'argent qui, sous l'influence de la moindre humidité, se combine avec elle et donne rapidement, par l'action de la lumière, des taches rouge orangé irrémédiables; le moindre accident, la plus petite bulle de salive en soufflant sur l'épreuve est une cause de détérioration; il suffit d'une couche de vernis à la gomme laque pour conjurer tous ces dangers.

238*bis*. **Emmagasinage.** — Lorsque les clichés sont tout à fait terminés, on peut les conserver sans crainte, soit dans des boîtes à rainures, soit simplement en les superposant en paquets, après avoir pris la précaution d'interposer entre les deux faces une feuille de papier Joseph ou de buvard mince. Il faut seulement prendre les plus grandes précautions contre l'humidité, qui ne tarderait pas à faire moisir et à altérer la gélatine.

CHAPITRE VI.

CLICHÉS SOUPLES SUR PAPIER OU SUR PELLICULES. CLICHÉS RETOURNÉS.

239. Les divers procédés dont nous avons donné la description ont tous pour base l'emploi de la glace ou du verre sur lequel est étendue et adhérente la préparation sensible. A côté des avantages de parfaite transparence et de rigidité que présente ce support, il a des inconvénients assez nombreux : son épaisseur ne permet pas d'utiliser l'image négative à volonté par la face ou le revers; or, dans les modes d'impression des épreuves positives, actuellement si nombreux, et surtout pour les procédés au charbon ou aux encres grasses, il est le plus souvent nécessaire d'employer les clichés retournés; pour ces mêmes procédés, il arrive souvent que le défaut de *planité* du verre empêche une rigoureuse superposition contre une autre surface rigide; de plus, sa fragilité peut faire craindre l'anéantissement en un instant de clichés précieux; son poids restreint forcément le bagage du voyageur et ce poids, joint au volume, rend l'emmagasinage encombrant ou onéreux.

Théoriquement, le support du cliché négatif serait parfait s'il était formé d'une pellicule souple, incassable, tout à fait transparente, inaltérable dans les réactifs, assez mince pour être employée face ou revers à l'impression; les recherches faites en ce sens depuis plus de trente ans ont amené des résultats qui, s'ils ne sont pas encore parfaits, sont du moins très encourageants.

Il est possible d'obtenir des clichés sur pellicules souples, soit directement, soit par transport; un cliché transporté est par cela même retourné, et comme les pellicules peuvent être aussi minces qu'on le désire, on fera à volonté les impressions par la face ou par le revers.

CLICHÉS SUR PAPIER AU GÉLATINOBROMURE D'ARGENT.

Dès le début de la Photographie, on employa le papier comme *milieu* dans lequel s'opéraient les réactions nécessaires pour obtenir la préparation sensible. Celle-ci se trouvait ainsi faire partie d'un support souple, léger, incassable; mais les bains successifs avaient annulé le glaçage du papier et lui avaient rendu son aspect grenu; l'image d'ailleurs ne se formait pas seulement à la surface, mais aussi un peu dans la pâte du papier : elle ne pouvait donc avoir la même finesse que si elle eût été obtenue sur un corps parfaitement lisse; en outre, tout le grain du papier se montrait par transparence et s'accentuait sur l'épreuve positive, enfin il était impossible de retourner le cliché pour en faire l'impression indifféremment par la face ou le revers, car le résultat donné par le revers devenait tout à fait grossier.

Ces conditions défavorables n'ont pas empêché de produire avec le papier des épreuves très artistiques, et nous reportons au Chapitre suivant l'ensemble des préparations nécessaires pour atténuer les défauts énumérés ci-dessus et pour donner en partie aux procédés anciens les qualités des méthodes nouvelles.

Nous ne sommes plus exactement dans les mêmes conditions quand le papier n'est pas le *milieu* dans lequel se fait la préparation, mais seulement le support sur lequel celle-ci est étendue sans le pénétrer et en restant seulement à la surface; la couche sensible garde alors ses qualités, qui ne dépendent plus du papier; elle en est si bien isolée que, si l'on a pris les précautions nécessaires, on peut l'en détacher soit avant soit après l'obtention de l'image et la remettre sur un autre support.

Seules, jusqu'ici, les émulsions au gélatinobromure d'argent ont pu se prêter à ce mode de préparation; les essais faits avec le collodiobromure n'ont réussi qu'imparfaitement. MM. Chardon, Thiébaut, Balagny, de Chennevières ont indiqué diverses méthodes permettant d'appliquer la couche de gélatinobromure sur papier libre ou tendu, sur bristol, etc., et, suivant la préparation, on a la facilité de laisser cette couche adhérente au papier ou de la séparer sous forme de pellicule isolée.

240. Méthode de M. Chardon ([1]). — Nous prenons presque textuellement dans l'Ouvrage de M. Chardon la préparation de l'émulsion au gélatinobromure d'argent sur papier. Dans ce procédé, l'image doit rester adhérente à la feuille : il faut donc choisir les qualités de papier qui présentent les meilleures conditions comme finesse de grain et comme encollage ; les papiers photographiques spéciaux fabriqués à Rives par MM. Blanchet et Kleber sont généralement préférés.

On prend une série de glaces notablement plus grandes que la dimension des papiers à couvrir avec l'émulsion, et l'on s'organise de manière à pouvoir les mettre successivement de niveau soit avec des blocs à caler représentés *fig.* 102, qui donnent le moyen d'avoir une large surface horizontale sur laquelle on peut déposer plusieurs glaces, soit avec un pied à vis calantes (*fig.* 114) sur lequel on met-

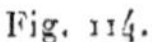
Fig. 114.

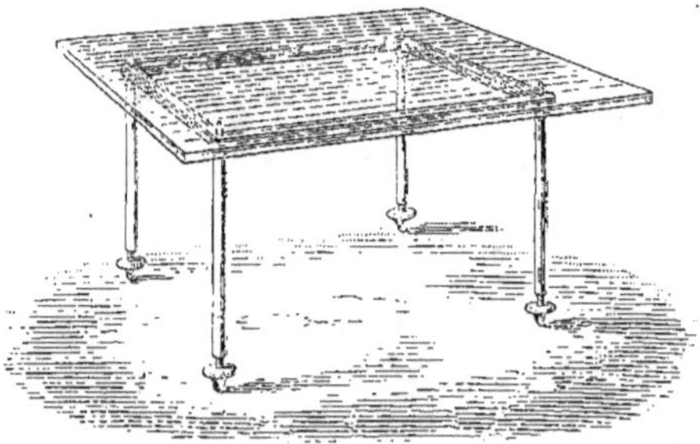

tra les glaces les unes après les autres à mesure qu'on les préparera, soit en faisant disposer une série de glaces encadrées de légers rebords de bois, fabriqués de telle sorte que, la première glace étant mise de niveau, celles que l'on superpose le seront également ([2])

([1]) CHARDON, *Photographie par émulsion sensible. Gélatine et bromure d'argent;* 1880 (Paris, Gauthier-Villars).

([2]) C'est le procédé employé pour la préparation des papiers positifs dits au charbon et celui que préfère M. Chardon.

(*fig.* 115), soit enfin en opérant simplement à la main, comme si l'on préparait les glaces ordinaires au gélatinobromure d'argent. L'une de ces dispositions étant prise, on coupe les feuilles de dimension un peu moins large et un peu plus longue que les glaces : l'excès

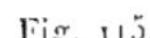

Fig. 115.

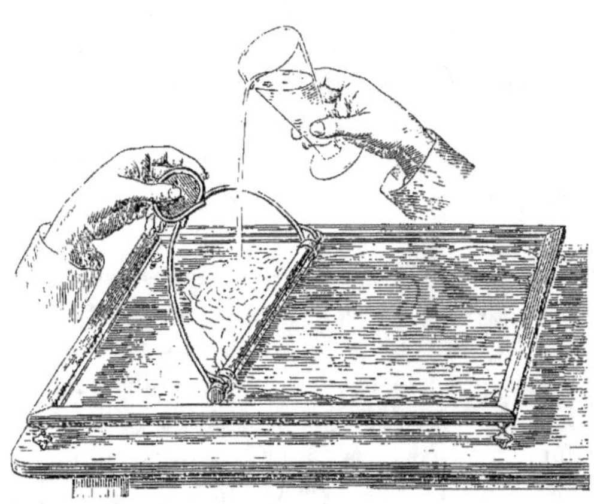

de longueur réserve une marge non couverte; les feuilles sont mises à tremper dans l'eau tiède, la glace est aussi légèrement chauffée. On applique le papier tout mouillé sur la glace en évitant les bulles d'air, on égoutte l'eau, on met de niveau et, avec un gros buvard sur lequel on passe la main ou la raclette (*fig.* 116), on enlève tout l'excès

Fig. 116.

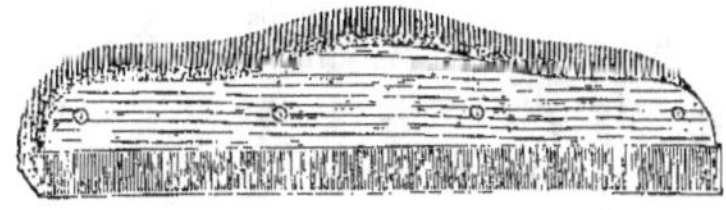

d'eau et l'on coule la quantité de gélatinobromure d'argent nécessaire pour couvrir la surface ; on l'étend immédiatement avec un petit triangle de verre, en tâchant que le liquide ne dépasse pas les bords du papier. Si l'on a opéré à la main ou sur le pied à vis calantes, on met aussitôt la glace sur les surfaces horizontales préparées (*fig.* 102 et 103), où elles font prise pendant que l'on en couvre d'autres.

Lorsqu'on juge qu'on peut suspendre la feuille sans que la gélatine s'écoule, on la prend par la bande réservée, on la pique dans le séchoir le long de tringles préparées *ad hoc* et on les fait sécher rapidement sans élever la température, seulement en activant le courant d'air. Les feuilles sèches sont légèrement gondolées, mais il suffit de les enrouler en les serrant un peu fort sur un rouleau de bois, pendant quelques heures, pour les rendre planes; on les conserve alors, toujours dans l'obscurité absolue, pressées les unes sur les autres, dans un châssis positif; on les coupe ensuite de la dimension des épreuves que l'on veut obtenir et on les met au châssis.

L'adhérence entre le gélatinobromure et le papier n'est pas toujours parfaite et il arrive qu'en coupant les feuilles la pellicule sensible se soulève; lorsqu'on redoute cet accident, on emploie le papier de Rives préalablement recouvert d'une couche d'albumine ou de gélatine coagulée. On peut aussi, suivant les indications de M. Fabre, couvrir le papier avec une dissolution de caoutchouc dans la benzine et, après évaporation, y étendre l'émulsion de gélatinobromure. Avec cette dernière préparation, si l'on veut reporter le cliché sur une autre pellicule, on établit d'abord l'adhérence avec le support nouveau, ainsi qu'il est expliqué plus loin pour les transports sur gélatine, puis, en humectant le dos de la feuille avec un tampon de coton imbibé de benzine, on dissout le caoutchouc et on enlève le papier.

241. Papiers et bristols de M. Thiébaut. — M. Thiébaut a préparé le premier, par un procédé qu'il a breveté et dont nous nous abstiendrons par conséquent de donner la description, des papiers et des bristols sur lesquels est étendue la couche sensible au gélatinobromure d'argent, dans des conditions qui permettent de la séparer lorsque toute l'opération est terminée; on obtient ainsi un cliché sur pellicule mince, souple, sans grenu appréciable. M. Balagny et M. de Chennevières ont publié des modes de préparation qui donnent des résultats semblables.

242. Méthodes de M. Balagny (¹). Les méthodes de M. Balagny varient quelque peu, suivant que l'on désire obtenir des pellicules adhérentes ou non adhérentes au papier.

Dans les deux cas, au lieu de maintenir la feuille de papier sur la glace par la seule intervention de l'humidité, l'auteur préfère la coller en plein pour qu'elle soit parfaitement tendue, mais il faut alors commencer par préparer la surface de la glace de telle sorte qu'on puisse enlever la feuille à volonté.

Sur la glace bien nettoyée, on verse la solution suivante :

Benzine	100^{cc}
Cire blanche	2^{gr}
Gomme Dammar	1
Résine ordinaire	1

on filtre et on couvre la glace comme si l'on collodionnait, et on laisse sécher.

On a choisi, d'autre part, le papier que l'on veut employer; au lieu de beau papier de Rives mince, on peut prendre les plus belles qualités de papier à calquer. M. Balagny recommande entre autres la sorte dite *cuir végétal*, n° 68 (maison Fortin, rue des Petits-Champs); les feuilles, étant coupées de grandeur, sont plongées pendant une douzaine d'heures dans une cuvette d'eau afin d'assouplir le papier, raide au moment où on le coupe, puis elles sont mises à plat sur une glace et, avec un large pinceau dit *queue de morue,* on enduit une face d'une couche de belle colle d'amidon, que l'on fait exprès, en ayant soin qu'elle soit suffisamment liquide.

La formule est :

Eau	200^{cc}
Amidon	15^{gr}

Délayer à froid, chauffer et enlever au premier bouillon. Si l'on ajoute 3^{gr} de *talc* à cette colle, on obtient un papier que l'on peut séparer de la pellicule à l'état humide comme à l'état sec. Cela est fort avantageux pour les positifs sur verre, projections, etc. On passe cette colle dans une fine mousseline pour écarter tous les grumeaux et, lorsqu'on en a étendu une épaisseur bien égale, en ayant

(¹) Cet article nous a été communiqué par M. Balagny.

soin qu'il n'en passe pas au dos, on prend la feuille par les deux angles opposés, on l'applique doucement sur la glace cirée, en mettant la colle contre la cire, on superpose un papier sec, avec la raclette de caoutchouc on racle avec soin en tous sens pour enlever l'excès de colle, et en même temps les bulles d'air, dont il n'y a pas trop lieu de se préoccuper, puis on laisse sécher.

Le papier est ainsi tendu bien régulièrement sur le verre; lorsqu'il est sec, on y coule le gélatinobromure sans autre préparation si l'on veut qu'il reste adhérent au papier; si, au contraire, on désire plus tard l'en détacher sous forme de pellicule, on passe sur le papier une couche de talc, comme on le ferait pour une glace, mais plus abondamment, afin de remplir les pores et d'avoir une surface plus lisse; on couvre ensuite le papier avec une couche de collodion normal limpide, ne faisant ni stries, ni réseau, composé de :

Coton à basse température	$1^{gr},50$
Alcool	80^{cc}
Éther	120

Après dessiccation du collodion, les glaces sont prêtes à recevoir l'émulsion de gélatinobromure que l'on étend, soit à la machine pour les grandes fabrications, soit à la main par l'un quelconque des procédés précédemment décrits (211), et avec les précautions recommandées. Il est entendu que les feuilles de papier sont toutes plus petites d'un centimètre sur chaque dimension que les glaces sur lesquelles on les tend. De cette façon le gélatinobromure d'argent, en s'étalant, dépassera la feuille, recouvrira les marges, et la préparation sera bonne jusque sur les bords. On doit aussi préparer le gélatinobromure en conséquence, c'est-à-dire de façon que la pellicule, une fois sèche, puisse servir pour le tirage sans qu'aucun report soit nécessaire. C'est la dernière amélioration apportée par M. Balagny à cette fabrication. Pour 100^{gr} de nitrate d'argent à émulsionner il faut 2000^{cc} d'eau (2^{lit}) et 140^{gr} de gélatine. Cette proportion donne à l'émulsion une bonne force, et si le collodion, de son côté, a été bien fait, on a une pellicule d'une consistance telle qu'elle peut supporter un tirage indéfini sans report aucun et sans doublage. Ces plaques sont ensuite mises à sécher; puis, chaque feuille est séparée de sa glace et prête pour être disposée dans les châssis négatifs, mais elle manque de soutien; il faut donc ou la placer entre deux glaces minces, ou l'appuyer contre une glace, en la maintenant en contact par un bristol, ou la coller simplement par les extrêmes bords sur un carton lisse et résistant. Le tendeur Déglise en acier nickelé maintient très bien la feuille dans le châssis. Son usage est des plus simples; il suffit que la feuille soit coupée juste du format et non plus grande, comme l'exigent d'autres systèmes de tension, afin de la présenter parfaitement plane. Lors de la mise au point, si la couche sensible est placée derrière une glace, il faudra tenir compte de l'épaisseur de celle-ci, ou disposer les châssis en conséquence (*voir* 254).

Le développement des clichés sur papier ou autre support se fait exactement comme si l'on opérait sur glace, soit à l'oxalate de fer, soit à l'acide pyrogallique additionné d'une solution alcaline. Si le papier est très fin, on peut suivre la venue de l'image par transparence, et, pour ne pas fatiguer le papier, on emploiera de préférence les cuvettes à fond de verre; en déversant doucement le liquide révélateur dans un autre vase, l'épreuve se colle sur le fond et on peut l'examiner à loisir; toutefois les pellicules-papier, telles qu'on les trouve aujourd'hui dans le commerce, sont tellement solides, qu'aucun accident n'est à redouter; on peut manipuler son cliché en toute sécurité. On aura soin de développer l'image jusqu'à ce qu'elle paraisse plus vigoureuse qu'une épreuve sur verre, sans cela elle serait trop faible après le fixage. L'épreuve développée est d'abord passée dans un bain d'alun à 5 pour 100, puis fixée dans les mêmes conditions que les clichés sur glace.

Le fixage et le lavage seront prolongés plus longtemps qu'avec les plaques ordinaires, les couches de gélatinobromure sur papier étant généralement plus épaisses que celles que l'on étend sur verre. On fait sécher soit entre des buvards, soit en piquant les deux angles sur une tringle, ou bien on reporte immédiatement l'épreuve sur une glace talquée collodionnée. M. Balagny préfère le séchage entre les buvards : on en a trois, dans lesquels on fait passer la feuille alternativement; elle doit être parfaitement sèche et plate au sortir du troisième buvard. On détache alors la pellicule, soit avec les doigts, soit avec un couteau, et le tirage peut se faire de suite. Quand on ne procède pas à l'opération du doublage, on prend le soin de tirer à l'ombre, car au soleil le cliché pourrait se briser, cet inconvénient provenant de ce que la chaleur fait dilater inégalement les deux pellicules juxtaposées de collodion et de gélatine.

M. Balagny considère comme très important de doubler le cliché, ainsi qu'il est expliqué ci-dessous, de manière à le mettre entre deux pellicules de collodion. On a de cette façon, dit-il, des clichés absolument inextensibles, ce qui ne peut jamais se produire quand on a affaire à une pellicule dont les surfaces de gélatine ne sont pas protégées par une couche imperméable.

S'il s'agit d'un cliché restant adhérent au papier, le simple séchage suffit; on peut ensuite étendre au dos un vernis à froid, pour rendre au papier son maximum de transparence.

Si l'on veut, au contraire, détacher la pellicule, on peut la séparer de son support en se servant d'une fine lame de couteau à palette, que l'on glisse entre les deux, et la séparation se fait sans effort; la pellicule de gélatine entraîne avec elle le collodion qui était interposé sur le papier. Mais le plus souvent cette pellicule est trop mince pour qu'on puisse l'utiliser sans risques pour le cliché; il est nécessaire de la doubler; le plus simple serait alors de ne pas la détacher de son papier-support avant les opérations suivantes : On prend une glace qui a été préalablement talquée, collodionnée et séchée, on la met dans une cuvette pleine d'eau filtrée, on y plonge également le cliché face en dessous, et on relève doucement l'un et l'autre, de manière à faire adhérer la gélatine du cliché au collodion de la glace sans interposition de bulles d'air; on donne un coup de raclette pour chasser l'excès d'eau, on laisse sécher, puis on enlève le papier. Si la pellicule avait été détachée préalablement de son papier-support, on opérerait exactement de la même manière, mais en prenant plus de précautions, cette pellicule très mince demandant beaucoup de soins dans les manipulations.

On a ainsi dans l'un et l'autre cas un cliché reporté sur glace : on procède alors au doublage; on coupe une feuille de gélatine mince du commerce, telle qu'on la trouve préparée par les gélatineurs, on la tient un peu plus petite en tous sens que la glace à couvrir, et on la fait tremper pendant cinq minutes dans un bain composé de :

Eau	1000^{cc}
Alcool	75
Glycérine	75

elle s'y assouplit. D'autre part, on a mis de niveau le cliché à doubler, on y étend une couche de ce même bain et, prenant la feuille de gélatine, on la couche sur le cliché en évitant les bulles d'air ; on relève le tout en maintenant la gélatine en contact, on reverse dans la cuvette le liquide interposé et, après avoir très légèrement passé la raclette s'il est nécessaire, on laisse sécher spontanément. Si l'on craint des décollages partiels lors de la dessiccation, on applique tout autour des bandes de papier albuminé ou enduites de colle. Lorsque le tout est sec, il suffit de donner un trait de canif à 2^{mm} des bords, et l'on a un cliché dont la face interne est recouverte de collodion et la face externe de gélatine ; mais, comme il est préférable que la gélatine soit mise à l'abri des influences atmosphériques, on peut collodionner aussi cette face externe avant d'opérer la séparation de la glace, et l'on est ainsi dans les meilleures conditions de préservation.

Lorsqu'une pellicule de gélatinobromure est détachée du papier, elle a sensiblement l'aspect d'un verre dépoli, car le collodion auquel elle est restée adhérente a épousé toutes les irrégularités de la surface sur laquelle il a été étendu ; mais, en doublant cette pellicule avec une feuille de gélatine, comme il vient d'être indiqué, cet aspect dépoli est remplacé par une parfaite transparence.

Si l'on ne veut pas doubler la pellicule, on fait disparaître le dépoli en plongeant d'abord le cliché, pendant un quart d'heure, dans un bain formé de :

Eau	250^{cc}
Alcool à 40°	250
Glycérine	75

on l'applique alors, gélatine en dessous, contre un verre mouillé très propre : le mieux serait contre un verre talqué collodionné ; aussitôt que le cliché est sec, on y passe une nouvelle couche de collodion qui régularise la première, et l'on termine en vernissant l'épreuve avec le vernis suivant :

Benzine ordinaire	100^{cc}
Copal tendre	20^{gr}

ou tout autre vernis de bonne qualité, et la pellicule devient complètement transparente ; lorsqu'elle est sèche, on la détache de la glace qui la supportait.

243. Préparations de divers papiers pelliculaires, par M. Robert de Chennevières (¹). — 1° *Pellicules sur papier simple.* — Prenez du papier écolier fort, coupez-le de façon à laisser tout autour $0^{m},005$ de plus que le format que vous voulez obtenir, par exemple 19×25 pour le format 18×24.

Prenez, d'autre part, un nombre de glaces correspondant au nombre de feuilles que vous voulez préparer et ayant au moins $0^{m},01$ de plus que les feuilles de papier ; par exemple, des plaques 21×27 pour le format ci-dessus. Il est bon, pour éviter l'adhérence du papier à la glace, de passer une couche de cire sur une des faces (cire 4^{gr}, benzine ou essence de térébenthine 100^{cc} ; on frotte avec un morceau de linge imbibé de la solution).

Préparez ensuite du collodion. Tous les collodions sont bons ; la formule suivante est la plus simple :

Éther	50^{cc}
Coton	1^{gr}
Alcool à 40°	50^{cc}
Huile de ricin	10 gouttes env.

Coupez des bandes de papier albuminé de $0^{m},015$ de large. Tout étant préparé, on procède de la façon suivante :

Vous mettez ramollir, dans une cuvette pleine d'eau ordinaire, les feuilles de papier coupées de dimension ; vous retirez la première et l'appliquez sur la plaque cirée, de telle sorte qu'il reste $0^{m},01$ de verre nu tout autour ; passez dessus une raclette en caoutchouc ou une feuille de buvard pour enlever l'excès d'eau.

(¹) *Bulletin de la Société française de Photographie*, avril 1885.

Vous passez vivement dans la cuvette des bandes de papier albuminé et les appliquez à mesure sur chacun des bords du papier, en en couvrant seulement $0^m,005$, faisant adhérer le reste à la plaque. Vous pouvez, si vous le voulez, au lieu de tendre avec des feuilles de papier albuminé, couper les feuilles plus grandes et rabattre les bords sous la glace, que vous prenez alors de la dimension exacte du format que vous voulez obtenir; mais, avec certains papiers, les feuilles ainsi tendues se gondolent lors de l'extension de l'émulsion. Il faut faire attention à bien coller le papier sur les angles, sans quoi il se gondolerait dans les coins. En séchant, le papier se tend parfaitement.

Le papier une fois sec, passez à la surface une légère couche de talc dont vous enlevez l'excès par un coup de blaireau et, pour plus de sécurité, bordez le papier sur $0^m,005$ tout autour avec une solution de caoutchouc, puis collodionnez comme une plaque ordinaire.

On laisse sécher le collodion et l'on étend la couche d'émulsion en se servant d'un triangle de verre.

La couche une fois sèche, coupez avec un canif le papier pelliculaire au bord du papier albuminé, et vous avez une feuille qui s'enlève de la plaque sans difficulté et que vous conserverez bien plane.

2° *Inconvénients et avantages du procédé.* — L'adhérence du papier-support à la couche est suffisante pour résister aux bains et aux lavages prolongés, mais elle n'est pas toujours assez forte pour permettre de couper les papiers préparés, absolument à coup sûr, à des dimensions plus petites. De là l'obligation de préparer des papiers de dimensions déterminées à l'avance; mais si le papier a cet inconvénient, assez rare du reste, il a ses avantages : le papier simple se trouve partout; en outre, et ce peut être un grand avantage, le cliché terminé sèche bien plus rapidement que dans les autres procédés que je vais décrire. L'adhérence étant trop faible pour permettre de couper et surtout de rouler le papier pelliculaire, M. de Chennevières fit divers essais sur papiers albuminés, cirés, gélatinés, qui l'ont amené aux procédés suivants :

3° *Second procédé.* — Prenez du papier écolier comme il est indiqué en 1°, coupez-le de même et passez à sa surface une couche de solution de cire de la formule ci-dessus, en couvrant bien la feuille partout; vous observez par réflexion s'il n'y a pas de places non recouvertes après évaporation de la benzine ou de l'essence, et vous tendez la feuille mouillée comme dans le procédé précédent. Collodionnez et étendez l'émulsion.

Le papier ciré donne les mêmes résultats que le papier simple, mais il fournit des couches plus brillantes et il a assez d'adhérence pour être coupé, sans crainte des soulèvements. Il ne faut cependant pas le rouler.

4° *Pellicule sur glace enlevée sur papier gélatiné collodionné.* — Tendez du papier gélatiné (le papier gélatiné du commerce dit *double transport* convient très bien); on le collodionne comme ci-dessus. Une fois la couche de collodion bien sèche, coupez les bords du papier et enlevez les feuilles de dessus les plaques-supports. Prenez alors des plaques [1] propres, passez-les fortement au talc et enlevez légèrement l'excès de talc au blaireau.

Immergez les feuilles de papier collodionné dans une cuvette pleine d'eau ordinaire filtrée et préparez une autre cuvette également pleine d'eau filtrée.

Coulez l'émulsion comme à l'ordinaire sur les plaques talquées. Quand la gélatine a fait prise sans attendre trop longtemps, vous placez la plaque recouverte d'émulsion, la couche en dessus, dans la cuvette d'eau distillée, vous y plongez une des feuilles de papier collodionné, la couche de collodion en dessous, en contact avec la couche d'émulsion; faites attention à chasser toutes les bulles d'air qui pourraient s'interposer, surtout celles qui, en grand nombre, adhèrent à la surface du gélatinobromure. Vous amenez le papier de façon qu'il couvre exactement la plaque et vous relevez lentement cette plaque, sur laquelle le papier s'applique à mesure que l'eau s'écoule; vous pincez par le bord supérieur la plaque et le papier et vous passez la raclette de caoutchouc, de façon à faire adhérer fortement le papier à la glace. Laissez sécher et incisez le

(1) Dans toutes les explications qui précèdent ou qui suivent, M. de Chennevières emploie le mot *plaque* comme synonyme de *glace*.

papier avec un canif et une règle à $0^m,005$ du bord intérieur, fortement pour bien trancher la pellicule jusqu'à la plaque. Passez le canif à plat pour soulever la pellicule de façon à pouvoir la saisir avec les doigts, etc. Enlevez vivement le tout sans temps d'arrêt. La couche de gélatine adhère au papier-support, et la glace, une fois débarrassée des petites bandes restées sur les bords, peut servir indéfiniment sans nettoyage; elle est même préférable à une plaque qui sert pour la première fois.

5° Les mêmes résultats s'obtiennent sur du papier ciré au lieu de papier gélatiné; mais alors il est nécessaire, une fois le papier passé à la cire, de le dégraisser dans l'eau et de passer à la surface un blaireau, sans quoi il se forme une quantité de petites bulles entre le papier et la couche de gélatine. Ce procédé supprime l'emploi du collodion, le papier ciré s'appliquant directement sur la couche d'émulsion.

Ces procédés par couches appliquées sur glaces et enlevées sur papier sont de beaucoup les plus pratiques; ils demandent une certaine habitude, mais ils peuvent être employés à coup sûr, si l'on suit exactement les instructions données par l'auteur.

Les principaux points à observer sont :

1° Le talquage abondant de la plaque : le blaireau passé sur la plaque doit y laisser une couche de talc qui la salisse;

2° Le soin de choisir le moment le plus favorable pour appliquer le papier sur la plaque. Si vous laissiez écouler trop de temps, le papier adhérerait moins bien. Généralement on coule quatre plaques de suite, puis on prend la première dont la gélatine a fait prise et on applique dessus le papier, puis la deuxième, la troisième et la quatrième. On coule quatre autres plaques et on applique quatre nouveaux papiers;

3° Enlevez le papier de dessus les plaques sans hésitation et d'un seul coup; sans quoi, si l'on allait par saccades, on aurait des raies qui paraîtraient dans la couche. Pour séparer le papier des plaques, on passe à plat un canif sous l'un des angles, on le fait suivre le long d'un des bords, de façon à soulever environ $0^m,01$ sur toute la longueur, puis on prend le papier entre le pouce et l'index et l'on tire d'un seul coup sur soi.

Ce procédé a l'avantage aussi de supprimer les taches appelées *taches de graisse* et donne des couches aussi brillantes que le verre sur lequel on les obtient. Laissez bien sécher les plaques avant d'enlever le papier pelliculaire, ce qui demande en moyenne quarante-huit heures, dans une armoire aérée par un courant d'air.

Exposition et développement des papiers pelliculaires. — 1° Les papiers pelliculaires s'exposent à la chambre noire, soit derrière une plaque bien propre, soit tendus par un moyen quelconque. Ils conservent très bien leur planimétrie, surtout ceux des deux derniers procédés, et il suffit d'assujettir leurs bords.

Déposez le papier impressionné au fond d'une cuvette, la couche en dessus. Faites couler de l'eau à la surface du papier et ramenez-la deux à trois fois, comme pour le développement, afin de bien le ramollir. Au bout de deux à trois minutes, le papier, dont les bords avaient tendance à se retourner, devient absolument plan; vous rejetez l'eau, et la feuille s'applique au fond de la cuvette. Procédez alors au développement comme pour une glace, en observant que les images des papiers, dont la couche a été obtenue sur verre talqué, sont plus longues à apparaître que les autres; vous suivez la venue de l'image par réflexion et vous arrêtez lorsque l'image a commencé à devenir grise, même dans les blancs; du reste, on peut, si l'on veut, enlever la feuille de la cuvette et l'observer par transparence : il faut qu'elle paraisse beaucoup plus foncée qu'elle ne doit l'être réellement; lavez quelques instants sous le robinet et fixez.

On se sert, pour le fixage, du bain indiqué par M. de la Ferronnays :

Eau	1^{lit}
Hyposulfite	150^{gr}
Alun	40

Vous observez, à la couleur du papier qui perd sa teinte jaunâtre et redevient blanc, si le cliché est fixé partout.

Le fixage terminé, mettez les papiers tous ensemble dans une cuvette d'eau que vous renouvelez à plusieurs reprises. Le papier pelliculaire non gélatiné supporte facilement un lavage de trois à quatre heures. Il ne faut pas s'effrayer des ampoules qui se forment avec certains papiers pendant le lavage.

Les papiers cirés, gélatinés, peuvent rester dans l'eau douze et vingt-quatre heures.

Une fois le cliché bien lavé, on peut, si l'on veut, le sécher entre des buvards, mais il faut le passer, au sortir de la dernière eau, dans un bain d'eau, d'alcool et de glycérine.

Il est préférable, pour sécher les papiers, de les reporter sur glaces talquées et collodionnées : vous obtenez alors des clichés bien plus plans. Si vous désirez une pellicule plus épaisse, ayant la rigidité du verre, reportez sur glace collodionnée et gélatinée. La formule la plus simple est :

Eau	500^{gr}
Gélatine	40

On ajoute 5^{cc} d'une solution saturée d'alun de chrome.

Pour faire une bonne pellicule, il faut au maximum 50^{cc} de la solution de gélatine pour une glace 18×24. Ne pas s'effrayer des stries qui se forment à la surface de la plaque gélatinée une fois sèche : elles disparaissent quand on plonge la plaque dans l'eau pour reporter le papier pelliculaire.

Le report se fait sous l'eau. Appliquez la surface gélatinée du papier contre la gélatine de la plaque, relevez lentement le tout et raclez pour faire adhérer fortement le papier à la plaque.

Le tout étant bien sec, incisez le papier à $0^m,05$ à l'intérieur du bord : il se détache seul de la plaque. Passez le canif dans un coin entre le papier et la couche pelliculaire, que vous séparez sans difficulté et sans saccades.

Ces différents procédés, qui paraissent, à première vue, assez compliqués, ne le sont pas réellement. En effet, on peut faire les diverses préparations à plusieurs jours de distance : tendez un jour les papiers, un autre jour collodionnez, puis étendez l'émulsion. Ces opérations préliminaires ne prennent pas beaucoup plus de temps que le nettoyage ordinaire des glaces, qui se trouve par cela même supprimé, car on peut se servir très longtemps des mêmes sans qu'il soit besoin de les nettoyer.

2° *Cartons pelliculaires.* — On peut préparer par les procédés ci-dessus les cartons pelliculaires, qui se maintiennent aussi rigides que les plaques.

On prend du bristol d'une épaisseur convenable, on le talque et on le collodionne, ou bien on le cire et on collodionne. On le pose humide sur une plaque et l'on maintient les bords à l'aide de bandes de papier albuminé, on étend ensuite l'émulsion. On obtient ainsi des cartons pelliculaires se maintenant parfaitement plans : ils se révèlent et se fixent comme les papiers, et on les laisse sécher librement : une fois secs, on les collodionne et on sépare la pellicule du carton.

Les papiers et surtout les cartons pelliculaires préparés comme il vient d'être indiqué paraissent avoir, aux yeux de plusieurs personnes, un grand inconvénient, qui est l'obligation de développer par réflexion, l'épaisseur du papier et surtout du carton ne permettant pas de suivre la venue de l'image par transparence. Cependant, c'est un inconvénient bien minime, car avec un peu d'habitude on arrive facilement à suivre aussi bien le développement dans les deux procédés.

Mais grâce à l'alcool dénaturé (¹), employé dans la confection du collodion, comme l'a indiqué M. Balagny, ce *desideratum* des cartons pelliculaires est supprimé. On peut, en effet, avoir sur carton des pellicules qui deviennent libres au moment du développement, et qui ont alors la même transparence que la plaque de verre (²).

Voici comment on procède : on talque des plaques, après avoir enlevé avec soin au blaireau toutes les poussières libres, on étend une couche d'émulsion; il est toujours préférable d'avoir les couches de gélatine en contact avec les glaces, en raison de leur brillant et de l'absence absolue des cratères qui peuvent tacher la surface des couches.

(¹) L'alcool dénaturé employé par M. Balagny doit être préparé d'après la formule suivante, prescrite par le Comité consultatif des arts et manufactures :

Alcool ordinaire à 90°...............	80 parties en volume
Méthylène..........................	20 »

Mais ce méthylène ne doit pas être l'alcool méthylique pur : il doit titrer 90° et renfermer pour 65 parties d'alcool méthylique 22 à 25 parties d'acétone. Les alcools dénaturés que l'on trouve dans le commerce peuvent être de composition très variable et les résultats diffèrent en conséquence; c'est surtout l'acétone qui doit jouer le rôle principal dans la dissolution du coton-poudre (Bardy).

(²) *Bulletin de la Société française de Photographie*, juin 1885.

On laisse sécher, puis on verse sur la couche d'émulsion sèche une couche de collodion dont voici la formule :

Éther à 62°	100^{cc}
Alcool dénaturé à 95°, indiqué par M. Balagny	100
Coton	2^{gr}
Huile de ricin	4^{cc}

On collodionne comme de coutume, soit en reversant l'excès du collodion dans le flacon, soit en laissant toute la quantité du liquide sur la plaque, que l'on pose de niveau pour que la nappe assez épaisse s'étende bien plane.

La couche de collodion, si mince qu'elle soit, suffit pour donner à la pellicule sa rigidité dans l'eau, grâce à l'alcool dénaturé.

Une fois le collodion sec, si l'on veut avoir des pellicules libres sans support, inciser au canif, à 0^{m},01 du bord, soulever un coin et tirer à soi d'un seul coup; grâce au talquage de la plaque, la couche de gélatine se sépare sans difficulté de son support et suit le collodion auquel elle est absolument adhérente.

Ces pellicules libres ont l'inconvénient d'être très difficiles à tendre, ou alors il faut leur donner une certaine épaisseur, ce qui nuira à la finesse des épreuves si l'on veut tirer au charbon.

L'avantage du carton, au contraire, est de leur conserver toute leur planimétrie, et de n'offrir aucune difficulté pour la mise en châssis et l'exposition à la chambre noire.

Il suffit, pour avoir un carton pelliculaire, d'appliquer sur la couche de collodion un carton gommé.

Prenez des feuilles de bristol d'épaisseur convenable, coupez-les à la dimension de vos plaques (un peu plus petites, le carton s'étendant dans l'eau). Vous en faites ramollir une certaine quantité dans une cuvette d'eau propre, vous retirez la première que vous posez sur une plaque propre ; passez la raclette pour chasser l'eau ; retournez la feuille sur cette même plaque, passez à nouveau la raclette, épongez complètement avec du buvard et étendez au pinceau une solution de gomme à 10 pour 100.

Prenez une de vos plaques préparées, la couche de collodion bien sèche, et appliquez dessus votre carton gommé, la gomme en contact avec le collodion; raclez pour faire bien adhérer, laissez sécher.

Le carton étant bien sec, incisez-le au canif à $0^m,01$ du bord, soulevez un coin que vous pincez, et tirez à vous d'un seul coup. Le carton entraîne avec lui la pellicule de gélatine, qui fait corps avec le collodion.

Exposez à la chambre noire.

Pour révéler, plongez le carton pelliculaire pendant trois ou quatre minutes dans l'alun de chrome à 1 pour 100, puis dans l'eau pure, jusqu'à ce que la pellicule se décolle, ce qui demande environ de six à huit minutes, suivant l'épaisseur du carton. On peut sans inconvénient, lorsque les coins ont commencé à se soulever, séparer du support en tirant à soi doucement la pellicule d'une main, et maintenant le carton de l'autre au fond de l'eau.

La pellicule une fois libre, faites écouler l'eau de façon qu'elle vienne s'appliquer au fond de la cuvette, et versez le révélateur. Lavez et fixez comme pour une plaque. Vous pouvez manier sans crainte les pellicules, quelque minces qu'elles soient, le collodion méthylique leur donnant une grande solidité. Vous pouvez les laisser quatre jours et plus dans l'eau sans inconvénient.

Après le dernier lavage, posez la pellicule sur une plaque talquée, le collodion en contact avec la plaque (on reconnaît le côté collodionné en regardant la pellicule par réflexion hors de l'eau : l'eau se retire, le collodion sèche de suite par places); appliquez sur ses bords des bandes de papier albuminé, après avoir passé un coup de raclette pour bien faire adhérer et laissez sécher. On peut, si l'on veut, collodionner pour avoir la gélatine entre deux couches de collodion, puis on coupe les bandes et l'on conserve à plat.

L'avantage de ce procédé consiste, non pas tant dans le développement par transparence que dans la simplicité de son exécution. Il évite, en effet, l'obligation de tendre le papier ou le carton sur une plaque, opération ennuyeuse et longue, la couche de collodion se trouvant sur la plaque qui porte la gélatine et le carton n'ayant besoin pour toute préparation que de sa couche de gomme. Il est supérieur comme rapidité de préparation à tous les autres procédés que j'ai indiqués précédemment.

En prenant pour base une quantité d'émulsion de 900^{cc} à 1000^{cc}, ce qui donne de 30 à 35 plaques 21×27, on peut obtenir ses 30 à 35 cartons pelliculaires en trois heures de travail (ne comptant pas le temps nécessaire au séchage des diverses couches), en admettant qu'on emploie des plaques ayant déjà servi de support et n'ayant pas besoin d'être nettoyées.

Le dernier procédé de M. de Chennevières n'est pas encore répandu dans la pratique, cependant il paraît réunir les divers avantages que l'on peut désirer : préparation des glaces par les procédés connus ; surface parfaitement lisse et propre, puisque le côté employé est celui qui touchait la glace; facilité d'avoir une pellicule absolument libre de tout support ou de la maintenir sur un support plus ou moins rigide, si on le croit préférable ; élimination de cette feuille opaque lors du développement, que l'on peut suivre alors par transparence, absolument comme s'il s'agissait d'une plaque ordinaire ; report, si on le juge nécessaire, de cette pellicule soit sur glace soit sur une feuille de gélatine et, dans l'un et l'autre cas, possibilité d'enfermer la gélatine entre deux couches de collodion, ce qui est une garantie de conservation.

TRANSPORT SUR PELLICULES DES CLICHÉS SUR GLACES.

244. Transport des clichés au gélatinobromure d'argent. — Dans les conditions ordinaires du gélatinobromure d'argent, la couche sensible est tellement adhérente au verre, qu'il est impossible de la détacher, à moins de la mettre dans des bains acides dont nous parlerons plus loin ; mais ces bains ont toujours une grande tendance à gonfler la gélatine, à l'étendre en tous sens et, par conséquent, à changer les dimensions du cliché.

Si l'on a l'intention de détacher un cliché au gélatinobromure pour le transporter sur pellicule, le mieux est de préparer en conséquence la surface de la glace sur laquelle on doit étendre l'émulsion sensible : on sera beaucoup plus sûr de la réussite.

Après nettoyage de la glace, au lieu d'y passer la solution indiquée de silicate de potasse, on commence par la bien talquer, ce qui serait suffisant à la rigueur, le talc empêchant déjà l'adhérence de la couche sensible; mais il est préférable d'ajouter une couche de collodion normal à 1 pour 100 de coton-poudre, ne contenant pas d'huile de ricin; la couche de collodion assure d'une manière plus certaine la séparation du cliché; elle permet, en outre, de placer la gélatine entre deux surfaces de collodion, celle que l'on met ainsi préalablement qui restera adhérente à l'une des faces et celle que l'on mettra ensuite sur l'épreuve avant de la détacher et qui couvrira l'autre face. Avant de collodionner, on enlève le talc sur une bande de $0^m,002$ à $0^m,003$ tout autour de la glace avec un petit tampon de coton mouillé d'albumine, ou en passant un pinceau trempé dans une solution de caoutchouc dans la benzine. Ces précautions prises, on fait l'ensemble des autres opérations, exactement comme si l'on se servait de glaces ordinaires, et, lorsque le cliché est terminé, fixé et bien lavé, on l'égoutte sur le support, sans qu'il soit nécessaire de le laisser sécher.

D'autre part, on prend une feuille de gélatine du commerce de l'épaisseur choisie, soit environ $\frac{1}{10}$ de millimètre pour l'impression dans les deux sens, ou du double si l'on veut seulement un cliché redressé. On coupe cette feuille de gélatine de la grandeur de la glace, on la trempe dans un bain d'eau additionnée de 2 pour 100 de glycérine jusqu'à ce qu'elle soit devenue parfaitement souple. Si cette feuille était trop mince pour qu'on pût la manipuler convenablement dans le bain, on composerait ce dernier de moitié alcool moitié eau et même quantité de glycérine; l'addition de la glycérine a pour but de donner à la pellicule définitive la souplesse nécessaire pour qu'elle ne se brise pas : la quantité peut donc être augmentée notablement.

Pendant que la pellicule est dans le bain, on reprend le cliché, on le met à plat sur une surface bien horizontale, on le couvre largement avec le liquide glycériné et, prenant la feuille de gélatine, devenue molle comme un linge, on l'étend sur le liquide recouvrant le cliché en chassant toutes les bulles d'air; on relève légèrement un des côtés de la glace en retenant sur l'épreuve la gélatine, que l'on maintient avec le doigt, on fait écouler le liquide que l'on reverse dans sa cuvette; on peut aussi bien faire cette opération en mettant le cliché dans la cuvette, puis la feuille de gélatine pardessus; on relève les deux ensemble en évitant les bulles d'air et, quand l'adhérence des deux surfaces est ainsi obtenue, on pose une feuille de buvard, puis une feuille de caoutchouc vulcanisé très souple, on passe doucement la raclette en tous sens pour chasser l'excès d'eau et les bulles d'air qui pourraient être interposées. La feuille de gélatine s'est considérablement agrandie par son immersion dans le bain qui l'a ramollie, elle déborde la glace sur les quatre côtés; on la coupe en passant sur les bords du verre une lame tranchante et on laisse sécher librement le tout dans une pièce, à l'abri des courants d'air et des changements brusques de température, qui pourraient faire éclater le cliché.

Lorsque l'épreuve est parfaitement sèche, on la couvre de collodion normal riciné ou non à 1 pour 100 de coton, on laisse sécher de nouveau, on coupe nettement la pellicule tout autour à $0^m,002$ ou $0^m,003$ des bords et on l'enlève. Ces clichés pelliculaires sont conservés à plat entre des buvards parfaitement secs et sous une légère pression.

Si l'on veut effectuer le transport de clichés secs, on commencera par les laisser tremper dans l'eau ordinaire pendant dix à vingt minutes pour gonfler la gélatine et la ramener dans les conditions voulues; si le cliché avait été verni, on commencerait avant tout par le dévernir, en employant la méthode expliquée plus loin (248).

245. Décollage des clichés à la gélatine par l'acide fluorhydrique. — M. Bory [1] a indiqué l'emploi de l'acide fluorhydrique pour décoller facilement les clichés à la gélatine et les séparer de leur glace; mais cette opération demande quelques précautions. Nous insistons d'abord auprès de nos lecteurs pour qu'ils sachent bien que l'acide fluorhydrique est des plus dangereux à manier, dès qu'il est à un degré de concentration un peu énergique; les brûlures qu'il occasionne sur la peau sont très douloureuses, d'une cicatrisation lente et très difficile; en cas d'accident, il faut se hâter de saturer l'acide par l'ammoniaque ou par un carbonate alcalin; le mieux est de le demander au fabricant à l'état de solution suffisamment étendue pour qu'elle ne présente plus de danger, soit à 2 parties d'acide pour 100 parties d'eau (au $\frac{1}{50}$), puisque c'est la dose la plus élevée conseillée par M. Bory, qui assure que l'action séparatrice se produit même à $\frac{1}{500}$.

[1] *Bulletin de la Société française de Photographie*, juillet 1884, p. 183.

Toutes les fois qu'une couche de gélatine est traitée par les acides (ainsi par l'acide chlorhydrique à $\frac{5}{100}$), elle a une grande tendance à s'étendre, sa surface s'élargit considérablement et dans ce cas le cliché se trouve modifié non seulement dans ses dimensions, mais aussi dans son intensité qui est très diminuée; il faut combattre cette tendance par une immersion préalable et prolongée dans une solution d'alun ordinaire à saturation ou d'alun de chrome à $\frac{5}{100}$; on y abandonne les clichés pendant une heure ou deux et on les soumet ensuite, après lavage, au bain fluorhydrique.

La solution d'acide fluorhydrique étendue au $\frac{1}{250}$ est mise dans une cuvette; on y plonge le cliché et la pellicule se détache presque aussitôt; on déverse alors l'acide dans son flacon, il peut servir pour des opérations ultérieures, on lave l'épreuve avec précaution à plusieurs eaux; comme, le plus souvent, elle est excessivement mince et difficile à manier, on la reporte sur une glace talquée collodionnée que l'on glisse en dessous dans la cuvette; on retire le tout, on met de niveau et on applique sur cette pellicule une feuille de gélatine du commerce, comme il est indiqué (244), en ayant soin de faire ramollir cette feuille dans un bain contenant de la glycérine. Après dessiccation de l'ensemble, on collodionne la surface libre avec un collodion normal riciné; la pellicule sèche est ensuite enlevée après l'avoir coupée tout autour à 0m,005 des bords (1).

246. Mise sur pellicules des clichés au collodion. — L'idée de séparer les clichés de leur glace et de les transporter sur gélatine remonte déjà à un grand nombre d'années; dès 1855, M. P. Gaillard (2) indiquait, pour décoller les épreuves au collodion, un procédé qui, légèrement modifié, est encore celui que l'on emploie aujourd'hui; il consiste à couvrir l'épreuve, préalablement mouillée et tiédie, avec une couche de belle gélatine dissoute au bain-

(1) Il y a lieu de croire que cette propriété de détacher la gélatine du verre n'est pas inhérente à l'acide fluorhydrique lui-même, mais bien à une action générale d'un acide sur la gélatine, de même qu'elle se manifeste quand on emploie dans le révélateur une solution alcaline un peu trop énergique. M. le Dr Judée, dans la séance de la Société de Photographie du 10 avril 1885, a fait l'opération du décollage très rapidement avec un liquide dont il n'a pas donné la composition.

(2) *Bulletin de la Société française de Photographie*, année 1855, page 337.

marie dans la quantité d'eau qu'elle a pu absorber par une immersion dans l'eau froide prolongée pendant quelques heures; on donne à cette couche une épaisseur de 2^{mm} à 3^{mm}; après une parfaite dessiccation, on coupe la gélatine à $0^{m},005$ des bords de la glace; l'épreuve adhère à la gélatine, se sépare du verre et donne un cliché pelliculaire, plus ou moins épais suivant la quantité de matière employée.

Après avoir essayé les transports sur papier, sur papier ciré, sur gutta-percha, sur couches alternées de caoutchouc et de collodion à l'huile de ricin, sur collodion riciné seul (collodion cuir), on est revenu au transport sur gélatine et l'on a adopté, pour les clichés au collodion, une série de modifications qui rendent ce procédé très pratique; ce sont : le passage du cliché dans une eau légèrement acidulée pour faciliter l'enlèvement de la couche de collodion; l'adjonction à la gélatine d'une petite quantité de glycérine pour lui conserver une certaine souplesse, même après une parfaite dessiccation; l'extension d'une couche de collodion riciné ou glycériné sur la face externe de la gélatine pour qu'elle ne soit plus exposée directement aux variations atmosphériques, au contact des doigts, etc., puisque la gélatine se trouve ainsi emprisonnée entre les deux couches de collodion; lorsqu'il y a lieu, ces opérations sont précédées par le *dévernissage* des clichés qui permet de transporter les anciennes épreuves ou d'essayer les nouvelles sans danger avant l'opération du transport.

247. *Procédé de M. Jeanrenaud.* — Pour faciliter l'enlèvement d'un cliché au collodion, M. Jeanrenaud emploie une dose assez forte d'acide chlorhydrique; le cliché fixé, lavé et terminé, est passé dans un bain d'eau contenant 7 pour 100 d'acide chlorhydrique et séché sans lavage; on le couvre ensuite par chacun de ses angles avec une solution de :

	cc
Alcool à 40°	75
Eau	20
Acide chlorhydrique	5

on le laisse de nouveau sécher sans lavage : il est alors prêt à recevoir la couche de gélatine; le second passage à l'acide a pour but de rendre le décollage si facile, dit l'auteur, qu'aucun cliché ne résiste à ce traitement.

On prépare la gélatine en dissolvant 20gr de belle gélatine dans 100cc d'eau, on y ajoute 4cc de glycérine, on y mêle ensuite 40cc d'une solution d'alun à 2gr pour 100cc d'eau, on filtre sur un linge fin. La glace préalablement chauffée est couverte de cette gélatine très chaude; on en laisse une couche plus ou moins épaisse suivant la force de la pellicule que l'on veut obtenir, on met la glace de niveau et on laisse faire prise avant de la relever.

248. *Procédé de M. Rousselon.* — Le cliché est d'abord fait au collodion suivant le procédé ordinaire, complètement terminé, verni à la gomme laque et essayé; s'il est bon, on commence par le dévernir et on le détache ensuite sur gélatine.

Pour dévernir un cliché, on emploie une solution formée de :

Eau distillée	150cc
Potasse caustique	8gr
Carbonate de potasse	0gr,40 (1)
Alcool à 30°	500cc

on filtre après solution.

Ce liquide est versé sur la glace vernie en quantité suffisante pour la couvrir; on facilite son égale répartition sur toute la surface avec une baguette de verre; on le promène quelques instants et le vernis à la gomme laque disparaît presque immédiatement; les vernis Sœhnée ou autres demandent une proportion de potasse un peu plus forte.

Cette méthode pour dévernir convient à tous les clichés au collodion humide, au collodion sec, au collodion albuminé et au gélatinobromure; on aurait pu craindre pour les deux derniers les soulèvements d'albumine ou de gélatine que cause ordinairement le contact des solutions alcalines, mais cette action se trouve neutralisée par la présence de l'alcool. La possibilité de dévernir un cliché quel qu'il soit peut rendre de réels services, en dehors même

(1) L'addition du carbonate de potasse nous semble inutile : il est rare que la potasse caustique du commerce n'en contienne pas une quantité plus grande que celle indiquée dans la formule, surtout si elle a été conservée pendant quelque temps.

du transport sur pellicule : elle permet de ramener à son premier état un négatif fatigué par de nombreux tirages ; cependant, lorsque le cliché a été gommé avant d'être verni, l'opération du *dévernissage* présente quelques dangers pour l'épreuve.

La solution à dévernir étant rejetée, le cliché est lavé avec soin à l'eau distillée, puis placé pendant quelques minutes dans un bain formé de 100^{cc} d'eau pour 2^{cc} d'acide chlorhydrique. Sous l'action de l'acide, le collodion tend à se soulever ; dès que l'on voit un des coins se détacher, on retire la glace, on la rince et on la met à sécher.

Pour le transport sur gélatine, on commence par préparer la solution en prenant :

Eau distillée...............................	100^{gr}
Belle gélatine blanche......................	15^{gr}

Après l'avoir fait gonfler à froid, on dissout au bain-marie, puis on y ajoute

Glycérine en été..........................	$2^{gr},50$
» en hiver........................	2^{gr}
Solution d'alun de chrome à 5 pour 100.....	5^{cc}

On passe cette solution à travers un linge fin et on la maintient tiède pendant qu'on prépare le cliché.

On expose la face collodionnée à la vapeur d'eau chaude, émanant d'une bassine, jusqu'à ce que cette surface soit régulièrement couverte partout comme d'une rosée de vapeur condensée, ce qui échauffe la glace, humecte la face externe du collodion et facilite l'extension de la solution gélatineuse. On verse sur cette surface une couche très égale de la gélatine préparée, on met la glace bien de niveau et on laisse prendre ; lorsqu'il n'y a plus de danger que la gélatine coule, on relève la glace et on met à sécher, ce qui demande, suivant la saison et la température, de douze à vingt-quatre heures. Après parfaite dessiccation, on couvre la surface gélatinée avec un bon collodion normal contenant environ 1 à 1,50 pour 100 de coton-poudre et autant d'huile de ricin ou de glycérine ; on laisse de nouveau sécher complètement, puis on coupe cette pellicule de 2^{mm} à 3^{mm} des bords de la glace ; le plus souvent elle se détache seule et entraîne l'épreuve.

Dans le cas où le cliché présenterait dans la pellicule de collodion quelques déchirures ou quelques petits trous laissant le verre à nu, il faudrait frotter la place avec un peu de fiel de bœuf avant d'étendre la gélatine; sans cette précaution, celle-ci adhérerait au verre, ce qui occasionnerait des déchirures et le plus souvent la perte du cliché.

Si, par exception, la pellicule refuse de se détacher facilement, il faut se garder de l'arracher, on la perdrait; on doit alors tremper la glace dans l'eau et y immerger en même temps une feuille de gros buvard coupée de même grandeur; on superpose la glace et la feuille, on retire les deux immédiatement, on donne un coup de raclette sur le papier et on abandonne les deux à plat pendant le temps nécessaire pour que la gélatine reprenne l'humidité et se détende. Après une demi-heure environ, on enlève le buvard humide, on le remplace par un papier sec sur lequel on enroule la pellicule, qui se détache alors facilement. On laisse ensuite sécher le cliché entre deux feuilles de papier buvard qui le maintiennent plan.

249. Lorsqu'il s'agit de clichés préparés par le procédé Taupenot, l'adhérence à la glace est telle qu'on est obligé de modifier le procédé de la manière suivante :

On commence par dévernir, s'il y a lieu, par le moyen indiqué ci-dessus; on plonge ensuite la glace pendant dix minutes environ dans une solution de :

Eau	1000^{cc}
Carbonate de soude	50^{gr}
Chaux éteinte	25

Filtrez ce mélange après douze heures environ de préparation.

Lorsqu'on voit que la pellicule tend à se détacher, ce que l'on constate en cherchant à la soulever avec une lame, on retire la glace, on laisse sécher sans lavage et l'on opère comme il est dit plus haut pour gélatiner et détacher l'épreuve. L'emploi d'un gros rouleau de bois, sur lequel on entraîne la pellicule, facilite la séparation. M. Prevel a constaté que les épreuves sur collodion albuminé se détachent avec assez de facilité dans la solution d'acide fluorhydrique à 2 pour 100 qui est indiquée ci-dessus pour enlever les épreuves au gélatinobromure.

250. *Emploi des feuilles de gélatine du commerce.* — Au lieu de couler la solution de gélatine sur les glaces pour en détacher l'épreuve négative, on préfère souvent employer des feuilles de gélatine faites à l'avance, surtout celles que l'on peut acheter dans le commerce. Le procédé est des plus simples : on se procure ou l'on fait faire chez un gélatineur des feuilles de l'épaisseur que l'on désire, soit environ de $\frac{1}{10}$ de millimètre, si la pellicule doit être assez mince pour pouvoir être imprimée des deux côtés, ou de $\frac{1}{5}$ de millimètre si l'on veut seulement employer le cliché retourné.

On coupe chaque feuille de gélatine selon la grandeur des glaces, suivant les uns en donnant au moins $0^m,01$ de marge en plus, suivant les autres juste de la même dimension : les deux systèmes réussissent bien.

On met le morceau de gélatine correspondant au cliché à décoller dans une cuvette contenant de l'eau bien filtrée, additionnée de 2 pour 100 de glycérine ou plus, suivant la souplesse que l'on veut donner au support du cliché ; lorsqu'on n'ajoute pas de glycérine, la pellicule devient très cassante et l'on risque de perdre l'épreuve au premier emploi qu'on en voudra faire. Lorsque la gélatine est devenue parfaitement souple dans l'eau glycérinée, on glisse dessous la glace portant le cliché, on étend la gélatine à la surface et l'on retire le tout du bain très doucement : on évite ainsi l'interposition des bulles d'air ; on met l'ensemble à plat sur une glace forte, on superpose une feuille de papier mouillé, puis un morceau de toile cirée ou une feuille très souple de caoutchouc vulcanisé et avec la raclette, que l'on passe légèrement en tous sens, on expulse l'eau interposée entre les surfaces. On relève la glace, on rabat par derrière les marges de gélatine qui excèdent la dimension et, posant l'épreuve verticalement, on laisse sécher à l'air libre. Les bords rabattus au dos sèchent les premiers et maintiennent tout l'ensemble, s'opposant ainsi à des soulèvements partiels qui pourraient se produire à la surface au fur et à mesure de la dessiccation et qui compromettraient l'opération.

On peut remplacer ces marges par des bandes de papier gommé

ou encollées et appliquées à plat; dans ce cas, on a pris soin de couper la gélatine de dimension un peu plus petite que la glace, de manière à compenser son extension quand on la mouille et à ne pas dépasser les bords.

La dessiccation demande vingt-quatre heures ou plus, suivant l'état hygrométrique du local dans lequel elle s'opère; lorsqu'elle est complète, on couvre la face gélatinée d'une couche de collodion normal de 1gr à 1gr,15 de coton poudre et autant d'huile de ricin ou de glycérine pour 100cc du mélange à parties égales d'éther et d'alcool; on laisse sécher de nouveau.

Lorsque la dessiccation est parfaite, on coupe la pellicule d'un trait vif à 2mm à 3mm des bords, le cliché s'enlève seul : la feuille de gélatine se trouve ainsi prise entre deux couches de collodion, ce qui la garantit contre l'humidité et assure sa conservation. Cette opération est la même que celle décrite plus haut (241 et 244).

231. *Transport sur papier.* — Quelquefois, le transport du cliché n'a pour but ni le retournement, ni la mise sur pellicule, c'est une simple précaution pour s'affranchir momentanément en voyage du poids et de la fragilité des glaces, et pour les rendre libres, prêtes à recevoir de nouvelles préparations; ce qui permet de prendre un nombre indéfini d'épreuves avec un nombre restreint de glaces.

Déjà dès les premières années de l'emploi du collodion, M. Marville reprenait un cliché fait au collodion humide sur un papier simplement gommé. M. Woodbury se servait de papier préalablement gélatiné pour cette même opération; mais, dans le second procédé, il arrivait souvent que, par suite du gonflement de la gélatine et de son extension, le collodion se cassait au moment où on l'enlevait de son support et présentait alors, dans le sens de l'enroulement du papier, une foule de gerçures ou raies fendillées qui le perdaient complètement.

232. M. Magny [1] a fait une étude très complète du décollage des clichés au collodion; il a adopté une méthode qui lui a très bien

[1] *Bulletin de la Société française de Photographie*, mars 1879, p. 68.

réussi, même pour des épreuves de la dimension de $0^m,30 \times 0^m,40$. Le papier est d'abord couvert d'un enduit composé de la manière suivante :

Eau	100^{cc}
Gomme arabique	25^{gr}
Glycérine	3^{cc}
Gélatine	0,50

Cette solution est filtrée à travers une mousseline dans une cuvette; on y fait affleurer chaque feuille de papier par un côté seulement, jusqu'à ce qu'elle soit détendue; on la relève, on la pend pour sécher, et en peu de temps on peut en préparer ainsi toute une provision; au lieu de faire affleurer le papier sur le bain, on peut mettre les feuilles à plat sur une glace et y étendre la préparation au moyen d'un blaireau dit *queue de morue*. Comme il s'agit d'un transport provisoire, la qualité du papier importe peu : il suffit qu'il soit lisse.

Le cliché à transporter doit avoir été fait sur glace talquée; on le plonge dans une cuvette d'eau, on chasse les bulles d'air qui pourraient rester adhérentes à la surface en les touchant légèrement avec un blaireau, on met sur l'eau une feuille de papier gommé, le côté préparé en dessous, et aussitôt on relève ensemble le cliché et le papier en les faisant adhérer l'un sur l'autre; on égoutte, on étend sur la surface une feuille de fort buvard, plus une toile caoutchoutée, on passe légèrement et régulièrement la raclette mouillée pour expulser l'excès d'eau, puis on laisse sécher verticalement. Lorsque le tout est bien sec, ce qui demande une heure environ en été, on coupe le papier autour des bords de la glace avec un canif, on mouille légèrement ce papier avec une éponge, on passe ensuite la lame le long d'une des tranches et on enlève ensemble le papier et le cliché qui y reste adhérent.

Pour reporter ce cliché sur une feuille de gélatine du commerce, on fait d'abord adhérer celle-ci sur une glace qui a été préalablement talquée et couverte de collodion normal que l'on y a laissé sécher; cette glace collodionnée est mise dans une cuvette contenant de l'eau additionnée de glycérine à la dose de 2^{cc} à 3^{cc} pour 100, on immerge ensuite la feuille de gélatine coupée un peu plus grande que la glace; lorsqu'elle est devenue parfaitement souple, on relève le tout de manière à éviter les bulles d'air, on laisse égoutter pour éliminer le grand excès d'eau interposée, puis, mettant cette glace à plat de niveau, on couvre la gélatine d'eau glycérinée, on y pose le cliché supporté par son papier, en commençant par la partie inférieure et abaissant lentement et régulièrement la main, de manière à chasser devant soi toutes les bulles d'air; retenant alors le cliché sur la glace par les deux coins supérieurs, on relève l'ensemble, on l'égoutte, on le met entre deux buvards avec l'étoffe caoutchoutée par-dessus, on passe doucement la raclette mouillée de manière à expulser l'excès d'eau. On enlève les buvards, on rabat sur l'envers de la glace les marges de gélatine, puis, après avoir mis quelques instants sous légère pression pour que ces marges adhèrent, on laisse sécher à l'air libre jusqu'à ce que le papier encore frais ne soit cependant plus mouillé. On plonge ensuite l'ensemble dans l'eau froide et, après deux ou trois minutes, on retire le papier-support qui laisse l'épreuve sur la gélatine, on rince à l'eau pour enlever les restes de gomme, et, après complète dessiccation, on donne un trait de canif à $0^m,002$ ou $0^m,003$ des bords et l'on détache la feuille.

Dans les conditions ci-dessus, le cliché est remis dans son vrai sens; si l'on veut simplement un cliché retourné, on opère comme nous l'avons indiqué (250).

CLICHÉS RETOURNÉS.

253. Lorsque le cliché a été obtenu par l'un quelconque des procédés négatifs, il est renversé comme l'image que l'on voit sur la glace dépolie, la droite du sujet se trouve à gauche du cliché et *vice versa*. Un nouveau renversement se produit, il est vrai, lorsqu'on tire l'épreuve positive, et celle-ci est replacée dans son vrai sens, mais pour quelques procédés, particulièrement pour les tirages mécaniques, le cliché négatif sert à produire un nouveau type qui est utilisé à son tour pour le tirage de nombreuses épreuves (gravures, lithographies ou analogues); si ce type est obtenu avec l'épreuve ordinaire renversée, il sera redressé et alors toutes les images qu'il donnera seront de nouveau renversées.

Il est donc nécessaire de pouvoir retourner ou redresser un cliché, ce que l'on obtient soit directement à la chambre noire, soit en détachant la pellicule négative et en lui donnant, le plus souvent, un autre support.

254. **Retournement direct à la chambre noire.** — 1° La méthode la plus simple est de recevoir l'image à travers l'épaisseur de la glace sur la face de la couche sensible qui est en contact immédiat avec elle : il suffit pour cela de retourner la glace dans son châssis, en modifiant celui-ci de manière à ne pas endommager la surface sensible qui est alors du côté de la fermeture. On opère ensuite de la manière ordinaire; toutefois, on ne se trouve plus exactement dans les mêmes conditions, surtout pour le développement qui commence par la face opposée à celle qui a reçu l'impression lumineuse; néanmoins, les différences ne sont pas très sensibles lorsqu'on opère avec des couches minces, comme sont les préparations albuminées.

Lorsque l'on fait ainsi des épreuves retournées, on doit porter toute son attention sur la mise au point; en effet, la surface sensible est reportée en arrière de toute l'épaisseur de la glace qui lui sert de support, elle ne coïncide plus avec le foyer déterminé sur la glace dépolie; on doit donc tenir compte de cette différence soit en diminuant le tirage de cette même quantité, ou, ce qui est plus simple, en retournant la glace dépolie dans son cadre, de sorte que son épaisseur vienne compenser à très peu près celle de la glace sensible. Pour ne pas déranger la glace dépolie, on peut utiliser une méthode souvent employée lorsque, pour des reproductions très délicates, on veut être certain d'une rigoureuse mise au point et qui consiste à mettre un verre dépoli dans le châssis négatif à la place même où sera la glace sensible : on détermine le foyer et l'on est sûr de l'exactitude; lorsqu'il s'agit d'obtenir un négatif renversé, on retourne le verre dont le côté dépoli fait alors face à l'opérateur, et le point sera exact si la glace sensible a la même épaisseur que ce verre.

255. Une autre méthode consiste à redresser l'image elle-même au moyen d'un prisme ou d'une glace à faces parallèles, que l'on

adapte sur la monture de l'objectif; seulement, ces instruments sont de prix élevé, on ne les emploie que dans les grands ateliers de reproduction, et, à moins qu'une rigoureuse exactitude ne soit nécessaire, comme pour les cartes ou les plans, on préfère le plus souvent le transport du cliché sur pellicules. Nous devons signaler le système inventé et proposé par M. Derogy, fabricant d'instruments d'optique : il place le prisme entre les deux objectifs de manière à obtenir, avec un prisme de petite dimension et de prix relativement peu élevé, le même effet qu'avec de grands instruments très coûteux.

256. **Retournement sur pellicules.** — Un cliché que l'on transporte sur une pellicule est par cela même retourné, puisque la face qui touchait la glace est devenue libre. Si la pellicule est très mince, on pourra imprimer dans l'un ou l'autre sens ou la remettre sur un autre support de tel côté que l'on voudra : elle se prêtera ainsi aux divers modes de tirage que l'on aura choisis; ces transports sont surtout faciles pour les négatifs au collodion. Pour les négatifs au gélatinobromure, il faudrait se reporter aux manipulations expliquées plus haut (244).

Les procédés les plus utilisés pour détacher les clichés au collodion de leurs supports sont basés sur l'emploi du caoutchouc ou sur celui de la gélatine.

257. *Emploi du caoutchouc.* — Ce procédé ne sera employé que pour les opérations qui ont pour but de transformer le négatif en planches gravées ou en planches analogues à la lithographie, le cliché devenant inutile lorsque cette transformation est opérée; en effet, le caoutchouc en couches minces s'oxyde facilement au contact de l'air : les négatifs transportés par cet intermédiaire sont donc menacés d'une destruction assez rapide; le report sur caoutchouc n'est utilisé que pour les épreuves au collodion humide ou sec, à l'exception du collodion albuminé (procédé Taupenot), parce que l'albumine pénètre à travers le collodion jusqu'au verre, y adhère fortement et empêche le transport.

La glace est préalablement bien nettoyée et passée au talc, qui facilite la séparation de la couche sensible; le talc est enlevé tout autour des bords, sur une bande de $0^m,002$ à $0^m,003$ de largeur, en essuyant ce bord avec un petit tampon de coton mouillé d'albumine; cette précaution a pour but d'empêcher le collodion de se séparer seul de la glace en séchant; lorsque le négatif obtenu sur cette glace a été développé, fixé, lavé et bien séché, on verse à la surface, comme si l'on collodionnait, une solution sirupeuse de caoutchouc dans la benzine.

Cette solution s'obtient en faisant macérer des rognures ou des feuilles de caoutchouc (non vulcanisé) dans la benzine cristallisable, ou dans le produit auquel on a donné le nom de *benzole;* la dose est d'environ 2^{gr} de caoutchouc pour 100^{cc} de benzine; après quarante-huit heures de contact et d'agitation fréquente, la solution est complète, on laisse déposer pendant quelques jours et l'on décante le liquide pour l'usage; sa consistance doit être celle d'un sirop un peu épais.

Lorsque le cliché terminé a été recouvert de cette solution dont on égoutte l'excédent, on laisse sécher, ce qui a lieu rapidement par l'évaporation de la benzine; on superpose une couche de collodion normal contenant $1^{gr},50$ de coton-poudre pour 100^{cc} d'un mélange de parties égales d'alcool et d'éther; quelquefois on y ajoute 1^{cc} d'huile de ricin pour que le collodion ait plus de souplesse, et on laisse de nouveau sécher complètement.

On donne un trait de canif tout autour du cliché sec, en délimitant ainsi la grandeur de l'épreuve définitive, puis on y applique un papier mouillé dépassant un peu les entailles faites; sur le papier on met une toile de caoutchouc; avec une raclette ou avec un petit rouleau on chasse l'eau interposée et les bulles d'air; avec une pointe on soulève un coin du papier, puis un coin du cliché qu'on applique sur le papier, et on tire le tout ensemble; l'épreuve se détachant de la glace suit le papier : elle y reste adhérente par capillarité, ce qui permet de la manier sans l'altérer; elle serait, en effet, trop mince et trop délicate pour se passer de ce support momentané. Si on la transportait ainsi directement sur un autre support, on la remettrait dans son sens primitif, or le plus souvent c'est le contraire que l'on se propose; pour y parvenir sans accident, on applique sur le cliché un autre papier mouillé, en observant les mêmes précautions que pour le premier; le négatif est ainsi pris entre deux papiers; on enlève le premier, et l'épreuve peut être posée sur une nouvelle glace, préalablement enduite d'une solution faible de gomme arabique à 2 pour 100, ou sur toute autre surface sur laquelle on veut la faire adhérer; on retire le papier mouillé et le transport est terminé.

S'il est nécessaire, plus tard, de reprendre ce cliché pour le remettre dans son sens primitif, on mouille la glace avec un peu d'eau : la gomme se dissout, et l'on peut reprendre la pellicule avec des papiers mouillés, pour la remettre indifféremment face ou revers suivant le besoin.

Généralement, cette méthode de transport par le caoutchouc n'est employée que dans les ateliers de reproductions; elle se pratique très rapidement et avec la plus grande facilité. Dans le cas où l'on voudrait l'employer pour retourner ou transporter d'anciens clichés vernis, il faudrait commencer par les dévernir ainsi qu'il est expliqué (248).

Les retournements sur gélatine se font de la même manière que les transports indiqués ci dessus (246 à 250).

CHAPITRE VII.

PROCÉDÉS SUR PAPIER.

258. L'emploi du papier semblait tout indiqué pour obtenir les épreuves négatives ([1]); il réalisait, en effet, les qualités de perméabilité nécessaires pour les réactions photographiques, ainsi que la souplesse et la légèreté qui en rendaient l'emploi très commode en voyage; mais le défaut de transparence suffisante, la présence d'un grain inévitable, quels que fussent les soins de la fabrication ou les procédés employés pour le faire disparaître, l'action des matières organiques sur le nitrate d'argent, la longueur des temps de pose, venaient atténuer ces qualités, et peu à peu les méthodes sur verre au collodion humide ou sec firent abandonner la photographie sur papier. Nous pensons que ce fut un tort, et déjà il se produit en ce sens une réaction assez marquée, soit que l'on prenne, ainsi que le font MM. Balagny, de Chennevières, Thiébaut, etc., le papier comme un support temporaire ou définitif, sur lequel on étend la couche sensible de gélatinobromure d'argent; soit que, profitant des découvertes nouvelles, on les applique aux modes anciens pour les améliorer, ainsi que l'a fait M. Pélegry.

Les procédés sur papier doivent surtout s'appliquer aux grands formats, parce qu'alors on n'a plus à craindre l'effet du grain qui, au contraire, donne à l'épreuve un caractère plus artistique; il convient moins aux petits clichés, qui demandent une finesse presque microscopique. Nous grouperons dans ce Chapitre les principaux procédés, les modifications qui y ont été apportées par l'applica-

---

([1]) Pour l'historique et l'ensemble des nombreux procédés sur papier et autres, *voir* les traités de M. de Valicourt, *Encyclopédie Roret*; 1857-1861.

tion des méthodes nouvelles; nous pensons que, outre l'intérêt historique, nous faciliterons ainsi des recherches qu'il est désirable de voir continuer. Déjà dans l'ancien procédé auquel Fox Talbot, son inventeur, donna le nom de *calotype*, on trouve le germe d'une sorte d'émulsion pour obtenir l'iodure d'argent à l'état de molécules extrêmement divisées; dans un mode de préparation dû à M. Baldus, on revoit cette émulsion faite dans une solution gélatineuse; plus tard Legray publia le procédé du papier ciré sec, qui fut très employé pendant une dizaine d'années; les méthodes données par lui pour imprégner le papier de cire ou de paraffine furent souvent modifiées, principalement par M. Stephane Geoffray et par M. Civiale, enfin, plus récemment par M. Pélegry qui, estimant avant tout les qualités artistiques des épreuves sur papier, apporta des changements importants dans leur préparation.

PROCÉDÉ DE FOX TALBOT ET VARIANTES.

Procédé F. Talbot. — Nous donnons cet ancien procédé tel qu'il nous a été communiqué par M. le comte Vigier, qui l'avait travaillé avec Talbot lui-même, et qui a fait ainsi des épreuves très remarquables, pour l'époque où elles furent obtenues.

259. Préparation des réactifs. 1° *Iodure double d'argent et de potassium.* — On commence par faire dissoudre 80gr d'iodure de potassium dans 100cc d'eau distillée, puis on verse doucement dans ce liquide, en remuant continuellement avec un agitateur en verre, une solution de 8gr,50 d'azotate d'argent dans 100cc d'eau distillée; le précipité d'iodure d'argent qui se forme d'abord se dissout à mesure dans la solution d'iodure de potassium; mais, à la fin, il en reste presque toujours une petite quantité non dissoute; on ajoute alors, un à un, quelques cristaux d'iodure de potassium jusqu'à disparition complète du précipité; cette solution filtrée est renfermée dans un flacon sur lequel on met l'étiquette : *n° 1, double iodure.*

2° *Acétonitrate d'argent.* — Ce nom, qui a le tort de rappeler les formules chimiques, est donné à un simple mélange de nitrate d'argent dissous et d'acide acétique cristallisable dans les proportions de :

Eau distillée	100^{cc}
Nitrate d'argent pur	10
Acide acétique cristallisable	20

Si la température est très élevée, on peut augmenter la dose d'acide acétique et la porter jusqu'à 30^{cc}. Après solution, on filtre dans un flacon étiqueté *n° 2, acétonitrate d'argent.*

3° *Acide gallique.* — Dans un flacon n° 3, on met une solution saturée et filtrée d'acide gallique.

4° *Hyposulfite de soude.* — Solution contenant 300^{gr} ou 350^{gr} d'hyposulfite de soude pour 1000 d'eau.

260. *Préparation du papier ioduré.* — Il est de toute nécessité d'employer des papiers dont la fabrication et surtout l'encollage soient excessivement soignés; les papiers épais Wattmann et Turner sont ceux qui réussissent le mieux; si l'on voulait employer les meilleures sortes de papiers français, il faudrait leur faire subir un nouvel encollage à la gélatine; cette difficulté tient à l'action de la solution très concentrée d'iodure de potassium qui altère la texture du papier. On coupe chaque feuille de grandeur excédant un peu la dimension nécessaire et avec des épingles on la maintient sur une planchette plane dont elle doit dépasser les bords de tous côtés; on interpose une ou deux feuilles de gros buvard doux entre la planchette et les feuilles à préparer. On verse alors sur la feuille la solution d'iodure double (flacon n° 1) en quantité nécessaire pour qu'en l'étendant avec un petit triangle de verre on arrive à la couvrir complètement; il suffit de 5^{cc} environ pour une surface de $0^m,20 \times 0,27$. On promène plusieurs fois le triangle en tous sens pour que le papier soit imbibé uniformément, on fait écouler l'excédent par un angle dans un second flacon et l'on pend chaque feuille ainsi préparée pour la faire sécher; on peut ainsi en préparer un grand nombre en très peu de temps.

En piquant les feuilles sur des barres ou des tringles de bois, on a la précaution de les incliner légèrement, de telle sorte que l'un des angles soit plus bas que l'autre; à cet angle d'écoulement on placera un petit fragment de buvard pour faciliter la chute des gouttes et éviter l'accumulation du liquide au bord inférieur de la feuille; cette précaution est recommandée d'une manière générale, dans toutes les circonstances où l'on devra faire sécher librement une feuille de papier mouillée. Pour faciliter cette opération du séchage de feuilles de papier, qui revient en assez grand nombre de fois dans les manipulations photographiques, on se procure des barres de bois blanc ayant $0^m,03$ à $0^m,04$ de côté et $1^m,50$ à 2^m de long; sur une des faces on colle des bandes de liège; on met deux de ces barres sur deux dossiers de chaise qui en soutiennent les extrémités et les feuilles de papier à sécher y sont facilement piquées de biais contre le liège avec des épingles (*fig.* 117).

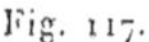

Fig. 117.

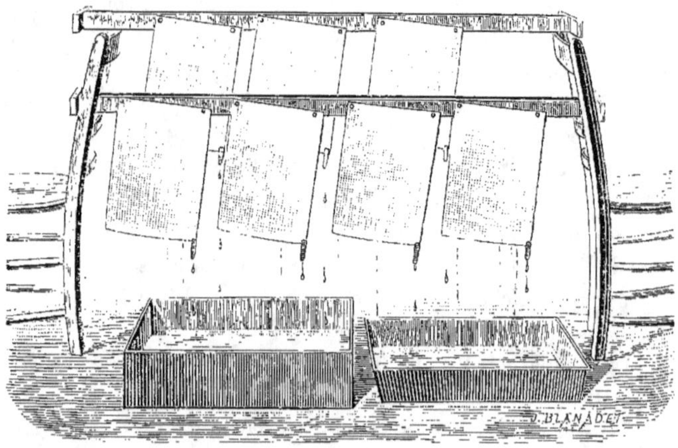

Des cuvettes ou autres récipients sont disposés en dessous pour recevoir les gouttes. Lorsque les feuilles sont sèches et enlevées, on met les barres dans un coin, elles ne causent ainsi aucun embarras.

Quand les feuilles couvertes du double iodure d'argent et de potassium sont complètement sèches, elles prennent une teinte rouille violacée assez foncée. On les reprend alors deux par deux, et, les mettant dos à dos, on passe chaque couple dans une cuvette d'eau bien filtrée et on les y abandonne pendant plusieurs heures; l'eau décompose l'iodure double d'argent et de potassium, l'iodure d'argent insoluble est mis en liberté et reste à la surface du papier qui prend une belle coloration jaune paille clair, tandis que le grand excès d'iodure de potassium se dissout dans l'eau; il se produit donc sur le papier une sorte d'émulsion d'iodure d'argent à grains très fins; mais la préparation est complètement insensible à la lumière, car non seulement elle a été produite en présence d'un excès d'iodure de potassium, mais elle en retient même une faible quantité. Les feuilles sont de nouveau pendues, séchées et conservées ensuite à plat dans un buvard pour être sensibilisées à mesure des besoins; on prend la précaution de faire une légère marque à un angle pour distinguer la face et le revers; la couleur du côté préparé, très distincte en plein jour, ne s'apprécie que difficilement dans la lumière jaune du cabinet obscur. Toutes les préparations qui précèdent seront faites sans aucune crainte à la pleine lumière du jour.

261. *Sensibilisation.* — On prépare dans le cabinet noir la quantité de bain nécessaire pour la sensibilisation du moment, car ce bain ne se conserve pas; il est formé de :

Eau distillée	100 cc
Acétonitrate d'argent	30 gouttes (flacon n° 2).
Acide gallique	30 » (flacon n° 3).

Ce mélange est filtré dans une cuvette plate et l'on applique successivement à la surface le côté préparé des feuilles iodurées. On sensibilise ainsi autant de feuilles qu'on pense en utiliser dans les dix heures qui suivront; chaque feuille reste sur le bain le temps nécessaire pour qu'elle s'étende uniformément; on évite avec soin que le liquide ne passe au dos; après trois minutes environ, on la retire et on la met sur du buvard pour l'éponger avec soin et, lorsqu'elle est parfaitement plane, on la place entre deux glaces dans le châssis qui est disposé pour que la mise au point, c'est-à-dire la détermination du foyer, coïncide exactement avec la surface de la feuille sensible.

La pose est longue; elle varie entre cinq, dix et même vingt minutes suivant la lumière, les longueurs focales de l'objectif, les diaphragmes, et aussi suivant la sensibilité que l'on a voulu donner à la préparation et que l'on peut faire varier en composant le bain sensibilisateur avec des quantités plus ou moins considérables du mélange d'acétonitrate d'argent et d'acide gallique; mais plus grande est la sensibilité, moins longue est la conservation des feuilles préparées; c'est à l'opérateur à faire varier ses dosages en conséquence; il devra aussi tenir compte de cette remarque de M. le comte Vigier, que plus la lumière est vive, plus on peut donner de sensibilité; au contraire, pour des sujets peu éclairés demandant une pose prolongée, la sensibilité doit être très atténuée, ou les épreuves seront voilées.

262. *Développement de l'image.* — Le développement des épreuves sera fait le plus rapidement possible après la pose : on met la feuille sensible à plat sur une glace et l'on y étend rapidement un mélange fait au moment de $\frac{1}{3}$ d'acétonitrate d'argent (flacon n° 2) avec $\frac{2}{3}$ d'acide gallique, flacon n° 3. Si l'on veut développer ensemble plusieurs épreuves, on verse le mélange dans une cuvette, on passe à la surface le côté impressionné de chaque feuille et on les met à plat sur des glaces : l'image se montre presque immédiatement; le développement doit être complet en dix minutes, une épreuve qui vient uniformément noire a été trop posée; si l'on craint qu'il n'en soit de même pour les autres, on augmentera la dose d'acide gallique en diminuant celle de l'acétonitrate; on fera l'inverse pour les images qui sortent difficilement et dont la pose est insuffisante.

263. *Fixage.* — L'image, développée et lavée, est mise en plein bain dans l'hyposulfite de soude concentré qui dissout l'iodure d'argent; lorsque toute coloration jaune a disparu, on lave de nouveau à grande eau et avec soin; l'épreuve séchée est ensuite cylindrée pour égaliser le grain du papier; il faut se garder de la cirer ou de chercher à lui donner une plus grande transparence par tout autre moyen : cette transparence gagnerait les noirs du cliché et celui-ci deviendrait beaucoup trop faible.

263*bis*. Nous avons voulu donner ce procédé tel que Fox Talbot l'a perfectionné après l'avoir inventé, parce qu'il contient dès le début les éléments d'un grand nombre de perfectionnements appliqués plus tard; en effet, cette première préparation de l'iodure d'argent insensible, à l'état d'extrême division, rappelle la méthode que Taupenot utilisa plus tard; le mélange d'acide acétique cristallisable avec le nitrate d'argent, dans le but d'empêcher ou tout au moins d'atténuer les réactions accessoires du nitrate d'argent sur les matières organiques, de ralentir sa réduction par l'acide gallique et de permettre le développement lent de l'image, a été employé dans la plupart des procédés suivants; l'usage de l'acide gallique comme réducteur a été suivi jusqu'au moment où Regnault a proposé un produit de même origine, l'acide pyrogallique, qui, encore actuellement, partage avec les sels de fer les diverses méthodes de développement.

264. **Procédé Baldus.** — M. Baldus, qui fit de très grandes et très belles épreuves sur papier, donnait à ses feuilles une première préparation qui rappelle à la fois les émulsions à la gélatine et le procédé de F. Talbot; nous n'avons à cet égard que des renseignements incomplets, mais le côté original de cette méthode consistait à préparer un bain tiède de belle gélatine, contenant une certaine quantité d'iodure de potassium (probablement 2^{gr} ou 3^{gr} pour 100^{cc} de liquide); il y ajoutait du nitrate d'argent en solution et en quantité moins grande que celle nécessaire pour décomposer tout l'iodure de potassium, et il restait ainsi en suspension dans le liquide une émulsion très fine d'iodure d'argent insensible; on passait les feuilles de papier à préparer dans ce bain : elles recevaient ainsi, en même temps, un supplément d'encollage et une première dose d'iodure d'argent; après dessiccation elles étaient emmagasinées pour être ensuite sensibilisées dans un plein bain d'acéto-nitrate d'argent, exposées, développées, fixées, etc., comme il est indiqué plus loin (266) pour le procédé au papier ciré sec de Legray.

265. **Procédé Blanquart-Évrard.** — M. Blanquart-Évrard, en 1847, communiqua à l'Académie des Sciences un mode de pré-

paration des papiers sensibles, beaucoup plus simple que celui de F. Talbot, et ce fut à partir de ce moment que les méthodes négatives vinrent peu à peu annuler le daguerréotype. Ce procédé consiste à plonger le papier choisi dans un bain d'iodure de potassium à 4 pour 100 d'eau additionné de $0^{gr},20$ de bromure de potassium; la feuille séchée était ensuite sensibilisée dans un bain composé, pour 100^{cc} d'eau, de 6^{gr} de nitrate d'argent et de 8^{cc} d'acide acétique cristallisable; exposée encore toute humide, elle était développée dans un bain d'acide gallique à 5 pour 100 d'eau, fixée à l'hyposulfite de soude en solution à 20 pour 100, puis lavée et séchée.

Ces premières méthodes ont déterminé les proportions qui ont été à peu près adoptées dans la suite.

PROCÉDÉ AU PAPIER CIRÉ SEC DE LEGRAY.

266. Les procédés primitifs de Talbot, de Blanquart-Évrard et autres, avaient l'inconvénient grave de donner des préparations qui, en quelques heures, étaient hors de service. Cette rapide altération était due à deux causes : la combinaison du nitrate d'argent avec les fibres végétales, l'encollage et autres matières qui constituent le papier, et la présence d'un excès de ce nitrate réagissant sur l'iodure d'argent, et formant par la dessiccation un iodonitrate éminemment altérable. Legray apporta un perfectionnement considérable en cirant le papier; la cire, en effet, protège notablement la matière organique contre l'action du nitrate d'argent et, l'excès de celui-ci étant enlevé par des lavages soignés, il ne se produit plus de réaction par la dessiccation; la sensibilité, il est vrai, se trouve considérablement diminuée, mais on peut préparer les feuilles à l'avance et les conserver pendant plusieurs jours, ce qui constitue un grand avantage pour le voyageur; aussi le procédé au papier ciré fut-il, pendant un grand nombre d'années, le seul employé par les touristes et les amateurs; c'est vers ce type que l'on est déjà revenu, et que l'on reviendra très probablement d'une manière plus complète encore, en l'améliorant et en lui appliquant les perfectionnements actuels.

267. *Choix du papier.* — Pour les épreuves négatives sur papier, quel que soit le procédé adopté, le choix du papier a une grande importance. Deux sortes sont, quant à présent, seules à recommander : le papier de Rives de la maison Blanchet et Kléber, et le papier Steinbach dit *de Saxe;* les matières premières qui composent ces papiers doivent être de première qualité; elles sont triées avec le plus grand soin. Dans le triage et dans la fabrication, il faut éliminer toutes les causes pouvant mélanger à la pâte ou déposer sur les feuilles les moindres parcelles métalliques; celles-ci, même à l'état tout à fait microscopique, réduisent le nitrate d'argent et sont des causes de taches innombrables; la pâte du papier reçoit un encollage très soigné; la feuille, vue par transparence, doit paraître parfaitement homogène. Les papiers de fabrication ancienne sont plus recherchés que ceux de fabrication récente, sans doute parce que l'encollage a pris plus de fermeté et s'est amélioré par l'action du temps.

268. *Cirage du papier.* — Nous décrivons avec tous les détails nécessaires les méthodes de cirage du papier, parce que cette opération, qui a pour but de lui donner à la fois plus de résistance aux altérations chimiques et plus de transparence, peut être appliquée d'une manière générale pour d'autres procédés.

On coupe d'abord les feuilles un peu plus grandes, en hauteur seulement, que les épreuves que l'on veut obtenir et l'on procède au cirage.

Legray a conseillé la méthode suivante :

Au-dessus d'un fourneau, d'une grille à gaz ou de tout autre mode de chauffage, on met une bassine en fer-blanc contenant de l'eau que l'on fait bouillir, et sur cette bassine on place bien horizontalement une cuvette plate en plaqué d'argent, dans laquelle on fait fondre des pains de cire vierge, en quantité suffisante pour avoir une nappe de liquide; actuellement, on trouve dans le commerce des cuvettes photographiques en tôle émaillée, qui peuvent parfaitement remplacer celles en plaqué d'argent, et, à défaut de cire vierge blanche, on se sert de cire jaune ordinaire, préférée même par quelques opérateurs. Si la cire fondue ne donne pas un liquide suffisamment clair, on la filtre à chaud sur du papier. On se gardera bien de chauffer la cire à feu nu : on risquerait d'atteindre une température trop élevée, et le papier deviendrait irrémédiablement grenu au lieu de prendre une transparence uniforme.

On passe successivement chaque feuille de papier sur le bain de cire fondue : aussitôt elle devient transparente; on la retire lentement en la faisant glisser contre le bord de la cuvette, qui racle l'excès du liquide; les feuilles immédiatement refroidies sont placées les unes sur les autres. Cette première partie de l'opération se fait très rapidement.

Lorsqu'on a traité ainsi le nombre de feuilles que l'on désire, on procède au décirage, c'est-à-dire à l'enlèvement de tout l'excès de cire qui donne à la surface un aspect brillant, une feuille bien décirée doit avoir un aspect mat sur les deux faces et une complète uniformité de transparence.

On place le papier ciré entre deux feuilles de gros buvard épais et, avec un fer à repasser modérément chaud, dont la température ne doit pas dépasser 100° C., on repasse en tous sens le buvard du dessus, la cire se liquéfie de nouveau, elle est absorbée par le buvard; en recommençant cette opération deux ou trois fois, on obtient un décirage parfait; si le fer était trop chaud, il se produirait des taches grenues.

Nous avons cherché autrefois à simplifier cette opération qui, d'après notre propre expérience, est fastidieuse et un peu coûteuse par l'excès de cire perdue, et nous avons adopté la méthode suivante : on se procure une plaque de fonte dressée ou de forte tôle, ou toute autre surface plane susceptible d'être chauffée par un fourneau, une grille à gaz ou autre système que l'on met en dessous. Lorsque la chaleur égalisée est suffisante pour fondre la cire, on met sur la plaque une ou deux feuilles de buvard, puis une feuille du papier à cirer, on passe dessus le pain de cire blanche ou jaune jusqu'à ce qu'elle soit régulièrement imprégnée; on superpose une seconde feuille qui se pénètre déjà de l'excès de cire de la précédente; on continue de la cirer comme la précédente, et ainsi de suite jusqu'à ce que l'on ait un paquet d'une dizaine de feuilles; alors on les sépare toutes, puis on les pose de nouveau sur la plaque chaude, en interposant entre chacune

une feuille non cirée; on presse le tout régulièrement en tous sens avec un tampon de papier Joseph, on tourne et retourne le paquet, toute la cire entre de nouveau en fusion, l'excès pénètre toutes les feuilles intercalées; on les sépare une à une, et s'il manque de cire en quelques places, on en ajoute directement; de cette manière, on marche beaucoup plus rapidement et plus économiquement.

Le décirage se fait aussi avec plus de facilité qu'au fer à repasser. Chaque feuille cirée est reprise séparément, posée sur la plaque entre deux buvards ou deux feuilles non cirées, on frotte en tous sens avec un tampon de papier Joseph, l'excès de cire est absorbé et l'on a une feuille lisse, de teinte bien égale, sans aucune trace brillante. On doit toujours veiller à ce que la chaleur ne soit pas trop élevée : il se produirait des parties grenues qu'on essayerait vainement de réparer. Le papier ciré demande à être manié avec précaution dans toute la suite des opérations; tous les plis, tous les froissements, donnent des raies opaques que l'on ne peut faire disparaître.

269. *Bain d'iodure soluble.* — On peut choisir l'une des deux formules suivantes, également recommandées par Legray; l'une est au sérum ou petit-lait, l'autre à l'eau de riz.

Bain d'iodure au sérum (1) :

Petit-lait clarifié (sérum)	1000^{cc}
Iodure de potassium	15^{gr}
Bromure de potassium	2
Sucre de lait	20

On filtre le liquide avant de s'en servir.

(1) Le sérum ou petit-lait est préparé en faisant bouillir $1^{lit},500$ à 2^{lit} de lait de bonne qualité. Quand le lait arrive à l'ébullition, on y verse goutte à goutte de l'acide acétique cristallisable jusqu'à coagulation, c'est-à-dire jusqu'à ce qu'il soit tourné; on filtre sur une mousseline; dans le liquide filtré et refroidi, on ajoute un blanc d'œuf préalablement battu en neige ou liquéfié par l'acide acétique dilué comme nous l'avons expliqué (159). On fait bouillir de nouveau : l'albumine, en se coagulant, clarifie le sérum; on filtre et le liquide est prêt à servir.

Bain d'iodure à l'eau de riz [1] :

Eau de riz................................	1000^{cc}
Sucre de lait......................	45^{gr}
Iodure de potassium......................	15^{gr}
Bromure de potassium (ou d'ammonium)...	2^{gr}

Filtrez avant d'employer.

Ces bains ne tardent pas à entrer en fermentation : il faut donc les utiliser dans les deux jours qui suivent la préparation.

Le liquide de l'une ou l'autre formule est filtré dans une cuvette profonde en quantité assez considérable pour que toutes les feuilles que l'on y voudra plonger y baignent largement. Chaque feuille est d'abord appliquée sur le bain (*fig.* 118) en la courbant légère-

Fig. 118.

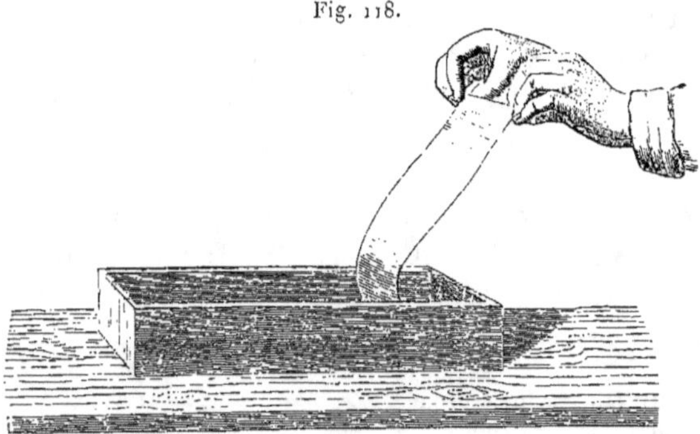

ment, de manière à suivre par transparence la marche du liquide et à éviter toutes les bulles d'air; en s'aidant d'un triangle de verre (*fig.* 119) ou d'un pinceau ne servant qu'à cet usage, on couvre la surface avec le liquide, et l'on met une autre feuille en ayant soin qu'il n'y ait pas de bulles d'air interposées. Les bains chargés de sucre de lait ont une certaine viscosité et ils recouvrent plus facilement le papier ciré que ne le ferait l'eau ordinaire.

---

[1] On prépare l'eau de riz en faisant bouillir 200^{gr} de riz dans 3^{lit} d'eau distillée jusqu'au moment où le riz peut être écrasé entre les doigts; on décante l'eau, on y ajoute 7^{gr} de colle de poisson préalablement gonflée par une macération de douze heures dans l'eau froide et l'on chauffe de nouveau ce liquide pour faire dissoudre la colle.

Pour que les feuilles soient bien pénétrées, on les laisse immergées pendant deux heures environ, on les relève ensuite une à une et on les pend pour les faire sécher. Le papier sec prend un aspect grenu et une teinte vineuse plus ou moins foncée, due à

Fig. 119.

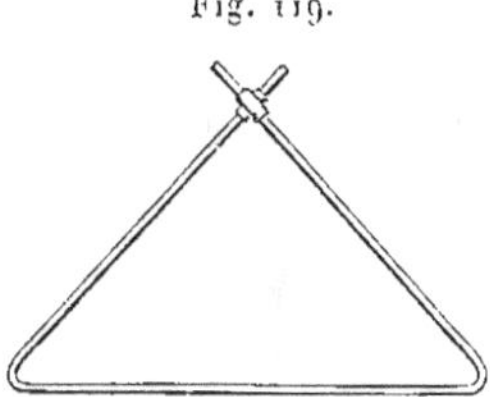

l'action de l'iode sur l'amidon de l'encollage; cette action s'accentue surtout par l'influence de la lumière; il n'y a pas à s'en préoccuper. Les feuilles sèches sont réunies les unes sur les autres et conservées en boîtes ou entre deux cartons; elles se conservent bonnes assez longtemps pour qu'on puisse en faire provision pour une année.

270. *Sensibilisation.* — Pour rendre le papier sensible, on plonge successivement chaque feuille dans un bain d'acétonitrate d'argent composé de :

Eau distillée	100^{cc}
Nitrate d'argent pur	7^{gr}
Acide acétique cristallisable	8 à 10^{cc}

On ajoute à cette solution huit à dix gouttes du bain d'iodure de potassium qui a servi à préparer les feuilles, on agite et on filtre dans une cuvette ne servant qu'à cet usage. On dispose à la suite trois cuvettes de porcelaine ou de verre bien propres, ne servant jamais ni pour le développement ni pour le fixage, et l'on verse dans chacune une abondante quantité d'eau de pluie ou d'eau distillée filtrée. La sensibilisation et toutes les opérations suivantes jusqu'au fixage seront faites dans le laboratoire obscur. Suivant la hauteur et la quantité du bain d'argent, on peut y mettre ensemble plusieurs feuilles iodurées, en prenant toujours cette précaution qu'il n'y ait entre elles aucune bulle d'air interposée et que les feuilles nagent librement sans se coller les unes aux autres; on fait l'immersion de chacune ainsi que nous l'avons indiqué pour la préparation dans le bain d'iodure, en posant lentement la feuille recourbée sur la surface, en faisant filer devant soi toutes les bulles d'air, puis en plongeant complètement la feuille en s'aidant du triangle de verre; après quelques instants, on la retourne en la prenant par les deux coins avec des pinces de corne ou de bois (*fig.* 120) préalablement

Fig. 120.

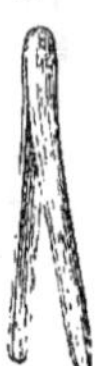

bien essuyées et spécialement affectées à cet usage, on passe le triangle à la surface pour chasser toutes les petites bulles d'air que produit l'imbibition du liquide dans le papier, on retourne de nouveau pour faire la même opération de l'autre côté et l'on plonge une seconde feuille que l'on traite de la même manière, puis une troisième et même une quatrième. Le papier, qui a le plus souvent une teinte violacée, blanchit aussitôt dans le bain, ou plutôt il prend la coloration jaune clair de l'iodure d'argent; la réaction est terminée en deux ou trois minutes : on peut donc reprendre la feuille du dessous par les deux angles avec les pinces de corne, on la soulève, on l'égoutte et on la passe dans la première cuvette d'eau; après l'avoir agitée et laissée tremper pendant quelques minutes, on la transporte dans la seconde, ensuite dans la troisième où l'on vient ainsi réunir les trois ou quatre feuilles préparées.

On reprend la première par les deux angles, on la laisse égoutter pendant quelques instants, puis on l'éponge entre deux buvards. Il est commode et économique de préparer les buvards à l'avance. On choisit de gros papier, fort, de belle qualité; le papier teinté rouge ou saumon sera préférable si l'on s'est assuré qu'il n'abandonne pas sa matière tinctoriale au contact de l'eau : cette coloration permet de voir plus facilement s'il ne se sépare pas quelques peluches ou parcelles qui se collent à la feuille sensible. Si l'on a des doutes sur la qualité de la teinture, on prendra de gros buvard blanc dont chaque feuille sera préalablement lissée face et revers avec un tampon de papier Joseph; on coupe ce papier par feuilles complètement séparées, un peu plus grandes que le format maximum des feuilles sensibilisées : les feuilles séparées restent plus planes que les feuilles pliées; on en met une provision dans le châssis positif et l'on en prend quelques-unes pour bien éponger le papier sensible. La première feuille tirée de la cuvette est étendue à plat sur un premier buvard, couverte avec un second sur lequel on passe la main; le grand excès d'eau étant ainsi enlevé, on met la feuille entre deux buvards secs et, pour terminer et obtenir une surface bien plane, on la place entre les buvards qui sont dans le châssis positif; on continue ainsi exactement pour les autres feuilles; on en sensibilise une nouvelle série qu'on lave de même en changeant l'eau méthodiquement après chaque série, c'est-à-dire en mettant aux résidus l'eau de la première cuvette, en avançant les deux autres d'un rang, reportant au dernier rang la première que l'on remplit d'eau fraîche. On sèche les feuilles de la même manière en changeant les buvards à mesure qu'ils sont trop mouillés, et l'on continue ainsi jusqu'à ce que l'on ait la provision de feuilles que l'on désire. Plus le lavage est soigné et complet, mieux les feuilles se conservent, mais leur sensibilité diminue en conséquence; toutefois, comme le papier a retenu malgré les lavages de petites quantités de nitrate d'argent, on ne le conserve réellement utilisable que pendant deux ou trois jours, et encore est-il toujours préférable de l'employer le premier jour.

Le papier ciré, après un séjour suffisant dans le bain primitif d'iodure de potassium, est devenu spongieux et a pris un aspect grenu; il semble que l'action de la cire ait disparu, car l'eau le pénètre assez facilement; cet état est favorable pour une prompte et facile sensibilisation, mais il annule en partie l'action préservatrice de la cire contre le nitrate d'argent; aussi, lorsqu'on a pris l'habitude de ces manipulations, est-il préférable de revivifier la cire avant de passer le papier dans le bain d'acétonitrate d'argent, c'est-à-dire d'exposer la feuille soit au-dessus d'un feu de braise, soit au-dessus d'une grille à gaz maintenue à flamme très basse, de manière à fondre de nouveau la cire; on obtient le même résultat en repassant la feuille entre deux buvards avec un fer modérément chaud; dans tous les cas, on doit éviter une chaleur trop forte, qui produirait du grenu. Si l'on a préalablement revivifié la cire, on prolongera un peu la sensibilisation dans le bain d'acétonitrate d'argent, on la surveillera avec soin pour la rendre égale, le liquide tendant toujours à quitter la surface grasse sur laquelle on la ramène avec le triangle de verre.

Avec la cire revivifiée, les opérations sont identiques aux précédentes, mais le lavage est plus prompt et plus complet, la conservation plus facile et les épreuves plus fines.

271. *Mise au châssis et exposition.* — En faisant le séchage comme nous l'avons indiqué, les feuilles restent parfaitement planes et on peut les mettre au châssis entre deux glaces, sans qu'elles fassent le moindre pli. S'il se produisait des ondulations résultant d'un manque de *planité,* ce serait une erreur de chercher à les faire disparaître par une plus forte pression; on ne ferait que les rendre plus nombreuses et plus serrées; on interposera, au contraire, plusieurs doubles de buvards avant d'appliquer la seconde glace : ils feront matelas et assureront un contact plus intime.

On peut aussi n'employer qu'une seule glace ou un carton rigide ou même un cadre léger; on colle alors la feuille sensible tout autour du support en mettant une raie d'une dissolution de gomme arabique sur les bords de ce support; on y applique la feuille encore un peu humide et celle-ci, se tendant par la dessiccation, devient parfaitement plane. Il ne faut pas oublier de tenir compte de la différence de foyer, suivant que l'on opère entre deux glaces ou sur un seul support.

Le temps d'exposition varie suivant la lumière, les objectifs, la longueur focale et le sujet, mais on doit toujours compter par minutes; aussi ce procédé, jusqu'à ce qu'il soit repris et amélioré, ne sera-t-il applicable que pour le paysage, les monuments et principalement pour des vues de premier plan; il ne donne pas une finesse suffisante pour les détails dans les lointains.

272. *Développement de l'image.* — L'épreuve sera développée autant que possible le soir même qui suivra l'exposition; on peut

à la rigueur retarder cette opération, mais ce sera toujours au détriment du cliché.

Lorsqu'on sort la feuille du châssis, elle ne porte généralement aucune épreuve visible; quelquefois cependant les grandes lumières s'accusent légèrement en rouge, ce qui est dû à un lavage imparfait ou à la présence accidentelle d'un peu d'acide gallique, provenant d'un mauvais nettoyage des cuvettes dans lesquelles ce lavage a été fait.

On prépare une solution d'acide gallique à raison de 5^{gr} par litre d'eau, on filtre dans une cuvette, on plonge l'épreuve dans ce liquide, on peut même en mettre deux en les tournant dos à dos; généralement l'image commence à se montrer grâce à quelques traces de nitrate d'argent échappées au lavage; d'après la manière dont elles se comportent, on ajoute de petites doses du bain d'acétonitrate d'argent, ou même d'une solution faite dans les mêmes conditions et qui ne sert qu'à cet usage. Il suffit le plus souvent de cinq à dix gouttes d'acétonitrate d'argent par 100^{cc} de la solution gallique; on ne mettra jamais ces gouttes directement dans le bain, à moins d'en retirer les épreuves en les soulevant et de bien mélanger le liquide avant de les y replonger; le plus simple est de compter les gouttes dans un verre, d'y verser la majeure partie du liquide de la cuvette et de reverser le tout sur l'épreuve. Si l'image paraît trop uniforme, on augmente la dose d'acétonitrate; on la diminue au contraire si elle est trop heurtée; si elles ont une tendance à se voiler, on ajoute de l'acide acétique cristallisable; si le liquide révélateur se trouble rapidement, on le rejette, on rince les feuilles et la cuvette avec de l'eau distillée ou de l'eau de pluie, et l'on fait un nouveau bain dans les mêmes conditions, mais en ajoutant préalablement 5^{cc} à 6^{cc} d'acide acétique cristallisable pour 100^{cc} de liquide.

Le plus souvent, la surface du papier prend une teinte grise uniforme à la surface, et l'on ne peut juger convenablement la venue de l'épreuve qu'en l'examinant par transparence; elle pourrait paraître perdue par ce voile gris général, lorsqu'au contraire elle est très bien réussie.

Quand l'image est parvenue à l'intensité nécessaire, ce qui peut varier entre quelques minutes et plusieurs heures, suivant les diverses conditions qui ont précédé le développement, on arrête l'action par des lavages répétés à l'eau froide. Il est bon de laisser tremper le cliché pendant longtemps, pour le débarrasser des produits solubles qui l'imprègnent, puis on le fixe à l'hyposulfite de soude.

273. *Fixage.* — Il n'est pas nécessaire de fixer l'épreuve immédiatement, surtout si l'on a eu la précaution de la bien laver; il suffit de l'éponger entre des buvards et de la conserver à l'abri de la lumière; c'est un avantage précieux en voyage, parce que les opérations se trouvent ainsi simplifiées et parce qu'il n'est pas nécessaire d'emporter une provision d'hyposulfite de soude, dont les plus petites parcelles, échappées pendant le transport et disséminées dans le reste du bagage, pourraient perdre toutes les préparations, à moins que l'on n'ait emballé la provision d'hyposulfite de soude complètement à part; il est donc préférable de différer le fixage jusqu'au retour.

Le bain de fixage, pour lequel on aura soin de se servir d'une cuvette spéciale, toujours la même et réservée uniquement à cet usage, se compose de :

Hyposulfite de soude	100cc
Eau	20gr

Les feuilles sont plongées successivement dans ce liquide, où l'on n'en met que deux à la fois; on les y laisse environ une demi-heure en les agitant et les retournant fréquemment, on examine chaque épreuve en l'interposant entre l'œil et la lumière du jour, on voit si elle a repris sa transparence, si la teinte jaune donnée par l'iodure d'argent a disparu; lorsque ce résultat est atteint, on prolonge encore l'immersion pendant cinq à dix minutes, pour être sûr que le fixage est parfait, puis on rince à l'eau froide ordinaire, que l'on renouvelle deux ou trois fois; on immerge enfin les clichés dans un large bain d'eau et on les y abandonne pendant deux ou trois heures; on peut renouveler cette eau plusieurs fois, on n'a jamais à craindre un excès de lavage, le contraire seul est à redouter.

Les épreuves bien fixées et bien lavées ne sont plus altérables par l'action de la lumière.

Si un séjour prolongé dans le bain gallique de développement a donné au papier une teinte jaune générale qui rendrait le tirage des positives long et difficile, on les décolore par une immersion dans une solution étendue (à 2 ou 3 pour 100) d'acide citrique ou d'acide chlorhydrique, suivie d'un lavage nouveau pour éliminer toutes traces d'acide. Les clichés, bien fixés et bien lavés, sont suspendus à l'air libre pour sécher ou épongés dans des buvards ne servant qu'à cet usage; à mesure qu'ils sèchent, ils reprennent l'aspect grenu que l'on fait disparaître, comme nous l'avons indiqué ci-dessus, en revivifiant la cire, c'est-à-dire en l'amenant de nouveau à son point de fusion (270).

VARIANTES DU PROCÉDÉ AU PAPIER CIRÉ DE LEGRAY.

273. **Emploi de la paraffine.** — M. Civiale, dans un travail considérable qu'il a fait pour dresser une Carte générale des Alpes, s'est servi de la Photographie pour prendre, sur un grand nombre de points divers, les panoramas servant à ses relevés. Il s'est gardé d'employer aucun des procédés sur glace avec lesquels il eût obtenu plus de finesse, mais le bris d'un seul cliché pouvait lui faire perdre tout le fruit d'un ensemble d'excursions; les mêmes craintes n'existaient pas pour les clichés sur papier, aussi avait-il adopté le procédé du papier ciré; seulement, au lieu de cire, il employait la paraffine.

274. **Procédé à la céroléine de M. Stéphane Geoffray.** — Les opérations de cirage et de décirage que nous avons décrites sont un peu longues et un peu minutieuses; M. Stéphane Geoffray a proposé de les remplacer par une immersion des feuilles dans un bain qui les imprégnerait en même temps d'un des éléments de la cire, la céroléine, et du mélange d'iodure et de bromure de potassium nécessaire; nous donnons ici textuellement sa manière d'opérer.

§ 1er. J'introduis dans une cornue de verre 500gr de cire jaune ou blanche, j'ajoute 1lit d'alcool au degré du commerce, et je fais bouillir jusqu'à dissolution complète de la cire (j'ai eu soin de disposer à la suite de ma cornue un appareil au moyen duquel je puis recueillir tout le produit de la distillation). Je verse dans un vase le mélange encore liquide; bientôt, à mesure qu'il y a refroidissement, la myricine et la cérine se solidifient, et la céroléine reste seule en dissolution dans l'alcool; j'isole ce liquide en le passant sur un linge fin, et, par une dernière opération, je le filtre à travers un papier dans un entonnoir de verre, après y avoir mêlé l'alcool résultant de la distillation. Je conserve en provision cette liqueur dans un flacon bouché à l'émeri et je m'en sers à mesure que j'en ai besoin après l'avoir mélangée de la manière suivante :

§ 2. D'autre part, je fais dissoudre, dans 150gr d'alcool à 36°, 20gr d'iodure d'ammonium (ou de potassium), 1gr de bromure d'ammonium ou de potassium, 1gr de fluorure de potassium ou d'ammonium.

Dans une capsule j'ai versé sur 1gr environ d'iodure d'argent fraîchement préparé, et goutte à goutte, ce qu'il faut seulement pour le dissoudre d'une solution concentrée de cyanure de potassium.

J'ajoute cet iodure d'argent dissous au mélange précédent et j'agite; il reste comme en dépôt au fond du flacon une épaisseur assez considérable de tous les sels ci-dessus, qui servent à saturer l'alcool par lequel je remplace successivement celui qui est saturé et que j'extrais au fur et à mesure dans les proportions ci-dessous.

§ 3. Ces deux flacons étant composés, lorsque je veux préparer des négatifs, je prends 200gr environ de la solution n° 1 de céroléine et d'alcool auxquels je mêle 20gr de la solution n° 2, je filtre le mélange avec soin pour éviter les cristaux non dissous qui tachent toujours le papier, et je fais dans une cuvette en porcelaine un bain où je laisse s'imbiber pendant 15 minutes environ et par cinq ou six à la fois, jusqu'à épuisement de la liqueur, les papiers choisis et coupés. — Retirés, suspendus par un angle et séchés, ces papiers, qui ont pris une teinte rosacée toujours très uniforme, sont enfermés à l'abri de la poussière et conservés au sec. Quant à la sensibilisation par le nitrate d'argent, l'apparition de l'image sous l'action de l'acide gallique et la fixation de l'épreuve par l'hyposulfite de soude, je suis les méthodes ordinaires, celle de M. Legray le plus souvent. J'ajoute seulement, si j'en ai de préparée, 1gr ou 2gr d'eau-de-vie camphrée à 1lit de la dissolution d'acide gallique.

275. Ce qui caractérise les procédés de MM. Legray, Civiale, Stephane Geoffray, et les fait différer de ceux employés avant eux, c'est : 1° la recherche d'une substance pouvant s'opposer le mieux possible à la combinaison du nitrate d'argent avec la matière orga-

nique du papier : la cire et surtout la paraffine se trouvaient indiquées; 2° l'élimination de tout le nitrate d'argent libre, seul moyen permettant de sécher les feuilles, sans qu'elles soient altérées par les réactions accessoires, et de les conserver utilisables pendant un temps plus ou moins long. M. Pelegry (1) a repris dans ces dernières années ces procédés sur papier déjà fort anciens, en leur appliquant en partie les progrès des méthodes nouvelles, et il a donné un mode d'opérer, permettant de conserver pendant des mois les papiers sensibles sans altération; nous croyons que le voyageur, artiste ou savant, qui veut rapporter non pas des photographies exceptionnelles comme finesse et pureté, mais des documents dont le principal mérite sera l'authenticité, peut trouver des ressources très précieuses dans cette méthode, avec laquelle on obtient également des épreuves remarquables comme effet artistique.

276. **Procédé de M. Pélegry.** — L'auteur établit d'abord que l'artiste et le voyageur doivent choisir un format qui ne soit ni trop petit, puisqu'ils n'auront pas l'extrême finesse des détails, ni trop grand, puisqu'ils cherchent à éviter l'encombrement et le prix trop coûteux du matériel nécessaire pour les grandes épreuves. Il s'arrête à la dimension $0^m,21 \times 0^m,27$, format représentant le quart de la feuille ordinaire du commerce, et il choisit le papier dit de Saxe ou de Steinbach.

277. Les feuilles à préparer, étant coupées en quatre, sont plongées sans autre préparation dans le bain au sérum indiqué par Legray (269); lorsqu'elles sont bien pénétrées, ce qui a lieu presque immédiatement, puisque l'imbibition n'est pas retardée par un cirage préalable, on les retire et on les pend pour sécher en les piquant soit sur une ficelle tendue, autour de laquelle on replie le bord de la feuille que l'on traverse par deux épingles, soit sur de légères traverses de bois convenablement écartées, en prenant soin que les traverses ou les fils ne soient pas horizontaux, mais légèrement inclinés, soit comme il est indiqué ci-dessus (260, *fig.* 117); le

(1) Pélegry, *Photographie des peintres, des voyageurs, des touristes*. In-18 jésus, Gauthier-Villars éditeur; 1879.

liquide s'écoulera ainsi avec plus de facilité par l'angle inférieur des feuilles, auquel on fera adhérer un petit fragment de papier, et le séchage sera plus régulier. Ce papier ioduré reste blanc, il se conserve plus de six mois sans altération, en ne prenant que le soin de le mettre en portefeuille.

278. Le bain sensibilisateur diffère un peu de ceux employés dans les méthodes précédentes : l'acide acétique cristallisable est remplacé par une petite quantité d'acide citrique ; la formule ramenée à 100^{cc} est :

Eau de pluie ou distillée...................	100^{cc}
Nitrate d'argent.........................	10^{gr}
Acide citrique..........................	$0^{gr},70$

Avant de sensibiliser les feuilles dans ce liquide, on prépare une solution de tannin et de dextrine, qu'on pourrait appeler bain préservateur, dont l'application au papier dérive des procédés de collodion dits au tannin du major Russell, de MM. Gaillard, Plücker, etc. On délaye dans un petit mortier 15^{gr} de dextrine, en la malaxant avec le pilon, et en ajoutant l'eau peu à peu ; la solution faite, on porte le volume du liquide à 300^{cc}, on filtre ; d'autre part, on dissout 15^{gr} de tannin également dans 300^{cc} d'eau, on filtre, on mélange les deux liquides, on ajoute 3^{gr} d'acide gallique préalablement dissous dans 15^{cc} d'alcool.

Ces préparations faites, on dispose dans le laboratoire obscur cinq cuvettes, de préférence en porcelaine parce que l'on peut toujours être sûr de leur propreté ; la première contient le bain d'argent filtré, la seconde une large provision d'eau filtrée de bonne qualité, la troisième une solution étendue et filtrée de chlorure de sodium (environ à 1 pour 100 d'eau), dans la quatrième on mettra de l'eau pure comme dans la seconde, et dans la cinquième on filtrera la solution tannique mélangée de dextrine et d'acide gallique.

On sensibilise les feuilles iodurées dans le bain d'argent, en les immergeant successivement dans le liquide les unes sur les autres, jusqu'au nombre de cinq ; on prend les précautions déjà indiquées pour éviter les bulles d'air, et, après trois ou quatre minutes d'immersion, on retire la première, on l'égoutte et on la plonge dans la deuxième cuvette contenant de l'eau pure, et ainsi de suite des autres feuilles, en remplaçant à mesure celle qui sort du bain d'argent par une nouvelle, jusqu'à ce que l'on en ait passé dix; lorsque les dix ont été sensibilisées et réunies dans la seconde cuvette, on déverse cette eau aux résidus, on la remplace par une eau nouvelle dans laquelle on agite les feuilles pour les séparer; elles ne conservent alors que fort peu de nitrate d'argent : ce serait cependant plus que suffisant pour perdre le bain tannique; mais on annule les dernières traces de nitrate d'argent en passant toutes les feuilles dans le bain de chlorure de sodium, on les rince dans la quatrième cuvette dont on change successivement l'eau deux ou trois fois; car la conservation de la sensibilité dépend de la perfection de ces lavages, et chaque feuille relevée, égouttée, est mise dans le bain de tannin pendant une ou deux minutes, puis suspendue dans le séchoir.

L'ensemble de ces manipulations est assez simple pour qu'on puisse préparer une quarantaine de feuilles en une couple d'heures.

279. Nous ne suivrons pas M. Pélegry dans la fabrication fort ingénieuse de sa chambre noire, de ses châssis, de son séchoir et autres objets du matériel : on trouvera ces renseignements dans son petit Traité.

Les feuilles sensibilisées peuvent être mises au châssis, exposées et traitées comme les autres; le temps d'exposition est toujours long : il varie suivant les conditions de foyer, de lumière, de diaphragme, entre deux et vingt minutes.

280. Le développement peut être retardé suivant les nécessités que peut imposer le voyage, mais il est toujours préférable de le faire vingt-quatre heures ou quarante-huit heures après la pose.

Pour révéler l'image, on prépare une solution de :

Eau	100^{cc}
Acide pyrogallique	1
Acide citrique	1

Dans une pièce éclairée par la lumière jaune ou même par une bougie que l'on tient un peu éloignée, on prépare trois cuvettes : dans la première et la troisième, on filtre de l'eau pure; dans la seconde, on met la quantité nécessaire de solution pyrogallique.

L'épreuve à développer est d'abord uniformément mouillée dans l'eau, puis plongée entièrement dans le bain pyrogallique où on la tourne et retourne afin d'obtenir une action très uniforme ; on met alors dans un verre quelques centimètres cubes d'une solution d'argent à 3 pour 100, on y déverse le liquide révélateur pour opérer un mélange parfait et soulevant complètement la feuille, on reverse le bain dans la cuvette, on y plonge de nouveau l'épreuve : l'image ne tarde pas à apparaître ; on la tourne face en dessus et, avec le petit triangle de verre, on fait continuellement passer et repasser le liquide, on regarde le développement de l'image par transparence et, aussitôt qu'il est complet, on l'arrête en mettant le cliché dans la cuvette n° 3 remplie d'eau pure.

M. Pélegry a essayé de substituer le développement alcalin au développement acide, comme on le fait pour les épreuves au collodion sec, dites *au tannin,* ou autres, et, dans les conditions de ses expériences, il a réussi à diminuer le temps de pose de dix minutes à deux minutes. La composition du bain réducteur alcalin est celle que l'on emploie ordinairement, soit :

1.	Eau	1000^{cc}
	Sesquicarbonate d'ammoniaque	20^{gr}
	Bromure de potassium	$0^{gr},5$
2.	Alcool	10^{cc}
	Acide pyrogallique	10^{gr}

Pour 100^{cc} de la solution alcaline n° 1, ajoutez 5^{cc} de la solution pyrogallique n° 2.

L'épreuve est plongée dans ce premier bain ; lorsqu'elle est accusée dans ses principaux détails et avant qu'elle prenne une teinte jaune trop accentuée, on la lave à plusieurs eaux, puis on la passe dans le bain pyrogallique acide donné ci-dessus ; lorsque l'acidité de ce bain a saturé l'alcalinité du premier, on mélange, ainsi qu'il est dit, un peu de nitrate d'argent : le développement se termine ainsi très rapidement.

Après chaque opération, les cuvettes de développement sont rincées et essuyées et l'on renouvelle les liquides pour faire apparaître successivement les épreuves, que l'on lave ensuite toutes ensemble et que l'on sèche entre des feuilles de gros buvard. Le plus souvent, le fixage est ajourné au retour et, pour le faire, on suit exactement les indications telles qu'elles sont données du reste pour tous les autres procédés (272).

281. Nous croyons devoir ajouter quelques remarques pour les personnes qui voudraient appliquer le développement alcalin au procédé Pélegry. Ce mode de développement n'ayant d'action que sur le bromure d'argent et très peu sur l'iodure, il sera bon de changer la formule du bain de sérum en mettant des quantités égales d'iodure et de bromure de potassium, soit pour 1^lit de sérum 5^gr de chacun; on pourrait même employer le bromure seul à la dose de 10^gr et, si les épreuves faites dans ces conditions avaient une tendance trop marquée à se voiler lors du développement, on mettrait un peu de bromure de potassium dans l'eau salée indiquée pour le lavage des épreuves et l'on en ajouterait une minime quantité au révélateur alcalin. On pourra également faire la solution d'acide pyrogallique en l'additionnant de citrate de soude ou de sulfite de soude pour combattre la coloration jaune trop rapide du bain révélateur.

En étudiant les conditions dans lesquelles on obtient les épreuves au gélatinobromure d'argent et en cherchant à les appliquer au papier, on pourra trouver toute une série d'heureuses applications, ainsi que l'a déjà fait M. Trutat, dans son *Traité de Photographie sur papier négatif* (¹).

282. *Huilage.* Les clichés, une fois séchés, paraissent lourds, opaques; il faut les rendre transparents, ce que l'on peut obtenir au moyen de la cire employée comme nous l'avons expliqué (268). Mais M. Pélegry pense que le résultat est meilleur en employant l'huile; bien que ce mode d'opérer nous semble entraîner les ennuis inhérents à la manipulation toujours désagréable d'une certaine quantité d'huile, l'auteur affirmant qu'il est préférable à tout autre par la finesse et la transparence qu'il donne à l'épreuve, nous l'indiquons presque *in extenso*.

(¹) *Traité pratique de Photographie sur papier négatif.* In-18 jésus, Gauthier-Villars, éditeur; 1885.

On met dans un flacon 400^{cc} d'huile d'œillette, celle que l'on vend pour la peinture chez les marchands de couleurs; on y mélange 100^{cc} d'essence de térébenthine rectifiée, on verse une couche épaisse de ce mélange dans une cuvette de fer-blanc ou de zinc qui ne sert qu'à cet usage et l'on y immerge un premier cliché en chassant avec soin toutes les bulles d'air, puis ainsi successivement autant de clichés qu'on peut en ajouter en les couvrant complètement d'huile; on abandonne le tout pendant vingt-quatre heures au moins, et beaucoup plus longtemps si l'on veut, il n'y a aucun inconvénient; si, au contraire, le contact n'était pas prolongé, le grain du papier reparaîtrait en séchant. Après le temps nécessaire, on relève les clichés un à un, on les égoutte en les laissant suspendus et, plaçant le premier sur une feuille de verre assez grande, on enlève l'excès d'huile en se servant d'un fort carton comme d'une raclette; on fait cette opération sur les deux faces et l'on étend le cliché sur une feuille de papier, pour passer aux autres épreuves que l'on traite de même. On reprend le premier cliché que l'on pose sur une feuille de papier sec et, avec un tampon de coton, on le frotte et on l'essuie dans tous les sens, en prenant la précaution de ne pas faire de plis, qui seraient autant de rayures irrémédiables et noires par transparence. Après ce premier essuyage, on recommence de la même manière; mais ces clichés ne sont pas encore secs : on les place, sans les serrer, sur une table où on les tourne et retourne sans intercaler d'autres feuilles propres, qui absorberaient une trop grande quantité d'huile et rendraient les épreuves grenues. Nous croyons qu'en suspendant ces épreuves par un angle dans une pièce bien aérée et surtout à une grande lumière, la dessiccation de l'huile, en réalité son oxydation, se produirait beaucoup plus vite et qu'il ne serait pas nécessaire d'attendre trois mois pour tirer une épreuve, ainsi que le demande M. Pélegry.

Si l'opérateur veut faire des positives avant ce long délai, ce qui nous semble bien naturel, étant donné le désir de connaître le résultat des excursions terminées, il interposera une feuille de gélatine mince entre le cliché et le papier positif, qui sans cette précaution serait graissé et perdu.

283. Le procédé Pélegry est surtout caractérisé par l'élimination de tout le nitrate d'argent libre, au moyen du bain de chlorure de sodium qui annule également les combinaisons argentico-organiques qui auraient pu se produire et par un bain tannique préservateur; la conséquence est une longue conservation du papier sensible, avantage très précieux pour les voyageurs; en outre, cette complète élimination du nitrate d'argent permet d'employer le développement alcalin et de diminuer le temps de pose dans une proportion considérable. Nous n'osons pas dire que l'emploi de l'huile pour rendre les clichés transparents soit un progrès sur l'emploi de la cire, c'est un autre mode d'opérer qu'il est bon de connaître.

Ce premier Volume résume l'ensemble des divers procédés au moyen desquels on obtient ce type premier, cet écran qu'on appelle l'*épreuve négative*, ou, plus simplement, le *négatif* ou *cliché*; celui-ci, interposé entre la lumière et une nouvelle surface sensible dont les modes de préparation sont très nombreux, nous donnera l'*épreuve définitive* ou *positive*.

L'étude des procédés positifs sera la partie la plus importante de notre second et dernier Volume.

FIN DU TOME PREMIER.

TABLE ALPHABÉTIQUE

DES MATIÈRES DU TOME PREMIER.

TABLE ALPHABÉTIQUE

DES NOMS PROPRES CITÉS DANS LE TOME PREMIER.

9516 Paris. — Imprimerie de GAUTHIER-VILLARS, quai des Augustins 55.

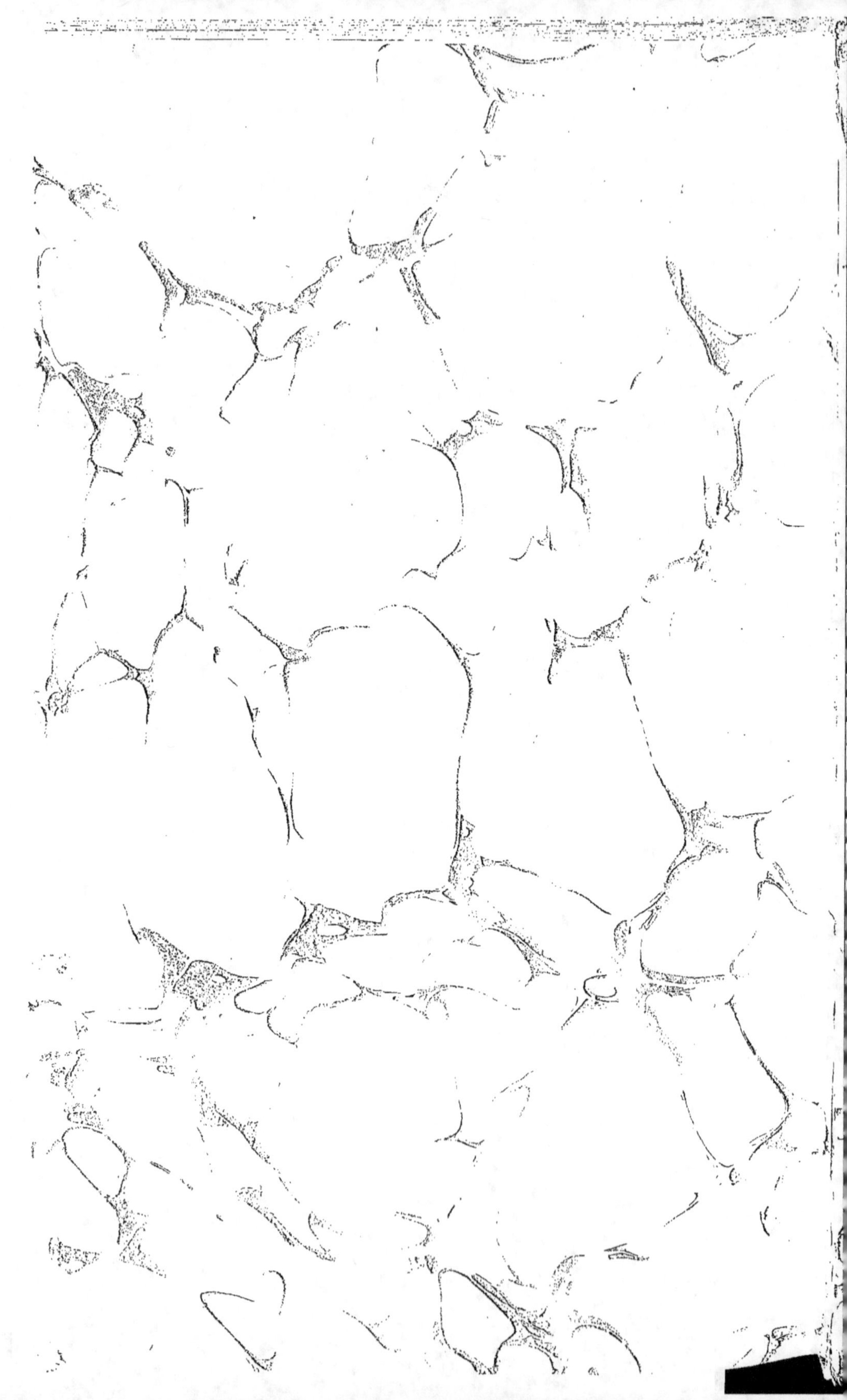

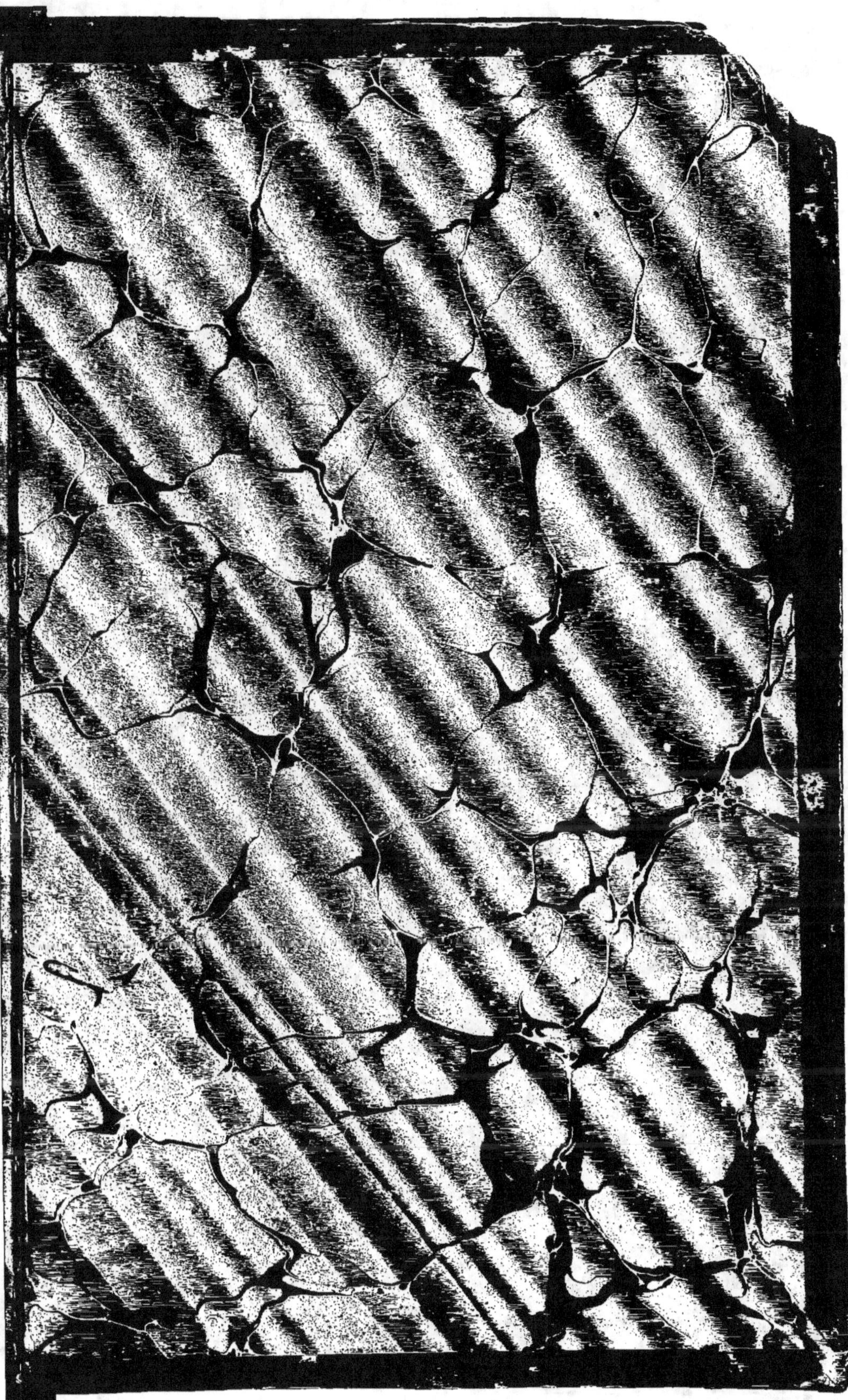

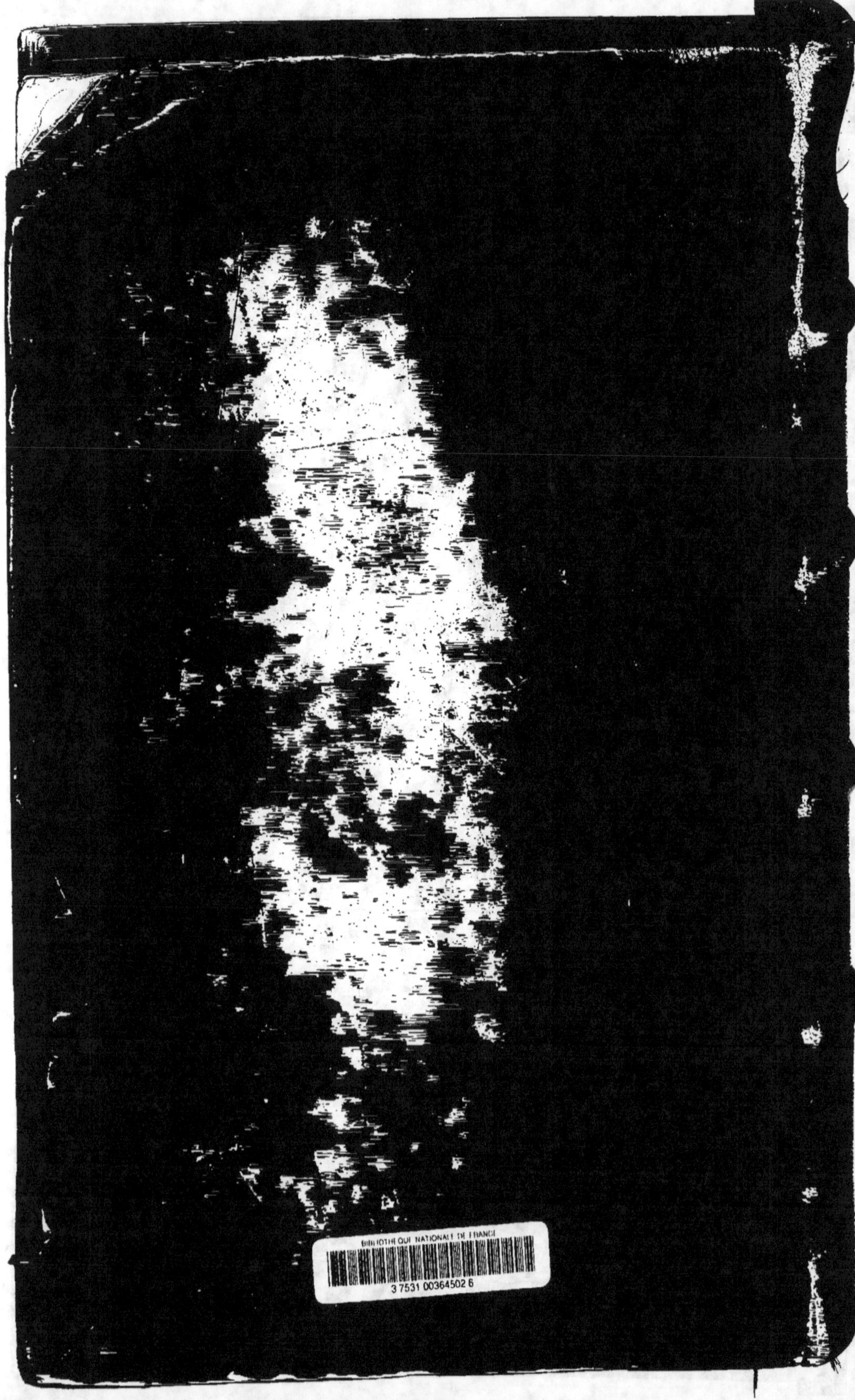
BIBLIOTHEQUE NATIONALE DE FRANCE
3 7531 00364502 6

www.ingramcontent.com/pod-product-compliance
Lightning Source LLC
Chambersburg PA
CBHW051344220526
45469CB00001B/96